797,885 Books

are available to read at

www.ForgottenBooks.com

Forgotten Books' App
Available for mobile, tablet & eReader

ISBN 978-0-282-20250-7
PIBN 10596989

This book is a reproduction of an important historical work. Forgotten Books uses state-of-the-art technology to digitally reconstruct the work, preserving the original format whilst repairing imperfections present in the aged copy. In rare cases, an imperfection in the original, such as a blemish or missing page, may be replicated in our edition. We do, however, repair the vast majority of imperfections successfully; any imperfections that remain are intentionally left to preserve the state of such historical works.

Forgotten Books is a registered trademark of FB &c Ltd.
Copyright © 2015 FB &c Ltd.
FB &c Ltd, Dalton House, 60 Windsor Avenue, London, SW19 2RR.
Company number 08720141. Registered in England and Wales.

For support please visit www.forgottenbooks.com

1 MONTH OF FREE READING

at

www.ForgottenBooks.com

By purchasing this book you are eligible for one month membership to ForgottenBooks.com, giving you unlimited access to our entire collection of over 700,000 titles via our web site and mobile apps.

To claim your free month visit:

www.forgottenbooks.com/free596989

* Offer is valid for 45 days from date of purchase. Terms and conditions apply.

English
Français
Deutsche
Italiano
Español
Português

www.forgottenbooks.com

Mythology Photography **Fiction**
Fishing Christianity **Art** Cooking
Essays Buddhism Freemasonry
Medicine **Biology** Music **Ancient Egypt** Evolution Carpentry Physics
Dance Geology **Mathematics** Fitness
Shakespeare **Folklore** Yoga Marketing
Confidence Immortality Biographies
Poetry **Psychology** Witchcraft
Electronics Chemistry History **Law**
Accounting **Philosophy** Anthropology
Alchemy Drama Quantum Mechanics
Atheism Sexual Health **Ancient History**
Entrepreneurship Languages Sport
Paleontology Needlework Islam
Metaphysics Investment Archaeology
Parenting Statistics Criminology
Motivational

Vorbemerkung.

Das vorliegende Buch war lange verschollen. Der Verfasser, der sein bestes Können an die Bearbeitung gesetzt hatte und zu seinem Schmerz statt der erwarteten Anerkennung nur Gleichgültigkeit erleben mußte, hatte selbst die Exemplare aus dem Verkehr gezogen. Ausländern wie Walras und Jevons war es vorbehalten, zwanzig Jahre nach dem Erscheinen auf die Bedeutung der Arbeit Gossen's hinzuweisen. Heute, wo die Mathematik in der Wirthschaft eine große Anzahl der besten Köpfe in allen Kulturstaaten beschäftigt, wo ferner die Landfrage anfängt, eine brennende zu werden, schien es an der Zeit zu sein, eine neue Ausgabe des bahnbrechenden Werkes von Gossen zu veranstalten und damit ebenso dem verstorbenen Verfasser gerecht zu werden als der Wissenschaft zu dienen.

Berlin, im October 1888.

Der Verleger.

Vorrede.

Auf den folgenden Blättern übergebe ich der öffentlichen Beurtheilung das Resultat eines 20jährigen Nachdenkens.

Was einem Kopernikus zur Erklärung des Zusammenseins der Welten im Raum zu leisten gelang, das glaube ich für die Erklärung des Zusammenseins der Menschen auf der Erdoberfläche zu leisten. Ich glaube, daß es mir gelungen ist, die Kraft, und in großen Umrissen das Gesetz ihrer Wirksamkeit zu entdecken, welche das Zusammensein der Menschen möglich macht, und die Fortbildung des Menschengeschlechts unaufhaltsam bewirkt. Und wie die Entdeckungen jenes Mannes es möglich machten, die Bahnen der Weltkörper auf unbeschränkte Zeit zu bestimmen; so glaube ich mich durch meine Entdeckungen in den Stand gesetzt, dem Menschen mit untrüglicher Sicherheit die Bahn zu bezeichnen, die er zu wandeln hat, um seinen Lebenszweck in vollkommenster Weise zu erreichen.

Ob ich mich in diesem Glauben nicht getäuscht habe, wird sich dadurch zeigen, ob meine Ausführungen, wie jene Entdeckungen des Kopernikus, auch die Kraft besitzen, andere Menschen von ihrer Richtigkeit zu überzeugen. Möge es dann, wenn sie sich hierdurch bewährt haben, bald einem Kepler, einem Newton gelingen, die Gesetze der Wirksamkeit jener die Menschheit bewegenden Kraft näher zu präcisiren!

Wenn ich in dem Vorstehenden einestheils der Zeit meines Forschens Erwähnung thue; so wolle man deshalb nicht etwa unterstellen, daß ich den Werth der folgenden Ausführungen nach jener Zeit bemesse. Der ganze Inhalt des vorliegenden Buches würde einer solchen Unterstellung widersprechen. Es soll diese Erwähnung dem Leser nur darüber Aufklärung geben, daß er in den folgenden

Ausführungen nicht solche zu erwarten hat, wie sie der Augenblick gebiert; sondern daß jedes einzelne in dem Buche Gesagte vor dem Niederschreiben möglichst vielseitig durchdacht wurde: wenn ich anderntheils so hoch verdiente Männer in einer Beziehung, wie es hier geschehen, zu der folgenden Schrift nenne; so möge man dieses nicht als Anmaßung auslegen. Auch hier weiß ich dafür zu gut, welch großen Täuschungen der Einzelne bei Schätzung der Größe des Werthes überhaupt und namentlich bei der eines eigenen Werkes unterworfen ist, daß darum ein Jeder nur zu große Veranlassung hat, dem eigenen Urtheil bis dahin zu mißtrauen, bis die Gesammtheit dasselbe bestätigt hat. Die Erwähnung jener Männer geschah darum nur deshalb, weil ich dem Leser nicht kürzer und bezeichnender das mitzutheilen vermochte, was er im günstigsten Falle zu finden hoffen darf.

In Rücksicht auf die Form der Ausführungen wird nun bei den Meisten, welche sich mit nationalökonomischen Fragen zu befassen geneigt finden, die mathematische Grundlage unzweifelhaft Anstoß erregen, da mathematische Kenntnisse leider bis jetzt noch keineswegs als ein nothwendiger Theil menschlicher Ausbildung betrachtet zu werden pflegen. Zur Rechtfertigung dieser Form wird aber die Bemerkung genügen, daß es sich in der Nationalökonomie um das Zusammenwirken verschiedener Kräfte handelt, daß es aber unmöglich ist, das Resultat der Wirksamkeit von Kräften zu bestimmen, ohne zu rechnen. Darum ist es denn eben so unmöglich, die wahre Nationalökonomie ohne Hülfe der Mathematik vorzutragen, wie dieses bei der wahren Astronomie, der wahren Physik, Mechanik u. s. w. längst anerkannte Thatsachen sind, und es mag nicht wenig zu dem Wirrwar beigetragen haben, in welchem die Nationalökonomie sich noch bis heute befindet, daß es bis jetzt nicht gelingen wollte, die für sie passende mathematische Form aufzufinden. Mit Rücksicht darauf aber, daß bis jetzt eine mathematische Ausbildung keineswegs allgemeine Sitte ist, war mein Streben unausgesetzt, nur die Theile der Mathematik als bekannt vorauszusetzen, welche auf unseren Gymnasien vorgetragen werden. Nur wenige

Male wurde es nöthig, ein Größtes rücksichtlich Kleinstes zu bestimmen, und es mußte denn hierzu ein Theil der Mathematik zu Hülfe genommen werden, der die bezeichnete Grenze überschreitet. Auf das Verständniß der Ausführungen hat dieses aber durchaus keinen Einfluß, da es für den Leser ganz unwesentlich ist, ob er gerade bei Ausrechnung dieses Größten oder Kleinsten der Rechnung zu folgen vermag, da Sorge getragen ist, daß ihm das Dasein des Größten rücksichtlich Kleinsten in den bezogenen Fällen auch anderweitig klar wird. Darum glaube ich denn, daß für denjenigen, dem es Ernst darum ist, meine Ausführungen zu prüfen, die mathematische Grundlage kein wirkliches Hinderniß für die Prüfung abgeben wird. Um aber das Verständniß meiner Ausführungen noch mehr zu erleichtern, habe ich die theoretischen Ausführungen an einem fingirten Beispiel mit Hülfe von Tabellen praktisch durchgeführt. Hierdurch wird es denn demjenigen, der nicht Lust haben sollte, den theoretischen Ausführungen zu folgen, leicht, sich auch ohne dieselben mit den Resultaten bekannt zu machen, und so die darauf gebauten weiteren Schlüsse zu würdigen. Es darf aber Jeder die Prüfung der Rechnungen wohl um so unbedenklicher unterlassen, als bekanntlich bei mathematischen Ausführungen die Richtigkeit des Resultats leicht verbürgt werden kann, wenn die Voraussetzungen, von welchen ausgegangen wird, als richtig erkannt sind, die Prüfung der Richtigkeit dieser Voraussetzungen aber Jedem auch ohne alle mathematische Kenntnisse möglich ist. Für einen solchen, dem die Prüfung der theoretischen Ausführungen zu mühsam erscheinen sollte, bemerke ich daher, daß diese, wie sie die Seiten 49 bis 67 enthalten, sich auf Seite 67 bis 80 an einem Zahlenbeispiel sämmtlich wiederholt finden, und daß er jene Ausführungen daher bei Seite liegen lassen kann, wenn er sich nur das Beispiel selbst klar macht.

Ueber die Ausführungen selbst habe ich zu bemerken, daß die meisten mehr als Skizzen, denn als schon vollendete Arbeiten zu betrachten sind. Detaillirte Ausführungen haben nur Werth, wenn man sich vorher über die leitenden Grundsätze verständigt hat; so mußte auch ich denn, vor Ausarbeitung mehr ins Einzelne gehender Ausführungen, zunächst die Anerkennung meiner Lehrsätze im Allgemeinen abwarten. Für diejenigen aber, welche mehr ins Einzelne gehende Ausführungen wünschen sollten, erlaube ich mir darum die Bemerkung, daß ich als Lehrer meiner Wissenschaft aufzutreten beabsichtige, und daher bereit bin, gewünschte Aufklärungen zu geben.

Ich schließe mit dem Wunsch, daß mein Werk einer strengen, aber vorurtheilsfreien Prüfung unterworfen werden möge. Ich bin ganz besonders in der Lage, die letztere Forderung stellen zu müssen, weil ich genöthigt war, so viele allgemein für wahr gehaltene Ideen als unrichtig zu bekämpfen, die vielen, sehr vielen Menschen um so mehr ans Herz gewachsen sind, als von dem Fürwahrhalten dieser Ideen ihre Stellung im Leben ganz oder theilweise bedingt ist, sie also durch das Aufgeben derselben in die Lage versetzt werden, in der ich mich selbst befinde, sich im reifen Mannesalter noch eine neue Stellung suchen zu müssen. Vielleicht wird es dazu beitragen, das Entstehen eines Zwiespalts wegen dieser Anfechtungen zwischen dem Leser und mir zu vermeiden, wenn ich der Wahrheit gemäß erkläre, daß auch ich nicht ohne Kampf und theilweise nicht ohne bedeutenden und anfangs schmerzlichen Kampf, mich von jenen Ideen habe lossagen können, und daß der Schmerz sich erst dann in Freude verwandelte, als ich die Ueberzeugung gewann, daß die Berichtigung unvergleichlich Schöneres an die Stelle des Aufzugebenden setzte. Der Glaube an diese Erklärung wird mindestens dem Leser den Beweis liefern, daß nicht Frivolität, sondern innige Ueberzeugung mich jene Ideen bekämpfen läßt.

Cöln, im Januar 1853.

Gossen.

Der Mensch wünscht sein Leben zu genießen und setzt seinen Lebenszweck darin, seinen Lebensgenuß auf die möglichste Höhe zu steigern. Aber einestheils dauert das Leben des Menschen eine geraume Zeit, und es giebt eine Menge Lebensgenüsse, die der Mensch sich augenblicklich verschaffen kann, die ihm aber in ihren Folgen Entbehrungen auflegen, die außer allem Verhältniß stehen mit dem früher gehabten Genusse; anderntheils werden die höchsten, die reinsten Genüsse dem Menschen erst verständlich, sie werden erst zu Genüssen, wenn er sich zu ihrem Verständniß zuerst herangebildet hat. Der Mensch, welcher glaubte seinen Lebenszweck am Vollkommensten zu erreichen, wenn er sich in jedem Augenblick ohne Rücksicht auf die Folgen den Lebensgenuß verschaffen wollte, der für ihn augenblicklich der größte scheint, würde sich darum arg täuschen; um die wahre Größe eines Genusses zu finden, muß nicht bloß die Größe des augenblicklichen Genusses ins Auge gefaßt, es müssen von dieser alle die Entbehrungen abgezogen werden, welche der wirkliche Genuß durch seine Folgen dem Menschen in seiner ganzen Zukunft auflegen würde; es muß namentlich erwogen werden, in wie weit ein Genuß ein Hinderniß bereitet, die körperliche sowohl, wie geistige Ausbildung zu erreichen, die den Menschen erst zu den höheren, feineren Genüssen befähigt. Mit anderen Worten:

Es muß das Genießen so eingerichtet werden, daß die Summe des Genusses des ganzen Lebens ein Größtes werde.

Nach diesem Grundsatz sehen wir denn von der Wiege bis zum Grabe alle Menschen ohne Ausnahme handeln, den König wie den Bettler, den frivolen Lebemann wie den büßenden Mönch, und wenn dennoch die Handlungsweise der Menschen, wie wir sie im Leben wahrnehmen, so außerordentlich verschiedenartig erscheint, so hat dieses lediglich in der verschiedenen Ansicht über die Größe der verschiedenen Lebensgenüsse (eine Größe, die auch unzweifelhaft nach der Bildungsstufe des Menschen verschieden ist) und über die Größe der Hinderung seinen Grund, die der Genuß später zu erwartenden Genüssen in den Weg legen werde. Darüber, daß jeder seinen

Lebensgenuß zum Größten bringen will, sind alle einig. Selbst der Ascet, der sich von diesem Lebenszweck scheinbar am Weitesten entfernt, wenn er durch Kasteiungen und willkürlich aufgelegte Entbehrungen aller Art das Himmelreich zu erwerben vermeint, bekundet die Wahrheit dieses Satzes. Denn, abgesehen davon, daß es selbst bis zu einem gewissen Punkte von ihm als Genuß empfunden wird, eine solche Lebensweise zu befolgen, treibt nur die Ueberzeugung ihn zu dieser Handlungsweise, daß ihm die hier willkürlich aufgelegten Entbehrungen in einem jenseitigen Leben viel-, vielfach werden vergolten werden, und nimmt man ihm diese Ueberzeugung, so wird er augenblicklich eine seiner bisherigen Handlungsweise ganz entgegengesetzte annehmen: wie denn die Geschichte der Beispiele in Ueberfluß liefert, daß aus frivolen Lebemännern Asceten, und umgekehrt aus büßenden Mönchen feine Lebemänner geworden sind. Der Ascet unterscheidet sich in Beziehung zu jenem Grundsatz vom Lebemann also nur darin, daß er ein weit ungenügsamerer Egoist ist; was die Erde bietet, genügt ihm nicht als Summe des Genusses, er will mehr haben, und glaubt, dieses durch sein Verfahren sich verdienen zu können. Ja, daß die Menschen beim Wechseln ihrer Handlungsweise so oft in Extreme verfallen, zeigt die allgemeine Wirksamkeit jenes Satzes in klarster Weise. Denn, wer in seiner Handlungsweise zu einem Aeußersten gelangt, beweist hierdurch, daß der Beweggrund zu dieser Handlungsweise besonders stark von ihm empfunden wird, oder die Kraft, die ihn zu dieser Handlungsweise bestimmt, besonders stark bei ihm vorhanden ist; es ist daher natürlich, daß er aus einem Extrem ins andere verfallen muß, sobald durch irgend welche Umstände seine Ueberzeugung eine Aenderung erleidet, und hierdurch jene Kraft einen andern Zielpunkt erhält. Setzen doch alle positiven Religionen, von denen die Geschichte uns Kunde giebt, diesen Satz als ein so unzweifelhaft anerkanntes Axiom voraus, daß sie es sogar für überflüssig halten, durch das Aussprechen desselben an sein Dasein zu erinnern, wenn sie, durch Verheißung von Strafen und Belohnungen in einem spätern Leben, die Menschen in den Bahnen zu halten sich bemühen, die ihnen als die richtigen erscheinen, Strafen und Belohnungen, denen sie, um es ganz unzweifelhaft hinzustellen, daß die Summe des Lebensgenusses beim Einhalten derselben wirklich ein Größtes werde, eine ewige Dauer beilegen.

Aber nicht bloß, daß dieses von allen Menschen ohne Ausnahme als Lebenszweck betrachtet wird; es ist auch unzweifelhaft der wahre Lebenszweck des Menschen, derjenige, den sein Schöpfer gewollt hat. Denn, daß in dem Menschen der Wunsch, dieses Ziel zu erreichen, unvertilgbar und fortwährend entsteht, können wir uns nur so erklären, daß wir annehmen, der Schöpfer habe in dem Menschen eine Kraft geschaffen, deren Wirkung als dieser Wunsch ins Dasein tritt, wie wir uns ja auch alle anderen Erscheinungen in der Natur durch die Annahme entsprechender, nach bestimmten Gesetzen wirkender Kräfte zu erklären versuchen. Das ganze Wesen jeder Kraft können wir aber nur darin setzen, daß sie wirke, und zwar genau nach Verhältniß ihrer Stärke; ihr Zweck, und somit der Zweck des Schöpfers beim Schaffen derselben, kann darum gar kein anderer gewesen sein, als daß er diese Wirkung wollte, daß er es wollte, daß der Mensch ihrer Weisung folge. Mithin heißt es die Zwecke des Schöpfers ganz oder theilweise vereiteln, wenn man diese Kraft ganz oder theilweise vernichten wollte, wie dieses doch durch so manche von Menschen gegebene Moralvorschriften beabsichtigt wird. Wie aber kann ein Geschöpf seine Anmaßung so weit treiben, die Zwecke seines Schöpfers ganz oder theilweise vereiteln zu wollen!

Doch nicht aus Anmaßung sind jene Vorschriften entsprungen, aus einer Verwechslung. Weil man nicht einsah, daß es darauf ankomme, die Summe des Lebensgenusses während der ganzen Dauer des Lebens zu einem Größten zu bringen, dagegen die nachtheiligen Folgen so vieler Genüsse wahrnahm, wenn der Mensch sie sich zur Unzeit, oder im Uebermaße erlaubt; glaubte man diese Folgen an den Lebensgenuß unzertrennlich geknüpft, und glaubte so weiter, den Genuß als schädlich verbieten zu müssen, ja kam so weit, das Genießen an und für sich wie etwas Unerlaubtes zu betrachten.

Nur der Mangel der Erkenntniß jener ewigen und unwandelbaren Gesetze, durch welche der Schöpfer seine Welt regiert, trägt also die Schuld an solchen, diesen Gesetzen geradezu widerstreitenden und somit im eigentlichsten Sinne des Wortes unnatürlichen Vorschriften, und nur durch Erforschung jener Gesetze kann der Mensch sich vor ähnlichen Verirrungen bewahren.

Für die Handlungsweise des Menschen folgt aus diesem Lebenszweck die eine und darum Hauptregel:

Der Mensch richte seine Handlungen so ein, daß die Summe seines Lebensgenusses ein Größtes werde,
und der Schöpfer hat, indem er die Kraft schuf, welche im Menschen den Wunsch unvertilgbar und ununterbrochen erzeugt, diesen Zweck zu erreichen, sich die unverbrüchlichste Sicherheit geschaffen, daß der Mensch diesen seinen Lebenszweck erreichen wird, sobald derselbe erst den Weg erkannt hat, auf welchem er zu diesem Ziele gelangen kann. Und mehr noch als das, unendlich viel mehr, indem er die Wirksamkeit dieser Kraft wie bei allen anderen Kräften bestimmten, ihr eigenthümlichen Gesetzen unterwarf, hat er durch dieselbe für das Zusammenleben der Menschen genau dasselbe erreicht, was er durch die Schwerkraft und die ihr eigenthümlichen Gesetze für das Zusammensein seiner Welten erreichte. Wie er durch diese Ordnung in seine Welten schaffte, so schaffte er durch jene Ordnung unter seine Menschen; wie er durch die

Gesetze der Schwerkraft seinen Welten ihre Bahnen ewig und unabänderlich vorschrieb, so schrieb er durch die Gesetze der Kraft zu genießen dem Menschen ewig und unabänderlich seine Bahn im Zusammenleben mit seines Gleichen vor. Durch sie erreichte er es, daß, sobald dem Menschen die Gesetze der Wirksamkeit jener Kraft erst klar geworden sind, jeder Einzelne seines eigenen Wohles wegen zugleich zum Heil der Gesammtheit seine Kräfte so verwenden muß, wie es zur Förderung des Wohles der Gesammtheit am Zweckmäßigsten ist. Dieses ist daher die Kraft, welche die menschliche Gesellschaft zusammenhält; sie ist das Band, welches alle Menschen umschlingt, und sie zwingt, im gegenseitigen Austausch mit dem eigenen Wohl zugleich das Wohl des Nebenmenschen zu fördern. Und diese Kraft, die diese unberechenbaren Wohlthaten der Menschheit schafft, konnte so sehr verkannt werden, daß man sie als Genußsucht verketzerte, weil sie auch einen Mißbrauch zuläßt, daß man es sich zum Verdienst anrechnen zu können glaubte, wenn man es für gelungen hielt, sie bei sich selbst ganz oder theilweise unwirksam zu machen! So weit kann der Mensch sich verirren, wenn er die Offenbarungen des Schöpfers, wie dieser sie ewig und unveränderlich und ununterbrochen in seiner Schöpfung kund giebt, unbeachtet läßt, und an ihrer Stelle Menschensatzungen zur Richtschnur nimmt! Aber auch hier offenbart sich die unbegreifliche Weisheit des Schöpfers; auch diese Verirrung muß er vorausgesehen haben, und darum gab er jener Kraft eine so außerordentliche Stärke, daß alles Ankämpfen des Menschen gegen ihre Wirkungen diese wohl schwächen, aber sie nicht paralysiren kann, und wie sich der Mensch auch abmühen mag, sie bei einer ihrer Aeußerungen zu vernichten, immer taucht sie mit vermehrter Stärke nach einer unerwarteten und unvorhergesehenen andern Richtung wieder auf. Möchte darum nie mehr die Vorschrift des Schöpfers aus den Augen verloren werden, die er uns täglich in tausend verschiedenen Gestalten immer wieder und wieder mit unverkennbaren Schriftzügen offenbart! Sie lautet:

Mensch! Erforsche die Gesetze meiner Schöpfung, und diesen Gesetzen gemäß handle!

Diese Offenbarung bedarf keines Zeugnisses aus Menschenmund für ihre Echtheit und Wahrheit; sie bekräftigt sich durch sich selbst auf so unzweifelhafte Weise, daß jeder Beweis überflüssig erscheint.

Diesem Grundsatz zu Folge ist denn zunächst der Versuch zu machen, die Gesetze zu erforschen, nach denen die Kraft zu genießen wirkt.

Bei näherer Betrachtung, wie das Genießen vor sich geht, findet man denn bei allem Genießen folgende gemeinschaftlichen Merkmale:

1. Die Größe eines und desselben Genusses nimmt, wenn

wir mit Bereitung des Genusses ununterbrochen fortfahren, fortwährend ab, bis zuletzt Sättigung eintritt.

2. Eine ähnliche Abnahme der Größe des Genusses tritt ein, wenn wir den früher bereiteten Genuß wiederholen, und nicht bloß, daß bei wiederholter Bereitung die ähnliche Abnahme eintritt, auch die Größe des Genusses bei seinem Beginnen ist eine geringere, und die Dauer, während welcher etwas als Genuß empfunden wird, verkürzt sich bei der Wiederholung, es tritt früher Sättigung ein, und beides, anfängliche Größe sowohl, wie Dauer, vermindern sich um so mehr, je rascher die Wiederholung erfolgt.

Für beide Merkmale liefert das tägliche Leben tausendfältige Thatsachen als Beweise.

Dem Künstler, dem der Genuß eines neuen Kunstwerks gewährt wird, wird dasselbe in dem Augenblick, in welchem er es lange genug betrachtet hat, um alle Einzelheiten desselben genau aufzufassen, den größten Genuß gewähren. Dieser Genuß wird bei fortgesetzter Betrachtung fortwährend sinken, und über kürzere oder längere Zeit, verschieden je nach dem Gegenstande und dem Menschen, wird er müde werden, es wird Sättigung eintreten auch dann, wenn er dabei noch aufgelegt bleibt, andere Genüsse mitzumachen, ja selbst sich noch an anderen Kunstwerken ähnlicher Art zu erfreuen. Tritt dann später, wieder verschieden je nach dem Gegenstande und dem Menschen, nach kürzerer oder längerer Zeit das Verlangen nach Wiederholung des Genusses ein; so wird er, wegen der früher erlangten Kenntniß des Kunstwerks, in kürzerer Zeit den Höhepunkt des Genusses erreichen, aber dieser Punkt wird um so weniger die Höhe wie beim ersten Male erreichen, je öfter und in je kürzeren Zeiträumen die Wiederholung stattgefunden hat, und auch beim wiederholten Genießen des Werks wird die fortgesetzte Betrachtung wieder ein fortgesetztes Sinken des Genusses bis zur Sättigung mit sich bringen, und die Sättigung selbst auch um so eher eintreten, je öfter und in je kürzeren Zeiträumen die Wiederholung vorgenommen worden ist. Daß bei der Wiederholung wirklich ein Sinken des Höhepunktes des Genusses und eine Verkürzung seiner Dauer eintritt, zeigt sich bei öfterer Wiederholung des Genusses immer deutlicher. Auch der ärgste Kunstenthusiast im Besitze eines Kunstwerks wird, wenn er alle Nebenrücksichten beseitigt, nach und nach immer mehr beim Genießen des Kunstwerks erkalten; es werden später ganze Tage darüber hingehen, wenn er allein ist, daß er sich den Genuß des Kunstwerks nicht verschafft, und diese Zwischenzeit zwischen dem wiederholten Genießen wird sich fortwährend verlängern, während anderseits die Zeit des Genießens sich verkürzt. Der offenbarste Beweis, daß das Interesse an dem Genusse, das heißt seine Größe immer mehr sinkt, je öfter er wiederholt wird.

Das Nachdenken über einen und denselben Gegenstand, sei es, daß der Mensch dißes allein vollbringt, oder daß er hierbei unterstützt wird durch das Gespräch mit anderen, wird für ihn so lange an Interesse zunehmen, bis er den Gegenstand ganz erfaßt hat. Wer erinnert sich nicht des Genusses, den ihm die wirkliche oder geglaubte Entdeckung einer neuen Wahrheit gewährte! Weiter macht es dann auch noch Vergnügen, eine Zeitlang bei dem Gegenstande zu verweilen, aber dieses Vergnügen nimmt immer mehr ab, bis es zuletzt langweilt, den Gegenstand noch länger festzuhalten. Das wiederholte Behandeln eines und desselben Gegenstandes erregt dann bei jeder neuen Wiederholung einen um so geringern Genuß, je öfter und in je kürzeren Zeiträumen die Wiederholung stattfindet. Das Mittheilen, Anfangs Genuß gewährend, geht dann in Lehren über und wird zur Arbeit.

Und nicht bloß bei diesen sogenannten geistigen Genüssen, auch bei den materiellen Genüssen findet dieses Sinken des Genusses nach ähnlichen Gesetzen Statt.

Wer mit einer einzigen Speise seinen Hunger stillt, dem wird der erste Bissen am Besten schmecken; schon weniger gut der zweite, noch weniger der dritte, und so weiter, bis es ihm bei fast eingetretener Sättigung auch fast gleichgültig geworden sein wird, ob er diesen letzten Bissen noch zu sich nimmt oder nicht. Aber auch, daß bei der Wiederholung der Sättigung durch dieselbe Speise ein Sinken des Genusses und eine Verminderung der Quantität des Genossenen eintritt, der Verkürzung der Zeitdauer bei geistigen Genüssen entsprechend, sehen wir durch die Erfahrung unzweideutig bestätigt. Der Arme, der nur an Festtagen einen Braten zu verzehren hat, hat von der Sättigung durch Braten unstreitig mehr Genuß, als derjenige, der sich täglich diesen Genuß bis zur Sättigung verschafft, und bei diesem letztern steigert sich der Genuß, den die Sättigung durch Braten gewährt, je länger ihm dieser Genuß vorenthalten wird.

Daß dieses Sinken des Genusses beim wiederholten Genießen eines und desselben Gegenstandes nicht bei einem jeden ein gleich großes ist, bedarf wohl kaum der Erwähnung; wie allgemein es aber bemerkt wird, beweisen außerdem noch einerseits die oft gehörten Redensarten: Ja, einmal oder einige Male dieses oder jenes zu sehen, zu hören, zu schmecken, überhaupt zu genießen, lasse ich mir gefallen, aber öfter mag ich es doch nicht; bestätigt andererseits die Verwunderung, in welche wir gerathen, wenn uns ein Gegenstand aufstößt, bei dem auch bei sehr häufig wiederholtem Genießen ein Sinken beim Beginn des Genusses weniger bemerkt wird, wie beispielsweise unter den Speisen beim Brot. Denn diese Verwunderung kann nur darin ihren Grund haben, daß wir eben gewohnt sind, allgemein ein stärkeres Sinken wahrzunehmen, sowie man durch jene Redensarten anerkennt, daß der Genuß im Anfange oder beim ersten oder auch noch bei den ersten Wiederholungen die Zeit und Kräfte vergalt, die man darauf verwandte, und daß man es daher nicht bereue, sie darauf verwandt zu haben; aber man fühlt, daß die längere Dauer, die öftere Wiederholung eine solche Abnahme bewirken würde, daß nun der Genuß im Verhältniß zu der zu opfernden Zeit und den zu opfernden Kräften nicht groß genug mehr sein würde. Daß aber bei allen Gegenständen, auch bei dem vorhin genannten Brot, bei der Wiederholung und lediglich durch diese ein Sinken stattfindet, dazu bedarf es bloß der Bemerkung, wie sehr sich der Genuß beim Essen von Brot für denjenigen, der gewohnt ist, ihn sich täglich zu verschaffen, steigert, wenn ihm durch irgend welchen Zufall dieser Genuß auf nur wenige Tage entzogen wird. Beruht ja doch die Wette, daß Jemand es nicht fertig bringen werde, viele Tage hinter einander eine und dieselbe Speise, und sei diese auch sonst für ihn ein Leckerbissen, zur Sättigung zu verwenden, und jeden Tag eine solche Quantität davon zu verzehren, wie sie ihm beim Beginn der Wette gut geschmeckt hat, auch auf der Wahrnehmung der Abnahme des Genusses beim wiederholten Genießen und in Folge dessen der Abnahme der Quantität, die der Mensch zu verzehren im Stande ist.

Nicht zu verwechseln mit diesem Sinken des Genusses beim fortgesetzten und wiederholten Genießen eines und desselben Gegenstandes ist die Steigerung, die bei jedem Genußsinne im Ganzen durch Uebung möglich ist. Die Uebung des Gesichts, des Gehörs, des Geschmacks, des Geistes steigert den Genuß an den diesen Sinnen dienenden Gegenständen im Allgemeinen, aber das fortgesetzte und wiederholte Genießen eines und desselben Gegenstandes ist demungeachtet jenem Sinken unterworfen.

So wiederholt sich denn dieses Gesetz der Abnahme der Größe des Genusses bei allem Genießen ohne alle Ausnahme, bei den geistigen Genüssen sowohl, wie bei den materiellen, und gerade dadurch, daß der Schöpfer die Kraft zu genießen, die Genußsucht, diesem Gesetze unterwarf, machte er sie fähig, solche Resultate zu Tage zu fördern, wie sie oben näher angedeutet wurden.

Die unberechenbare Wichtigkeit dieses Gesetzes macht es wünschenswerth, von demselben eine möglichst klare Anschauung zu erhalten. Hierzu kann im vorliegenden Falle ein geometrisches Bild behülflich sein. Wo es gelingt, irgend eine Wahrheit in einem solchen Bilde getreu darzustellen, wird ein doppelter Vortheil dadurch erreicht; einmal, daß die Wahrheit nicht bloß durch unsere Denkkraft, sondern auch noch durch einen andern Sinn, das Auge, zur Anschauung gebracht werden kann, daß man darum im eigentlichsten Sinne des Wortes eine Vorstellung von derselben erhält; dann aber auch, daß, wenn das Bild richtig ist, alsdann auf dieselbe die Rechnung leichter Anwendung findet, und dann für die gewonnenen Resultate die Gewähr für ihre Richtigkeit erlangt wird, wie sie die Mathematik zu leisten im Stande ist. Physiker wissen bekanntlich diese Vortheile sehr wohl zu schätzen.

Im vorliegenden Falle kann ein solches Bild in folgender Weise hergestellt werden.

Man stelle durch die Linie ab (Fig. 1) die Zeit vor, die ein Genuß währt, dergestalt, daß jeder Punkt derselben einem Zeitmoment entspricht, und daher jeder Theil der Linie ab dem entsprechenden Zeittheile; im vorliegenden Falle mithin ad, als erstes Zehntheil, dem ersten Zehntheil der Zeit, df, als zweites, dem zweiten u. s. w., man denke sich dann in jedem Punkte der Linie ab eine Senkrechte errichtet, wie dieses beispielsweise in a, d, f u. s. w. hier geschehen ist, und setze diese Senkrechten in das Größenverhältniß zu einander, wie der Genuß in dem entsprechenden Zeitmomente gefunden wird. Verbindet man dann die Endpunkte der Senkrechten, hier c, e, g, k u. s. w., mit einander, so ist offenbar, daß dann die Flächen $adec$, $dfge$, $fhkg$ u. s. w. genau das Größenverhältniß des Genusses in den Zeitabschnitten ad, df, fh u. s. w. darstellen, und überhaupt jede durch zwei Senkrechte auf ab und die Linien cr und ab begrenzte Fläche wie $pqrs$ das Größenverhältniß des Genusses in dem Zeitraum pq.

Fig. 1.

Zur wirklichen Darstellung eines solchen Bildes für irgend einen wirklichen Genuß wäre nun offenbar ein Messen der Größe des Genusses in jedem Zeitmomente erforderlich, eine Aufgabe, deren Lösung bis jetzt noch nicht gelungen, ja mit klar bewußtem Zweck vielleicht kaum einmal versucht worden ist. Aber wie in der Geometrie zur wirklichen Darstellung eines getreuen Bildes von irgend einem in der Wirklichkeit gegebenen Raum das Ausmessen dieses Raumes nach seinen verschiedenen Richtungen erforderlich ist, wie aber ein solches Ausmessen unnöthig erscheint, um die geometrischen Lehrsätze aufzufinden, wie es vielmehr hierzu genügt, aus den

Bedingungen des Raumes die Möglichkeiten zu entwickeln, wie Theile desselben zu einander in Beziehung treten können: so ist auch hier ein wirkliches Messen der Größe der Genüsse nicht nöthig, um die Lehrsätze zu entwickeln, welche zu dem Genießen in Beziehung stehen, auch hierzu genügt es vielmehr, die Möglichkeiten zu entwickeln, die beim Genießen vorkommen können, und sie mit einander in Beziehung zu setzen. Und wie in der Geometrie die also gefundenen Sätze hinterher uns die Möglichkeit an die Hand geben, auch da Messungen des Raumes vorzunehmen, wo ein directes Messen uns ewig unmöglich sein würde — ich erinnere an die Messungen der Astronomen —; so werden uns auch hier die also gefundenen Sätze später in den Stand setzen, Messungen beim Genießen vorzunehmen, die, direct zu vollführen, noch kein Mittel gefunden ist.

Diese Möglichkeiten aufzufinden, geben uns die eben entwickelten Gesetze über die Abnahme der Größe der Genüsse beim anhaltenden und wiederholten Genießen hinreichende Data an die Hand. Sie zeigen uns, daß in dem Bilde eines bestimmten Genusses die Linie cr (Fig. 1), wie auch übrigens ihr Lauf sein mag, wenn man ihr von c nach r hin folgt, sich fortwährend und ununterbrochen der Linie ab nähern muß, da ja gerade diese Annäherung, d. h die Verkürzung der Senkrechten auf ab, der geometrische Ausdruck für die Abnahme des Genusses bei fortgesetztem Genießen ist; sie zeigen uns ferner, daß beide Linien in b, dem Zeitpunkt der momentanen Sättigung, zusammentreffen müssen, weil dort gerade der eintretenden Sättigung wegen die Senkrechte $= 0$ wird. Ob dann aber das Bild eine Form erhalten müsse, ähnlich wie Fig. 2, oder wie Fig. 3, oder wie Fig. 4, oder vielleicht gar wie Fig. 5, darüber giebt uns die unmittel-

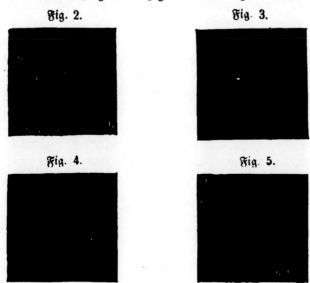

bare Beobachtung keinen Aufschluß; es muß vorläufig unentschieden bleiben. Deshalb wähle ich vorläufig der größern Einfachheit wegen die Form Fig. 2, d. h. das geradlinige Dreieck. Sie erfüllt die einzige Bedingung, die wir bis jetzt aufgefunden haben, die Bedingung der fortwährenden Abnahme der Größe des Genusses und zwar in der Weise, daß bei ihr angenommen wird, daß die Abnahme eine stetige sei, d. h. daß sie in gleichen Zeiten eine gleich große sei, weil in dem geradlinigen Dreieck (Fig. 2), wenn $ad = df$, und eh und gk paralell ab, auch $ch = ac - de = ek = de - fg$ ist. So darf denn dieses Bild so lange festgehalten werden, bis sich in den gewonnenen Resultaten ergiebt, daß und welche Abweichungen sie erleiden, wenn das Gesetz der Abnahme als ein anderes sich herausstellt.

Wie aber auch der Lauf der Linie cb in dem Bilde des Genusses sein mag, aus dem Gesetz der Abnahme der Größe des Genusses beim wiederholten Genießen folgt, daß, wenn abc (Fig. 5) die Größe des Genusses vorstellt, wenn derselbe in einer bestimmten Reihenfolge wiederholt wird, in dem Bilde, welches die Größe desselben Genusses darstellt, wenn die Wiederholung häufiger vorgenommen wird, nothwendig sowohl ab' kleiner als ab, als auch ac' kleiner als ac, und dabei der Lauf der Linie $c'b'$ nothwendig ein ähnlicher werden muß, wie bei bc, so daß die Senkrechten in jedem einzelnen Punkte der Linie ab die Linie $b'c'$ früher treffen, wie bc. Es folgt dieses aus dem Umstande, daß die Abnahme der Größe des Genusses durch Naturkräfte bewirkt wird, die sich nur durch die verschiedene Intensität, mit der ihre Wirksamkeit erfolgt, von einander unterscheiden. Bei noch öfterer Wiederholung muß denn das Bild immer kleiner werden, bis es sich zuletzt auf den bloßen Punkt a rücksichtlich auf die Linie ab reducirt. Diese Reduction auf den bloßen Punkt a, rücksichtlich auf die Linie ab, muß denn bei allen Genüssen dann eintreten, wenn die Wiederholung so oft vorgenommen würde, daß mit dem wiederholten Genießen in dem Augenblick schon wieder begonnen würde, wenn der Genuß gerade auf Null herabgesunken wäre, mit anderen Worten, wenn man mit dem Bereiten eines und desselben Genusses ununterbrochen fortfahren wollte.

Oft in dieser Lage befinden wir uns bei solchen Genüssen, die die Natur uns ohne unser Zuthun gewährt, beispielsweise beim Licht, bei der Wärme, beim Genießen einer Gegend u. s. w. Die Tageshelle an und für sich, abgesehen von den Gegenständen, die wir durch sie genießen, empfinden wir in der Regel nicht als Genuß. Nur wenn durch irgend welchen Zufall das ununterbrochene Genießen aufhört, tritt der Genuß mit um so größerer Stärke ein, je länger er vorher entbehrt wurde. Nach einer langen durchwachten finstern Nacht begrüßen wir die Tageshelle, abgesehen von allem Andern, an und für sich mit Freude. Wer erinnert sich nicht der freudigen Erregung, mit welcher in finstere Kerker eingesperrte Gefangene ihre Empfindung beim Wiedererblicken des Lichts schildern! Der ununterbrochene Aufenthalt in einem Raume, dessen Temperatur dem Körper gerade zusagt, wird nicht als Genuß empfunden, wohl aber das Betreten eines solchen Raumes nach vorhergegangener übergroßer Hitze oder Kälte. Der Landmann, der in der herrlichsten Gegend von früh Morgens bis spät Abends sein Feld pflügt, empfindet beim Anblick der Gegend, deren Genuß andere Menschen sich durch weite Reisen zu verschaffen suchen, keinen Genuß, aber nur eine kurze Entfernung aus dieser Gegend steigert seinen Genuß bis zum Heimweh.

Aus dem bisher Gesagten ergeben sich nun in Beziehung auf das Genießen folgende drei Lehrsätze.

1. **Bei jedem einzelnen Genuß giebt es eine Art und Weise zu genießen, die hauptsächlich von der häufigern oder minder häufigen Wiederholung des Genusses abhängt, durch welche die Summe des Genusses für den Menschen ein Größtes wird. Ist dieses Größte erreicht, so wird die Summe des Genusses sowohl durch eine häufigere, wie durch eine minder häufige Wiederholung vermindert.** Die Betrachtung des Bildes bringt dieses sofort zur klaren Anschauung. Denn ist ein Genuß in b bis auf Null herabgesunken, so kann das Fortsetzen des Genießens die Fläche $a\,b\,c$, die Summe des Genusses, nun nicht mehr vergrößern, weil die Ordinaten fortwährend Null blieben. Wenn aber in einem solchen Falle durch ein ununterbrochen fortgesetztes Genießen eine Vergrößerung der Summe des Genusses nicht bewirkt werden kann, so kann dieses offenbar dadurch geschehen, daß die Bereitung während einiger Zeit unterbrochen wird, weil dadurch ja eben der Eindruck der Außenwelt nun wieder als Genuß empfunden wird. Daß aber hier ein Größtes eintreten müsse, geht untrüglich daraus hervor, daß die fortgesetzte immer spärlichere Befriedigung zuletzt dahin führt, daß der Genuß nur mehr das erste Mal oder gar nicht bereitet wird, daß also, während bei spärlicherer Befriedigung zuerst ein Wachsen der Summe eintrat, zuletzt wieder eine Abnahme bis auf Null stattfindet; inzwischen muß es also nothwendig eine Art der Befriedigung geben, wodurch das Größte jener Summe erlangt wird.

Daß dieser Satz so oft verkannt wird, hat zu allen Zeiten eine außerordentliche Menge Menschen für sie selbst in das möglichst größte Unglück gestürzt, ihren Lebenszweck zu verfehlen. Es trifft dieses am häufigsten diejenigen, welche nach den bisherigen menschlichen Begriffen ganz besonders berufen schienen, den Höhenpunkt menschlicher Glückseligkeit zu erreichen, die sogenannten Großen der Erde. Um nur ein Beispiel, das auffallendste der neuern Geschichte, anzuführen, erinnere ich an Ludwig XV., König von Frankreich. Seinen Höflingen und Maitressen gelang es durch Verschwendung der Kräfte eines ganzen Volkes, seine Hofhaltung so einzurichten, daß ihm Jedes, was dem Menschen auf der Stufe der körperlichen und geistigen Ausbildung, auf welcher er sich befand, Genuß zu gewähren im Stande ist, fast ununterbrochen geboten wurde. Je mehr dieses Ziel erreicht wurde, desto mehr mußte die Summe des Lebensgenusses des beklagenswerthen Ludwig's sinken, denn der Punkt der größten Summe des Genusses war bei ihm natürlich bei allen Genüssen längst überschritten. Folge davon war denn, daß es zuletzt selbst einer Pompadour, die doch nichts noch so Unnatürlichem zurückschreckte, wenn es für Ludwig selbst versprach, nicht mehr gelingen wollte, die tödtlichste Langeweile zu verscheuchen. Und so wurde durch Verkennung des obigen Satzes lediglich das erreicht: ein ganzes Volk unglücklich zu machen, um Ludwig selbst unglücklicher werden zu lassen, als der gedrückteste aller Leibeignen seines weiten Reichs.

Wie nun bei jedem einzelnen Genuß das Genießen einzurichten ist, um dieses Größte zu erreichen, ist eine factische Frage. Ihre Beantwortung ist bedingt durch nähere Bestimmung des Gesetzes über die Abnahme der Größe, und diese wieder durch das wirkliche Messen der Genüsse. Sie kann daher hier noch nicht versucht werden. Hier genügt es, von dem Dasein dieses Satzes Kenntniß zu erhalten, zu wissen, daß bei jedem Genusse dieses Größte eintritt, und vor Allem abhängig ist von dem öftern Wiederholen.

2. **Der Mensch, dem die Wahl zwischen mehren Genüssen frei steht, dessen Zeit aber nicht ausreicht, alle vollaus sich zu bereiten, muß, wie verschieden auch die absolute Größe der einzelnen Genüsse sein mag, um die Summe seines Genusses zum Größten zu bringen, bevor er auch nur den größten sich vollaus bereitet, sie alle theilweise bereiten, und zwar in einem solchen Verhältniß, daß die Größe eines jeden Genusses in dem Augenblick, in welchem seine Bereitung abgebrochen wird, bei allen noch die gleiche bleibt.** Es folgt dieses aus dem Gesetz der Abnahme der Genüsse; an unserm Bilde können wir uns dieses klar machen. Gesetzt, es stelle abc (Fig. 6) das Bild der Größe eines Genusses A dar, $a'b'c'$ das eines zweiten B, so wird nun der Mensch, um die Summe des Genusses zum Größten zu bringen, mit Bereitung des Genusses zunächst beginnen müssen, der Anfangs der größte ist, hier also mit A, und mit dessen Bereitung so lange fortzufahren haben, bis er so sehr gesunken ist, daß er nunmehr dem Genusse B bei dessen Beginnen gleich kommt. Hier also bis d, wenn $de = a'c'$. Er wird also, wenn ihm nur die Zeit ad zur Bereitung dieser Genüsse vergönnt ist, sie ganz und gar auf den Genuß A

verwenden müssen. Hat er aber mehr Zeit zu seiner Verfügung, etwa bis f, und wollte nun die ganze Zeit af zur Bereitung des Genusses A verwenden, so würde er offenbar nicht die größte Summe des Genusses erlangen. Denn bestimmt man den Punkt d' der Art, daß $a'd' = fg$ und $d'e' = gh$ wird, was immer geschehen kann, weil sich die Linien cb und $c'b'$ fortwährend den geraden ab und $a'b'$ nähern, und hier zu Stande zu bringen ist, wenn man $a'f' = fk$, $\angle a'f'e' = \angle fke$ macht, und $e'd'$ senkrecht auf $a'b'$ fällt; so wird die Größe des Genusses

Fig. 6.

gemessen, wenn die Zeit gf zur Bereitung des Genusses A verwandt wird durch $gfkh$, wenn sie zur Bereitung des Genusses B verwandt wird durch $a'd'e'c'$. Nun ist aber wegen Gleichheit der Seiten und Winkel $gfkh = a'd'e'f'$ und daher $a'd'e'c' = gfkh + f'e'c'$, mithin, wenn die Zeit auf beide Genüsse der Art vertheilt wird, daß beim Abbrechen des Genießens bei einem jeden Genuß derselbe gleiche Größe erlangt hat, das heißt, wenn $gh = d'e'$, die Summe des Genusses um $f'e'c'$ größer, als wenn bloß der Genuß A während der ganzen Zeitdauer bereitet worden wäre, und es leuchtet ein, daß auch jede andere Vertheilung eine Verminderung der Summe des Genusses herbeiführen würde. Der Punkt b bei dem Genusse A kann also nur gleichzeitig mit dem Punkte b' bei dem Genusse B erreicht werden, mithin erst dann, wenn die Zeit ausreicht, sich beide Genüsse vollaus zu verschaffen.

Das Resultat ändert sich im Wesentlichen nicht, wenn noch ein dritter, vierter u. s. w. Genuß hinzutritt. Der Mensch wird immer die ihm zum Genießen vergönnte Zeit zunächst auf den Genuß zu verwenden haben, der zuerst der größte ist, bis er so weit sinkt, daß er dem nächstfolgenden gleichkommt, in Fig. 6 bis $de = a'c'$; von da ab hat er seine Zeit auf die beiden Genüsse A und B zu vertheilen, und zwar so lange bis $gh = d'e'$ dem nächstfolgenden größten Genusse, hier $a''c''$, gleich wird; dann findet bei noch freier Zeit die Vertheilung derselben auf alle drei Statt und wieder der Art, daß die Begrenzungslinien beim Abbrechen des Genießens einander gleich werden u. s. w.

Legt man das geradlinige Dreieck zu Grunde, so findet man zur Berechnung, wie die Vertheilung einer gegebenen Zeit vorzunehmen ist, folgende Formeln.

Man setze die Zeitdauer, während welcher etwas als Genuß empfunden wird, $ab = p$; $a'b' = p'$; $a''b'' = p''$, überhaupt $a^{(v)}b^{(v)} = p^{(v)}$, die Größe der Genüsse bei ihrem Beginne $ac = n$; $a'c' = n'$. $a^{(v)}c^{(v)} = n^{(v)}$, die ganze zur Verfügung stehende Zeit $= E$, endlich nenne man die auf den Genuß A zu verwendende Zeit e, die auf B zu verwendende e' u. s. w. die auf N zu verwendende $e^{(v)}$, so hat man zur Berechnung der $e^{(v)}$ folgende Gleichungen:

Die Summe der $e^{(v)}$ muß gleich werden der ganzen zu verwendenden Zeit, mithin:

1) $E = e + e' + e'' \ldots + e^{(v)}$.

Ferner weil die Begrenzungslinien beim Abbrechen der Genüsse alle gleich groß werden sollen, wenn man sie also durch de, $d'e'$, überhaupt durch $d^{(v)}e^{(v)}$ bezeichnet, in jedem Dreieck aber (Fig. 6):

$$ab : ac = bd : de$$
$$= ab - ad : de,$$

also:

$$de = \frac{ac(ab - ad)}{ab} = \frac{a'c'(a'b' - a'd')}{a'b'} = \ldots$$

wird:

2) $\dfrac{n(p - e)}{p} = \dfrac{n'(p' - e')}{p'} = \ldots = \dfrac{n^{(v)}(p^{(v)} - e^{(v)})}{p^{(v)}}$.

Aus der Gleichung 2 erhält man dann

$$e' = p' - \frac{p'}{n'}\left(\frac{n(p - e)}{p}\right)$$

sowie ferner

$$e'' = p'' - \frac{p''}{n''}\left(\frac{n(p - e)}{p}\right)$$

und ganz allgemein

$$e^{(v)} = p^{(v)} - \frac{p^{(v)}}{n^{(v)}}\left(\frac{n(p - e)}{p}\right)$$

Substituirt man diese Werthe von e', $e'' \ldots e^{(v)}$ in die Gleichung 1 unter Absonderung des gemeinschaftlichen Factors $\dfrac{n(p - e)}{p}$, so erhält man:

$$E = e + p' + p'' \quad + p^{(v)} - \left(\frac{p'}{n'} + \frac{p''}{n''} \ldots + \frac{p^{(v)}}{n^{(v)}}\right)\left(\frac{n(p - e)}{p}\right)$$

oder wenn man $p - \dfrac{p}{n}\left(\dfrac{n(p - e)}{p}\right)$ auf beiden Seiten zusetzt und reducirt:

$$E = p + p' + p'' \ldots + p^{(v)} - \left(\frac{p}{n} + \frac{p'}{n'} + \frac{p''}{n''} \ldots + \frac{p^{(v)}}{n^{(v)}}\right)\left(\frac{n(p - e)}{p}\right),$$

mithin, wenn man $\frac{p}{n} + \frac{p'}{n'} + \frac{p''}{n''} \ldots + \frac{p^{(v)}}{n^{(v)}} = \alpha$ und $p + p' + p'' \ldots + p^{(v)} = P$ setzt:
$$E = P - \frac{\alpha n (p - e)}{p}$$
oder
$$e = p \left(1 \quad \frac{P - E}{\alpha n}\right).$$

In ganz ähnlicher Weise wie e findet man ganz allgemein:
$$e^{(v)} = p^{(v)} \left(1 \quad \frac{P - E}{\alpha n^{(v)}}\right).$$

Mit Hülfe dieses Werthes von $e^{(v)}$ erhält man die Größe der Genüsse bei ihrem Abbrechen de durch Substitution desselben in die Proportion:
$$p : n = p - e : de;$$
nach vorgenommener Reduction findet man:
$$de = \frac{P - E}{\alpha}.$$

Endlich ist in jedem Dreieck der Theil, der den bereiteten Genuß mißt:
$$adec = \frac{ac + de}{2} \times ad = \frac{n + de}{2} e$$
$$= \frac{n + \frac{P - E}{\alpha}}{2} p \left(1 - \frac{P - E}{\alpha n}\right)$$
$$= \frac{pn}{2} - \frac{p(P - E)^2}{2 n \alpha^2}$$

mithin, wenn man die Summe des Lebensgenusses, die sich der Mensch in der Zeit E bei dieser Vertheilung verschafft, durch W' bezeichnet:
$$W' = \frac{pn + p'n' + p''n'' + \cdots}{2} - \left(\frac{p}{n} + \frac{p'}{n'} + \frac{p''}{n''} + \cdots\right) \frac{(P - E)^2}{2 \alpha^2}$$
$$- \tfrac{1}{2} \left(pn + p'n' + p''n'' + \cdots \quad \frac{(P - E)^2}{\alpha}\right).$$

Bei diesen Formeln ist nur zu bemerken, daß sie nur so lange ein richtiges Resultat geben, als E kleiner bleibt als P oder ihm höchstens gleich kommt, und daß bei Berechnung eines bestimmten Falles die p und n nur der Genüsse genommen werden dürfen, welche bei der Vertheilung von E an demselben Antheil erhalten. Die Größe von E, wann dieser Antheil für einen bestimmten Genuß beginnt, findet man, wenn man den Ausdruck für das betreffende e gleich Null setzt, das heißt wenn:
$$E \gtreqless P - \alpha n^{(v)}.$$

Ein Zahlenbeispiel wird dieses verdeutlichen. Es sei bei vier zur Wahl freistehenden Genüssen das Größenverhältniß bei ihrem Beginnen $= 10 : 8 : 5 : 2$, ihre Zeitdauer $= 10 : 16 : 15 : 18$, so ist für diesen Fall $n = 10$; $n' = 8$; $n'' = 5$; $n''' = 2$ und $p = 10$; $p' = 16$; $p'' = 15$; $p''' = 18$. Hier muß zunächst der Genuß bereitet werden, dessen Verhältnißzahl der Größe 10 ist, und um zu finden wie lange, setze man in die Formel $E = P - \alpha n^{(v)}$, $P = p + p' = 26$; $\alpha = \frac{p}{n} + \frac{p'}{n'} = 1 + 2 = 3$; $n^{(v)} = n' = 8$; so erhält man:

$$E = 26 - 3 \cdot 8 = 2;$$

bei nur zwei Zeiteinheiten ist also der Genuß A allein zu bereiten. Setzt man ferner $P = p + p' + p'' = 41$; $\alpha = \frac{p}{n} + \frac{p'}{n'} + \frac{p''}{n''} = 1 + 2 + 3 = 6$; $n^{(v)} = n'' = 5$, so wird:

$$E = 41 - 6 \cdot 5 = 11;$$

und diesen Werth für E in die Formel für $e^{(v)}$ gesetzt, giebt:

$$e = 5; \ e' = 6;$$

bis zu 11 Zeiteinheiten ist also die Vertheilung der Zeit auf die zwei größten Genüsse vorzunehmen, und zwar, wenn gerade 11 Zeiteinheiten zur Verfügung stehen, deren dann 5 auf den größten und 6 auf den nächstfolgenden Genuß zu verwenden. Setzt man endlich $P = p + p' + p'' + p''' = 59$; $\alpha = \frac{p}{n} + \frac{p'}{n'} + \frac{p''}{n''} + \frac{p'''}{n'''} = 1 + 2 + 3 + 9 = 15$; $n^{(v)} = n''' = 2$, so wird:

$$E = 59 - 15 \cdot 2 = 29,$$

und für den Fall:

$$e = 8; \ e' = 12; \ e'' = 9,$$

so daß also von 29 Zeiteinheiten 8 auf den größten, 12 auf den zweit- und 9 auf den britt-größten Genuß zu verwenden sind. Bei noch mehr Zeiteinheiten würde dann auch der vierte Genuß zum Theil zur Bereitung gelangen müssen, bis bei 59 Zeiteinheiten alle vollaus ihre Befriedigung fänden.

Fig. 7 giebt ein Bild hiervon. Wenn abc das Bild eines Genusses darstellt, bei welchem $p = ab$ und $n = ac$, beide $= 10$ sind; so giebt $a'b'c'$ das, wo $p' = a'b' = 16$, $n' = a'c' = 8$; ferner $a''b''c''$ das, wenn $p'' = a''b'' = 15$, $n'' = a''c'' = 5$; endlich $a'''b'''c'''$ das, wenn $p''' = a'''b''' = 18$, $n''' = a'''c''' = 2$. Es muß dann A allein bereitet werden, wenn bloß ad an Zeit gegeben ist, weil dann $dg = a'c'$; A bis e, B bis d' wenn die Zeit $ae + a'd'$ vorhanden ist, weil dann $he = d'g' = a''c''$; A bis f, B bis e' und C bis d'', wenn

Zeit gleich ist $af + a'e' + a''d''$ wegen der Gleichheit von fk, $e'h'$, $d''g''$ und $a'''c'''$, und ist sie noch größer, so gelangt endlich auch D theilweise zur Bereitung. Die folgende Tabelle mag dieses noch mehr zur Anschauung bringen. Bis:

Fig. 7.

$E = 2$ wird $e = E$, für
" $= 3$; $e = 2^1/_3$; $e' = \quad 2/_3$
" $= 4$; " $= 2^2/_3$; " $= 1^1/_3$
" $= 5$; " $= 3 \quad$; " $= 2$
" $= 6$; " $= 3^1/_3$; " $= 2^2/_3$
" $= 7$; " $= 3^2/_3$; " $= 3^1/_3$
" $= 8$; " $= 4 \quad$; " $= 4$
" $= 9$; " $= 4^1/_3$; " $= 4^2/_3$
" $= 10$; " $= 4^2/_3$; " $= 5^1/_3$
" $= 11$; " $= 5 \quad$; " $= 6 \quad$; $e'' = 0$
" $= 12$; " $= 5^1/_6$; " $= 6^1/_3$; " $= \quad 1/_2$
" $= 13$; " $= 5^1/_3$; " $= 6^2/_3$; " $= 1$
" $= 14$; " $= 5^1/_2$; " $= 7 \quad$; " $= 1^1/_2$
. . . .
" $= 28$; " $= 7^5/_6$; " $= 11^2/_3$; " $= 8^1/_2$
" $= 29$; " $= 8 \quad$; " $= 12 \quad$; " $= 9 \quad$; $e''' = 0$
" $= 30$; " $= 8^1/_{15}$; " $= 12^2/_{15}$; " $= 9^1/_5$; " $= \quad 3/_5$
" $= 31$; " $= 8^2/_{15}$; " $= 12^4/_{15}$; " $= 9^2/_5$; " $= 1^1/_5$
" $= 32$; " $= 8^1/_5$; " $= 12^2/_5$; " $= 9^3/_5$; " $= 1^4/_5$
. . . .

$$E = 44;\ e = 9\ ;\ e' = 14\ ;\ e'' = 12\ ;\ e''' = 9$$
$$\text{\textquotedblright} = 59;\ \text{\textquotedblright} = 10\ ;\ \text{\textquotedblright} = 16\ ;\ \text{\textquotedblright} = 15\ ;\ \text{\textquotedblright} = 18.$$

Man sieht hieraus, daß, sobald B hinzutritt, die Zeit zwischen A und B in dem Verhältniß wie $1:2$ getheilt werden muß, das heißt, daß von der neu hinzukommenden Zeit $1/3$ auf A und $2/3$ auf B zu verwenden ist. Tritt dann auch noch C hinzu, so erhält nun A nur $1/6$, B $1/3$ und C $1/2$, endlich wenn auch noch D hinzukommt, A $1/15$, B $2/15$, C $1/5$ und D $3/5$ der neu hinzukommenden Zeit.

Von der Summe des durch dieses Verfahren geschaffenen Genusses kann man sich mit Hülfe der Formel für de ein Bild verschaffen. Es führt hierzu die Vorstellung, daß die Zeit, welche einem Menschen zur Bereitung der verschiedenen Genüsse vergönnt ist, sich nach und nach von Null anfangend vergrößere. Wo man dann auch diese Zeit als zu Ende gehend annehmen mag, immer findet man nach dem Vorstehenden die Größe der Genüsse in diesem Augenblick des Abbrechens $= \dfrac{P-E}{\alpha}$. Wenn man also die Senkrechten über ab in das Größenverhältniß setzt, welches dieser Formel entspricht, so muß die Fläche über ab die Summe des Lebensgenusses oder W^n darstellen. Die Differentiation der Formel für W^n, wenn man W^n und E als Veränderliche betrachtet, ergiebt dieses auch sofort. Denn es leuchtet ein, daß, da W^n die Summe des Lebensgenusses ausdrückt, der Differential-Coëfficient $\dfrac{dW^n}{dE}$ die Größe des neu zu W^n hinzukommenden Genusses in der Zeit dE bezeichnet. Die Differentiation von $W^n = 1/2 \left(pn + p'n' + \ldots\ \dfrac{(P-E)^2}{\alpha} \right)$ giebt aber:

$$\frac{dW'}{dE} = \frac{P-E}{\alpha}$$

und wenn man daher diese Größe durch w' bezeichnet, so erhält man als Gleichung dieser Curve:

$$w' = \frac{P-E}{\alpha}.$$

Bei derselben ist nur zu bemerken, daß α und P sich jedesmal ändern, sobald E eine solche Größe erreicht, daß ein bis dahin unbefriedigter Genuß nunmehr theilweise mit zur Bereitung gelangt.

In unserem Zahlenbeispiel wird bis $E = 2$, $\alpha = \dfrac{p}{n}$, $P = p$ daher $w = \dfrac{10 - E}{1}\ \ldots$

$E = 2$ bis $E = 11$; $\alpha = \dfrac{p}{n} + \dfrac{p'}{n'}$; $P = p + p'$; $w' = \dfrac{26-E}{3}$

» $= 11$ » » $= 29$; » $= \dfrac{p}{n} + \dfrac{p'}{n'} + \dfrac{p''}{n''}$; $P = p + p' = p''$;

$$w' = \dfrac{41-E}{6}$$

» $= 29$ » » $= 59$; » $= \dfrac{p}{n} + \dfrac{p'}{n'} + \dfrac{p''}{n''} + \dfrac{p'''}{n'''}$; $P = p + p' +$

$$p'' + p'''; \quad w' = \dfrac{59-E}{15}.$$

Die Größe von W' und w' je nach der Größe von E giebt daher folgende Tabelle.

Für $E =$	0	wird $w' =$	10	; $W' =$	0
» » $=$	1;	» $=$	9	; » $=$	9,5
» » $=$	2;	» $=$	8	; » $=$	18
» » $=$	3;	» $=$	$7^2/_3$	; » $=$	25,833
» » $=$	4;	» $=$	$7^1/_3$	; » $=$	33,333
» » $=$	5;	» $=$	7	; » $=$	40,5
» » $=$	6;	» $=$	$6^2/_3$	; » $=$	47,333
» » $=$	7;	» $=$	$6^1/_3$	; » $=$	53,833
» » $=$	8;	» $=$	6	; » $=$	60
» » $=$	9;	» $=$	$5^2/_3$	; » $=$	65,833
» » $=$	10;	» $=$	$5^1/_3$	; » $=$	71,333
» » $=$	11;	» $=$	5	; » $=$	76,5
» » $=$	12;	» $=$	$4^5/_6$	; » $=$	81,417
» » $=$	13;	» $=$	$4^2/_3$	; » $=$	86,167
» » $=$	14;	» $=$	$4^1/_2$	; » $=$	90,75
. . . .					
» » $=$	28;	» $=$	$2^1/_6$	; » $=$	137,417
» » $=$	29;	» $=$	2	; » $=$	139,5
» » $=$	30;	» $=$	$1^{14}/_{15}$	; » $=$	141,467
» » $=$	31;	» $=$	$1^{13}/_{15}$	; » $=$	143,367
. . . .					
» » $=$	58;	» $=$	$^1/_{15}$	; » $=$	169,467
» » $=$	59;	» $=$	0	; » $=$	169,5

das geometrische Bild erhält, bei halb so großem Maßstabe wie Fig. 7, Gestalt wie Fig. 8 (a. f. S.). In derselben ist $ac = 10$ angenommen, daher $ad = 2$, $de = 8$ und $adec = \dfrac{10+8}{2} \times 2 = 18 = W'$ den Fall, daß $E = 2$; ferner $af = 11$, mithin $af - ad = 9$,

$fg = 5$ und $dfge - \dfrac{8+5}{2} \times 9 = 58{,}5$, mithin $afgec = 18 + 58{,}5 = 76{,}5 = W'$, wenn $E = 11$ u. s. w. (Aus der Formel $w' = \dfrac{P-E}{\alpha}$ folgt nämlich, daß die Linien ce, eg, gk und kb gerade sind, über-

Fig. 8.

haupt, daß die Begrenzungslinie gerade ist, so lange α und P denselben Werth behalten, das heißt so lange die Vertheilung auf die gleichen Genüsse vorzunehmen ist. Es hat dieses seinen Grund darin, daß das geradlinige Dreieck als Bild des Genusses genommen wurde.) Im Allgemeinen wird daher das Bild für die Summe des Lebensgenusses bei Befolgung dieses Satzes durch eine Curve cb' (Fig. 9) dargestellt werden können, die

Fig. 9.

sich fortwährend der ab nähert, und ihre Convexität gegen diese Linie gekehrt hat.

Man sieht nun hieraus, daß W', die Summe des Lebensgenusses, zwar fortwährend wächst mit Verlängerung der Zeit des Genießens,

dahin, daß die Zeit ausreicht, sich alle Genüsse vollaus zu verschaffen, und die Formel für W' ergiebt unmittelbar, daß dieses unter allen Umständen stattfinden müsse; denn das abzuziehende Glied $\dfrac{(P-E)^2}{\alpha}$ wird durch Vergrößerung von E immer kleiner, W' also immer größer. Aber wenn einerseits W' sich mit Verlängerung der Zeit des Genießens auch selbst vergrößert, so findet andererseits die Vergrößerung doch keineswegs in demselben Verhältniß Statt, in welchem die Zeit verlängert wird. In unserem Beispiel geben die ersten 29 Zeiteinheiten, mithin die kleinere Hälfte der Zeit, welche zum vollen Genießen ausreicht, einen Lebensgenuß $= 139{,}5$; die letzten 30 Zeiteinheiten, mithin die größere Hälfte, dagegen nur 30, etwa $^2/_9$ der ersten 29 Zeiteinheiten. Noch weit größer ist der Unterschied beim Vergleichen der Größe des Genusses, den einzelne Zeiteinheiten gewähren. Die erste Zeiteinheit giebt einen Lebensgenuß $= 9{,}5$, die letzte $= 169{,}5 -$

169,467 = 0,033 = $^1/_{30}$, mithin nur $^1/_{285}$ des Genuſſes, den die erſte giebt. Die Formel $w' = \frac{P-E}{\alpha}$, die gerade den Zuwachs an Lebensgenuß darſtellt, zeigt denn, daß auch dieſes Verhältniß allgemein Platz greift. Sie zeigt, daß w' um ſo kleiner wird, je größer E.

Eine unmittelbare Folgerung aus dieſem Satze iſt es:

3) **Die Möglichkeit, die Summe des Lebensgenuſſes zu vergrößern, wird unter den noch vorhandenen Umſtänden dem Menſchen jedesmal dann gegeben, wenn es gelingt, einen neuen Genuß, ſei dieſer auch an und für ſich noch ſo klein, zu entdecken, oder irgend einen bereits bekannten durch die Ausbildung ſeiner ſelbſt, oder durch Einwirkung auf die Außenwelt zu ſteigern.**

Die Vergrößerung eines bekannten Genuſſes kann nur in der Weiſe ſtattfinden, daß ſeine abſolute Größe in jedem einzelnen Zeitmomente, oder doch in einigen Zeitmomenten eine Steigerung erleidet (der Fall, daß dieſe Vergrößerung dadurch bewirkt wird, daß es gelingt, die Zeit des Genießens zu verlängern, iſt im Weſentlichen hiervon nicht verſchieden. In dieſem Falle tritt die Steigerung in den Momenten ein, in welchen der Genuß früher Null war, und daſſelbe gilt auch von der Entdeckung eines neuen Genuſſes), daß alſo die Linie cb (Fig. 10) ſich entweder auf ihrer

Fig. 10.

ganzen Länge oder auf einem Theil derſelben weiter von ab entfernt als bisher, daß alſo, wenn $defg$ die Größe eines Genuſſes während der Zeit df vorſtellt, wenn bei ihm eine Vergrößerung während dieſer Zeit gelungen iſt, dieſes durch Verlängerung der Linien de und fg dargeſtellt werden muß, beiſpielsweiſe durch de' und fg'; kommt dann der Genuß während des Zeitraums df wirklich zur Bereitung in Folge des vorigen Satzes, ſo würde ſelbſt dann, wenn bei der Zeitvertheilung auf dieſe Veränderung keine Rückſicht genommen würde, dieſe daher in gleicher Weiſe wie früher unverändert beibehalten würde, die Summe des Genuſſes ſich um $egg'e'$ vergrößern, aber da bei dieſer Vertheilung die Begrenzungslinie bei dieſem letzten Genuſſe nun größer bleiben würde, wie bei den übrigen zur Bereitung kommenden Genüſſen, ſo kann die Summe durch zweckmäßigere Vertheilung der verwendbaren Zeit noch vergrößert werden, ſo daß die Vergrößerung der Summe des Genuſſes, wenn nicht alle Genüſſe zur vollen Bereitung gelangen, ſogar mehr beträgt, als die Vergrößerung bei jenem Genuſſe ſelbſt.

Die Formel für w' führt zu der gleichen Schlußfolgerung. Die Summe des Lebensgenusses muß sich nämlich dann vergrößern, wenn w' in einzelnen Zeitmomenten größer wird, im umgekehrten Falle aber verkleinern. Die Formel:

$$w' = \frac{P-E}{\alpha}$$

zeigt aber, daß w' um so später Null wird, je größer P, d. h. daß die Abnahme von w' an Größe um so langsamer erfolgt, daß also w' um so viel länger größer als bisher bleibt. Es ist aber $P =$ der Zeit, die darauf verwandt werden müßte, sich alle Genüsse vollaus zu verschaffen, und auf seine Größe ist die absolute Größe der Genüsse selbst ohne allen Einfluß, es vergrößert sich also durch Auffindung eines neuen oder Verlängerung eines bekannten Genusses. An unserer Fig. 8 können wir uns dieses deutlich machen, wenn wir die Linien ce, eg und gk bis zum Durchschnitt mit ab verlängern. Die Verlängerung von ce schneidet ab bereits in d'. Bliebe der erste Genuß allein, so würde also in d' das Genießen sein Ende erreichen. Durch das Hinzukommen des zweiten Genusses wird dieser Punkt bis f' hinausgerückt, wodurch denn der Genuß von d ab fortwährend größer bleibt; er ist in l beispielsweise anstatt ln nunmehr $= lm$ und ähnlich in jedem anderen Punkte und beim Hinzukommen noch eines neuen Genusses.

Die Formel:

$$w' = \frac{P-E}{\alpha}$$

zeigt aber ferner, daß w' um so größer wird, je kleiner α; dieses letztere ist aber $= \frac{p}{n} + \frac{p'}{n'} + \frac{p''}{n''} + \ldots$; es wird also kleiner, wenn auch nur eines der n sich vergrößert, d. h. wenn die absolute Größe eines bekannten Genusses sich vermehrt.

Nur dann, wenn der Mensch dahin gelangt sein wird, fortwährend während der ganzen Dauer seines Lebens so viele und so große Genüsse zur Auswahl zu haben, daß der neu entdeckte oder vergrößerte Genuß nicht zur Bereitung gelangen dürfte, könnte daher das Auffinden eines neuen oder das Vergrößern eines bekannten Genusses dem Menschen gleichgültig sein. Wie weit der Mensch bis jetzt noch von diesem Ziele entfernt ist, beweist am Offenbarsten wieder ein Ludwig XV., der doch vor so vielen anderen Menschen den Vorzug genoß, die Mittel in Ueberfluß zu besitzen, sich alle bekannten Genüsse in jedem beliebigen Maße verschaffen zu können. Er würde nicht in den Fehler verfallen sein, die ihm zu Gebote gestellten Mittel zu mißbrauchen, um sich zu übersättigen, wenn er seine Zeit immer mit neuen wirklichen Genüssen auszufüllen gewußt hätte.

Eine Modification in dem Abnahmegesetz kann nun im Wesentlichen die eben ausgesprochenen Sätze nicht ändern, wenn nur überhaupt fortwährend eine Abnahme der Größe der Genüsse stattfindet. Es kann dadurch nur bewirkt werden, daß ein Genuß häufiger oder weniger häufig wiederholt oder etwas früher oder später und in einem andern Verhältniß bei der Zeitvertheilung zu berücksichtigen ist, daß aber überhaupt eine Beschränkung in der Wiederholung vorgenommen werden, und wenn die Zeit nicht ausreicht, alle Genüsse sich vollaus zu bereiten, auch der kleinste Genuß theilweise zur Bereitung gelangen muß, bevor auch nur der größte vollaus zu bereiten ist, jeder aber bis dahin, daß alle beim Abbrechen noch gleiche Größe behalten, leidet durch Aenderung jenes Gesetzes keine Aenderung.

Aus diesen Sätzen ergiebt sich für das menschliche Handeln folgende Regel:

Seinen Lebenszweck in dem Maße zu erreichen, wie es die Einrichtung der Schöpfung möglich macht, kann dem Menschen diesen Sätzen gemäß erst dann gelingen, wenn ihm die ganze Schöpfung mit allen in ihr wirksamen Kräften bekannt sein wird, weil er erst dann die Gewißheit erhält, alle dem Menschen möglichen Genüsse, sowie die Möglichkeit ihrer Steigerung zu kennen, daher die erste Regel für sein Handeln, mit allen Kräften danach zu streben, diese Kenntniß zu erlangen. Man sieht daher hier schon, wie der Schöpfer durch die Art und Weise, wie er die Gesetze des Genießens einrichtete, sich die unverbrüchlichste Gewißheit schaffte, daß das Menschengeschlecht nicht rasten werde, in Kunst und Wissenschaft fortzuschreiten, bis es das Ziel erreicht haben wird, welches er in seiner unbegreiflichen Weisheit zu stecken für gut befunden hat.

Aber bei den ersten Schritten auf dem Wege zu dieser Erkenntniß wird es dem Menschen sofort offenbar, daß die Erkenntniß der Gesetze der Schöpfung nicht ausreicht, um seinen Lebenszweck zu erreichen, daß er vielmehr auch im Besitz dieser Kenntniß zum wirklichen Genießen auf die Außenwelt einwirken müsse, damit sie die Gestalt annehme, in welcher sie allein fähig ist, die gewünschten Wirkungen zu äußern. Und nicht bloß dieses, auch das wird ihm offenbar, daß seine Kräfte keineswegs ausreichen, um sofort jede gewünschte Umgestaltung der Außenwelt zu bewirken, daß vielmehr durch seine vereinzelte Einwirkung auf die Außenwelt nur eine verhältnißmäßig höchst unbedeutende Aenderung in ihr hervorgebracht werden kann, daß aber die Art und Weise dieser Einwirkung von dem außerordentlichsten Einfluß ist, ob das Resultat derselben in Beziehung auf den Lebenszweck des Menschen ein mehr oder minder günstiges sein werde, daß zudem die Größe dieser Einwirkung in einem weit rascheren Verhältniß als die Zunahme der physischen Kräfte steigt, wenn die vereinigten Kräfte vieler Menschen dasselbe Ziel zu erreichen sich bestreben, und so erlangt denn die Beantwortung der Frage vor allen anderen Wichtigkeit: Wie kann erkannt werden, ob durch eine vereinzelte oder gemeinschaftliche Einwirkung auf die Außenwelt diese eine in Beziehung zum Lebenszweck des Menschen verbesserte Gestalt angenommen habe, so daß also die Untersuchung vor Allem darauf zu richten ist, den Maßstab zu finden, mit dessen Hülfe verschiedene Zustände der Außenwelt mit einander verglichen werden können.

Den Zustand der Außenwelt, der sie befähigt, uns zur Erreichung unseres Lebenszweckes behülflich zu sein, bezeichnen wir mit dem Ausdruck: Die Außenwelt hat für uns Werth, und es folgt daraus, daß der Werth der Außenwelt für uns genau in demselben Maße steigt und sinkt, wie die Hülfe, die sie uns gewährt zur Erreichung unseres Lebenszwecks, **daß die Größe ihres Werthes demnach genau gemessen wird durch die Größe des Lebensgenusses, den sie uns verschafft.**

Betrachten wir nun von diesem Gesichtspunkte aus die Außenwelt, um ihren Werth zu bestimmen, eine Schätzung derselben vorzunehmen: so finden wir, daß wir die in ihr vorkommenden Gegenstände zweckmäßig in folgenden drei Klassen bringen können. Wir finden nämlich:

1) Gegenstände in der Natur schon fertig vor oder durch menschliche Arbeit so hergestellt, daß ihnen alle Eigenschaften ankleben, welche zur Bereitung irgend eines bestimmten Genusses erforderlich sind, so daß es zur wirklichen Bereitung des Genusses nur noch nöthig ist, sie mit unseren Organen in die geeignete Verbindung zu setzen. Wir wollen die Gegenstände mit solchen Eigenschaften »Genußmittel« nennen.

Der Apfel, der wild gewachsen ist und roh gegessen wird, hat von der Natur alle die Eigenschaften erhalten, die ihn befähigen, den bestimmten Genuß zu bereiten; der Koch hat seiner Speise, der Schneider seinem Rock, der Schreiner seinem Stuhl, der Baumeister seinem Haus, der Maler seinem Bilde u. s. w. alle die Eigenschaften beigebracht, welche diese Gegenstände zur unmittelbaren Bereitung des beabsichtigten Genusses geschickt machen. Ihr Werth wird daher genau gemessen durch die Größe der Genüsse, welche der Mensch sich durch dieselben wirklich verschafft. Auf die Größe des Werthes hat daher bei diesen Gegenständen der Umstand den außerordentlichsten Einfluß, ob ein Gegenstand sofort bei einmaligem Genießen verzehrt wird, oder ob durch denselben eine mehrmalige Wiederholung eines und desselben Genusses zulässig ist. Während der wilde Apfel, die Speise nur den Werth besitzen, den die Größe des Genusses beim einmaligen Stillen des Hungers durch diese Speise erreicht, ist der Werth des Rocks, des Stuhls der Summe aller einzelnen Genüsse gleich, welche ich mir bereite, wenn ich mich ihrer bis zu ihrer völligen Abnutzung bediene, der Werth des Hauses, des Gemäldes daher, die in der Regel die Dauer eines Menschenlebens übertreffen, für den einzelnen Menschen der Summe aller einzelnen Genüsse gleich, die er sich sein ganzes Leben hindurch durch diese Gegenstände verschaffen wird. Bei den oben entwickelten Lehrsätzen über das Genießen haben wir aber gesehen, daß bei jedem einzelnen Genuß ein Größtes des Genießens erreicht wird, wenn derselbe, je nach dem Standpunkt der Bildung bei jedem Menschen verschieden, mit einer bestimmten Regelmäßigkeit im Verhältniß zum Zeitverlauf wiederholt wird. Hierdurch kommt es denn, daß die Summe des Genusses bei jedem Einzelnen im Verhältniß der Zeit wächst, und der Werth der Gegenstände, die immer wiederholt mit gleicher Wirkung zur Genußbereitung verwandt werden können, die, wie wir dieses auszudrücken pflegen, sich durch den wiederholten Gebrauch nicht verschlechtern, eben so genau im Verhältniß der Zeit zunimmt, während welcher sie ihre Dienste verrichten, und daß bei den übrigen diese Zunahme um so viel sinkt, als durch die Verschlechterung die Größe des Genusses eine Abnahme erleidet, rücksichtlich die Zeit, während welcher sie Dienste leisten, verkürzt wird. In diese Klasse gehört unter Anderm auch der Grund und Boden, insofern er zur Wohnung benutzt wird, überhaupt die Erde und die ganze Natur, insofern sie durch ihren Anblick, durch das Genießen derselben Vergnügen gewährt, mithin namentlich auch Gartenanlagen, die lediglich diesen Zweck haben, weiter die menschliche Arbeit, in so weit sie persönliche Aufwartung und Unterhaltung bezweckt. Die Functionen eines Gesellschafters, eines Bedienten u. s. w. gehören größtentheils hierhin.

2) Bei anderen Gegenständen, die uns zur Genußbereitung behülflich sind, und denen deshalb Werth zuzuschreiben ist, ist dagegen die unzertrennliche Vereinigung aller der Eigenschaften, welche erforderlich sind, um den beabsichtigten Genuß zu bereiten, mit dem Gegenstande entweder unmöglich, oder doch noch nicht vorgenommen. Zu einem Ofen gehört, damit wir uns den durch ihn beabsichtigten Genuß, Erwärmung, bereiten können, Feuerungsmaterial und Feuer; zu einem Wagen eine fortschaffende Kraft und ein Lenker; zu einer Pfeife Taback und Feuer; zu einer Orgel, Violine, Flöte ein Musiker, der diese Instrumente spielt, u. s. w., und bei allen diesen Gegenständen ist es bis jetzt noch unmöglich, sie so herzustellen, daß das Ergänzende ohne Nachtheil entbehrt werden könnte. Roggen und Weizen, dagegen zum Brotbacken bestimmt, Stoffe zu Kleidern, Farben und Leinwand zur Anfertigung eines Gemäldes, haben noch die Umänderungen durch Arbeit zu erwarten, um zu Genußmittel zu werden. Bei allen diesen Gegenständen ist eine Schätzung nur möglich, wenn sie sich in einer solchen Vereinigung befinden, daß der Genuß wirklich durch sie bereitet wird, und

in dieser Vereinigung ist denn der Gesammtwerth der Größe des Genusses gleich, der durch sie bereitet wird. Wie sich aber dieser Werth auf die einzelnen Theile, durch deren Zusammenwirken der Genuß entsteht, vertheilt, läßt keine nähere Bestimmung zu, weil sie gerade nur dann Werth erhalten, wenn sie sich in der bestimmten Vereinigung vorfinden, außer dieser Vereinigung aber nur insofern Werth haben, als Aussicht vorhanden ist, das Fehlende noch ergänzen zu können. Gerade darum ist denn die Schätzung der einzelnen Theile eine je nach den verschiedenen Umständen außerordentlich verschiedene, je nachdem diese es nämlich dem Menschen erleichtern oder erschweren, sich den einen oder andern der zu einander gehörenden Theile zu verschaffen, steigt oder sinkt die Schätzung der übrigen, und zwar der Art, daß die Summe des Werthes aller einzelnen Theile genau die Höhe erreicht, die der Größe des bereiteten Genusses entspricht. Der Ofen einschließlich des Feuerungsmaterials und Feuers hat den Werth gleich dem Genusse der durch diese Vorrichtung hervorgebrachten Erwärmung; die bestimmte Quantität Roggen einschließlich der Arbeit des Bäckers den Werth gleich dem Genusse durch das aus demselben verfertigte Brot. Aber wie sich dieser Werth dort auf den Ofen, auf das Feuerungsmaterial und Feuer, hier auf den Roggen und die Arbeit des Bäckers vertheilt, leidet keine nähere Bestimmung, sondern hängt von den vorhandenen Umständen ab. Hat beispielsweise ein Mensch einen Ofen und Feuerungsmaterial zu seiner Verfügung, so erlangt das Feuer den ganzen Werth, den die Erwärmung für ihn hat, sowie andererseits der Ofen oder das Feuerungsmaterial diesen Werth erlangt, wenn er das letztere oder den erstern und Feuer besitzt. Festzuhalten ist hier nur, daß die Summe des Werthes von Allem, durch dessen Zusammenwirken der Genuß entsteht, gleich ist der Größe des Genusses selbst.

Der Sprachgebrauch bezeichnet die Gegenstände, welche in diese Klasse gehören, mit sehr verschiedenen Benennungen: Geräthe, Luxusgegenstände, Instrumente, Materialien, Rohproducte, Fabrikate u. s. w., die indessen weder bloß Gegenstände dieser Klasse einschließen, noch in ihren Benennungen alle hierin gehörigen Gegenstände umfassen. Ich werde ihnen im Folgenden die Benennung: „Gegenstände der zweiten Klasse" beilegen.

3) Die dritte und letzte Art Gegenstände, bei welchen noch eine Schätzung vorkommt, und die ich deshalb „Gegenstände der dritten Klasse" nennen werde, sind solche, welche nur zur Erzeugung von Genußmitteln und ihrer Theile behülflich sind, niemals aber selbst Genußmittel oder Theile von solchen werden. Der Grund und Boden, insofern er uns dazu dient, Producte zu erzeugen, gehört hierhin, ferner das Oel, die Waltererde, die der Tuchmacher gebraucht, das Brennmaterial zum Heizen der

Maschinen, überhaupt alles dasjenige, was der Handwerker, der Fabrikant, der Künstler an Materialien verbraucht, die später in dem Genußmittel nicht mehr vorgefunden werden; dann gehören zu diesen Gegenständen alle Werkzeuge und Maschinen, die der Mensch sich erfunden hat, um seine mechanische Kraft zu verstärken und zu vervollkommnen, endlich in den meisten Fällen die Arbeit der gezähmten Thiere sowie und wichtig vor Allem des Menschen selbst. Bei diesen Gegenständen ist denn die Schätzung nur eine mittelbare, ihnen kann nur insofern Werth zugeschrieben werden, als sie zur Hervorbringung eines Genußmittels oder eines integrirenden Theils eines solchen behülflich sind, und so gilt denn bei ihnen um so mehr alles das, was bei der vorherigen Klasse über die Art, wie die Schätzung bei ihnen vorzunehmen ist, gesagt wurde. Sie sind genau so viel werth, als die Hülfe beträgt, die sie bei Hervorbringung von Genußmitteln leisten, und auch bei ihnen gilt denn der bei der zweiten Klasse ausgesprochene Satz, daß nur die Summe des Werthes bestimmbar ist, welchen alle vereinigt zur Hervorbringung eines Genußmittels dienenden Gegenstände in ihrer Vereinigung besitzen, daß aber die Bestimmung des Werththeils, der auf jedes Einzelne fällt, von den besonderen Umständen abhängt, und weiter, daß der Werth des Letzten, was noch zur Bereitung eines Genusses erforderlich sein würde, genau die Ergänzung zu der Summe bildet, die die Größe des Genusses darstellt, so daß also jedes Einzelne einen Werth der ganzen Größe dieser Summe gleich erlangen kann, wenn bis auf dieses Eine, alles andere zur Bereitung des Genusses Erforderliche dem Menschen zu Gebote steht.

Abgesehen hiervon kann der Werth dieser Gegenstände, wennschon ein mittelbarer, doch eine außerordentliche Höhe erreichen, weil die meisten dieser Gegenstände mehr oder weniger oft wiederholt die Hülfe zur Hervorbringung von Genußmitteln und ihrer integrirenden Theile leisten können, viele sogar bei zweckmäßiger Behandlung mit steigendem Vortheil, wie bei der menschlichen Arbeit, dem zur Landwirthschaft benutzten Boden u. s. w. Hier multiplicirt sich denn der Werth, der ihnen für die Hülfe beizulegen ist, die sie bei Hervorbringung eines Genußmittels oder eines integrirenden Theils eines solchen leisten, so oft, als die Wiederholung der Hülfe stattfindet, und der Werth des Gegenstandes ist daher in einem solchen Falle diesem Producte gleich.

Bei den Gegenständen der zweiten und dritten Klasse wiederholt sich denn die bei den Genußmitteln gemachte Bemerkung, insofern dieselben mehre Male zur Genußbereitung behülflich sein können. Die Hülfsleistung kann auch hier meistens nur wiederholt werden in der Zeit auf einander folgend, nicht aber gleichzeitig. Ihr Werth wächst daher meistens im Verhältniß der Zeit des Gebrauchs.

Außer diesen drei Klassen von Gegenständen giebt es nun auch noch solche, bei welchen eine Schätzung eintritt, weil sie behülflich sind, Gegenstände der dritten Klasse hervorzubringen, ja noch weiter wieder solche, die zur Darstellung dieser letzteren dienen; eine Unterordnung, die man sich bis ins Unendliche fortgesetzt denken kann. Indessen bilden diese Gegenstände darum keine besondere Klasse; sie gehören zur dritten Klasse, weil die Grundsätze, nach denen bei ihnen die Schätzung erfolgt, genau dieselben sind, wie bei den Gegenständen der dritten Klasse.

Noch eine Bemerkung ist hier zu machen. Der Schöpfer hat seine Welt für den Menschen so außerordentlich genußreich geschaffen, daß in der Regel ein Gegenstand in verschiedener Weise zur Genußbereitung verwendet werden kann, ja daß derselbe oft sogar gleichzeitig oder doch nach einander verschiedene Genüsse zu Wege bringen kann. Weizen kann als Nahrungsmittel verwandt werden, oder zur Stärkebereitung; Oel ebenso als Nahrungsmittel oder zur Lichterzeugung oder zur Erleichterung des Ganges unserer künstlichen Maschinen u. s. w. Der Fruchtbaum gewährt uns lange Jahre hindurch Genuß durch sein Grünen und Blühen, er labt uns durch seinen Schatten und seine Früchte und giebt uns zuletzt in seinem Holze ein kostbares Material zur Verarbeitung oder zur Wärmeerzeugung. Der Mensch hat sich denn diese Fähigkeit der Gegenstände, verschiedene Genüsse gleichzeitig oder nach einander bewirken zu können, wohl zu Nutze gemacht, und so sehen wir den Koch, den Conditor dahin streben, seine Speisen und Waaren nicht bloß wohlschmeckend zu machen, sondern ihnen auch eine dem Auge wohlthuende Form und Farbe zu geben; aus dem gleichen Grunde macht der Schreiner seinen Stuhl nicht bloß bequem zum Sitzen, er sucht ihn durch den Ueberzug mit dem Auge gefälligen Stoffen, durch Politur u. s. w. für das Gesicht und Gefühl genußbringend zu machen u. s. w. Indessen dieser unendliche Reichthum an genußbringenden Kräften in der Natur übt auf die Grundsätze, nach welchen die Schätzung vorzunehmen ist, keinen wesentlich modificirenden Einfluß aus. Wo wie beim Weizen und Oel eine Wahl stattfinden muß, zu welcher Genußbereitung sie verwendet werden sollen, bestimmt sich der Werth, sobald die Wahl getroffen ist, nach den obigen Grundsätzen. Wo aber eine Cumulation von Genüssen eintritt, ist der Werth bei jedem einzelnen Genuß nach den obigen Grundsätzen zu bestimmen, und der Werth des Gegenstandes ist dann der Summe der also gefundenen Werthe gleich. (Die bis jetzt noch bestehende Schwierigkeit der praktischen Ausführung dieser Werthsbestimmung wird sich später heben lassen.)

Betrachten wir nun die Art und Weise genauer, wie die Genußbereitung durch die Außenwelt vor sich geht, so finden wir bei immateriellen Genüssen, daß das Bild des Genusses auch unmittelbar das Bild des Werthes des Genußmittels abgiebt, *weil bei ihnen der Maßstab des Besitzes die Zeit des Genießens ist*; aber bei materiellen Genüssen findet das gewonnene Bild nicht minder Anwendung. Zum Beweise betrachten wir zuerst die Genußmittel, die bei einmaligem Gebrauche verzehrt werden. Bei ihnen wächst die verbrauchte Masse im Verhältniß der Zeit, während welcher wir uns den Genuß bereiten, und es ergiebt dieses nicht bloß die unmittelbare Beobachtung, es folgt dieses auch aus den bekannten Gesetzen, wie Naturkräfte wirken. Um ein Bild des Werthes des Genußmittels zu erhalten, braucht man sich daher zufolge der entwickelten Gesetze nur durch ab (Fig. 11) die Masse des Genußmittels vorgestellt zu denken, welche erforderlich ist, um den Genuß während der Zeit ab zu bereiten. Man kann dieses eben deshalb, weil in diesem Falle die verzehrte Masse der Zeit proportional ist. Alsdann ist offenbar, weil der Werth durch die Größe des Genusses gemessen wird, der Werth jedes Atoms der Masse ab gleich der in dem entsprechenden Punkt der Linie ab errichteten Senkrechten, wie

Fig. 11.

beispielsweise der Werth des Atoms d gleich de und der Werth irgend eines Theils der Masse, wie df, dem darüber errichteten Trapez $dfge$, sowie der Werth der ganzen Masse ab gleich dem Dreieck abc. Ist dann bei der Genußbereitung der Punkt b, der Augenblick der momentanen Sättigung, erreicht: so hat eine größere Masse augenblicklich gar keinen Werth. Sie erlangt erst wieder Werth, wenn der Zeitpunkt eintritt, wo die Wiederholung des Genusses vernünftig erscheint, und es wiederholt sich dann die so eben beschriebene Erscheinung. Die Masse ab erlangt Werth und zwar das Atom a den Werth ac und dann jedes folgende stufenweise einen geringern Werth, bis er in b wieder auf Null gekommen ist, und so weiter bei jeder folgenden Wiederholung.

Man kann sich nun die verschiedenen Bilder des Werths der immateriellen wie materiellen Genußmittel, die man für jede einzelne Wiederholung des Genusses erhalten würde, auf eine zweckmäßige Weise in eins zusammengezogen denken in folgender Weise. Man denke sich auf der Linie ab (Fig. 12 a. f. S.) von a ab alle ersten Atome der Zeit oder Masse, die bei jeder Wiederholung zur Genußbereitung verwandt werden, neben einander gelegt, und wenn diese bis d reichen, von d ab in gleicher Weise alle zweiten Atome, die dann offenbar bis e reichen werden, so daß $ad = de$ u. s. w., in ef alle dritten Atome u. s. w. Ist man dann auf diese Weise bis zu den letzten Atomen gelangt, welche noch Genuß bereiten, so muß die Linie

ab eine Länge erlangt haben, der Summe aller Grundlinien gleich, welche die Masse bei jeder Wiederholung des Genusses darstellen; macht man dann

Fig. 12.

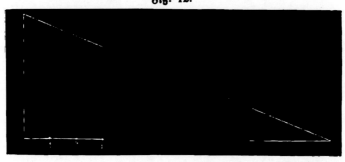

ferner ac der Größe des Genusses beim jedesmaligen Beginnen des Genießens gleich, und verbindet c mit b, so giebt das Dreieck abc nunmehr die Summe des Werths, den das Genußmittel überhaupt bei allen Wiederholungen zusammengenommen erlangt, und auch hier wieder bezeichnet die in irgend einem Punkte der ab errichtete Senkrechte die Größe des Werths des betreffenden Atoms des Genußmittels, und das über einem Theil von ab errichtete Trapez den Werth dieses Theils.

Das hier gewonnene Bild des Werthes eines Genußmittels beruht auf der Voraussetzung, daß dasselbe während der ganzen Zeit des Gebrauchs zur Genußbereitung unverändert die Eigenschaften behält, die es beim ersten Gebrauch zur Genußbereitung befähigen. Es trifft diese Voraussetzung bei keinem Genußmittel zu, vielmehr sind alle einer mehr oder weniger raschen Veränderung unterworfen, einer Veränderung, welche zuweilen eine Vervollkommnung, in der Regel aber eine Verschlechterung bewirkt, und der Werth des Genußmittels erleidet dann, dieser Veränderung entsprechend, eine Vermehrung oder Verminderung. Und nicht bloß die Veränderungen in den Eigenschaften des Genußmittels bringen eine entsprechende Veränderung in seinem Werth hervor, einen eben so großen Einfluß auf die Größe seines Werths äußern auch die Veränderungen, welche sich im Menschen selbst zutragen. Endlich hat auch die Wahrscheinlichkeit, die Wiederholung des Genusses zu erleben, auf die Werthsbestimmung irgend eines Genußmittels in einem bestimmten Augenblick Einfluß, indem sich der Werth einer in der Zukunft erwarteten Wiederholung eines Genusses in dem Verhältniß vermindert, wie die Wahrscheinlichkeit, ihn aus irgend einem Grunde nicht bereiten zu können, zunimmt. Dieses Alles zusammen bewirkt, daß die Verschiedenheit des Werths der einzelnen Atome des Genußmittels um so größer wird; es kann aber diesen Veränderungen in dem Bilde des Werths Rechnung getragen werden, wenn man sich die, die Größe des Werths darstellenden Senkrechten in diesem Verhältniß verändert denkt. Alle diese Veränderungen des Werths haben das mit einander gemein, daß sie mit der Zeit, wenn auch keineswegs wie die Zeit wachsen; indessen leidet die Form des gewonnenen Bildes durch dieselben nur die Abänderung, daß das Verhältniß der Höhe des Dreiecks zur Grundlinie ein anderes wird, sobald man bei Anordnung der verschiedenen Atome grundsätzlich jedes Atom um so näher an a gelegt denkt, je größer dessen Werth gefunden wird. Darum bleibt als ein allgemein gültiger Satz bestehen: **daß die einzelnen Atome eines und desselben Genußmittels einen höchst verschiedenen Werth haben, und daß überhaupt für jeden Menschen nur eine bestimmte Anzahl dieser Atome, d. h. eine bestimmte Masse Werth hat, eine Vermehrung dieser Masse über dieses Maß hinaus aber für diesen Menschen vollkommen werthlos ist, daß aber dieser Punkt der Werthlosigkeit erst erreicht wird, nachdem der Werth nach und nach die verschiedensten Stufen der Größe durchgegangen ist.** Betrachten wir daher ein solches Genußmittel von dem Gesichtspunkt, daß die Atomenmenge desselben nach und nach in der Hand eines Menschen fortwährend vermehrt würde, so folgt daraus, **daß mit Vermehrung der Menge der Werth jedes neu hinzukommenden Atoms fortwährend eine Abnahme erleiden müsse bis dahin, daß derselbe auf Null herabgesunken ist.**

Findet dieses Sinken des Werths bei Vermehrung der Masse schon bei den Genußmitteln Statt, deren Masse nach Verhältniß des Genießens verzehrt wird, so muß natürlich diese Entwerthung bei den Genußmitteln, die wiederholt zur Genußbereitung dienen können, so viel Mal beschleunigt werden, als die wiederholte Verwendung eintreten kann; denn die Möglichkeit dieser wiederholten Verwendung bewirkt ja gerade, daß so viel Mal weniger Masse verbraucht wird, als eine Wiederholung stattfindet, so muß also auch der Mensch zu seiner völligen Befriedigung mit um so viel weniger Masse dieses Genußmittels ausreichen. Wenn der Stuhl bei einmaligem Gebrauch verzehrt würde, so gebrauchte der Mensch so viele Stühle, als er sich den Genuß des Sitzens zu verschaffen wünscht; da aber der Stuhl eine wiederholte Verwendung zuläßt, so braucht er so viel weniger Stühle, als die Wiederholung des Gebrauchs möglich ist. Im Uebrigen wiederholt sich hier alles vorhin Gesagte mit der einzigen Modification, daß, weil der Stuhl sich nicht wie jenes verzehrbare Genußmittel in seine Atome auflösen läßt, ohne die Eigenschaft zu verlieren, welche ihn genußbringend macht, nicht mehr jeder Punkt der Linie *ab* als Repräsentant eines Atoms des Genußmittels in der Art betrachtet werden kann, daß ihm ein bestimmter Werth beigelegt gedacht werden könnte; denn nicht jedes Atom für sich besitzt hier Werth, sondern erst, wenn alle Atome vereinigt sind, welche in dem gewählten Beispiel den Stuhl bilden. Nur eine ähnliche Vereinigung von Punkten der Linie ab, ein Stück derselben wie ad (Fig. 13), kann daher hier zur Darstellung des Genußmittels benutzt werden, welches denn, so lange es zu dieser Darstellung dient, eben so als untheilbar gedacht werden muß, wie die Atome, welche den Stuhl bilden. Der Werth, den diese Atome in ihrer Vereinigung haben, kann dann dargestellt werden durch ein über ad errichtetes Rechteck, wie $adec$. Zur Darstellung des Werthes eines zweiten Stuhls muß dann selbstredend auf ab zunächst ein Stück $df = ad$ genommen werden, und darum wird denn das Rechteck, welches dessen Werth darstellt, hier $dfgl$, eine um so viel kleinere Höhe haben müssen, als dessen Werth kleiner erscheint, und so wird denn die den Werth darstellende Fläche hier durch die gebrochene Linie $celgn$ u. s. w. begrenzt werden, der wir indessen unbeschadet ihrer Richtigkeit die frühere Form geben können, wenn wir $c'b$ so ziehen, daß $\triangle chc' = \triangle hek$, $\triangle klm = \triangle mgn$ u. s. w. wird, wenn wir uns nur dabei erinnern, daß die Linie ab in diesem Falle nicht in beliebig große Stücke getheilt werden kann, sondern nur in Stücke $= ad$ oder einem Vielfachen von ad gleich.

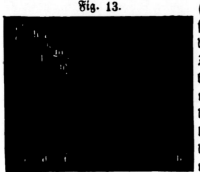

Fig. 13.

Die Gegenstände der zweiten Klasse haben nur Werth, insofern sie in der bestimmten Vereinigung wie Genußmittel wirken, in ihrer Gesammtheit findet daher das über die Werthsbestimmung der Genußmittel Gesagte unmittelbar Anwendung; nicht minder aber auch auf jeden integrirenden Theil einzeln genommen, denn das Verhältniß, in welchem derselbe an der Genußbereitung Theil nimmt, bleibt fortwährend dasselbe, weil sonst die Voraussetzung der Gleichheit des Genusses aufgehoben würde, die hier ja überall und fortwährend festzuhalten ist; so muß denn sein Werth nach denselben Gesetzen zu- und abnehmen, wie der Werth der Gesammtwirkung.

Ganz das Gleiche findet Statt bei den Gegenständen der dritten Klasse. Sie haben nur Werth, insofern sie zur Hervorbringung von Genußmitteln oder ihrer integrirenden Theile behülflich sind, und auch hier bleibt das Verhältniß, in welchem sie ihre Hülfe gewähren, wie dieses auch gestaltet sein mag, fortwährend dasselbe, ihr Werth muß daher nach denselben Gesetzen steigen oder sinken, wie der des Products, wegen dessen Hervorbringung ihnen einzig und allein Werth zuzuschreiben ist.

So finden wir denn, daß der schon oben ausgesprochene Satz über die Werthsabnahme bei Vermehrung der Masse auf Alles, was überhaupt

Werth hat, die allgemeinste Anwendung findet. Er lautet in seiner ganzen Allgemeinheit ausgesprochen:

Von Allem, welches überhaupt Werth erlangen kann, hat nur ein bestimmtes mehr oder weniger großes Maß Werth, eine Vermehrung dieses Maßes über diesen Punkt hinaus bleibt werthlos. Dieser Werthlosigkeit nähert sich die Sache immer mehr mit Vergrößerung des Maßes, so daß mithin das Erste, was von einer Sache Werth erhält, den höchsten Werth hat, jedes neu Hinzukommende von gleicher Größe einen mindern Werth, bis zuletzt Werthlosigkeit eintritt,

und das Dreieck, krumm oder geradlinigt, bleibt dahingestellt, giebt ganz allgemein das geometrische Bild des Werthes ab. Grund dieses Satzes ist, daß beim Genießen ein ähnliches Abnahmegesetz Platz greift.

Für die Handlungsweise des Menschen folgt aus diesem Satz, daß der Mensch, um seinen Lebenszweck in möglichst hohem Maße zu erreichen, bei Beschaffung seiner Genußmittel ähnliche Grundsätze zu befolgen hat, wie sie S. 12 ff. für die Vertheilung der Zeit gefunden wurden, wenn dieselbe nicht ausreicht, sich alle möglichen Genüsse vollaus zu bereiten. Wenn seine Kräfte nicht ausreichen, alle möglichen Genußmittel sich vollaus zu verschaffen, muß der Mensch sich ein jedes so weit verschaffen, daß die letzten Atome bei einem jeden noch für ihn gleichen Werth behalten. Der oben gelieferte Beweis und die dort gefundenen Formeln finden hier ohne Weiteres ihre Anwendung, weil das Bild des Werthes mit dem des Genusses gleich gefunden worden ist, mithin ein Größtes von Werth genau unter denselben Bedingungen erhalten wird, wie dort von Genuß; ja es ist dieser Satz augenscheinlich nichts Anderes, als die Uebertragung des beim Genießen gefundenen auf die Genußmittel, die darum stattfinden kann, weil das Verhältniß des Verbrauchs der Genußmittel zur Bereitung eines bestimmten Genusses während einer bestimmten Zeitdauer wie die Zeit wächst, wie sich auch die Größe des Genusses während dieser Zeit ändern mag.

Die praktische Ausführung dieser Regel hat keine Schwierigkeiten, wenn erst die Größe des Werthes jedes Atoms eines Genußmittels oder einer bestimmten Vereinigung von Atomen zu bestimmen, auf welche ich später zurückkommen werde, gelungen sein wird. Der Mensch darf dann nur den Genuß in den Zeitmomenten unbereitet lassen, in welchen der Werth des entsprechenden Genußmittels unter das gefundene Minimum herabsinkt. Aber es erlangt dieser Satz hier eine unvergleichbar größere Wichtigkeit, wie oben, da in unseren Zuständen die einem Menschen zu Gebote stehende Zeit mit seltenen Ausnahmen immer ausreicht, um alle ihm möglichen Genüsse sich vollauf so oft zu verschaffen, als es vernünftig erscheint, das Beschaffen der Genußmittel dagegen, selbst beim Aufbieten aller Kräfte, dem Einzelnen nur im beschränkten Maße gelingen will.

Diese Schwierigkeit hat denn bekanntlich eine besondere Wissenschaft ins Dasein gerufen: die National-Oekonomie. Sie stellt es sich zur Aufgabe, die Regeln zu entwickeln, nach welchen die Versorgung des Menschengeschlechts mit sogenannten sachlichen Gütern vor sich geht und zu einem möglichst günstigen Resultat gesteigert werden kann, und beschränkt somit die Anwendbarkeit ihrer Regeln auf sogenannte materielle Güter. Zu dieser Beschränkung ist durchaus kein haltbarer Grund vorhanden, denn dem genießenden Menschen ist es ganz und gar gleichgültig, ob der Genuß durch materielle oder immaterielle Güter zu Stande gebracht wird. Auch hat zu dieser Beschränkung lediglich der Umstand Veranlassung gegeben, daß es nicht gelingen wollte, die Regeln so auszusprechen, daß sie über die materiellen Güter hinaus Anwendbarkeit erlangten. Wenn wir daher hier diese Beschränkung aufheben, und den Zweck dieser Wissenschaft auf seine wahre Größe: dem Menschen zur größten Summe des Lebensgenusses zu verhelfen, erweitern, wo dann aber die jetzt übliche Benennung für diese Wissenschaft nicht mehr paßt, an deren Stelle ich daher im Folgenden in Rücksicht auf ihren Zweck die Benennung „Genußlehre" wählen werde; so haben wir dann in dem obigen Satze ihren obersten Grundsatz aufgefunden, wenn wir dabei nicht aus den Augen verlieren, daß nicht bloß materielle Güter, sondern auch alle immateriellen Dinge, insofern sie uns Genuß gewähren, zu den Genußmitteln gehören, und daß für die letzteren die Zeit des Genießens den Maßstab des Besitzes abgiebt.

Der obige Satz enthält nun unmittelbar nur für die Gegenstände der ersten und zweiten Klasse die Regel, wie der Mensch es mit ihrer Beschaffung zu halten habe, um ein Größtes von Lebensgenuß sich zu verschaffen; er enthält aber mittelbar nicht minder die Regel für die Gegenstände der dritten Klasse. Denn diese haben nur Werth, weil und insofern sie zur Darstellung von Gegenständen der beiden ersten Klassen dienen; es folgt daraus: daß ihre Beschaffung in einem solchen Maße vorzunehmen ist, als die Production der nach dem Obigen als vernünftig erscheinenden Quantität der Genußmittel es wünschenswerth erscheinen läßt.

Bei der bisherigen Betrachtung des Werthes der verschiedenen Gegenstände der Außenwelt für den Menschen wurde auf die Leichtigkeit oder Schwierigkeit der Beschaffung des Gegenstandes keine Rücksicht genommen, während bekanntlich die Natur in unseren Zuständen nur einen unbedeutend kleinen Theil der gewünschten Gegenstände ohne unser Zuthun liefert, bei allen anderen aber eine mehr oder minder große Kraftanstrengung von Seiten des Menschen erforderlich ist, um sie entstehen zu lassen. Diese Kraftanstrengung verursacht dem Menschen eine mehr oder minder große Beschwerde, und der Werth des dadurch Geschaffenen wird denn natürlich genau um so viel vermindert, als die Beschwerde als solche zu schätzen ist. So wird denn, um die Schätzung der Außenwelt zu vollenden, die Untersuchung, noch auf Auffindung der Gesetze zu richten sein, welche die Größe der Beschwerde beim Schaffen von Werthen bestimmen.

Untersuchen wir zu diesem Zweck, von welcher Art die Einwirkung ist, welche wir zum Schaffen von Werthen auf die Außenwelt auszuüben haben. Wir finden, daß vor Allem Kenntniß der Naturgesetze, durch deren Zusammenwirken einzig und allein Werthe entstehen, als Grundbedingung erforderlich ist, und daß unter Voraussetzung dieser Kenntniß unsere Einwirkung lediglich darin besteht, daß wir durch Bewegung die verschiedenen in der Natur vorhandenen Stoffe in eine solche Verbindung zu einander bringen, daß sie nun vermöge der ihnen innewohnenden Naturkräfte bestimmte Wirkungen hervorbringen. Beim Tischler, Schneider, Weber u. s. w. ist dieses so in die Augen springend, daß es kaum einer Erwähnung bedarf. Aber auch da, wo durch chemische Einwirkung Etwas zu Stande gebracht wird, ist unser Thun lediglich auf Bewegung beschränkt. Der Koch bewegt das Fleisch, das Wasser, die Butter, das Salz bis in den Topf, er bewegt den also gefüllten Topf zum Feuer, und die diesen Substanzen innewohnenden Naturkräfte bringen dann das zu Stande, was wir einen Braten nennen; wir bringen diesen zum Munde und Magen und bringen durch die ihm innewohnenden Naturkräfte den Genuß des Schmeckens und die Ernährung unseres Körpers hervor. Der Färber bewegt die zum Färben nothwendigen Ingredienzien in den Kessel, er bewegt das Feuerungs-Material zum Herd, den brennenden Holzspahn zu diesem und den zu färbenden Stoff in die Küppe; dort bewirken die Naturkräfte das Färben, und ist dieses geschehen, so bewegt er den gefärbten Stoff zum Wasser, zum Waschen und zur weitern Verarbeitung. Und nicht bloß, daß uns auf diese Weise die Erfahrung zeigt, daß unsere Einwirkung auf die Außenwelt, um Werthe entstehen zu lassen, einzig und allein auf die Erzeugung von Bewegung beschränkt ist; unserm Körper wohnt überhaupt gar keine andere, als die Muskelkraft, eine einzig und allein Bewegung erzeugende Kraft, inne, durch welche wir Veränderungen in der Außenwelt zu erzeugen im Stande sind. Beruht ja doch selbst die Möglichkeit der Mittheilung unserer Empfindungen und der Resultate unseres Denkens an unsere Nebenmenschen lediglich auf dieser Bewegung erzeugenden Kraft, sei es, daß wir diese Mittheilung durch Geberden oder durch gesprochene oder geschriebene Worte bewerkstelligen.

In der vorzunehmenden Bewegung ist daher der Grund der Beschwerde beim Schaffen von Werthen zu suchen, und ein Wachsen und Abnehmen der Beschwerde findet nach eben den Gesetzen Statt, wie das Wachsen und Abnehmen der Beschwerde bei der vorzunehmenden Bewegung. Untersuchen wir demnach die Größe der Beschwerde, welche uns die Bewegung verursacht in ähnlicher Weise, wie wir das Genießen untersuchten, so finden wir, daß einmal die Beschwerde bei der Bewegung zunimmt mit der Größe der entwickelten Kraft, daß aber, wenn wir in gleichen Zeiten gleiche Kraft entwickeln, jede Bewegung, welche dieses auch sei, nachdem wir lange der Ruhe gepflegt haben, uns zuerst Genuß gewährt. Die fortgesetzte Bereitung dieses Genusses unterliegt dann den oben entwickelten Abnahmegesetzen. Ist dann durch fortgesetzte Bereitung derselbe auf Null gesunken; so hört nun bei ihr nicht bloß, wie bei den Genüssen, die uns die Außenwelt ohne unser Zuthun bereitet, und deren wir S. 10 f. mehre kennen lernten, der Genuß auf, die Nothwendigkeit der eigenen Kraftäußerung bei Fortsetzung der Bewegung macht hier vielmehr, daß die Fortsetzung der Bewegung nunmehr anfängt, Beschwerde zu verursachen. Aber diese Beschwerde erreicht nicht sofort einen bestimmten Höhepunkt, auf dem sie sich dann unverändert feststellt, es tritt hier vielmehr das Umgekehrte wie beim Genuß ein. Wie bei diesem eine fortwährende Abnahme wahrgenommen wurde, so findet hier ein fortwährendes Steigen der Beschwerde bis dahin Statt, daß die Muskelkraft des Körpers nicht mehr ausreicht, ihr das Gleichgewicht zu halten, und der Mensch ermattet in Schlaf sinkt. Wie aber beim Genusse der Mensch nach eingetretener Sättigung durch Unterbrechung des Genießens wieder, und zwar mit der Dauer der Unterbrechung bis zu einem gewissen Punkte in steigendem Maße die Fähigkeit zum Genusse wiedererlangt; so erlangt er hier durch Ruhe und auch hier mit der Dauer der Ruhe bis zu einem gewissen Punkte in steigendem Maße die Muskelkraft wieder, nicht bloß die Beschwerde zu überwinden, sondern auch die Bewegung selbst wieder als Genuß zu empfinden: und wie wir beim Genießen fanden, daß durch Uebung der Genußsinn einer Steigerung an intensiver Kraft fähig sei; so kann auch hier durch zweckmäßige Behandlung des Körpers die Muskelkraft nicht bloß der Art gesteigert werden, daß wir größere Lasten und in immer genauer bestimmbaren Richtungen zu bewegen im Stande sind, sondern, daß auch der Genuß bei dieser Bewegung sowohl um so länger Genuß bleibt, als auch an und für sich mit der gesteigerten Fertigkeit größer wird.

Es ist wohl überflüssig hier an Thatsachen zu erinnern, die sich täglich tausendfältig vor unseren Augen wiederholen und das oben Gesagte bestätigen. Aus dieser Betrachtung ergiebt sich aber andererseits als ganz unzweifelhaft, daß die Kraft zu genießen, und die, welche uns bei der Bewegung Beschwerde verursacht, eine und dieselbe ist, und daß deren Wirkung nur je nach dem verschiedenen Zeitmoment als Genuß oder als Beschwerde empfunden wird. Um daher in ähnlicher Weise, wie beim Genuß, ein geometrisches Bild der Wirkung der Bewegung bei gleicher Kraftäußerung zu erhalten, haben wir das Bild des Genusses nur über den Sättigungspunkt hinaus zu vervollständigen. Gesetzt also, abc (Fig. 14) sei das Bild

Fig. 14.

des Genusses, den eine ununterbrochene, mit gleich großer Kraftentwickelung fortgesetzte Bewegung gewährt, so ist zunächst offenbar, daß das Bild der Beschwerde auf die entgegengesetzte Seite von ab verzeichnet werden muß, wie das des Genusses, weil eben Genuß und Beschwerde entgegengesetzte Größen sind. Außerdem wird sich die Begrenzungslinie der Beschwerdefläche, hier be, von b angefangen immer weiter von ab entfernen müssen, ähnlich wie sich cb dieser nähern mußte, weil die Beschwerde bei unausgesetzt fortgesetzter Bewegung immer größer wird, und so wird Fig. 14 im Allgemeinen das Bild für die Wirkung einer mit gleicher Kraftentwicklung unausgesetzt fortgesetzten Bewegung abgeben können. Nach gehaltener Ruhe wiederholt sich dann, wie oben beim Genuß, die eben entwickelte Erscheinung der Genußbereitung und der Beschwerde durch Bewegung, und auch für diese Wiederholung liefert Fig. 14 das Bild. Auch hier aber können wir, wie oben beim Werth, die verschiedenen Bilder für jede einzelne Wiederholung in eins vereinigt denken, wenn wir auf der Linie ad alle die Zeitmomente unmittelbar neben einander legen, in welchen die Bewegung uns, sei es gleich großen Genuß oder gleiche Beschwerde verursacht, dergestalt, daß die Zeitmomente um so näher an a gelegt gedacht werden, je größer in ihnen der Genuß rücksichtlich je kleiner die Beschwerde ist, und auch bei dieser Construction wird dann das Bild im Ganzen und Großen die Form wie Fig. 14 behalten. In Beziehung auf die Begrenzungslinie cbe dieses Bildes findet das beim Genuß S. 9 f. Gesagte Anwendung. Ich wähle daher auch hier der Einfachheit wegen zur Begrenzung eine gerade Linie.

Betrachten wir nun diese Wirkungen der Bewegung in Beziehung zum Lebenszweck des Menschen, so ist offenbar, daß, abgesehen von demjenigen, was durch die Bewegung geschaffen wird, der Mensch sich diesen Genuß ganz nach gleichen Grundsätzen wird verschaffen müssen, wie jeden andern, weil die Bewegung sonach zu den Genußmitteln gehört. Er wird also zu gehen, zu laufen, zu springen, zu tanzen, sich mit Anderen zu unterhalten haben u. s. w., bis der Genuß bis zu dem Punkte gesunken ist, wo das Abbrechen vernünftig erscheint, daher je nach Verschiedenheit der Umstände entweder nur bis zu irgend einem Punkte der Linie ab oder auch oft vollaus bis b, natürlich aber niemals über b hinaus. Dieses Verhältniß ändert sich, wenn durch die Bewegung außerdem etwas Genußbringendes geschaffen wird. In diesem Falle ist nämlich der Genuß, den uns eine Bewegung verursacht, nicht mehr bloß durch den unmittelbaren Genuß zu messen, sondern zu diesem noch der hinzuzuaddiren, den uns das durch die Bewegung Producirte verschafft, so daß also in diesem besondern Falle der Mensch die Summe seines Lebensgenusses noch zu vergrößern im Stande ist, wenn er die Bewegung noch über den Punkt hinaus fortsetzt, bis zu welchem sie selbst genußreich ist, wenn und so lange er durch die Bewegung Etwas zu Stande bringt, dessen Genuß höher zu schätzen ist, als die Beschwerde der Bewegung. Das Vornehmen von Bewegung, abgesehen davon, ob die Bewegung selbst genußbringend oder beschwerdeverursachend wirkt, in der Absicht, etwas neues Genußbringendes d. h. Werthvolles zu schaffen, nennen wir nun bekanntlich »arbeiten«, und es folgt denn hieraus, daß wir durch Arbeit die Summe unseres Lebensgenusses so lange zu erhöhen im Stande sind, als der Genuß des durch Arbeit Geschaffenen höher zu schätzen ist als die durch die Arbeit verursachte Beschwerde.

An unserm Bilde können wir uns dieses noch verdeutlichen, wenn wir das Bild des Werthes mit dem der Beschwerde der Art vereinigen, daß sich die den Genuß vorstellenden Flächen zu einander addiren, die Fläche der Beschwerde aber sich von dieser Summe subtrahirt. Es geschieht dieses, wenn man an das Bild des Werthes das der Beschwerde in der umgekehrten Lage so angelegt denkt, daß die einander entsprechenden Atome auf einen und denselben Punkt der Linie ab fallen. Es stelle also abc (Fig. 15) das Bild des Werthes eines Gegenstandes dar, $a'g'h'f'b'$ das Bild der Beschwerde, die das Schaffen der Quantität $a'b' = ab$ verursacht, dergestalt, daß $a'h'g'$ die Größe des Genusses mißt, den das Schaffen der Quantität $a'h'$ bereitet; die Beschwerde aber in h' beginne und der Art sich steigere, daß sie in $b' = b'f'$ sei: so lege man $a'g'h'f'b'$ so an abc, daß $a'b'$ auf ab und $a'g'$ in ag fallen, wodurch dann $g'f'$ die Lage gf erhält. Hier ist denn sofort klar, daß durch Hinzukommen der Nothwendigkeit des Schaffens der Werth jedes Atoms des Geschaffenen gemessen wird durch die Stücke der auf ab errichteten Senkrechten, welche durch die Linien cb und gf abgeschnitten werden. Der Werth von a ist gleich

gc, der von $p = nq$, von $k = lm$ und daher schon der von $d = 0$, weil in e sich cb und gf durchschneiden; der von r weiter $= rt - rs = st$, der von b endlich $= -bf$, d. h.

Fig. 15.

es überwiegt in r die Beschwerde den Werth um st, und in b fällt die Beschwerde des Schaffens des Atoms b dem Menschen ganz unverkürzt zur Last. Der Werth des Atoms p beim Genießen ist nämlich $= pq$, der Genuß beim Schaffen desselben $= pn$, sein ganzer Werth mithin $= pq + pn = nq$, umgekehrt der Werth des Atoms k beim Genießen ist $= km$, die Beschwerde beim Schaffen $= kl$, die Größe des durch das Atom k geschaffenen Genusses mithin $= km - kl = lm$, endlich der Werth des Atoms $r = rt$, die Beschwerde $= rs$, sie überwiegt also den erstern um st. Nur der Werth des Atoms h leidet daher durch das Hinzukommen der Nothwendigkeit des Schaffens keine Veränderung, er ist vor wie nach $= hu$. Was hier von den einzelnen Atomen gesagt wurde, gilt in ähnlicher Weise von Theilen der Linie ab oder von dieser selbst, so daß also nun der Werth von pk beispielsweise gemessen wird durch $nlmq$, der Werth von ab durch $gec - feb$, und es folgt denn daraus, daß der Werth ein Größtes erreicht, wenn die Quantität ad geschafft wird, d. h., wenn das Schaffen so lange fortgesetzt wird, bis die Beschwerde dem Werthe gleich wird. Der Werth des Geschaffenen ist dann $= gec$, und er kann sich beim Fortsetzen des Schaffens nur mehr vermindern, weil dann die Beschwerde den Werth des Geschaffenen überwiegt.

Was hier von diesem einen Gegenstand in Beziehung auf die Beschwerde beim Schaffen gesagt wurde, gilt nun in ganz ähnlicher Weise von jedem einzelnen Gegenstande, und der Mensch würde sich also, wenn seine Thätigkeit nur in Beziehung zu diesem Gegenstande betrachtet wird, durch das Schaffen der Quantität ad ein Größtes von Genuß bereiten. Es modificirt sich dieses dadurch, daß die Thätigkeit auf viele Genüsse zu vertheilen ist, während die Beschwerde bei der Arbeit unabhängig von demjenigen, worauf die letztere gerichtet ist, wächst. Hierdurch wird denn das durch Arbeit geschaffene Resultat ein mehr oder weniger günstiges, je nachdem die Vertheilung auf die verschiedenen Genüsse stattfindet.

Eine analoge Betrachtung, wie wir sie Seite 12 ff. zum Auffinden des Größten von Genuß anstellten, führt auch hier zu dem wünschenswerthe-

ften Refultate. Wenn man fich nämlich die Bilder der einzel:
nen Genüffe fo conftruirt denkt, daß die Grundlinien der:
felben in ein folches Verhältniß treten, wie es dem Maß
der aufzuwendenden Kraft und Zeit entfpricht, um fich
die betreffenden Genüffe vollaus zu verschaffen; fo re:
präfentiren gleich große Stücke diefer Grundlinien, wo
man diefe auch nehmen mag, die gleich große Kraftäuße:
rung; fie können daher, ohne die Größe der Befchwerde dadurch irgend
wie zu verändern, beliebig eines für das andere fubftituirt werden. Um
dann ein Größtes von Genuß zu erhalten, ift nur mehr erforderlich,
diefe Stücke in ganz ähnlicher Weife wie Seite 12 fo zu nehmen, daß die
über denfelben befindliche Genußfläche ein Größtes wird, was, wie
dort, gefchieht, wenn die Begrenzungslinien einander gleich werden. Die
dort gewonnenen Formeln leiften alfo auch hier die gleichen Dienfte, wenn
man fich unter P die ganze aufzuwendende Kraft denkt, um alle Genüffe
fich vollaus zu bereiten, unter E dagegen die von dem Menfchen zur Ge:
nußbereitung verwandte Kraft. Die Umwandlung eines nach den oben
aufgeftellten Grundfätzen conftruirten Bildes in ein folches, welches diefer
Anforderung entfpricht, hat weiter durchaus keine Schwierigkeiten. Man
darf bloß die Senkrechten in dem umgekehrten Verhältniß verändern, in
welchem die Grundlinie, um diefer Anforderung zu genügen, verändert wer:
den muß. Die Richtigkeit diefes Verfahrens beruht darauf, daß dann die
Flächen über gleichen aliquoten Theilen diefer verfchiedenen Grundlinien die
gleichen bleiben, mithin das Verhältniß der Größe des Genuffes in feinen
verfchiedenen Stadien unverändert bleibt.

Es ftelle abc das Bild des Werthes eines Gegenftandes in der bis:
herigen Weife dar (Fig. 16), es müffe aber, um dem Verhältniß der Kraft:

Fig. 16.

entwicklung, welche zum Schaffen von
ab erforderlich ift, Rechnung zu tragen,
der ab die Größe $a'b'$ gegeben werden,
fo wird die Größe der Fläche über den
gleichen aliquoten Theilen die gleiche
wie vorhin bleiben, wenn man: $a'c'$:
$ac = ab : a'b'$, d. h. $a'c' \times a'b' =
ac \times ab$ macht, was in bekannter
Weife durch Zeichnung gefchieht, wenn
man $ad = a'b'$, c mit d verbindet
und aus b mit cd die be parallel zieht;
ae giebt dann die Größe von $a'c'$. Denn macht man $bf = m \times ab$
und $b'd' = m \times a'b'$, d. h. daß bf und $b'd'$ gleiche aliquote Theile von
ab rüfichtlich $a'b'$ darftellen, fo hat man:

$$fg : fb = ac : ab,$$

daher
$$fg = \frac{fb \times ac}{ab};$$

also
$$fgb = \frac{fb \times fg}{2} = \frac{fb^2 \times ac}{2ab} = \frac{m^2 \times ab \times ac}{2};$$

in gleicher Weise findet man:
$$d'e'b' = \frac{d'b'^2 \times a'c'}{2a'b'} = \frac{m^2 \times a'b' \times a'c'}{2}$$

oder weil
$$ab \times ac = a'b' \times a'c':$$
$$fgb = d'e'b',$$

wo auch der Punkt f, und diesem f entsprechend d' genommen sein mögen.

Ein Bild des ganzen bei Befolgung dieses Grundsatzes geschaffenen Werthes erhält man, wenn man an das Bild der Summe des Lebensgenusses, S. 20 Fig. 9, das Bild der Beschwerde beim Schaffen der Werthe in umgekehrter Lage anfügt. Es kann dieses geschehen, weil unserer Voraussetzung gemäß die p auf ein gemeinschaftliches Maß, das der zu verwendenden Kraft, gebracht sind, welches eben so auch dem Bilde der Beschwerde zu Grunde liegend gedacht wird. Das Bild erhält dann also die Form, wie in Fig. 17 $acedfg$, und die Summe des Genusses wird gemessen durch das krumlinigte Dreieck cge. Unsere Formel für W' leidet hierdurch eine Veränderung. Sie giebt, wie wir auf Seite 19 f. fanden, die Größe des Trapezes $adec$. Es ist aber $cge = adec + afg - def$ und es muß also zu derselben die Fläche afg addirt und def subtrahirt werden. Bezeichnet man af, d. h. das Maß der dem Menschen zu Gebote stehenden Kraft, dessen Verwendung ihm Genuß gewährt, durch π, ag aber, die Größe des Genusses beim Beginnen der Kraftäußerung, mit ϱ, so ist $\Delta afg = \frac{\pi \varrho}{2}$; ferner ist $df = ad - af = E - \pi$, weil ja ad die ganze von dem Menschen gebrauchte Kraft, die wir mit E bezeichnet haben, darstellt, und weiter verhält sich:
$$df : de = af : ag,$$

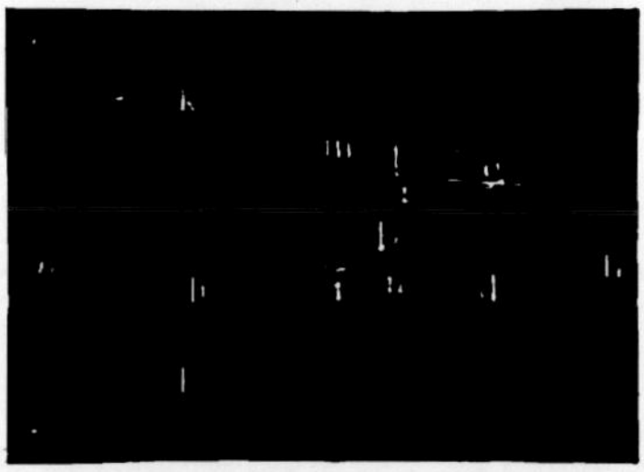

das ist:
$$E - \pi : de = \pi : \varrho$$

Fig. 17.

daher:
$$de = \frac{\varrho\,(E-\pi)}{\pi} = \frac{E-\pi}{\beta},$$

wenn wir der Analogie mit α entsprechend $\dfrac{\pi}{\varrho} = \beta$ setzen, also:
$$\Delta\,def = \frac{df \times de}{2} = \frac{(E-\pi)^2}{2\beta}.$$

Mit Rücksicht auf die Schwierigkeit der Beschaffung wird daher die Formel für die Summe des Lebensgenusses, wenn wir diese mit W bezeichnen:
$$W = \tfrac{1}{2}\Big(pn + p'n' + p''n'' + \ldots + \pi\varrho - \frac{(P-E)^2}{\alpha} - \frac{(E-\pi)^2}{\beta}\Big)$$

Um die Gleichung für w' mit Rücksicht auf die Schwierigkeit der Beschaffung zu erhalten, haben wir denn nur den neu gefundenen Ausdruck für W zu differenziren; oder, was auf dasselbe hinauskommt, zu dem früheren Ausdruck für w' die Ordinate hl zu addiren, rücksichtlich über f hinaus als de abzuziehen. Es ist aber:
$$\left.\begin{array}{l} hf \\ af - ah \end{array}\right\} : hl = af : ag$$
$$\pi - E : hl = \pi : \varrho$$
$$hl = \frac{\varrho\,(\pi - E)}{\pi} = \frac{\pi - E}{\beta},$$

und wie wir vorhin fanden:
$$de = \frac{E-\pi}{\beta} = -\frac{\pi-E}{\beta}$$

mithin für beide Fälle,
$$w' = \frac{P-E}{\alpha} + \frac{\pi - E}{\beta} = \frac{P-E}{\alpha} - \frac{E-\pi}{\beta},$$

wie dieses auch die Differentiation ergiebt.

Das Größte von Lebensgenuß erlangt dann der Mensch, wenn er von seiner Kraft bis d Gebrauch macht, d. h. bis zu dem Punkte, in welchem w' gleich Null wird, mithin wenn:
$$\frac{P-E}{\alpha} + \frac{\pi - E}{\beta} = 0$$

oder wenn:
$$E = \frac{\alpha\pi + \beta P}{\alpha + \beta}.$$

Durch Substitution dieses Werthes für E in die Formel für W findet man weiter das Maximum des Lebensgenusses, welches der Mensch sich durch seine Kräfte zu schaffen vermag. Es wird:
$$W = \tfrac{1}{2}\Big(pn + p'n' + p''n'' + \ldots + \pi\varrho\,\frac{(P-\pi)^2}{\alpha+\beta}\Big)$$

Ferner giebt die Substitution dieses Werthes für E in die obige Formel für e (Seite 15), wie viel der verwendeten Kraft auf die Bereitung jedes einzelnen Genusses verwandt wird; man erhält

$$e = p\left(1\ \frac{P-\pi}{n(\alpha+\beta)}\right)$$

Endlich muß die Größe der Genüsse bei ihrem Abbrechen der Größe der Beschwerde im letzten Moment der Arbeit die Wage halten. Sie müssen also beim Abbrechen gleich bleiben $de = \frac{E-\pi}{\beta}$, mithin für den Fall des Maximums, wenn wir durch w die Größe der Genüsse beim Abbrechen bezeichnen, $w = \frac{P-\pi}{\alpha+\beta}$.

Die Durchführung an einem Zahlenbeispiel wird auch hier zur Verdeutlichung beitragen. Ich wähle hierzu für die p und n dieselben Zahlen, wie oben S. 16, um hierdurch sofort den Einfluß klar hinzustellen, den das Hinzukommen der Nothwendigkeit der Beschaffung der Genußmittel auf den Gesammtgenuß und somit auf den Werth ausübt, d. h. ich nehme an, daß die Kraftäußerung, welche von einem Menschen gemacht werden müßte, um die vier Genüsse sich vollaus zu verschaffen, in dem Verhältniß $= 10 : 16 : 15 : 18$ stehen würde, und wir können uns unter diesen Zahlen auch Zeiteinheiten denken, weil wir bei der Construction der Bilder die Kraftäußerung als sich an Größe gleich bleibend voraussetzen. Die Größe der Genüsse in dem ersten Moment bei jedem geschaffenen Genusse sei auch hier $= 10 : 8 : 5 : 2$; es sei dann ferner $\pi = 30$; $\varrho = 2$, d. h. es gewähre die ungefähre Hälfte der Kraftentwicklung, welche erforderlich sein würde, sich alle vier Genüsse vollaus zu verschaffen, an und für sich Genuß, und dieser Genuß sei beim Beginn der Kraftentwicklung so groß, wie der des kleinsten Genusses bei seinem Beginnen, so stellt sich die Rechnung folgendermaßen.

Wegen der Gleichheit der p und n mit dem Beispiel S. 16 beginnt die Kraftverwendung zur Bereitung der einzelnen Genüsse in denselben Zeitmomenten wie dort. Es wird also bis $E = 2$ alle Kraft auf den ersten Genuß zu verwenden sein, von $E = 2$ bis $E = 11$ die Vertheilung auf die beiden größten, von $E = 11$ bis $E = 29$ auf die drei größten, und endlich von $E = 29$ bis $E = 59$ auf alle vier vorzunehmen sein. In dem Ausdruck:

$$w' = \frac{P-E}{\alpha} + \frac{\pi-E}{\beta}$$

behält also das erste Glied der zweiten Seite den gleichen Werth wie Seite 19, und es ist den dort gefundenen Werthen für w' nur noch $\frac{\pi-E}{\beta} = \frac{30-E}{15}$ zuzusetzen. Diesem entsprechend ist auch die Aenderung in der Formel für W vorzunehmen, d. h. es ist dem dort gefundenen W noch $\frac{1}{2}\left(\pi\varrho - \frac{(E-\pi)^2}{\beta}\right) = \frac{E(60-E)}{30}$ zuzusetzen. Wir erhalten daher folgende Tabelle:

Für $E =$ 0 ; $w' = 12$; $W =$ 0
„ „ $= 2$; „ $= 9^{13}/_{15}$; „ $= 21{,}867$
„ „ $= 4$; „ $= 9^{1}/_{15}$; „ $= 40{,}8$
„ „ $= 6$; „ $= 8^{4}/_{15}$; „ $= 58{,}133$
„ „ $= 8$; „ $= 7^{7}/_{15}$; „ $= \cdot 73{,}867$
„ „ $= 10$; „ $= 6^{2}/_{3}$; „ $= 88$
„ „ $= 12$; „ $= 6^{1}/_{30}$; „ $= 100{,}617$
„ „ $= 14$; „ $= 5^{17}/_{30}$; „ $= 112{,}217$
. . . .
„ „ $= 22$; „ $= 3^{7}/_{10}$; „ $= 149{,}283$
. . . .
„ „ $= 28$; „ $= 2^{7}/_{30}$; „ $= 167{,}283$
„ „ $= 30$; „ $= 1^{14}/_{15}$; „ $= 171{,}467$
„ „ $= 32$; „ $= 1^{2}/_{3}$; „ $= 175{,}067$
„ „ $= 34$; „ $= 1^{2}/_{5}$; „ $= 178{,}133$
„ „ $= 36$; „ $= 1^{2}/_{15}$; „ $= 180{,}667$
„ „ $= 38$; „ $= {}^{13}/_{15}$; „ $= 182{,}667$
„ „ $= 40$; „ $= {}^{3}/_{5}$; „ $= 184{,}133$
„ „ $= 42$; „ $= {}^{1}/_{3}$; „ $= 185{,}067$
„ „ $= 44$; „ $= {}^{1}/_{15}$; „ $= 185{,}467$
„ „ $= 44\frac{1}{2}$; „ $= 0$; „ $= 185{,}483$.

Bei Vergleichung dieser Tabelle mit der Seite 19 sieht man denn, daß durch das Hinzukommen der Nothwendigkeit der Beschaffung der Genußmittel der Werth derselben die Aenderung erleidet, daß der des zuerst zu Schaffenden sich erhöht. Er steigt in unserm Beispiel von 10 auf 12 und bleibt dann so lange höher, bis $E = \pi = 30$ wird. Von da ab sinkt derselbe unter das frühere Maß und wird dadurch schon bei $E = 44{,}5$ gleich Null, während dieses früher erst bei $E = 59$ eintrat. Unter den hier gemachten Voraussetzungen würde sich also der Mensch ein Größtes von Lebensgenuß verschaffen, wenn er während $44\frac{1}{2}$ Zeiteinheiten seine Kräfte zum Schaffen der Genußmittel verwendete, und die Formel für e zeigt, daß von diesen zu verwenden wären auf den:

$$
\begin{aligned}
&1.\ \text{Genuß} \ldots \ldots \ldots \ldots \ 9{,}033\\
&2.\ \ \text{''} \ \ \ \ldots \ldots \ldots \ 14{,}067\\
&3.\ \ \text{''} \ \ \ \ldots \ldots \ldots \ 12{,}1\\
&4.\ \ \text{''} \ \ \ \ldots \ldots \ldots \ \ 9{,}3\\
&\text{Zusammen} = 44{,}5.
\end{aligned}
$$

Die Größe der Genüsse beim Abbrechen wäre endlich:

$$w - \frac{P-\pi}{\alpha+\beta} - {}^{29}/_{30}.$$

Im Uebrigen wiederholt sich die Seite 20 gemachte Bemerkung, daß das durch die gleiche Kraftanstrengung Geschaffene einen außerordentlich verschiedenen Genuß verschafft; mithin einen eben so verschiedenen Werth hat. Das in den 22 ersten Zeiteinheiten, mithin durch die kleinere Hälfte der ganzen Kraftentwicklung, Geschaffene giebt einen Genuß = 149,283, das in den letzten 22½ Zeiteinheiten Geschaffene nur einen Genuß = 185,483 149,283 = 36,2 noch nicht ganz ¼ des Genusses, den die Kraftentwicklung der ersten 22 Zeiteinheiten gewährt. Und weiter, das in den ersten zwei Zeiteinheiten Geschaffene hat den Werth = 21,867, das in der 42. und 43. Zeiteinheit Geschaffene nur den Werth = 185,467 — 185,067 = 0,4, mithin bei gleicher Kraftanstrengung nur ungefähr $^{1}/_{55}$ von dem Werth des erstern.

Mit Rücksicht auf die Nothwendigkeit der Beschaffung der verschiedenen Genüsse durch Arbeit lautet daher der oben gefundene Hauptgrundsatz der Genußlehre:

Um ein Größtes von Lebensgenuß zu erhalten, hat der Mensch seine Zeit und Kräfte auf die Bereitung der verschiedenen Genüsse der Art zu vertheilen, daß der Werth des letzten bei jedem Genuß geschaffenen Atoms der Größe der Beschwerde gleich kommt, die es ihm verursachen würde, wenn er dieses Atom in dem letzten Moment der Kraftentwicklung schaffte.

———

Dieses sind also die Grundsätze, nach denen die Schätzung der Außenwelt von dem einzelnen Menschen für sich selbst vorzunehmen ist, und die daraus fließende Hauptregel für seine Handlungsweise, um ein Größtes von Lebensgenuß sich zu verschaffen, und es bedarf wohl kaum der Bemerkung, daß die hier gewonnenen Resultate sich aufs Genaueste den Erfahrungen, wie sie uns die Wirklichkeit giebt, anschließen. Um sich die vollkommenste Ueberzeugung hiervon zu verschaffen, lese man nur Campe's Erzählung für die Jugend »Robinson Crusoë« bis zu dem Punkte, wo er seinen Freitag findet. Man wird dann die Handlungsweise dieses Robinson genau in dem Maße billigen, wie sie mit dem oben gefundenen Satze übereinstimmt.

Die hier entwickelten Gesetze, wie die Schätzung der Außenwelt vorzunehmen ist, weichen nun von allen Begriffsbestimmungen über Werth, wie wir diese in nationalökonomischen Schriften finden, so außerordentlich ab, daß es leicht den Anschein gewinnen könnte, als bezeichneten e National=Oekonomen mit dem Worte Werth eine ganz verschiedene Sache. Es folgt aber aus dem von ihnen selbst aufgestellten Zweck ihrer Wissenschaft, daß auch sie nichts Anderes unter Werth verstehen können, als dasjenige, was auch hier darunter verstanden ist, daß also die Verschiedenheit nur in der verschiedenen Anschauungsweise einer und derselben Sache ihren Grund hat. Es würde indessen hier eine unfruchtbare Mühe sein, sowohl das Unterscheidende der Begriffsbestimmungen der National=Oekonomen von den hier gemachten Aufstellungen näher anzugeben, als auch zu zeigen, warum die letzten vor jenen den Vorzug verdienen. Dieses Letztere folgt von selbst, sobald die hier gemachten Aufstellungen als richtig erkannt werden; das Erstere würde eine fast endlose Arbeit ohne erheblichen praktischen Nutzen erheischen.

Wer sich auch nur mit der geringsten wissenschaftlichen Färbung mit National=Oekonomie beschäftigt hat, weiß, daß die disparaten Resultate, zu denen die verschiedenen National=Oekonomen durch ihre Schlußfolgerungen gelangen, lediglich in den verschiedenen Begriffsbestimmungen von Werth ihren Grund haben, daß also die unendliche Masse der Streitfragen in dieser Wissenschaft auf eben so viele verschiedene Begriffsbestimmungen von Werth zurückführen. Wollte ich es daher versuchen, das Unterscheidende dieser Begriffsbestimmungen von den hier aufgestellten näher anzudeuten; so würde ich mich, da kein Grund vorhanden ist, der einen Bestimmung vor der andern irgend einen Vorzug einzuräumen, in eine unerschöpfliche Weitläufigkeit verwickelt sehen. Ich beschränke mich daher hier, nur darauf aufmerksam zu machen, daß nach meiner Anschauungsweise der Außenwelt Nichts existirt, dem ein sogenannter absoluter Werth zukäme, wie dieses jetzt von den National=Oekonomen mit mehr oder minder klarem Bewußtsein angenommen, und jeder Sache ein bestimmtes Maß desselben beiwohnend gedacht wird. Nichts hat wohl zu unseligeren Maßregeln Veranlassung gegeben, als diese Fiction eines absoluten Werths. Veranlassung zu derselben gegeben hat unstreitig der Umstand, daß ohne eine solche Annahme der Werth etwas so ungeheuer Schwankendes wird, daß es schwer zu halten scheint, ihn zu irgend einem praktischen Gebrauch fassen zu können. Die National=Oekonomen befanden sich hier zum Werth in einer noch weit schlimmern Lage,

wie die Mathematiker vor Erfindung der Differenzial- und Integral-
rechnung zu so vielen Naturkräften. Während bei Weitem den meisten
National-Oekonomen das Rechnen an und für sich schon unüberwindliche
Schwierigkeiten verursacht, sollten sie hier nun gar mit einer Größe rechnen,
die sich ihnen fortwährend unter den Händen verändert, die ihnen darum
nur zu oft, wenn sie sie gerade recht gefaßt zu haben glaubten, ganz ent-
schlüpfte und sich in Nichts auflöste. Diese Schlüpfrigkeit glaubte man
dem Werthe nehmen zu können, wenn man einen absoluten Werth statuirte.
Und wenn ein solcher existirte, würden durch denselben unleugbar die Rechnungen einfacher werden. Schade darum, daß er nicht existirt, und alle
Rechnungen der National-Oekonomen ohne Ausnahme dadurch falsch geworden sind. Den absoluten Werth glaubte man gefunden zu haben, wenn
man es unter den Begriff Werth auffaßte, wenn einer Sache solche physische Eigenschaften ankleben, die sie befähigen, unmittelbar oder mittelbar in
höherm Grade zur Genußbereitung dienen zu können, wie Lebensmittel,
Holz und vor allem Andern Gold und Silber. Aber in den Pampas bei
Buenos Ayres lassen die Büffelzüchter bei Weitem das meiste Fleisch, obschon es ganz und gar die guten Eigenschaften besitzt, die uns hier unser
Fleisch werth machen, bei voller Kenntniß dieser Eigenschaften verfaulen, sie
ziehen bloß die Büffel der Häute, Hörner und Hufe wegen; in Nordamerika wendet der neue Ansiedler ebenfalls bei voller Kenntniß der Eigenschaften des Holzes alle seine Kräfte an, um ganze Wälder zu vernichten, und
Robinson trat bei voller Kenntniß der Eigenschaften des Goldes den gefundenen Klumpen dieses Metalls verächtlich mit dem Fuße. Alles Thatsachen,
die wir unter den geschilderten Umständen ganz in der Ordnung finden, die
aber unmöglich vorkommen könnten, wenn diesen Gegenständen ein absoluter Werth beiwohnte. Zwar konnte es als Thatsache, die sich so unendlich
oft der Wahrnehmung darbietet, nicht unbemerkt bleiben, daß von jeder
Sache für den einzelnen Menschen sowohl, wie für eine Mehrheit von
Menschen, nur eine bestimmte Quantität Werth hat, und man findet
daher auch oft auf dieselbe aufmerksam gemacht. Aber anstatt hieraus die
Gesetze der Schätzung zu entwickeln, gab sie nur zu einer Eintheilung des
Werthes Veranlassung, zu der gar kein Grund vorhanden ist, weil es nur
eine einzige Art Werth giebt. Und selbst von dieser Thatsache glaubte man
noch eine Ausnahme bei Kunst- und anderen Sammlungen zu finden.
Bei ihnen, glaubte man, träte die Beschränkung der Masse nicht ein, vielmehr steigere sich hier mit der Vervollständigung der Sammlung der
Werth der noch fehlenden Stücke. Aber gerade, was hier als Ausnahme
angeführt wird, bestätigt die oben entwickelten Gesetze, nach denen die
Schätzung geschieht, in der auffallendsten Weise. Denn in solchen Sammlungen hat das neu Hinzukommende nur insofern Werth, als es von

dem Vorhandenen sich unterscheidet, sogenannte Doubletten sucht man ja bekanntlich aus solchen Sammlungen sorgfältig zu entfernen. Insofern aber das neu Hinzukommende von dem Vorhandenen verschiedenartig ist, ist es keine Vermehrung der vorhandenen Masse, sondern etwas Neues. Weiter gehören solche Sammlungen den Gegenständen der zweiten Klasse an, denn der beabsichtigte Genuß wird erst in seiner Vollendung bereitet, wenn Vollständigkeit der Sammlung erreicht ist; kein Wunder, daß der Werth des noch Fehlenden um so höher steigt, je näher dieser Zweck erreicht wird, denn die bedeutende Steigerung des Genusses concentrirt sich dann auf um so weniger Gegenstände, deren Werth steigt daher in einem sehr raschen Verhältniß. Das Relative des Werths zeigt sich daher hier just im höchsten Grade. Richtiger würde man dagegen auf das Verfahren eines Geizhalses als Ausnahme hinweisen können, wenn er die Masse der Geldstücke unbekümmert um die Verschiedenheit des Gepräges ins Unbegrenzte zu vermehren sucht. Aber dieses Verfahren wird auch allgemein als unvernünftig betrachtet, und beweist gerade darum indirect die allgemeine Anerkennung des oben ausgesprochenen Satzes.

Mit Hülfe der im Vorstehenden gewonnenen Formeln wird es nun leicht, den Einfluß zu bestimmen, den eine Aenderung in den Bedingungen des Lebensgenusses auf die Summe dieses Genusses ausübt, und danach die Handlungsweise zu bemessen, welche den Menschen seinen Lebenszweck in vollkommenster Weise erreichen läßt. Um die Formeln hierzu besser geschickt zu machen, haben wir noch eine kleine Aenderung in denselben vorzunehmen. In dem Vorstehenden sahen wir nämlich, daß die Aenderung der p, der zur völligen Bereitung eines Genusses erforderlichen Arbeit, eine entsprechende Aenderung der n, der Größe der Genüsse bei ihrem Beginne, bedingt (Seite 40 f.). Es bringt dieses die Unbequemlichkeit mit sich, daß bei der Voraussetzung einer Aenderung der p, um diesen Einfluß auf W, die Summe des Lebensgenusses, zu bestimmen, zwei verschiedene Größen sich in entgegengesetztem Sinne in der Formel verändern, und es kann denn darum, weil n auch außerdem selbstständig eine Veränderung erleiden kann, ohne daß diese auf p zurückwirkte, der Einfluß der Veränderung der p und n an und für sich für jedes besonders nicht so übersichtlich getrennt werden. Man kann diese Unbequemlichkeit vermeiden, wenn man sich an die Stelle der n die Producte pn, $p'n'$, $p''n''$ u. s. w. gegeben denkt. Sie repräsentiren bekanntlich die doppelte absolute Größe der verschiedenen Genüsse, wenn diese vollaus zur Bereitung gelangen, und müssen daher als bekannt vorausgesetzt werden. Setzt man nämlich $pn = g$, $p'n' = g'$, $p''n'' = g''$ u. s. w., so wird $n = \dfrac{g}{p}$, $n' = \dfrac{g'}{p'}$, $n'' = \dfrac{g''}{p''}$, u. s. w. $\alpha = \dfrac{p}{n}$

$$+ \frac{p'}{n'} + \frac{p''}{n''} + \ldots - \frac{p^2}{g} + \frac{p'^2}{g'} + \frac{p''^2}{g''} + \ldots,$$ und es braucht dann augenscheinlich eine Aenderung von p, der zur völligen Bereitung eines Genusses erforderlichen Kraftanstrengung, nicht nothwendig eine Aenderung von g, der doppelten absoluten Größe des Genusses, mit sich zu führen und umgekehrt; es kann dann vielmehr bei jedem einzeln genommen eine Veränderlichkeit vorausgesetzt werden. Aber was hier von den p und n gesagt wurde, gilt in ganz ähnlicher Weise von π und ϱ. Auch das Product $\pi \varrho$ drückt die doppelte absolute Größe des Genusses aus, den die Arbeit verursacht, wenn sie bis zu dem Punkte vorgenommen wird, wo die Beschwerde beginnt. Dieses Product findet sich dann auch in der Formel für W in der gleichen Verbindung wie die Producte pn, $p'n'$, $p''n''$ u. s. w.; das Product $\pi \varrho$ wollen wir daher aus analogen Gründen durch γ vorstellen. Es wird dann $\beta - \frac{\pi^2}{\gamma}$, und wenn wir dann außerdem $g + g' + g'' + \ldots = G$ setzen, so wird die Formel für W:

$$W - \tfrac{1}{2}\left(G + \gamma - \frac{(P-E)^2}{\alpha} \quad \frac{(E-\pi)^2}{\beta}\right),$$

und wenn es ein Größtes erreicht:

$$W = \tfrac{1}{2}\left(G + \gamma - \frac{(P-\pi)^2}{\alpha + \beta}\right).$$

Betrachten wir nun diese Formel in der Absicht, die Veränderungen zu bestimmen, welche W in seiner Größe durch Aenderung in seinen Bedingungen erleidet; so finden wir, daß sich die Größe von W verändert, wenn auch nur eines der g oder p, welche in G, P und α enthalten sind, oder wenn π oder γ eine Aenderung erleidet, endlich auch, wenn ein neues g, oder p und demgemäß g hinzukommt. Wir finden aber anderntheils, daß, weil die g und p alle genau in gleicher Weise an der Zusammensetzung der Formel Antheil nehmen, der Einfluß einer Veränderung bei jedem einzelnen ein gleichartiger sein muß, wie bei jedem andern, daß es darum genügt, diesen Einfluß bei einem zu bestimmen, um damit unmittelbar den eines jedes andern zu wissen.

Die erste hier zu beantwortende Frage ist nun die, wie weit die g und p Aufnahme in die Formel finden müssen, d. h. welche Genüsse theilweise zur Bereitung gelangen. Die Beantwortung liegt auf der Hand. Der Genuß muß mit Rücksicht auf die Schwierigkeit der Beschaffung bei seinem Beginnen größer sein, als die theilweise bereiteten Genüsse bei ihrem Abbrechen. Die Größe des Genusses bei seinem Beginnen ist $= n = \frac{g}{p}$, die der theilweise bereiteten beim Abbrechen für den Fall des Maximums $= \frac{P - \pi}{\alpha + \beta}$

(Seite 45), mithin muß ein g und p in die Formel Aufnahme finden, wenn:

$$\frac{g}{p} > \frac{P-\pi}{\alpha+\beta}.$$

Mit Hülfe dieses Ausdrucks hält es denn nicht schwer, die Formel für W für irgend einen gegebenen Fall in Rechnung zu setzen, sobald die g und p bekannt sind. Man hat, nachdem man die Genüsse nach ihrer Größe beim Beginnen geordnet hat, d. h. nach der Größe von $\frac{g}{p}$, zunächst so viele p zu nehmen, daß die Summe größer als π wird. In unserm Zahlenbeispiel also mindestens die drei ersten Genüsse. P wird für diesen Fall $= 41$; $\alpha = 6$, $\beta = 15$, also:

$$\frac{g}{p} < \frac{41-30}{6+15} = {}^{11}/_{21},$$

und da der vierte Genuß diese Bedingung erfüllt, indem bei ihm $\frac{g'''}{p'''} = \frac{36}{18} = 2$, so nimmt auch er noch an der Bereitung Theil, mit Hinzunahme desselben, wird dann:

$$\frac{g}{p} > \frac{59-30}{15+15} = {}^{29}/_{30}$$

und ein folgender Genuß würde also noch mit zur Berechnung kommen, wenn er beim Beginnen größer als ${}^{29}/_{30}$ wäre.

Es folgt denn hieraus, daß jeder Genuß, so klein er auch an und für sich sein mag, in die Formel Aufnahme findet, sobald er ohne alle eigene Anstrengung zu haben ist, d. h., wenn bei ihm $p = 0$ ist, weil dann $\frac{g}{p} = \infty$, also jedenfalls die Grenze überschreitet, und die Veränderung, welche in diesem Falle die Aufnahme bewirkt, ist ohne Weiteres klar. Durch seine Aufnahme ändert sich nur G, es wird genau um das neue g größer, und dem entsprechend ist dann die Aenderung von W, daß dieses sich genau um das halbe neue g vergrößert. Daher der Satz:

Durch einen Genuß, der dem Menschen ohne sein Zuthun gewährt wird, vergrößert sich die Summe seines Genusses um die ganze Größe desselben.

Zur Untersuchung des Einflusses, den eine Veränderung der Größe der g und p hervorbringt, bestimmen wir zunächst den Einfluß, den das Hinzukommen eines neuen Genusses ausübt. Bezeichnet man die doppelte absolute Größe dieses Genusses in der angenommenen Weise durch g, die zur Beschaffung erforderliche Kraftentwicklung durch p, und setzt zur Abkürzung der Rechnung in der Formel für W; $G + \gamma = G'$; $P - \pi = P'$; $\alpha + \beta = \alpha'$, so ist vor dem Hinzukommen des neuen Genusses:

$$\text{I.} \quad W = \tfrac{1}{2} \left(G' - \frac{P'^2}{\alpha'} \right),$$

nach dessen Hinzukommen:

$$\text{II.} \quad W = \tfrac{1}{2} \left(G' + g - \frac{(P' + p)^2}{\alpha' + \dfrac{p^2}{g}} \right),$$

der Unterschied in der Summe des Lebensgenusses, wenn wir diesen mit ΔW bezeichnen, also:

$$\Delta W = \tfrac{1}{2} \left(G' + g - \frac{(P' + p)^2}{\alpha' + \dfrac{p^2}{g}} \right) - \tfrac{1}{2} \left(G' - \frac{P'^2}{\alpha'} \right)$$

und je nachdem ΔW positiv oder negativ wird, wird also die Summe des Genusses nach dem Hinzukommen größer oder kleiner. Reducirt man den Ausdruck für ΔW, so erhält man:

$$2 \Delta W = \frac{(\alpha' g - p P')^2}{\alpha' (\alpha' g + p^2)};$$

und man sieht also, daß $\Delta W = 0$ wird, d. h. daß der Unterschied in der Größe des Lebensgenusses verschwindet, wenn der Zähler gleich Null wird, d. h. wenn:

$$\alpha' g = p P',$$

oder:

$$\frac{g}{p} = \frac{P'}{\alpha'} = \frac{P - \pi}{\alpha + \beta};$$

mithin, wenn der Genuß nur die Größe hat, wie die theilweise bereiteten beim Abbrechen. Von diesem Augenblick an kommt aber der Genuß überhaupt erst zur Berücksichtigung. Es drückt daher dieses nichts Anderes aus, als die so eben gefundene Regel für die Construction der Formel für W in einem speciellen Falle. Hat der Genuß diesen Punkt überschritten, so gelangt er nun um so mehr zur Berücksichtigung, je größer $\dfrac{g}{p}$ wird, und dieses kann sich in doppelter Weise zutragen; entweder dadurch, daß p kleiner oder daß g größer wird, und um den Einfluß kennen zu lernen, den eine Veränderung der p und g auf die Summe des Lebensgenusses bewirkt, haben wir daher nur zu sehen, was aus der Formel für ΔW wird, wenn p und g von dem Punkte ab, wo $\dfrac{g}{p} = \dfrac{P'}{\alpha'}$, das erstere sich verkleinert, das letztere vergrößert. Der Einfluß der Verkleinerung von p von dem Punkte ab, wo $\alpha' g - p P' = 0$ wird, ergiebt der bloße Anblick des Ausdrucks für ΔW. Er zeigt, daß im Zähler das abzuziehende, im Nen-

4*

ner das zu abbirende und von p abhängige Glied, sich verkleinert. Beides wirkt auf Vergrößerung von ΔW, bis bei $p = 0$ $2 \Delta W = g$ wird, d. h. bis, wenn der neu hinzukommende Genuß ohne alle und jede eigene Kraftentwicklung sich beschaffen läßt, die Summe des Genusses sich um die ganze Größe des neuen Genusses vergrößert, wie wir dieses vorhin schon unmittelbar fanden. Eben so klar wird der Einfluß einer Vergrößerung von g, wenn man Zähler und Nenner des Ausdrucks für ΔW durch $p^2 P'^2 g^2$ dividirt, wodurch ja die Größe von ΔW keine Aenderung erleidet. Er wird dann:

$$2 \Delta W = \frac{\left(\frac{\alpha'}{p P'} - \frac{1}{g}\right)^2 P'^2 g}{\alpha' \left(\frac{\alpha'}{p^2} + \frac{1}{g}\right)}$$

und man sieht, daß hier mit Vergrößerung von g im Zähler das abzuziehende, im Nenner das zu abbirende und von g abhängige Glied immer kleiner wird, was wieder beides auf Vergrößerung von ΔW um so mehr hinwirkt, als g außerdem noch als Factor vorhanden ist. Um dann zu sehen, was aus ΔW für den Fall wird, daß $g = \infty$, vollführe man die Division bis dahin, daß g aus dem Zähler des Restes verschwindet, man erhält:

$$\frac{(\alpha' g - p P')^2}{\alpha'^2 g + \alpha' p^2} = \frac{\alpha'^2 g^2 - 2 \alpha' p P' g + p^2 P'^2}{\alpha'^2 g + \alpha' p^2}$$
$$= g - \frac{p(2 P' + p)}{\alpha'} + \frac{p^2 (P' + p)^2}{\alpha'^2 g + \alpha' p^2},$$

und man sieht, daß für $g = \infty$·

$$2 \Delta W = g - \frac{p(2 P' + p)}{\alpha'},$$

d. h. es beträgt dann die Vermehrung der Summe des Lebensgenusses $\frac{p(2 P' + p)}{2 \alpha'}$ weniger als der bis zum Unendlichen vergrößerte Genuß selbst, und der Grund hiervon leuchtet ein, und wird sich im Folgenden noch klarer herausstellen. Die Nothwendigkeit, sich wegen seiner unendlichen Größe diesen Genuß vollaus zu verschaffen, entzieht allen übrigen Genüssen so viel Arbeitskraft, daß der durch sie erlangte Genuß um $\frac{p(2 P' + p)}{2 \alpha'}$ kleiner wird. Von einer Vergrößerung von p von Null anfangend, und einer Verkleinerung von g vom Unendlichen beginnend, gilt dann natürlich das Umgekehrte bis dahin, daß $\frac{g}{h}$ nur mehr die Größe $= \frac{\alpha}{q'}$ hat.

In dem, was hier über das Hinzukommen eines neuen Genusses gesagt wurde, ist dasjenige, was über die Veränderungen des Lebensgenusses zu sagen ist, welche die Veränderung von p und g bei einem schon theilweise bereiteten Genusse bewirkt, mit enthalten. Denn diese Veränderungen werden gefunden, wenn man den veränderten Genuß als neuen betrachtet, und durch die Formel für ΔW die Aenderungen berechnet, welche in der Summe des Lebensgenusses eintreten, wenn man den veränderten Genuß in seinen verschiedenen Stadien festhält. Den Unterschied der hierdurch erhaltenen zwei Werthe für ΔW, den einen, wenn man den Genuß vor der Veränderung in Rechnung stellt, den zweiten, wenn dieses geschieht, nachdem die Veränderung eingetreten ist, giebt dann die entsprechende Veränderung des Lebensgenusses. Das zweite ΔW wird also größer, wenn p kleiner und g größer wird, und umgekehrt.

Was wir hier gefunden haben, ist nur eine Wiederholung des schon oben Seite 21 ausgesprochenen Satzes mit Berücksichtigung der Nothwendigkeit der Arbeit. Er lautet in Worten ausgesprochen:

Der Mensch, dem es bei irgend einem Genusse gelungen ist, das Verhältniß der zu seiner Bereitung erforderlichen Kraftentwicklung zu seiner absoluten Größe der Art herzustellen, daß der Genuß überhaupt, oder doch bei der kleinsten Vergrößerung dieses Verhältnisses, zur theilweisen Bereitung zu gelangen hat $\left(\text{daß } \dfrac{g}{p} > \dfrac{P-\pi}{\alpha+\beta}\right)$, steigert die Summe seines Lebensgenusses jedesmal dann, wenn es ihm gelingt, die absolute Größe des Genusses zu vermehren (g zu vergrößern), oder die zur Bereitung erforderliche Kraftentwicklung zu vermindern (p zu verkleinern).

Wenden wir uns nun zu dem Einfluß, den eine Veränderung von π auf den Lebensgenuß ausübt. Eine Veränderung von π, ohne daß dieselbe auf γ, den doppelten durch die Bewegung an und für sich geschaffenen Genuß, von Einfluß wäre, ist nur denkbar, daß sich unsere Geschicklichkeit vergrößert, etwas Genußreiches zu Stande zu bringen, daß wir mit gleicher Kraftanstrengung mehr schaffen lernen. Eine Veränderung von π ohne Einfluß auf γ hat daher genau die umgekehrte Wirkung wie die Veränderung der p, ja es ist im Wesentlichen nichts Anderes als die Veränderung der p durch Veränderung des Maßstabes für π im umgekehrten Verhältniß auf π übertragen. Diesen Einfluß finden wir denn auch bei Betrachtung unserer Formel, wenn wir für β seinen Werth substituiren, um hierdurch π überall, wo es vorkommt, deutlich hinzustellen. Die Formel ist dann:

$$W = \tfrac{1}{2}\left(G + \gamma - \frac{(P-\pi)^2}{\alpha + \dfrac{\pi^2}{\gamma}}\right)$$

und sie zeigt unmittelbar, daß W mit Vergrößerung von π größer werden muß, bis es bei $\pi = P$ ein Größtes erreicht, nämlich:

$$W = \tfrac{1}{2}(G + \gamma),$$

weil der zu subtrahirende Bruch $\dfrac{(P-\pi)^2}{\alpha + \dfrac{\pi^2}{\gamma}}$ mit dem Wachsen von π im

Zähler immer kleiner, im Nenner immer größer wird, sich also im Ganzen immer verkleinert, bis er bei $\pi = P$ Null wird.

Es bleibt uns nun noch der Fall zu betrachten, daß γ sich verändert. Es drückt γ den doppelten Genuß aus, den uns die Bewegung verursacht, abgesehen von Allem, was durch die Bewegung noch nebenbei Werthvolles geschaffen wird. Die Voraussetzung der Veränderung von γ ist daher durch die Annahme bedingt, daß die entsprechende Kraft in uns in entsprechender Weise sich verändert habe, und es gilt denn hier wiederholt das schon Seite 10 in Beziehung auf das wiederholte Genießen Gesagte. Diese Aenderung der Kraft muß in jedem Augenblick ihrer Aeußerung der Aenderung entsprechend als veränderte Wirkung ins Dasein treten. Hier also, wo wir die gerade Linie zur Begrenzung der Genußfläche angenommen haben, kann die Veränderung des Bildes nur so vor sich gehen, daß sich die Linie $c\,b\,e$ (Fig. 18) parallel

Fig. 18.

mit sich selbst von a entfernt, oder sich demselben nähert; also in die Lage $c'\,b'\,e'$ oder $c''\,b''\,e''$ käme, weil ja sonst da, wo der Durchschnitt der beiden Linien sich ereignete, die vorausgesetzte Veränderung der Kraft plötzlich in ihre Umkehrung umschlagen würde; ihre Wirkung würde, wenn sie vor dem Durchschnitt größer war, nun nach demselben plötzlich kleiner werden, und umgekehrt,

mithin ohne alle Veranlassung vor und nach dem Durchschnitt die entgegengesetzte Aenderung der Kraft vorausgesetzt werden. (Bei Annahme einer Curve würde dieser Bedingung auch genügt werden, wenn die Curven eine gemeinschaftliche oder parallele Asymptoten hätten.) Hieraus folgt denn, daß die Voraussetzung einer Aenderung von γ nothwendig eine entsprechende Aenderung von π bedingt; es muß:

$$ab : ac = ab' : ac' = ab'' : ac''$$

werden, oder das Verhältniß $\pi : \varrho$ das gleiche wie vorhin bleiben, d. h. es muß $\beta - \dfrac{\pi}{\varrho}$ unverändert bleiben, welche Aenderung auch in γ vorgehen mag.

Es wird diese allgemein gültige Schlußfolgerung noch klarer, wenn wir sie speciell auf unsern Fall anwenden. Bei jeder Kraft, die uns Genuß gewährt, muß sich der Genuß mit der Intensität der Kraft vergrößern. Auch der Genuß bei der Bewegung muß daher mit Vergrößerung der Kraft wachsen. Es tritt also eine Vergrößerung von γ ein, wenn es gelingt, unsere Kraft, Bewegung hervorzubringen, zu verstärken, und daß wirklich die Verstärkung dieser Kraft einen erhöhten Genuß mit sich führt, sehen wir an der Lust, die es dem aufwachsenden Menschen verursacht, die Größe dieser Kraft zu messen und die neu erworbene zu gebrauchen. Ferner ist es dann aber eine bekannte Thatsache, daß, wenn es einem Menschen gelingt, seine Muskelkraft zu verstärken, ihn dieses in den Stand setzt, sie auch so viel länger mit gleicher Stärke gebrauchen zu können, ohne dadurch größere Beschwerde wie früher bei kürzerm Gebrauch zu empfinden, er muß also auch im Stande sein, in dieser längern Zeit verhältnißmäßig mehr Genußbringendes zu Stande zu bringen, und die erwähnte Abhängigkeit von π von der Größe von γ tritt daher hier klar zu Tage.

Der Einfluß der Veränderung von γ auf W ist denn hierdurch sofort klar. γ muß an und für sich in der Formel für W mit Rücksicht hierauf nur einfach addirt werden, W verändert sich daher hierdurch genau in demselben Maße wie γ. Diese Aenderung wird denn noch in demselben Sinne bedeutend verstärkt, weil π in demselben Sinne wie γ verändert werden muß, die Vergrößerung von π ohne Aenderung von β aber ebenfalls Vergrößerung von W bewirkt, und umgekehrt.

Dieses und das vorher gewonnene Resultat können wir zweckmäßig in folgendem Satze vereinigt aussprechen:

Durch Steigerung der Kraft, durch die wir uns die Genüsse bereiten, und der Geschicklichkeit in ihrem Gebrauch können wir unsern Lebensgenuß bis dahin erhöhen, daß die Kraftentwicklung, deren Verwendung an und für sich Genuß gewährt, ausreicht, sich alle Genüsse vollaus zu verschaffen.

Nachdem wir im Vorstehenden den Weg gefunden haben, den der Mensch zu gehen hat, um seinen Lebenszweck in möglichst hohem Maße zu erreichen, haben wir nun zu untersuchen, welche Folgen sich an das Betreten dieses Weges knüpfen.

Betrachten wir zu dem Ende zunächst die Veränderungen, welche die Größe von E, der Summe des durch Arbeit Geschaffenen, je nach Veränderung der Umstände erleidet, damit ein Größtes von Genuß geschaffen werde, in der Reihefolge, wie wir diese Veränderungen auch bei der Summe des Lebensgenusses in Erwägung zogen, und daher zuerst, wenn ein neuer Genuß zur Bereitung gelangt. Die Formel (S. 42):

$$E = \frac{\alpha \pi + \beta P}{\alpha + \beta}$$

zeigt hier sofort, daß das Hinzukommen eines neuen Genusses, wenn wir ihn ohne eigene Kraftanstrengung erhalten, d. h. wenn bei ihm $p = 0$ ist, auf E, die Summe des zu Erarbeitenden, ohne allen Einfluß ist, weil in diesem Falle alle Buchstaben, welche die Formel von E zusammensetzen, unverändert bleiben. Daher der Satz:

Durch die ohne sein Zuthun dem Menschen zufallenden Genüsse wird in der zu verrichtenden Arbeit, um ein Größtes von Lebensgenuß zu erlangen, durchaus Nichts geändert.

Muß dagegen der Genuß durch Arbeit beschafft werden, so muß vor dessen Hinzukommen:

$$\text{I.} \quad E = \frac{\alpha \pi + \beta P}{\alpha + \beta}$$

werden; nach dessen Hinzukommen wird

$$\text{II.} \quad E = \frac{\left(\alpha + \frac{p^2}{g}\right)\pi + \beta (P + p)}{\alpha + \frac{p^2}{g} + \beta}.$$

Der Unterschied, wenn wir diesen mit $\varDelta E$ bezeichnen, wird daher:

$$\varDelta E = \frac{\left(\alpha + \frac{p^2}{g}\right)\pi + \beta (P + p)}{\alpha + \frac{p^2}{g} + \beta} - \frac{\alpha \pi + \beta P}{\alpha + \beta}.$$

Nach vorgenommener Reduction können wir diesem Ausdruck folgende Form geben:

$$\varDelta E = \frac{\beta p^2 \left(\frac{g}{p} - \frac{P - \pi}{\alpha + \beta}\right)}{(\alpha + \beta)g + p^2}.$$

Man sieht dann, daß $\varDelta E = 0$ wird, wenn $\frac{g}{p} = \frac{P - \pi}{\alpha + \beta}$, und wir finden also hier die schon wiederholt gefundene Regel wieder über den Augenblick, wann die theilweise Bereitung des Genusses beginnen müsse. Von da ab bleibt ΔE mit Vergrößerung von $\frac{g}{p}$, die ja hier nur in Betracht kommen kann, fortwährend positiv, und eine Vergrößerung von g hat denn auch hier analog, wie vorhin, bei ΔW, eine Vergrößerung von ΔE zur Folge, bis bei $g = \infty$; $\Delta E = \frac{\beta p}{\alpha + \beta}$ wird, was durch Division des Zählers und Nenners des Ausdrucks für ΔE durch g und Ausführung der Multiplication im Zähler durch p noch augenfälliger wird. Es wird dann:

$$\Delta E = \frac{\beta p \left(1 - \frac{p(P - \pi)}{g(\alpha + \beta)}\right)}{\alpha + \beta + \frac{p^2}{g}}$$

und E mit Hinzufügung von ΔE für $g = \infty$:

$$E = \frac{\alpha \pi + \beta P}{\alpha + \beta} + \frac{\beta p}{\alpha + \beta} = \frac{\alpha \pi + \beta (P + p)}{\alpha + \beta}$$

wie es die Supposition von $g = \infty$ in die Gleichung II. auch unmittelbar ergiebt. Es vergrößert sich also E um $\frac{\alpha p}{\alpha + \beta}$ weniger, als der neue unendlich große Genuß an und für sich Arbeit verschafft, da $p - \frac{\beta p}{\alpha + \beta} = \frac{\alpha p}{\alpha + \beta}$, und der Grund hiervon ist der schon Seite 52 angeführte. Die Nothwendigkeit, sich wegen seiner unendlichen Größe diesen Genuß vollaus verschaffen zu müssen, verringert den noch disponibeln Arbeitsrest um so viel, daß die übrigen Genüsse nunmehr nur noch in einem geringen Maße bereitet werden können, und der Seite 52 gefundene Ausdruck $\frac{p(2P' + p)}{2\alpha}$, um welchen $\frac{g}{2}$ vermindert werden muß, um den Zuwachs zu W zu finden, bezeichnet die Größe des Lebensgenusses, den der Mensch sich beim Nichtdasein des neuen Genusses durch weitere Bereitung aller übrigen Genüsse verschaffen würde.

Anders wie bei ΔW finden wir dagegen den Einfluß auf ΔE durch Verkleinerung von p. Auch hier findet anfangs bei Verkleinerung von p, nachdem $\frac{g}{p} = \frac{P - \pi}{\alpha + \beta}$ gewesen ist, ein Wachsen von ΔE Statt, aber es wird dann dennoch wieder ΔE bei $p = 0$ auch gleich Null, weil p im Zähler Factor ist. Es zeigt dieses also, daß zwischen dem p, welches

$\frac{g}{p} = \frac{P-\pi}{\alpha+\beta}$ werden läßt, und $p=0$, E bei einem bestimmten p ein Größtes erreicht. Um zu finden, wann dieses Größtes eintritt, differenzire man die Gleichung II. in Bezug auf E und p. Man erhält:

$$dE = \frac{\beta g [(\alpha+\beta)g - 2(P-\pi)p - p^2] dp}{[(\alpha+\beta)g + p^2]^2}$$

und es tritt also für E ein Größtes ein, wenn:

$$p^2 + 2(P-\pi)p = (\alpha+\beta)g$$

oder:

$$p = \sqrt{(\alpha+\beta)g + (P-\pi)^2} - (P-\pi).$$

Die hier gefundenen Resultate können wir nun in Worten in folgendem Satze aussprechen:

Das Quantum Arbeit, welches der Mensch zu verrichten hat, um sich ein Größtes von Lebensgenuß zu verschaffen, vergrößert sich durch das Hinzukommen eines neuen zur Bereitung reifen Genusses und Vermehrung der absoluten Größe eines bis dahin theilweise bereiteten Genusses, ohne daß die Vergrößerung doch jemals dem ganzen Arbeitsquantum gleich käme, welches zur völligen Bereitung des neuen rücksichtlich vergrößerten Genusses erforderlich ist. Bei Verminderung des zur völligen Bereitung eines zu berücksichtigenden Genusses erforderlichen Arbeitsquantums von dem Punkte ab, wo die Berücksichtigung beginnt, erreicht dagegen je nach den Umständen verschieden, das von dem Menschen zu leistende Arbeitsquantum ein Größtes, so daß sich dann, ist dieses Größte erreicht, das Quantum sowohl bei Verkleinerung wie Vergrößerung von p vermindert.

Bei Beurtheilung des Einflusses, den eine Veränderung von π auf E ausübt, haben wir uns zunächst daran zu erinnern, daß eine Veränderung von π ohne Veränderung von γ nur eine andere Ausdrucksweise ist für die veränderte Geschicklichkeit bei der Arbeit. Die Vergrößerung heißt dann nichts weiter, als daß der Arbeiter im Stande ist, mit der gleichen Kraftentwicklung ein größeres Quantum der p zu schaffen. Es ist diese Unterscheidung hier darum wichtig, weil darum die Veränderung von E, welche durch eine Veränderung von π bewirkt wird, nun nicht mehr wie vorhin unmittelbar als Maßstab für die Veränderung des zu leistenden Arbeitsquantums gebraucht werden kann; es giebt vielmehr das neue E nur die Veränderung der Masse des Geschaffenen, nicht die Größe der zur Arbeit verwendeten Zeit. Die Veränderung von π hat in diesem Falle genau dieselbe Wirkung, wie die Veränderung aller p im umgekehrten Verhältniß.

Zur Auffindung des Einflusses, den eine solche Veränderung von π hervorbringt, setze man zunächst in die Formel für E, $\pi = P$, d. h. man nehme die Geschicklichkeit so groß an, daß sie ausreicht mit einem solchen Arbeitsquantum, welches selbst Genuß gewährt, sich alle Genüsse vollaus zu verschaffen. Es wird für diesen Fall $E = P$, daher:

$$\varDelta E = P - \frac{\alpha\gamma\pi + \pi^2 P}{\alpha\gamma + \pi^2},$$

wenn man β durch seinen Werth $\frac{\pi^2}{\gamma}$ ersetzt, um das veränderliche π überall, wo es vorkommt, augenfällig zu erhalten. Nach vorgenommener Reduction erhält man:

$$\varDelta E = \frac{\alpha\gamma(P - \pi)}{\alpha\gamma + \pi^2},$$

und man sieht dann, daß $\varDelta E$ mit der Verkleinerung von π fortwährend wächst, bis dasselbe, für $\pi = 0$, $= P$ wird, wodurch dann $E = P - P = 0$ wird, und es folgt denn hieraus:

Die Masse der geschaffenen Genüsse nimmt mit Verminderung der Geschicklichkeit fortwährend ab, bis dahin, daß Nichts mehr geschaffen wird; oder umgekehrt: die Masse der geschaffenen Genüsse vergrößert sich mit Vermehrung der Geschicklichkeit bis dahin, daß sie ausreicht, sich alle Genüsse vollaus zu verschaffen.

Um nun ferner den Einfluß der Veränderung von π auf das Quantum der geleisteten Arbeit zu finden, haben wir der obigen Bemerkung zufolge in dem Ausdruck für E den Maßstab zu verändern; es muß, wenn wir durch A das Arbeitsquantum bezeichnen, sich verhalten:

$$A : E = 1 : \pi$$

oder $A = \frac{E}{\pi}$ werden, mithin:

$$A = \frac{\alpha\gamma + \pi P}{\alpha\gamma + \pi^2}.$$

Es wird dann für $\pi = 0$ sowohl, wie für $\pi = P$, $A = 1$, daher:

$$\varDelta A = \frac{\alpha\gamma + \pi P}{\alpha\gamma + \alpha^2} - 1$$
$$= \frac{\pi(P - \pi)}{\alpha\gamma + \pi^2}$$

und man sieht hieraus, daß, weil $\pi < P$ oder höchstens $= P$, $\varDelta A$ wesentlich positiv, mindestens $= 0$ ist, d. h. daß das Arbeitsquantum bei einem kleinern π als P jedenfalls größer ist, als bei $\pi = 0$ oder $\pi = P$; man sieht aber ferner daraus, daß, weil $\varDelta A$ sowohl Null wird, wenn

$\pi = P$, als auch wenn $\pi = 0$, es zwischen diesen beiden Werthen von π ein Größtes erreichen muß. Durch Differenziation erhält man:

$$dA = \frac{(\alpha\gamma P - 2\alpha\gamma\pi - P\pi^2)\,d\pi}{(\alpha\gamma + \pi^2)^2}$$

und daher ein Größtes, wenn:

$$P\pi^2 + 2\alpha\gamma\pi = \alpha\gamma P$$

oder·

$$\pi = \frac{\sqrt{\alpha\gamma(P^2 + \alpha\gamma)} - \alpha\gamma}{P}.$$

Hieraus erhalten wir folgenden Satz:

Das Arbeitsquantum, welches ein Mensch zu verrichten hat, um ein Größtes von Lebensgenuß zu erlangen, ist sowohl dann, wenn die Geschicklichkeit gleich Null ist, als auch dann, wenn dieselbe ausreicht, sich alle Genüsse durch mit Genuß verbundene Arbeit vollaus zu verschaffen, demjenigen gleich, welches ihm an und für sich Genuß gewährt $(= 1)$. Zwischen diesen beiden Grenzen ist dasselbe fortwährend größer und erreicht ein Größtes, wenn:

$$\pi = \frac{\sqrt{\alpha\gamma(P^2 + \alpha\gamma)} - \alpha\gamma}{P}.$$

Den Einfluß, den eine Veränderung von γ auf E hervorbringt, ergiebt der bloße Anblick des Ausdrucks für E. Wie wir vorhin sahen, kann eine solche Veränderung nur eintreten, wenn π sich gleichzeitig in demselben Sinne der Art verändert, daß β den frühern Werth behält. In dem Ausdruck:

$$E = \frac{\alpha\pi + \beta P}{\alpha + \beta}$$

ändert sich daher bloß das Glied $\alpha\pi$, und E also in demselben Sinne wie π und γ, bis bei $\pi = P$, $E = P$ wird, d. h.:

Die Masse der geschaffenen Genüsse vermehrt sich mit Verstärkung der Arbeitskraft, bis sie ausreicht, sich alle Genüsse vollaus mit Genuß zu verschaffen.

Um den Einfluß der Veränderung von γ auf das Arbeitsquantum zu erhalten, haben wir die Division des Ausdrucks für E durch das neue π ohne Veränderung von β vorzunehmen. Es wird also:

$$A = \frac{\alpha\pi + \beta P}{\pi(\alpha + \beta)}.$$

Es wird dann bei $\pi = P$, $A = 1$, daher:

$$\varDelta A = \frac{\alpha\pi + \beta P}{\pi(\alpha + \beta)} - 1 = \frac{\beta(P - \pi)}{\pi(\alpha + \beta)},$$

mithin ΔA für ein kleineres π als P wesentlich positiv, d. h. A größer, bis bei $\pi = 0$ $A = \infty$ d. h. der Punkt eintritt, wo die Körperkräfte vollständig absorbirt werden. Hieraus der Satz:

Im Verhältniß zu der mit Genuß verbundenen Arbeit, vergrößert sich das mit Beschwerde verbundene Arbeitsquantum, welches, um ein Größtes von Lebensgenuß zu erreichen, zu leisten ist, mit Verminderung der Arbeitskraft bis dahin, daß es die Kraft des Menschen erschöpft.

Dieses sind also die Veränderungen, die sich mit E, der Summe des Beschaffenen und mit A, dem ganzen zu leistenden Arbeitsquantum ereignen; gehen wir nun zur Untersuchung der Veränderungen über, welche an e, der auf Bereitung eines einzelnen Genusses verwandten Kraft eintreten.

Die Formel für e ist (S. 43).

$$e = p\left(1 - \frac{P-\pi}{n(\alpha+\beta)}\right)$$

oder mit Substitution von $\frac{g}{1}$ an die Stelle von n aus den angeführten Gründen:

$$e = p\left(1 - \frac{p(P-\pi)}{g(\alpha+\beta)}\right).$$

Die erste Betrachtung, welche sich beim Anblick dieser umgewandelten Formel für e aufdrängt, ist, daß wir auch hier wieder der Regel über den Anfang der Bereitung eines Genusses begegnen. Es wird dieses noch augenfälliger, wenn wir $\frac{p}{g}$ wie einen gemeinschaftlichen Factor absondern. Die Formel wird dann:

$$e = \frac{p^2}{g}\left(\frac{g}{p} - \frac{P-\pi}{\alpha+\beta}\right),$$

und man sieht sofort, daß $e = 0$ wird, wenn $\frac{g}{p} = \frac{P-\pi}{\alpha+\beta}$, und einen positiven Werth nur dann erhält, wenn $\frac{g}{p} > \frac{P-\pi}{\alpha+\beta}$. Die zweite Bemerkung ist die, daß in dieser Formel nicht alle g und p in der gleichen Weise an ihrer Zusammensetzung Theil nehmen, sondern nur diejenigen, welche zu dem hier betrachteten e in keiner unmittelbaren Beziehung stehen. Die möglichen Veränderungen für e vermehren sich hierdurch.

Betrachten wir nun zunächst den Einfluß einer Veränderung des p, welches dem betrachteten e angehört. Um denselben zu bestimmen, haben wir zunächst dieses p aus P und α, in denen es noch enthalten ist, auszuscheiden. Es geschieht dieses, wenn man:

$$P - \pi - p = P'$$

und:
$$\alpha + \beta - \frac{p^2}{g} = \alpha'$$

setzt. P' und α' enthalten dann p nicht mehr, es wird:
$$P - \pi = P' + p,$$
$$\alpha + \beta = \alpha' + \frac{p^2}{g},$$

die Formel für e also:
$$e = p \left(1 - \frac{p(P' + p)}{g \left(\alpha' + \frac{p^2}{g} \right)} \right)$$

oder:
$$= \frac{p(\alpha' g - p P')}{\alpha' g + p^2}.$$

Die Bedingung $\frac{g}{p} > \frac{P'}{\alpha'}$ finden wir denn auch hier wieder. Von da ab wächst e mit Verkleinerung von p, wird aber bei $p = 0$ auch wieder $= 0$. Es erreicht also auch zwischen dem p, welches $\frac{g}{p} = \frac{P'}{\alpha'}$ macht und $p = 0$ ein Größtes. Die Differenziation giebt:
$$de = \frac{\alpha' g (\alpha' g - 2 p P' - p^2) \, dp}{(\alpha' g + p^2)^2},$$

also ein Größtes, wenn:
$$p^2 + 2 P' p = \alpha' g$$

oder:
$$p = \sqrt{\alpha' g + P'^2} - P',$$

mithin in demselben Augenblick, wenn auch E durch Verkleinerung von p ein Größtes erreicht. Dieses Resultat war zu erwarten; denn da E einfach von der Summe der e zusammengesetzt wird (Seite **14**), so muß dasselbe durch die Veränderung einer Bedingung, welche die Größe der e bestimmt, gleichzeitig mit dem betreffenden e ein Größtes erreichen. Wir erhalten hieraus folgenden Lehrsatz:

Die Kraftverwendung auf Bereitung eines bestimm= ten Genusses beginnt, sobald das Verhältniß der zur völ= ligen Bereitung des Genusses erforderlichen Arbeit zu seiner absoluten Größe der Art hergestellt ist, daß die Größe des Genusses bei seinem Beginnen der der übrigen Genüsse beim Abbrechen gleich kommt. Bei Verminde= rung der zur völligen Bereitung nöthigen Arbeit wächst dann die auf deſſen Bereitung zu verwendende Kraft und erreicht ein Größtes, wenn:

$$p = \sqrt{\alpha' g + P'^2} - P',$$

bei noch fortgeſetzter Verminderung der nöthigen Arbeit ſinkt dann die zu verwendende Kraft, bis ſie, ſobald der Genuß ohne alle Kraftentwicklung zu beſchaffen iſt, auch gleich Null wird.

Weit einfacher ſtellt ſich der Einfluß einer Veränderung von g heraus. Man braucht nur den Ausdruck:

$$e = \frac{p(\alpha' g - p P')}{\alpha' g + p^2}$$

im Zähler und Nenner durch g zu dividiren. Man erhält:

$$= \frac{p\left(\alpha' - \dfrac{pP'}{g}\right)}{\alpha' + \dfrac{p^2}{g}}$$

und ſieht dann, daß e von da ab, daß g die bekannte Grenze überſchritten hat, fortwährend mit Vergrößerung von g wächſt, bis bei $g = \infty$, $e = p$ wird. Daher der Satz:

Durch abſolute Vergrößerung eines zur Bereitung reifen Genuſſes vermehrt ſich, wenn dieſe auf das zur völligen Bereitung zu liefernde Arbeitsquantum ohne Einfluß iſt, die auf deſſen Bereitung zu verwendende Kraft bis dahin, daß dieſelbe, jedoch erſt, wenn die Größe des Genuſſes unendlich wird, zur völligen Bereitung ausreicht.

Um den Einfluß kennen zu lernen, den die Veränderung eines andern p auf e ausübt, ſcheide man dieſes p' aus P und α in der bereits zur Anwendung gebrachten Weiſe aus. Der Ausdruck für e wird dann:

$$= \frac{p^2}{g}\left(\frac{g}{p} - \frac{P' + p'}{\alpha' + \dfrac{p'^2}{g'}}\right)$$

und um dann die Veränderung von e zu finden, welche durch p' bewirkt wird, ſetze man zuerſt $p' = 0$. Die Veränderung zeigt ſich dann durch Berechnung des Unterſchieds zwiſchen dieſem e und dem, wenn der Genuß, dem p' angehört, zur Bereitung gelangt. Es wird:

$$\Delta e = \frac{p^2}{g}\left(\frac{g}{p} - \frac{P' + p'}{\alpha' + \dfrac{p'^2}{g'}}\right) - \frac{p^2}{g}\left(\frac{g}{p} - \frac{P'}{\alpha'}\right)$$

ober:
$$\Delta e = - \frac{p^2 p' (\alpha' g' - p' P')}{\alpha' g (\alpha' g' + p'^2)}.$$

Wir finden dann die Bedingung wieder, daß $\frac{g'}{p'} > \frac{P'}{\alpha'}$, wir finden ferner, daß, weil p' im Zähler Factor ist, Δe für $p' = 0$ auch gleich Null wird. Es wiederholt sich also in ähnlicher Weise der bei Betrachtung der Veränderungen bei E gefundene Satz:

Die ohne eigene Kraftanstrengung dem Menschen zufallenden Genüsse haben auf das Arbeitsquantum, welches auf einen Genuß zu verwenden ist, keinen Einfluß.

Dagegen sieht man, daß Δe mit Verkleinerung von p' wesentlich negativ wird und bleibt, bis es gleichzeitig mit p' gleich Null wird, also wieder aber im negativen Sinne ein Größtes erreicht. Die Differenziation giebt:
$$de = \frac{p^2 g' (p'^2 + 2 p' P' - \alpha' g') dp'}{g (\alpha' g' + p'^2)^2},$$
mithin das Größte, wenn:
$$p'^2 + 2 p' P' = \alpha' g'$$
oder:
$$p' = \sqrt{\alpha' g' + P'^2} - P'$$

d. h. wenn das dem p' entsprechende e' ein Größtes erreicht, erreicht e ein Kleinstes, und umgekehrt.

Einen ganz ähnlichen Einfluß finden wir bei Veränderung des g'. Wenn die Formel für Δe im Zähler und Nenner durch g' dividirt wird, so erhält man:
$$\Delta e = - \frac{p^2 p' \left(\alpha' - \frac{p' P'}{g'}\right)}{\alpha' g \left(\alpha' + \frac{p'^2}{g'}\right)};$$

es vergrößert sich also Δe im negativen Sinn mit g' bis bei $g' = \infty$,
$$\Delta e = - \frac{p^2 p'}{\alpha' g}.$$

Das vorige und dieses Resultat können wir daher in folgendem Satze zusammenfassen:

Die Veränderung der zur völligen Bereitung eines Genusses erforderlichen Arbeit, oder der absoluten Größe des Genusses bewirkt bei allen anderen Genüssen in dem diesen zu widmenden Arbeitsquantum eine Veränderung im entgegengesetzten Sinne, wie die bei dem veränderten Genuß bewirkte Veränderung des diesem zu widmenden

Arbeitsquantums dergestalt jedoch, daß die Summe der diesen Genüssen entzogenen oder zuwachsenden Arbeit stets kleiner bleibt, als die Vermehrung oder Verminderung des Arbeitsquantums bei dem veränderten Genuß.

Das Letztere folgt daraus, daß E gleichzeitig mit irgend einem der e wächst, wenn dieses letztere durch Veränderung von g oder p erfolgt, und gleichzeitig mit e ein Größtes erreicht. Es muß also dasjenige, was den übrigen e verloren geht, so viel weniger betragen, wie der Zuwachs zu e, als E sich vergrößert und umgekehrt.

Die Veränderungen von e durch π zeigt die Formel, wenn wir β durch seinen Werth ersetzen, unmittelbar. Es wird dann:

$$e = p\left(1 - \frac{p(P-\pi)}{\alpha g + \dfrac{g\pi^2}{\gamma}}\right);$$

das abzuziehende Glied wird also bei $\pi = P$ gleich Null, und e alsdann $= p$. Von da ab vergrößert sich das abzuziehende Glied mit Verkleinerung von π, bis es bei $\pi = 0$; $= \dfrac{pP}{\alpha g} = 1$ wird, weil in diesem Falle die in P und α aufzunehmenden Genüsse bei ihrem Beginnen $> \dfrac{P}{\alpha}$ werden müssen; $\dfrac{g}{p}$ aber, wie man auch g und p bestimmen mag, gleich beim ersten Genuß nur $-\dfrac{P}{\alpha} = \dfrac{p}{\dfrac{p^2}{g}} = \dfrac{g}{p}$, d. h. sich selbst gleich, mithin $\dfrac{pP}{\alpha g} = \dfrac{pg}{pg} = 1$ werden kann. Hierdurch wird:

$$e = p(1-1) = 0.$$

Noch einfacher ist endlich der Einfluß einer Veränderung von γ. Sie kann, wie wir sahen, nur so erfolgen, daß β unverändert bleibt, so daß in der Formel:

$$e = p\left(1 - \frac{p(P-\pi)}{g(\alpha + \beta)}\right)$$

sich nur der Zähler des abzuziehenden Gliedes im umgekehrten Sinne wie π, e daher in gleichem Sinne wie π rücksichtlich γ verändert. Beide Resultate können wir in folgendem Satze zusammenfassen:

Mit Vermehrung der Geschicklichkeit und Verstärkung der Arbeitskraft vergrößert sich das Quantum, was von jedem Genuß bereitet wird, bis dahin, daß derselbe vollaus zur Bereitung gelangt.

Eine besondere Betrachtung verdient nun hier noch das Qua[ntum] welches von einem Genuß bereitet wird, wenn die darauf zu verwen[denden] Arbeit sich verändert. Es wird dieses Quantum gefunden, sobald [wir] durch p dividiren, mithin, wenn wir es mit m bezeichnen, $m =$ $\frac{e}{p}$ setzen. Seine Veränderung ist daher in den Fällen, wo p unver[än]dert bleibt, der von e entsprechend. Diese Reciprocität hört aber auf[, so]bald die Aenderung durch p selbst hervorgerufen wird. Die Formel:

$$e = p\left(1 - \frac{p(P-\pi)}{g(\alpha+\beta)}\right)$$

giebt:

$$m = \frac{e}{p} = 1 - \frac{p(P-\pi)}{g(\alpha+\beta)}$$

oder wenn wir aus P und α das veränderliche p ausscheiden, und [redu]ciren:

$$m = \frac{\alpha' g - pP'}{\alpha' g + p^2};$$

sie zeigt, daß $m = 0$, wenn die bekannte Bedingung erfüllt wird, $\frac{g}{p} = \frac{P'}{\alpha'}$, daß es von da ab mit Verminderung von p immer größer [wird,] bis bei $p = 0$; $m = 1$ wird, d. h.:

Der bereitete Theil wächst bei einem Genusse [mit] Verminderung der erforderlichen Arbeit bis dahin, daß [der] Genuß, jedoch erst dann, wenn er ohne alle und jede eig[ene] Kraftanstrengung zu erlangen ist, vollaus zur Bereit[ung] gelangt.

Es bleibt nun noch übrig, den Einfluß einer Veränderung der [Be]dingungen auf die Größe der Genüsse bei ihrem Abbrechen zu erfor[schen.] Die Formel für diese Größe ist:

$$\text{I. } w = \frac{P-\pi}{\alpha+\beta},$$

daher beim Hinzukommen eines neuen Genusses:

$$\text{II. } w = \frac{P+p-\pi}{\alpha + \frac{p^2}{g} + \beta},$$

und also, wenn wir $P - \pi = P'$ und $\alpha + \beta = \alpha'$ setzen:

$$\Delta w = \frac{p(\alpha' g - pP')}{\alpha'(\alpha' g + p^2)}.$$

Diese Formel, welche sich von der auf Seite 62 für e beim [Hin]zukommen eines neuen Genusses gewonnenen nur dadurch untersch[eidet] daß im Nenner α' mehr als Factor erscheint, zeigt, daß der Einfluß einer Veränderung von g und p auf w ein durchaus ähnlicher ist, wie auf e. Daher der Satz:

Durch absolute Vergrößerung eines zur Bereitung reifen Genusses, wächst die Größe der Genüsse bei ihrem Abbrechen; durch Verminderung des zur völligen Bereitung eines solchen Genusses erforderlichen Arbeitsquantums tritt dagegen zuerst ein Wachsen bis zu einem bestimmten Maximum ein, und von da ab bei noch weiterer Verminderung von p wieder eine Abnahme bis zu der vor dem Hinzukommen des neuen Genusses dagewesenen Größe.

Der Einfluß einer Veränderung von π und γ ist durch den bloßen Anblick der Formel klar. Sie ergiebt den Satz:

Durch Vergrößerung der Geschicklichkeit und Arbeitskraft sinkt die Größe der Genüsse beim Abbrechen unausgesetzt bis dahin, daß sie, wenn Geschicklichkeit und Arbeitskraft ausreichen, alle Genüsse vollaus zu bereiten, gleich Null wird.

———

Durch Anwendung auf unser Zahlenbeispiel werden diese Sätze größere Klarheit erhalten. In demselben ist:

$$g = 100; \quad g' = 128; \quad g'' = 75; \quad g''' = 36;$$
$$p = 10; \quad p' = 16; \quad p'' = 15; \quad p''' = 18;$$
$$\pi = 30; \quad \gamma = 60;$$

daher erhalten wir, wenn wir die Veränderung zunächst bei einem p eintreten lassen, und hierzu den absolut größten Genuß wählen, den zweiten, folgende Resultate. Es wird:

$$P' = P - \pi = p + p'' + p''' - \pi = 13;$$
$$\alpha' = \frac{p^2}{g} + \frac{p''^2}{g''} + \frac{p'''^2}{g'''} + \beta = 28;$$
$$G' = g + g'' + g''' + \gamma = 271;$$
$$g' = 128;$$

daher:

$$m' = \frac{3584 - 13 p'}{3584 + p'^2};$$
$$e' = \frac{p'(3584 - 13 p')}{3584 + p'^2};$$

$$e = 10 - \frac{128(13+p')}{3584+p'^2};$$

$$e'' = 3\left(5 - \frac{128(13+p')}{3584+p'^2}\right)$$

$$e''' = 9\left(2 - \frac{128(13+p')}{3584+p'^2}\right);$$

$$E = \frac{30\,[3392+(32+p')^2]}{3584+p'^2};$$

$$w = \frac{128(13+p')}{3584+p'^2};$$

$$W = \tfrac{1}{2}\left(399 - \frac{128(13+p')^2}{3584+p'^2}\right).$$

Der Genuß erreicht dann die Grenze, von der ab die Bereitung beginnt, wenn $\frac{128}{p'} = \frac{13}{28}$ oder $p' = 275^9/_{13}$ wird, und das Maximum für e', E und w, und dem entsprechend das Minimum für e, e'' und e''' tritt ein, wenn:

$$p' = \sqrt{3584 + (13)^2} - 13 = 48{,}262,$$

und es wird für:

$275^9/_{13}$; $m' = 0$; $e' =$ 0, ; $e = 9{,}536$; $e'' = 13{,}607$;
260 ; » $= 0{,}003$; » $=$ 0,745; » $= 9{,}509$; » $= 13{,}527$;
240 : » $= 0{,}008$; » $=$ 1,820; » $= 9{,}471$; » $= 13{,}412$;
220 : » $= 0{,}014$; » $=$ 3,064; » $= 9{,}426$; » $= 13{,}279$;
200 : » $= 0{,}023$; » $=$ 4,515; » $= 9{,}374$; » $= 13{,}123$;
180 : » $= 0{,}035$; » $=$ 6,223; » $= 9{,}313$; » $= 12{,}940$;
160 ; » $= 0{,}052$; » $=$ 8,246; » $= 9{,}241$; » $= 12{,}724$;
140 : » $= 0{,}076$; » $=$ 10,652; » $= 9{,}155$; » $= 12{,}466$;
120 ; » $= 0{,}112$; » $=$ 13,426; » $= 9{,}053$; » $= 12{,}160$;
100 : » $= 0{,}168$; » $=$ 16,814; » $= 8{,}935$; » $= 11{,}806$;
80 ; » $= 0{,}255$; » $=$ 20,385; » $= 8{,}808$; » $= 11{,}423$;
60 ; » $= 0{,}390$; » $=$ 23,419; » $= 8{,}699$; » $= 11{,}098$;
48,262 ; » $= 0{,}5$; » $=$ 24,131; » $= 8{,}674$; » $= 11{,}021$;
40 ; » $= 0{,}591$; » $=$ 23,642; » $= 8{,}691$; » $= 11{,}074$;
30 ; » $= 0{,}712$; » $=$ 21,369; » $= 8{,}773$; » $= 11{,}318$;
20 : » $= 0{,}834$; » $=$ 16,687; » $= 8{,}940$; » $= 11{,}819$;
10 : » $= 0{,}938$; » $=$ 9,376; » $= 9{,}201$; » $= 12{,}603$;
5 : » $= 0{,}975$; » $=$ 4,875; » $= 9{,}362$; » $= 13{,}085$;
2 : » $= 0{,}991$; » $=$ 1,983; » $= 9{,}465$; » $= 13{,}395$;
1 : » $= 0{,}996$; » $=$ 0,996; » $= 9{,}500$; » $= 13{,}500$;
0 ; » $= 1$; » $=$ 0 ; » $= 9{,}536$; » $= 13{,}607$;

$e''' = 13{,}821$; $E = 36{,}964$; $w = 0{,}464$; $W = 132{,}482$
» $= 13{,}582$; » $= 37{,}363$; » $= 0{,}491$; » $= 132{,}493$
» $= 13{,}236$; » $= 37{,}939$; » $= 0{,}529$; » $= 132{,}545$
» $= 12{,}837$; » $= 38{,}606$; » $= 0{,}574$; » $= 132{,}662$
» $= 12{,}370$; » $= 39{,}382$; » $= 0{,}626$; » $= 132{,}879$
» $= 11{,}821$; » $= 40{,}297$; » $= 0{,}687$; » $= 133{,}250$
» $= 11{,}171$; » $= 41{,}382$; » $= 0{,}759$; » $= 133{,}866$
» $= 10{,}396$; » $= 42{,}669$; » $= 0{,}845$; » $= 134{,}879$
» $= 9{,}480$; » $= 44{,}119$; » $= 0{,}947$; » $= 136{,}550$
» $= 8{,}417$; » $= 45{,}972$; » $= 1{,}065$; » $= 139{,}340$
» $= 7{,}269$; » $= 47{,}885$; » $= 1{,}192$; » $= 144{,}058$
» $= 6{,}295$; » $= 49{,}511$; » $= 1{,}301$; » $= 152{,}026$
» $= 6{,}062$; » $= 49{,}888$; » $= 1{,}326$; » $= 158{,}880$
» $= 6{,}223$: » $= 49{,}630$; » $= 1{,}309$; » $= 164{,}821$
» $= 6{,}953$; » $= 48{,}413$; » $= 1{,}228$; » $= 173{,}109$
» $= 8{,}458$; » $= 45{,}904$; » $= 1{,}060$; » $= 182{,}006$
» $= 10{,}808$; » $= 41{,}988$; » $= 0{,}799$; » $= 190{,}310$
» $= 12{,}254$; » $= 39{,}576$; » $= 0{,}638$; » $= 193{,}754$
» $= 13{,}184$; » $= 38{,}027$; » $= 0{,}535$; » $= 195{,}487$
» $= 13{,}501$; » $= 37{,}497$; » $= 0{,}500$; » $= 196{,}001$
» $= 13{,}821$; » $= 36{,}964$; » $= 0{,}464$; » $= 196{,}482$

Aus dieser Tabelle sehen wir denn, daß wenn p' von $275^9/_{13}$ bis auf 48,262 sinkt, e' von 0 auf 24,131 steigt, und dann fast die Hälfte aller zur Arbeit verwendeten Kraft erheischt. Diese selbst, E, steigt bei der gleichen Veränderung von p' von 36,964 auf 49,888, mithin um 12,924, also um wenig mehr als die Hälfte von e', und um diesen Ausfall zu decken, sinkt:

e von 9,536 auf 8,674 mithin, um 0,862,
e'' » 13,607 » 11,021 » » 2,586,
e''' » 13,821 » 6,062 » » 7,759.

Bei noch weiterem Sinken von p' unter 48,262 steigen dann e, e'' und e''' wieder, bis sie bei $p' = 0$ die Höhe erreichen, die sie bei $p' = 275^9/_{13}$, d. h. vor dem Hinzukommen des Genusses, dem p' angehört, inne hatten; es sinkt dagegen e' wieder bis auf 0 und E bis auf die frühere Höhe, auf 36,964. Aehnlich wie auf E ist der Einfluß des Sinkens von p' auf w, die Größe der Genüsse beim Abbrechen. w steigt beim Sinken von p' bis auf 48,262, von 0,464 bis auf 1,326, und sinkt dann, bei weiterem Sinken von p' bis auf Null, wieder bis auf seine frühere Größe, auf 0,464. Ganz anders bei m' und W; sie steigen beim Sinken von p' ununterbrochen. Das erstere von 0 bis $m' = 1$ und W von 132,482 bis $W = 196,482 = 132,482 + \frac{g'}{2}$, d. h. bis es genau um den neuen Genuß sich vergrößert.

Die hier gewonnenen Resultate ändern sich qualitativ nicht, nur quantitativ, wenn die Veränderung bei einem anderen p etwa bei dem des absolut kleinsten Genusses eintritt, dem vierten. Es wird dann:

$$P' = P - \pi = p + p' + p'' - \pi = 11;$$
$$\alpha' = \frac{p^2}{g} + \frac{p'^2}{g'} + \frac{p''^2}{g''} + \beta = 21;$$
$$G' = g + g' + g'' + \gamma = 363;$$
$$g''' = 36$$

daher:

$$m''' = \frac{756 - 11 p'''}{756 + p'''^2};$$

$$e''' = \frac{p'''(756 - 11 p''')}{756 + p'''^2};$$

$$e = 10 - \frac{36(11 + p''')}{756 + p'''^2};$$

$$e' = 2\left(8 - \frac{36(11 + p''')}{756 + p'''^2}\right);$$

$$e'' = 3\left(5 - \frac{36(11 + p''')}{756 + p'''^2}\right);$$

$$E = \frac{6\,[2070 + p'''(6 + 5\,p''')]}{756 + p'''^2};$$

$$w = \frac{36\,(11 + p''')}{756 + p'''^2};$$

$$W = \tfrac{1}{2}\left(399 - \frac{36\,(11 + p''')^2}{756 + p'''^2}\right).$$

r Genuß erreicht weiter die bekannte Grenze, wenn $\dfrac{36}{p'''} = \dfrac{11}{21}$ oder p''' $\dfrac{756}{11} = 68^8/_{11}$ wird; E, w und e''' das Maximum rückſichtlich e und e'' das Minimum, wenn

$$p''' = \sqrt{756 + (11)^2} - 11 = 18{,}614.$$

wird für:

p'''	m'''	e'''	e	e'
$= 68^8/_{11}$	$m''' = 0$	$e''' = 0$	$e = 9{,}476$	$e' = 14{,}952$
$= 60$	$» = 0{,}022$	$» = 1{,}322$	$» = 9{,}413$	$» = 14{,}826$
$= 50$	$» = 0{,}063$	$» = 3{,}163$	$» = 9{,}326$	$» = 14{,}651$
$= 40$	$» = 0{,}134$	$» = 5{,}365$	$» = 9{,}221$	$» = 14{,}441$
$= 30$	$» = 0{,}257$	$» = 7{,}717$	$» = 9{,}109$	$» = 14{,}217$
$= 20$	$» = 0{,}464$	$» = 9{,}273$	$» = 9{,}035$	$» = 14{,}069$
$= 18{,}614$	$» = 0{,}5$	$» = 9{,}307$	$» = 9{,}033$	$» = 14{,}066$
$= 15$	$» = 0{,}602$	$» = 9{,}037$	$» = 9{,}046$	$» = 14{,}092$
$= 10$	$» = 0{,}755$	$» = 7{,}547$	$» = 9{,}117$	$» = 14{,}234$
$= 5$	$» = 0{,}898$	$» = 4{,}488$	$» = 9{,}262$	$» = 14{,}525$
$= 2$	$» = 0{,}966$	$» = 1{,}932$	$» = 9{,}384$	$» = 14{,}768$
$= 1$	$» = 0{,}984$	$» = 0{,}984$	$» = 9{,}429$	$» = 14{,}859$
$= 0$	$» = 1$	$» = 0$	$» = 9{,}476$	$» = 14{,}952$

e''	E	w	W
$e'' = 13{,}429$	$E = 37{,}857$	$w = 0{,}524$	$W = 178{,}619$
$» = 13{,}240$	$» = 38{,}801$	$» = 0{,}587$	$» = 178{,}669$
$» = 12{,}977$	$» = 40{,}117$	$» = 0{,}674$	$» = 178{,}929$
$» = 12{,}662$	$» = 41{,}689$	$» = 0{,}779$	$» = 179{,}628$
$» = 12{,}326$	$» = 43{,}369$	$» = 0{,}891$	$» = 181{,}228$
$» = 12{,}104$	$» = 44{,}481$	$» = 0{,}965$	$» = 184{,}536$
$» = 12{,}099$	$» = 44{,}505$	$» = 0{,}967$	$» = 185{,}182$
$» = 12{,}138$	$» = 44{,}313$	$» = 0{,}954$	$» = 187{,}096$
$» = 12{,}350$	$» = 43{,}248$	$» = 0{,}883$	$» = 190{,}227$
$» = 12{,}787$	$» = 41{,}062$	$» = 0{,}738$	$» = 193{,}600$
$» = 13{,}153$	$» = 39{,}237$	$» = 0{,}616$	$» = 195{,}497$
$» = 13{,}288$	$» = 38{,}560$	$» = 0{,}571$	$» = 196{,}076$
$» = 13{,}429$	$» = 37{,}857$	$» = 0{,}524$	$» = 196{,}619$

In dieser Tabelle steigt denn auch, wenn p''' von $68^8/_{11}$ bi[s]
18,614 sinkt, e''' von 0 auf 9,307 und E von 37,857 auf 44,505
es sinken:

e von 9,476 auf 9,033, mithin um 0,443,
e' » 14,952 » 14,066 » » 0,886,
e'' » 13,429 » 12,099 » » 1,330;

bei noch weiterem Sinken von p''' steigen e, e' und e'' wieder, bis b[ei]
= 0 sie die frühere Höhe erreichen, es sinkt dagegen e''' wieder auf [0]
E bis auf die anfängliche Größe. In ähnlicher Weise steigt w von [0]
bis 0,967 beim Sinken von p''' bis 18,614 und sinkt dann wied[er]
zur ersten Größe. Ununterbrochen steigen aber auch hier m''' von 0 [an]
und W, bis es sich um $\dfrac{g'''}{2}$ vergrößert hat. Der Unterschied bei diese[r Ta-]
belle und der vorigen ist lediglich der, daß diese Veränderungen sich hi[er]
ereignen, wenn p''' von $68^8/_{11}$ auf 0 sinkt, während p' zu diesem [Ende]
von $275^9/_{13}$ auf 0 sinken muß, daß weiter e''' im Maximum nur [etwas]
über $^1/_5$ der geleisteten Arbeit erhält, während e' in der vorigen Tab[elle]
dem gleichen Augenblick fast die Hälfte in Anspruch nimmt, daß be[i]
die Steigerung von E hier 6,648, mithin zwar wenig über die Hälf[te der]
absoluten Steigerung von E in der vorigen Tabelle, aber $^5/_7$ der [Arbeit]
beträgt, welche im Maximum auf e''' zu verwenden ist, während sie [in der]
vorigen Tabelle wenig über die Hälfte des auf e' zu verwendenden A[rbeits-]
quantums betrug, was denn beides darauf hinwirkt, daß das Sinke[n von]
e, e' und e'' ein verhältnißmäßig kleineres wird, als das der e, e'' u[nd e''']
in der ersten Tabelle. Der Grund aller dieser Erscheinungen liegt a[uf der]
Hand. Alle diese Veränderungen verdanken der Kraft des Genuss[es ihr]
Dasein, bei welchem die Veränderung sich ereignet. Kraft und Größ[e des]
Genusses sind aber identisch, mithin müssen die Wirkungen mit d[er Zu-]
und Abnahme der absoluten Größe des Genusses zu- und abnehmen.

In den beiden vorstehenden Tabellen sind die m, welche den Ge[nüssen]
zugehören, bei welchen keine Veränderung von p vorkommt, sowie a[uch A]
nicht mit aufgenommen; beides, weil die Veränderungen bei ihnen, [bei]
Unveränderlichkeit der betreffenden p und π in dem Maße wie die der [zu]
E erfolgt. Man darf nur das betreffende e durch sein p rücksicht[lich]
durch π dividiren. Für:

$p' = 275^9/_{13}$ wird $m = 0,954$; $A = 1,232$;
» = 48,262 » » = 0,867; » = 1,663;
» = 0 » » = 0,954; » = 1,232;

und ähnlich bei den übrigen m und der zweiten Tabelle.

Die Wirkungen einer Veränderung von p können wir daher wi[e folgt]
zusammenfassen:

Durch Verminderung der zur völligen Bereitung eines Genusses erforderlichen Kraftanstrengung werden folgende Veränderungen bewirkt:

1. Die Größe des befriedigten Theils des Genusses (m) wächst bis dahin, daß bei $p = 0$ der Genuß vollaus zur Befriedigung gelangt.

2. Die auf dessen Bereitung verwandte Kraft (e' und e''') erreicht bei einem bestimmten p ein Größtes, nachdem sie zuerst und zuletzt gleich Null war oder wird.

3. Die auf alle andere Genüsse zu verwendende Kraft nimmt bei einem jeden um so mehr ab, je kleiner seine absolute Größe ist und so lange, bis e' oder e''' bei dem veränderten Genuß ein Größtes erreicht, und vermehrt sich dann wieder, bis sie bei e' oder $e''' = 0$ ihre frühere Größe wieder erlangt.

4. Das ganze erarbeitete Quantum (E) sowie die ganze zur Arbeit verwandte Kraft (A) und die Größe der Genüsse beim Abbrechen (w) wachsen und sinken mit e' oder e''', jedoch das erstere in einem minderen Maße wie diese selbst, und erreichen gleichzeitig mit e' rücksichtlich e''' ein Größtes und mit e' oder $e''' = 0$ ein Kleinstes.

5. Die Summe des Lebensgenusses vergrößert sich unausgesetzt, bis sie bei $p = 0$ genau um den ganzen Genuß größer geworden ist.

Bei Veränderung eines g, wenn wir dafür in unserem Beispiel den Genuß wählen, der absolut die meiste Arbeit erheischt, den vierten, erhalten wir folgende Resultate. Es wird wie in der vorigen Tabelle $P' = 11$; $a' = 21$; $G' = 363$ und $p''' = 18$, daher:

$$e''' = \frac{18(7g''' - 66)}{7g''' + 108};$$

$$e = 10 - \frac{29g'''}{3(7g''' + 108)};$$

$$e' = 2\left(8 - \frac{29g'''}{3(7g''' + 108)}\right);$$

$$e'' = 3\left(5 - \frac{29g'''}{3(7g''' + 108)}\right);$$

$$E = \frac{5(71g''' + 648)}{7g''' + 108};$$

$$w = \frac{29g'''}{3(7g''' + 108)};$$

$$W = \frac{1}{2}\left(363 + g''' - 29 \cdot \frac{29\,g'''}{3(7g''' + 108)}\right).$$

Die Berücksichtigung des Genusses beginnt demnach, wenn $g''' = \frac{66}{7} =$ 9³/₇ und es wird dann für:

g'''	e'''	e	e'	e''
= 9³/₇ ;	= 0 ;	= 9,476;	= 14,952;	= 13,429;
= 20 ;	= 5,371;	= 9,220;	= 14,441;	= 12,661;
= 40 ;	= 9,835;	= 9,003;	= 14,007;	= 12,021;
= 60 ;	= 12,068;	= 8,902;	= 13,803;	= 11,705;
= 80 ;	= 13,311;	= 8,842;	= 13,685;	= 11,527;
= 100 ;	= 14,124;	= 8,804;	= 13,607;	= 11,411;
= 1000;	= 17,559;	= 8,640;	= 13,280;	= 10,920;
= ∞ ;	= 18 ;	= 8,619;	= 13,238;	= 10,857;

$E = 37,857;\ w = 0,524;\ W = 178,619$
$\ \ \ = 41,693;\ \ = 0,780;\ \ = 180,146$
$\ \ \ = 44,866;\ \ = 0,997;\ \ = 187,050$
$\ \ \ = 46,478;\ \ = 1,098;\ \ = 195,572$
$\ \ \ = 47,365;\ \ = 1,158;\ \ = 204,714$
$\ \ \ = 47,946;\ \ = 1,196;\ \ = 214,153$
$\ \ \ = 50,399;\ \ = 1,360;\ \ = 661,780 = 161,780 + \frac{g'''}{2}$
$\ \ \ = 50,714;\ \ = 1,381;\ \ = 161,476 + \frac{g'''}{2}$

und die Veränderungen, welche durch Steigerung der absoluten Größe eines Genusses sich ereignen, lassen sich daher in Folgendem zusammenfassen:

1. Die auf Bereitung des gesteigerten Genusses zu verwendende Kraft (e''') vergrößert sich, bis sie bei $g''' = \infty$ ausreicht, den Genuß vollaus zu bereiten (bis $e''' = p''' - 18$).

2. Gleichzeitig mit dieser Steigerung, jedoch in einem weniger raschen Verhältniß, vergrößert sich das ganze erarbeitete Quantum (E), das Arbeitsquantum (A) und die Größe der Genüsse beim Abbrechen (w), bis diese bei $g''' = \infty$ ein Größtes erreichen. (Der Unterschied bei E beträgt 50,714 — 37,857 = 12,857, mithin ungefähr ⁵/₇ von p'''.)

3. Um den Ausfall zu decken, den das minder rasche Steigen des erarbeiteten Quantums (E) gegen das für e''' zu Erarbeitende verursacht, vermindert sich bei allen

beren Genüssen das zu Erarbeitende (e sinkt von 9,476 auf 519 und ähnlich bei e' und e'').

4. Die Summe des Lebensgenusses erleidet durch Steigerung von g''' eine unausgesetzte Steigerung, die je mehr sich g''' dem Unendlichen nähert, um so näher der Steigerung von g''' selbst gleichkommt. (Sie ist in unserm Beispiel bei einer Steigerung von 1000 auf ∞ nur um 161,780 — 161,476 = ,304 kleiner als die Steigerung von g'''.)

Um die Tabelle zu berechnen für ein veränderliches π ohne Veränderung von γ, haben wir zunächst darauf aufmerksam zu sein, daß es von der Größe von π wesentlich mit abhängt, ob ein Genuß zur theilweisen Bereitung gelangt. Es geschieht dieses erst dann, wenn $\dfrac{g}{p} \gtreqless \dfrac{P - \pi}{\alpha + \beta}$ oder wenn wir β durch $\dfrac{\pi^2}{\gamma}$ ersetzen und die Gleichung in Beziehung auf π auflösen, wenn:

$$\pi \gtreqless \frac{\sqrt{\gamma\,[\gamma p^2 + 4g(pP - \alpha g)]} - \gamma p}{2g}.$$

Mit Hülfe dieser Formel haben wir dann zuerst die Größe von π zu bestimmen, bei welchem die einzelnen Genüsse zur Berücksichtigung gelangen. Setzt man:

$$P = p = 10;\ \alpha = \frac{p^2}{g} = 1;\ g = 100;\ \gamma = 60;$$

so erhält man $\pi \gtreqless 0$;

für $P = p + p' = 26;\ \alpha = \dfrac{p^2}{g} + \dfrac{p'^2}{g'} = 3;\ p = p' = 16;$

$g = g' = 128$ wird $\pi \gtreqless 1,641$;

„ $P = p + p' + p'' = 41;\ \alpha = \dfrac{p^2}{g} + \dfrac{p'^2}{g'} + \dfrac{p''^2}{g''} = 6;$

$p = p'' = 15;\ g = g'' = 75$ wird $\pi \gtreqless 6,961$;

endlich für:

$$P = p + p' + p'' + p''' = 59;\ \alpha = \frac{p^2}{g} + \frac{p'^2}{g'} + \frac{p''^2}{g''} +$$

$\dfrac{p'''^2}{g'''} =;\ 15\ p = p''' = 18;\ g = g''' = 36$ wird $\pi \gtreqless 18,091$.

In den Formeln:

$$W = \tfrac{1}{2}\left(G + 60 - \frac{60(P - \pi)^2}{60\alpha + \pi^2}\right);$$

$$E = \frac{\pi\,(60\alpha + \pi P)}{60\alpha + \pi^2};$$

$$A = \frac{60\alpha + \pi P}{60\alpha + \pi^2}$$

$$w = \frac{60(P - \pi)}{60\alpha + \pi^2};$$

$$e = 10 - \frac{60(P - \pi)}{60\alpha + \pi^2};$$

$$e' = 2\left(8 - \frac{60(P - \pi)}{60\alpha + \pi^2}\right);$$

$$e'' = 3\left(5 - \frac{60(P - \pi)}{60\alpha + \pi^2}\right);$$

$$e''' = 9\left(2 - \frac{60(P - \pi)}{60\alpha + \pi^2}\right);$$

hat man daher dem entsprechend bis $\pi = 1{,}641$; $G = g$; $P = p$; $\alpha - \frac{p^2}{g}$;

bis $\pi = 6{,}961$; $G = g + g'$; $P = p + p'$; $\alpha = \frac{p^2}{g} + \frac{p'^2}{g'}$ u.s.w.

zu setzen. Außerdem wird A ein Maximum, wenn:

$$\pi = \frac{\sqrt{\alpha\gamma(P^2 + \alpha\gamma)} - \alpha\gamma}{P},$$

und es kann daher ein solches Maximum zwischen je zwei auf einander folgenden Genüssen eintreten, wenn der Größenunterschied derselben beim Beginnen hierfür hinreichenden Spielraum läßt. Ob dieses eintritt, findet man, wenn man die Größe von π, bei welcher das Maximum eintritt, für jeden neu hinzukommenden Genuß berechnet. Erhält man dann ein kleineres π, als das Hinzunehmen des folgenden Genusses bedingt, so tritt bei diesem π wirklich ein Maximum ein. In unserm Beispiel wird für $P = 10$; $\alpha = 1$; $\pi = \dfrac{\sqrt{60(100 + 60)} - 60}{10} = 3{,}798$; mithin größer als das π, bei welchem der zweite Genuß schon zu berücksichtigen ist. Zwischen dem ersten und zweiten Genuß findet also für A kein Maximum Statt. Für $P = 26$; $\alpha = 3$ wird $\pi = 8{,}174$; auch zwischen dem zweiten und dritten Genuß erreicht also A noch kein Maximum, da schon bei $\pi = 6{,}961$ der dritte Genuß hinzukommt. Mit Hinzunahme dieses Genusses wird $P = 41$; $\alpha = 6$, daher $\pi = 12{,}126$, und bei diesem π erreicht denn A ein Maximum, weil erst bei $\pi = 18{,}091$ der vierte Genuß hinzukommt. Mit diesem vierten Genuß wird $P = 59$; $\alpha = 15$ und $\pi = 18{,}401$, daher für A bei diesem π ein zweites Maximum. Es wird also für:

= 0	;	$W =$	30	;	$A = 1$	;	$w = 10$		$E = 0$	;
= 1	;	» =	40,164;	»	= 1,148	;	» = 8,852;	»	= 1,148;	
= 1,641;	»	=	46,564;	»	= 1,219	;	» = 8	;	» = 2	;
= 3	;	» =	60,032;	»	= 1,365	;	» = 7,302;	»	= 4,095;	
= 5	;	» =	79,463;	»	= 1,512	;	» = 6,146;	»	= 7,561;	
= 6,961;	»	=	96,400;	»	= 1,580	;	» = 5	;	» = 11	;
= 9	;	» =	111,840;	»	= 1,653	;	» = 4,354;	»	= 14,878;	
= 12	;	» =	131,440;	»	= 1,690	;	» = 3,452;	»	= 20,286;	
= 12,126;	»	=	132,172;	»	= 1,69054;	»	= 3,417;	»	= 20,5	;
= 15	;	» =	146,833;	»	= 1,667	;	» = 2,667;	»	= 25	;
= 18,091;	»	=	158,591;	»	= 1,6030	;	» = 2	;	» = 29	;
= 18,401;	»	=	159,577;	»	= 1,6032	;	» = 1,967;	»	= 29,5	;
= 25	;	» =	176,759;	»	= 1,557	;	» = 1,338;	»	= 38,935;	
= 30	;	» =	185,483;	»	= 1,483	;	» = 0,967;	»	= 44,5	;
= 40	;	» =	195,168;	»	= 1,304	;	» = 0,456;	»	= 52,16	;
= 50	;	» =	198,785;	»	= 1,132	;	» = 0,159;	»	= 56,618;	
= 59	;	» =	199,5	;	» = 1	;	» = 0	;	» = 59	;

= 0				
» = 1,148				
» = 2	; $e' = 0$			
» = 2,698;	» = 1,397			
» = 3,854;	» = 3,707			
» = 5	; » = 6	; $e'' = 0$		
» = 5,646;	» = 7,293;	» = 1,939		
» = 6,548;	» = 9,095;	» = 4,643		
» = 6,583;	» = 9,167;	» = 4,750		
» = 7,333;	» = 10,667;	» = 7		
» = 8	; » = 12	; » = 9	; $e''' = 0$	
» = 8,033;	» = 12,067;	» = 9,1	; » = 0,3	
» = 8,662;	» = 13,325;	» = 10,987;	» = 5,961	
» = 9,033;	» = 14,067;	» = 12,1	; » = 9,3	
» = 9,544;	» = 15,088;	» = 13,632;	» = 13,896	
» = 9,841;	» = 15,682;	» = 14,524;	» = 16,571	
» = 10	; » = 16	; » = 15	; » = 18	

Man sieht daher:

1. Bei zunehmender Geschicklichkeit im Gebrauch der Kräfte wächst die Summe des Genusses von einem Minimum beginnend, bei welchem sie nur gleich ist dem Genuß, den die Bewegung an und für sich ge-

währt $\left(\text{von } W - \frac{\gamma}{2} - 30\right)$ bis dahin, daß sie ausreicht, sich durch genußbringende Arbeit alle möglichen Genüsse vollaus zu bereiten (bis $W = 199{,}5$).

2. Die Größe des mit Beschwerde zu verrichtenden Arbeitsquantums ($A - 1$) steigert sich im Verhältniß zu dem, welches Genuß gewährt (zu 1), sobald ein neuer Genuß durch vermehrte Geschicklichkeit zur theilweisen Bereitung gelangt; sie erreicht dann, bei sich übrigens gleich bleibenden Verhältnissen, bei noch weiterer Steigerung ein Größtes, bis bei ausreichender Geschicklichkeit, alle Genüsse mit genußbringender Arbeit vollaus zu bereiten, das beschwerdeverursachende Arbeitsquantum verschwindet. (A steigt von $\pi = 0$ bis bei $\pi = 12{,}126$; $A = 1{,}69054$ wird, mithin ungefähr $^2/_3$ der Arbeit, die Genuß gewährt, mit Beschwerde verbunden verrichtet werden muß; es sinkt dann bis der vierte Genuß hinzukommt bis $A = 1{,}6030$, von da ab beginnt es wieder zu steigen bis bei $\pi = 18{,}401$; $A = 1{,}6032$ wird, und sonach zum zweiten Male ein Maximum erreicht, und sinkt endlich wieder bis $A = 1$, wenn $\pi = P$.)

3. Die Größe der Genüsse bei ihrem Abbrechen, w, vermindert sich unausgesetzt, bis sie, bei ausreichender Geschicklichkeit, alle Genüsse vollaus zu bereiten, auf Null herabsinkt.

4. Das zu erarbeitende Quantum von Genußmitteln (E) vergrößert sich bis zur völligen Bereitung aller Genüsse (bis $E = P = 59$).

5. Die Zahl sowohl, wie der zu bereitende Theil der verschiedenen Genüsse vergrößert sich mit steigender Geschicklichkeit bis zur völligen Befriedigung aller dem Menschen möglichen Genüsse.

Es bleibt nun noch die Anwendung auf unser Beispiel bei Veränderung von γ übrig, der Größe der Arbeitskraft. Bei Berechnung der Tabelle für alle möglichen Größengrade von γ findet die Bemerkung wiederholt Anwendung, daß die verschiedenen Genüsse erst bei einer bestimmten Größe von γ zur Bereitung gelangen, daß also in den Formeln G, P und α je nach der Größe von γ verschiedene Werthe erhalten. Auch hier kommt es also zuerst darauf an, die Größe von γ zu bestimmen, bei welcher die der G, P und α wechselt. Sie bestimmt sich in ähnlicher Weise wie vorie von π. Der folgende Genuß muß Aufnahme finden, wenn $\dfrac{g}{p} \lessgtr \dfrac{-\pi}{+\beta}$, d. h. wenn

$$\pi \gtreqless P - \dfrac{g(\alpha + \beta)}{p},$$

bei Veränderung von γ sich in dem Ausdruck $\dfrac{P}{\alpha+\beta} \dfrac{\pi}{}$ nur π verän=

ober weil $\beta = \dfrac{\pi^2}{\gamma}$, d. h. $\gamma = \dfrac{\pi^2}{\beta}$, wenn

$$\gamma \gtreqless \dfrac{[pP - g(\alpha + \beta)]^2}{\beta p^2}.$$

ınserm Beispiel also, wo $\dfrac{P}{\alpha+\beta} = \dfrac{59}{30} < \dfrac{g'''}{p'''} = \dfrac{36}{18} = 2$, muß für $\gamma = 0$ auch der vierte Genuß noch Aufnahme finden. Es wird

$$\pi = \sqrt{15\gamma};$$
$$W = \tfrac{1}{2}\left(339 + \gamma - \dfrac{(59-\pi)^2}{30}\right);$$
$$E = \dfrac{\pi + 59}{2};$$
$$w = \dfrac{59-\pi}{30};$$
$$A = \dfrac{\pi + 59}{2\pi}.$$

e bedürfen in diesem Falle keiner besondern Berechnung, da die Ver= ing von E auf dieselben genau in derselben Art stattfindet, als wenn ıleich große E durch Veränderung von π erarbeitet würde. Die vorige lle giebt daher hier die gewünschte Auskunft, wenn man in derselben ıleich große E aufsucht. Die Summe des Genusses erreicht also ein tes, wenn $\pi = 59$ oder $\gamma = \dfrac{(59)^2}{15} = 232\tfrac{1}{15}$, und es wird für:

$\gamma = 232^1/_{15}$; $\pi = 59$; $W = 285{,}533$;
» $= 200$; » $= 54{,}772$; » $- 264{,}202$;
» $= 150$; » $= 47{,}434$; » $- 242{,}270$;
» $= 100$; » $= 38{,}730$; » $- 212{,}652$;
» $= 50$; » $= 27{,}386$; » $- 177{,}842$;
» $= 25$; » $= 19{,}365$; » $- 155{,}818$;
» $= 10$; » $= 12{,}247$; » $- 138{,}069$;
» $= 1$; » $= 3{,}829$; » $= 119{,}269$;
» $= 0$; » $= 0$; » $= 111{,}483$;

$E = 59$; $w = 0$; $A = 1$
» $= 56{,}886$; » $= 0{,}141$; » $= 1{,}039$
» $= 53{,}217$; » $= 0{,}386$; » $= 1{,}122$
» $= 48{,}865$; » $= 0{,}676$; » $= 1{,}262$
» $= 43{,}193$; » $= 1{,}054$; » $= 1{,}577$
» $= 39{,}182$; » $= 1{,}321$; » $= 2{,}023$
» $= 35{,}623$; » $= 1{,}558$; » $= 2{,}909$
» $= 31{,}414$; » $= 1{,}839$; » $= 8{,}204$
» $= 29{,}5$; » $= 1{,}967$; » $= \infty$.

Durch Verminderung der Arbeitskraft vermindert sich daher die Summe des Genusses, sowie die Summe der erarbeiteten Genußmittel; das mit Beschwerde verbundene Arbeitsquantum und die Größe der Genüsse bei ihrem Abbrechen vermehren sich dagegen bis das erstere bei $\gamma = 0$ unendlich wird, mithin die Körperkräfte absorbirt.

Dieses sind also die Lehrsätze, nach denen der Mensch zu handeln hat, um seinen Lebenszweck in möglichst vollkommenem Maße zu erreichen. Aus ihnen fließen folgende Regeln:

Um seinen Lebensgenuß zum Höchsten zu steigern, hat der Mensch dahin zu streben:

1. Die Zahl der ihm möglichen Genüsse und ihre absolute Größe möglichst zu vermehren. (Die g bei unserer Bezeichnungsart zur Aufnahme in die Rechnung möglichst zu vermehren und die aufgenommenen möglichst zu vergrößern.)

2. Seine Arbeitskraft (γ) und Geschicklichkeit in ihrer Verwendung (π) möglichst zu steigern.

3. Die zur völligen Bereitung der Genüsse erforderliche Arbeit (p) möglichst zu vermindern, und dann,

4. Je nach dem Maße, in welchem ihm die Herstellung jener Bedingungen gelungen ist, seine Kraft auf Bereitung der verschiedenen Genüsse der Art zu verwenden, wie es die vorstehenden Rechnungen als vernünftig erscheinen lassen.

Die drei zuerst ausgesprochenen zu erfüllenden Bedingungen enthalten nun so allgemein bekannte und anerkannte Thatsachen, daß es höchst überflüssig erscheinen könnte, sie so weitläufig, wie es hier geschehen ist, herzuleiten, wenn es nicht nothwendig erschiene, ihren Zusammenhang mit den Gesetzen des Genießens wegen der zu erfüllenden vierten Bedingung und der weiter darauf zu bauenden Schlüsse auf das Genaueste zu kennen. Um so mehr bin ich denn aber hier der Mühe überhoben, die Uebereinstimmung der gewonnenen Resultate mit der Wirklichkeit nachzuweisen, und so liefert denn auch hier wieder diese Uebereinstimmung rückwärts den Beweis für die Richtigkeit der gemachten Voraussetzungen.

Bei dem Versuch, die hier gefundenen Bedingungen zur Erreichung seines Lebenszweckes in höchstmöglichem Maße praktisch zur Ausführung zu bringen, muß es dem Menschen sehr bald klar werden, daß die einzelnen Bedingungen einander widersprechende Anforderungen machen. Während die Nothwendigkeit, sich die verschiedenartigsten Genüsse theilweise zu bereiten, die Zersplitterung der Arbeitskraft auf alle diese verschiedenen Genüsse bedingt; erfordert die Nothwendigkeit, die Geschicklichkeit möglichst zu steigern, und die erforderliche Arbeit möglichst zu vermindern, bekanntlich, daß der Mensch seine Thätigkeit auf die Verfertigung möglichst weniger verschiedener Gegenstände beschränke, und gleichzeitig weit größere Massen anfertige, als er selbst zur eigenen Genußbereitung vernünftiger Weise verwenden darf. Dazu kommt, daß die Naturkräfte, mit deren Zuhülfenahme die Arbeit einzig und allein das gewünschte Resultat zu Tage fördert, sich in dem verschiedensten Maße auf der Oberfläche der Erde vertheilt finden, daher, da für jede Art ein bestimmtes Maß dieser Kräfte das wünschenswertheste ist, die Arbeit (die p) in sehr verschiedenem Maße steigt und fällt, je nach der örtlichen Beschaffenheit, wo sie vorgenommen wird. Um daher p bei den einzelnen theilweise zu bereitenden Genüssen möglichst zu vermindern, würde der einzelne Mensch bald unausführbare Reisen machen müssen. Die Beobachtung dessen, was wir täglich in unseren Zuständen genießen, bringt dieses sofort zur klarsten Anschauung. Es sind dieses alles so bekannte Thatsachen, daß ich den Leser zu langweilen fürchten müßte, wollte ich länger dabei verweilen als erforderlich ist, um an ihr Dasein nur eben zu erinnern.

Hier half denn der Umstand ein Mittel entdecken, diesen widersprechenden Anforderungen gleichzeitig zu genügen, daß zufolge der Gesetze des

Genießens, die Schätzung einer und derselben Sache bei den verschiedenen Menschen alle Größengrade durchgeht. Hierdurch kommt es nämlich, daß bei Weitem in den meisten Fällen durch einfachen Tausch bestimmter Sachen, wenn diese auch durch den Tausch durchaus keine Veränderung erleiden, eine außerordentliche Werthsvermehrung bewirkt werden kann. Um uns dieses klar zu machen, kehren wir zu unserm Bilde des Werthes zurück. Gesetzt es sei abc (Fig. 19) das Bild des Werthes irgend eines

Fig. 19.

Gegenstandes, den wir mit I. bezeichnen wollen für den Menschen A, er besitze aber von diesem Gegenstande die Masse ad, so hat für ihn nur die Masse ab Werth, die Masse bd dagegen ist für ihn werthlos. In derselben Lage befindet sich ein anderer Mensch B mit einem anderen Gegenstande, den wir mit II. bezeichnen wollen, wenn er von diesem die Masse $a'd'$ besitzt, $a'b'c'$ aber das Bild des Werthes von II. für ihn

ist, da dann für ihn nur die Masse $a'b'$ Werth hat. Aber wenn die Masse bd für A keinen Werth hat, weil dieser außer ihr auch noch die Masse ab desselben Gegenstandes besitzt, so hat sie dagegen für B, der nichts von diesem Gegenstande besitzt, denselben Werth, wie ab für A. Umgekehrt verhält es sich mit der Masse $b'd'$; sie hat für B keinen Werth, für A aber den gleichen Werth wie die Masse $a'b'$ für B. Wenn daher diese Menschen ihren Ueberfluß an Masse gegen einander austauschen; so gewinnt hierdurch A den Werth $a'b'c'$, und B den Werth abc, während keiner auch nur das Geringste von Werth verliert. Während daher der Werth, den A vor dem Tausch besaß, $= abc$ war, ist derselbe nach dem Tausch $= abc + a'b'c'$. Eben so war der Werth von B vor dem Tausch $= a'b'c'$, er ist nach dem Tausch $= a'b'c' + abc$, und die Summe des Werthes, die vor dem Tausch $= abc + a'b'c'$ war, ist nach dem Tausch $= abc + a'b'c' + a'b'c' + abc = 2(abc + a'b'c')$; sie hat sich daher im vorliegenden Falle genau verdoppelt.

Wohl zu bemerken ist hier, daß dieser Zuwachs an Werth durch den Tausch und lediglich durch diesen hervorgebracht wird.

In dem vorstehenden Beispiel ist angenommen, daß jeder Mensch genau das Doppelte der Masse besitzt, die für ihn Werth hat, und daß der Werth der verschiedenen Gegenstände für beide ein gleich großer sei. Die letztere Annahme setzt voraus, daß beide Menschen sich genau in derselben age befinden, mithin in gleichem Alter, in gleicher Lebenskraft, versehen mit gleichen Mitteln, auf gleicher Bildungsstufe, von gleichen Neigungen u. s. w., denn alles dieses hat nach dem Obigen Einfluß auf den Werth, und modificirt demgemäß das Bild des Werthes. Diese Voraussetzung trifft in der Wirklichkeit selbstredend niemals genau zu; aber das Wegfallen derselben modificirt das gewonnene Resultat nur quantitativ, denn durch dieses Wegfallen wird ja nur bewirkt, daß ein anderes Dreieck das Bild des Werthes für den anderen Menschen darstellt, eine größere Beschränkung der vorhandenen Masse aber nur, daß der zweite nicht einen ganzen Bedarf von dem eingetauschten Gegenstande erlangt. Was er aber erlangt, so viel oder wenig dieses auch sein mag, ist reiner Gewinn für ihn. Wenn also unter Beibehaltung der Dreiecke abc und $a'b'c'$ Fig. 20) in der obigen Bedeutung beispielsweise das Dreieck $\alpha\beta\gamma$ den Werth darstellt, den der Gegenstand I. für B hat, $\alpha'\beta'\gamma'$ dagegen den Werth des Gegenstandes II. für A, und der Vorrath von A reiche bis d, der von B bis d', und es wird nun bd gegen $b'd'$ vertauscht: so ist der Zuwachs von Werth bei A, wenn $b'd' = \alpha'\delta'$ gleich $\alpha'\delta'\varepsilon'\gamma'$ und bei B, wenn $bd = \alpha\delta$ gleich $\alpha\delta\varepsilon\gamma$; die Werthsvermehrung durch den Tausch also $= \alpha'\delta'\varepsilon'\gamma' + \alpha\delta\varepsilon\gamma$, und so ähnlich in jedem anderen Falle.

Fig. 20.

Eine nur oberflächliche Betrachtung des zuletzt dargestellten Falles zeigt, daß bei ihm keineswegs das Gewinnbringende des Tausches erschöpft ist, wenn er darauf beschränkt bleibt, nur das für einen jeden Ueberflüssige gegen einander auszutauschen. Es ist nämlich offenbar, daß wenn A die Quantität bf etwa noch von seinem Gegenstande abgäbe, und dafür eine gleich große Quantität $\delta'\zeta'$ von II. erhielt, der Werth, den er dadurch aufgäbe, gemessen wird durch das Dreieck bfg, der Werth, den er erhielt, durch das Trapez $\delta'\zeta'\eta'\varepsilon'$. Macht man dann $\zeta'x' = fg$ und zieht $\delta'x'$, so ist $\varDelta\delta'\zeta'x' = \varDelta bfg$ und somit der im Tausch erhaltene Werth um das Trapez $\delta'x'\eta'\varepsilon'$ größer als der hingegebene, und man findet, wie lange der Tausch in dieser Weise noch für A mit Vortheil fortgesetzt werden könnte, wenn man die Linie $\delta'x'$ bis zum Durchschnitt mit der Linie $\gamma'\beta'$ verlängert, und von ι' die Senkrechte $\iota'\vartheta'$ fällt. $\delta'\vartheta'$ giebt dann die Masse, deren Vertauschung für A noch gewinnbringend bleibt, weil bis dahin der Werth des hingegebenen Gegenstandes kleiner bleibt, als der des dafür eingetauschten, ein Verhältniß, was sich umkehren würde, sobald beim Tausch der Punkt ϑ' überschritten würde. Es findet daher beim Tausch auch die schon wiederholt zur Anwendung gebrachte Regel Anwendung: Der Tausch bleibt für A, wenn gleiche Quantitäten gegen einander vertauscht werden, so lange vortheilhaft, bis der Werth des letzten Atoms bei beiden Gegenständen, welche in den Besitz des A gelangen, gleich groß geworden ist.

Es bleibt nun noch zu betrachten, welche Folgen sich für B an den Tausch knüpfen, wenn er bis zu dem Punkte fortgesetzt wird, bis zu welchem er noch vortheilhaft für A bleibt. B würde zu diesem Behufe von seinem Gegenstande $d'f = \alpha'\vartheta'$ abzugeben haben, und dafür von I. die Quantität $\alpha\zeta = dh = d'f'$ empfangen. Der Werth der erstern ist für ihn $= b'f'g' = \delta\zeta\varkappa$, wenn man $\zeta\varkappa = f'g'$ macht, der Werth der letztern $= \alpha\zeta\eta\gamma$, und auch bei ihm ist also der letztere um $\alpha\delta\varkappa\eta\gamma$ größer, ja er würde im vorliegenden Falle den Tausch noch bis ϑ mit Vortheil fortsetzen können, ein Punkt, der durch eine ähnliche Construction wie ϑ' gefunden wird, was indessen hier dem Interesse des A widerstreitet. Ja selbst in ϑ' braucht der Tausch darum noch nicht stehen zu bleiben. Der außerordentliche Vortheil, der bei einer weitern Fortsetzung desselben für B entsteht, macht es nämlich für diesen thunlich, den Nachtheil, den A davon haben würde, dadurch auszugleichen, daß er diesem eine größere Quantität hingiebt, als er selbst empfängt. Gesetzt nämlich, es gäbe A außer der Quantität $dh = \alpha'\vartheta'$ auch noch $hl = \vartheta'\lambda'$ an B ab, so ist der Werth der letztern $= lhkm = \vartheta'\lambda'\mu'\iota'$; erhielte derselbe dann für diese nur die gleich große Quantität von II., nämlich $\vartheta'\lambda'$, deren Werth für ihn wäre $= \vartheta'\lambda'\sigma'\iota'$, so würde er beim Tausch einen Werth $= \iota'\sigma'\mu'$ einbüßen. Er wird aber für diese Einbuße entschädigt werden, wenn ihm B statt bloß die Masse $\vartheta'\lambda'$ zu geben, eine Masse $\vartheta'\nu'$ giebt, so daß $\lambda'\nu'\varrho'\sigma' \gtreqless \iota'\sigma'\mu'$. B kann dieses aber im vorliegenden Falle mit großem Vortheil; denn die Masse $\vartheta'\nu' = f'l' = \zeta\nu$ ist ihm werth $l'f'g'm' = \zeta\nu\varrho\varkappa$, die Masse hl dagegen, die er dafür erhält, hat für ihn den Werth $\zeta\lambda\mu\eta$, er gewinnt daher bei dieser Art des Tausches noch so viel, als $\varkappa\sigma\mu\eta$ größer ist als $\lambda\nu\varrho\sigma$.

Man sieht nun, daß die Entschädigung von A so lange stattfinden kann, bis das $\Delta a'\beta'\gamma' = \Delta bnp$ wird, daß mithin A unter den günſtigſten Umſtänden zur Abgabe der Quantität dn von I. wird vermocht werden können. Er würde ſich aber bei Abgabe dieſer Quantität nach dem Tauſch nicht beſſer befinden, als vor demſelben. Es bezeichnet dieſes alſo die Grenze, bis zu welcher von A auf den Tauſch eingegangen werden wird. Andererſeits würde er den möglichſten Vortheil aus dem Tauſch ziehen, wenn er für bd die Quantität $\alpha'\beta'$ erhielte. Aehnliches wiederholt ſich bei B, und man ſieht daraus, daß die Werthsvermehrung beim Tauſch eine ſehr verſchiedene iſt, je nachdem derſelbe zu Stande kommt; und ſo erhält denn die Beantwortung der Frage Wichtigkeit: Wie iſt der Tauſch einzurichten, damit ein Größtes von Werth entſteht? Ihre Beantwortung hält nach allem Vorſtehenden nicht ſchwer: **Es muß jeder der beiden Gegenſtände nach dem Tauſche unter A und B der Art ſich vertheilt finden, daß das letzte Atom, welches jeder von einem jeden erhält, beiden gleich großen Werth ſchafft.** Es ergiebt dieſes die einfache Betrachtung, daß bei jeder andern Vertheilung die Uebertragung des Atoms, welches bei dem einen geringern Werth ſchafft, auf den andern, bei dieſem größern Werth, alſo in Summa mehr Werth hervorbringen würde, und es folgt denn hieraus, daß, um dieſes Größte zu erreichen, in der Regel ungleiche Quantitäten gegen einander zu vertauſchen ſind.

Die Regel über die Art und Weiſe, wie der Tauſch vorzunehmen iſt, damit ein Größtes von Werth entſtehe, ändert ſich nicht, wenn mehr wie zwei Menſchen, und mehr wie zwei Gegenſtände vorhanden ſind. Ganz allgemein lautet der Satz daher:

Damit durch den Tauſch ein Größtes von Werth entſtehe, muß ſich nach demſelben jeder einzelne Gegenſtand unter alle Menſchen ſo vertheilt finden, daß das letzte Atom, welches jedem von einem jeden Gegenſtande zufällt, bei ihm den gleich großen Genuß ſchafft, wie das letzte Atom deſſelben Gegenſtandes bei einem jeden andern.

Ob und unter welchen Umſtänden aber in einem gegebenen Falle der Tauſch ſo zu Stande kommen wird, muß einſtweilen dahin geſtellt bleiben.

In dem Vorſtehenden iſt wiederholt von gleich großen Quantitäten geſprochen worden. Es iſt damit nicht etwa gemeint von beiden gleich viel Pfund oder Fuß, ſondern ſolche Quantitäten von jedem, wie ſie ſich mit der gleich großen Arbeitskraft herſtellen laſſen. Es verſteht ſich dieſes eigentlich ohne ausdrückliche Erinnerung, da ja die erforderliche Kraftentwickelung als Maßſtab dient, darum alſo auch nur in Beziehung zu dieſer von einer Gleichheit oder Ungleichheit die Rede ſein kann. Muß ja doch überall, wo von Gleichheit oder Ungleichheit die Rede iſt, genau Acht gegeben werden, in welcher Hinſicht die Gleichheit verstanden wird. Der Holzhändler, der von gleichen Quantitäten Eichen- und Tannenholz spricht, hat die räumliche Ausdehnung dabei im Auge, unbekümmert darum, daß dann die gleiche Quantität Tannenholz bedeutend leichter ist als Eichenholz. Der Goldschmied dagegen, wenn er von gleichen Quantitäten Gold und Silber spricht, deren absolutes Gewicht ohne Rücksicht darauf, daß dann die gleiche Quantität Silber fast den doppelten Raum wie Gold einnimmt. Der Geldwechsler endlich versteht unter gleichviel Gold und Silber solche Quantitäten, mit denen er die gleiche Geldsumme bezahlen kann, wozu denn jetzt nur ungefähr $1/16$ des Gewichtes beim Golde wie beim Silber erforderlich ist, u. s. w.

Der außerordentliche Vortheil, der wegen der relativen Natur des Werthes mit dem Tausche verbunden ist, konnte nicht lange unbemerkt bleiben. Wie nahe dem Menschen die Entdeckung liegt, davon kann man sich täglich durch einen Versuch bei Kindern überzeugen. Man vertheile zu diesem Zweck Butterbrot und Milch in einer solchen Quantität, daß es vollaus hinreicht, um zwei Kinder zu sättigen, unter diese der Art, daß das eine alles Butterbrot, das andere alle Milch erhält. Jedes wird von dem ihm Zugetheilten Besitz ergreifen, sich des Besitzes freuen, im Nothfalle denselben gegen fremden Angriff zu schützen suchen, und sofort zu genießen anfangen. Aber während des Genusses wird bei einem jeden der Werth des ihm Zugefallenen fortwährend sinken, während der Werth des seinem Gefährten Zugefallenen für dasselbe die gleiche Höhe behält. Der Wunsch, von diesem auch einen Theil zu besitzen, der durch die vom Schöpfer geschaffene Kraft augenblicklich entsteht, sobald es dem Kinde klar wird, daß dessen Verzehrung ihm größern Genuß gewähren würde, wird daher bei ihm um so lebhafter, je mehr der Unterschied des Werths zwischen dem in seinem Besitz befindlichen Gegenstande und dem seines Genossen wächst, bis derselbe, sobald das Kind sich an seinem Gegenstande vollaus gesättigt hat, ein Größtes erreicht. In diesem Augenblick hat denn der Rest des einem jeden Bleibenden, unserer Voraussetzung gemäß die Hälfte des ganzen Vorraths, augenblicklich gar keinen Werth, und ein Aufbewahren bis zu dem Momente, wo er wieder Werth erlangen würde, ist hier wegen der schnellen Veränderungen, welche die Naturkräfte in diesen Gegenständen bewirken, und sie zu dem frühern Genusse unbrauchbar machen, unthunlich; das Butterbrot würde vertrocknen, die Milch sauer werden. Unter diesen Umständen liegt denn die Bemerkung, daß sich der Genosse zu unserm Gegenstande ganz in der gleichen Lage befindet, wie wir zu dem seinigen, daß mithin durch eine Umwechslung, einen Tausch der Gegenstände, beiden Wünschen genügt werden kann, so nahe, daß die Kinder sie in der Regel ganz von selbst machen werden, sobald es ihnen klar wird, daß der eigene Vorrath für sie mehr wie ausreicht. Ja, sie werden beim Wiederholen des Versuchs bald zu der Einsicht gelangen, daß sie den Vortheil des Tauschs noch erhöhen können, wenn sie von Hause aus die Hälfte ihres Vorraths, wenn seine Größe bei beiden nur nicht gar zu verschieden ist, gegen einander vertauschen, selbst dann, wenn sie nicht genug behalten sollten, um volle Sättigung zu erlangen, wie dieses eben beim Auseinandersetzen der Vortheile des Tausches des Breitern dargethan wurde. Nicht bloß, daß also in dem betrachteten Falle eine Werthsvermehrung durch den Tausch eintritt, der ganze durch den Tausch geschaffene Werth würde in unserm Falle unwiederbringlich durch das Unterbleiben des Tausches verloren gehen.

Je näher hiernach die durch den Tausch vermittelte Werthsvermehrung liegt, je mehr ist es zu verwundern, daß dieselbe bis jetzt den National=Oekonomen gänzlich entgangen ist. Die National=Oekonomen befinden sich hier in der Lage jener Männer der Fabel, die vor lauter Bäumen den gesuchten Wald nicht fanden; sie suchten Reichthum, und sahen nicht, daß der Werth, der den Reichthum zusammensetzt, wie die Bäume den Wald, rund um sie herum ununterbrochen entstand; sie glaubten wie jene das Gesuchte, aber um und neben ihnen Vorhandene, aus fernen Ländern holen zu müssen. Ursache des Nichterkennens der Wirkungen des Tausches ist nun offenbar die Fiction eines absoluten Werths, als dessen Maßstab man sich die physischen Eigenschaften dachte. Bei dieser Ansicht über Werth konnte denn sehr natürlich der Tausch keinen Einfluß auf den Werth ausüben, da ja die physischen Eigenschaften durch denselben keine Veränderungen zu erleiden brauchen. Das Irrige dieser Ansicht bedarf aber hier hoffentlich keiner weitern Ausführung.

Die durch den Tausch bewirkte Werthsvermehrung, verbunden mit dem Streben jedes Menschen, seinen Lebensgenuß zum Höchsten zu steigern, macht denn, daß es fast ohne Ausnahme leicht wird, jeden Menschen zu einem Tausch der in seinem Besitz befindlichen Gegenstände gegen ein um so kleineres Opfer zu vermögen, je größer der ihm nach dem Tausch noch bleibende Rest sich herausstellt, und gerade dieses macht denn die Einrichtungen möglich, wodurch den oben angedeuteten widersprechenden Anforderungen zur Erfüllung der Bedingungen, um seinen Lebenszweck zum Höchsten zu steigern, gleichzeitig genügt werden kann. Durch diese Gewißheit, seinen Nebenmenschen zu einem solchen Tausche geneigt zu finden, wird es nämlich möglich, daß im Zusammenleben der einzelne Mensch sich auf die Anfertigung irgend einer beliebigen Zahl bestimmter Gegenstände beschränkt; er kann dann gegen den im Verhältniß zu seinem Bedarf producirten Ueberfluß, die anderen Gegenstände, die er gebraucht, um der Bedingung der theilweisen Bereitung aller Genüsse Genüge zu leisten, eintauschen. Hierdurch wird es also möglich, daß der Mensch seine Thätig=

keit auf die Anfertigung nur so vieler Gegenstände beschränkt, als es wünschenswerth erscheint, um sich die höchstmöglichste Geschicklichkeit zu erwerben, ohne darum auf die theilweise Bereitung aller Genüsse Verzicht leisten zu müssen. Es führt dieses noch den weitern Vortheil in seinem Gefolge, daß der Einzelne nicht die ganze Masse aller vom ganzen Menschengeschlecht gesammelten Kenntnisse sich anzueignen braucht, um die Vortheile zu genießen, die diese dem Menschengeschlecht verschaffen, wie er dieses ja thun müßte, wenn er selbst sich alle seine Genüsse unmittelbar und allein bereiten wollte; sondern nur den Theil dieser Kenntnisse, der zu der gewählten Arbeit in besonderer Beziehung steht, eine Möglichkeit, die, nebenbei bemerkt, zu dem ungeheuersten Mißbrauch Veranlassung gegeben hat.

Das Verfahren, seine Thätigkeit nur auf die Anfertigung weniger Gegenstände zu beschränken, bezeichnen wir mit dem Ausdruck "Arbeitstheilung", und Wirkung derselben ist daher, daß sie die Geschicklichkeit bei Bereitung der Genußmittel, bei unserer Bezeichnungsweise π, vergrößert, und die Folgen sind also genau die oben Seite 77 f angegebenen, als mit Vergrößerung von π verbunden.

Aber die außerordentliche Werthsvermehrung, welche in der Regel mit dem Tausch verbunden ist, macht noch eine andere Einrichtung möglich. Wie bereits bemerkt, ist die Construction der Schöpfung eine solche, daß sich die verschiedenen Naturkräfte, wie die Materie selbst, an der sie haften, in dem verschiedensten Maße auf der Erde vertheilt finden, während jede Sache, die unmittelbar oder mittelbar zur Genußbereitung dienen kann, bei einem bestimmten Maß dieser verschiedenen Kräfte einzig und allein in wünschenswerthester Weise herzustellen ist. Je nach dem Verhältniß, in welchem die Naturkräfte an einem bestimmten Ort der Erde sich vorfinden, vermehrt sich daher die zur Bereitung der verschiedenen Genüsse erforderliche Arbeit von da ab, wo die Natur uns den Genuß ganz ohne unser Zuthun schafft, bis dahin, daß beim gänzlichen Mangel der einen oder andern unbedingt nothwendigen Naturkraft, die gänzliche Unmöglichkeit eintritt, den Genuß mit noch so viel Arbeit herzustellen. Der Bedingung, Verminderung der erforderlichen Arbeit, kann daher nur dann im höchsten Maße genügt werden, wenn es dem Menschen frei steht, sich auf dem ganzen Erdboden den Fleck zum Arbeiten auszusuchen, der die günstigsten Bedingungen liefert. Aber bei diesem Verfahren werden die verschiedenen Genußmittel, die doch jeder einzelne Mensch in bestimmtem Maße bedarf, in den entlegensten Theilen der Erde hergestellt, und es tritt daher für den Einzelnen sehr bald die Unmöglichkeit ein, den Theil jedes einzelnen Genußmittels, dessen er bedarf, in diesen entlegensten Erdtheilen zum Eintausch aufzusuchen. Auch hier liefert denn die außerordentliche Werthsvermehrung beim Tausch das Mittel, diese Unmöglichkeit zu beseitigen.

Sie macht den Tausch fast ohne Ausnahme auch dann noch vortheilhaft, wenn nicht jeder Tauschende die ganze Masse vollaus erhält, die sein Mittauschender hinzugeben geneigt ist, sondern unter Umständen statt deren einen sogar nur sehr kleinen Theil derselben, da ja, wenn er nach dem Tausch noch seinen vollen Bedarf behält, jede noch so kleine Quantität, die er von dem fremden Gegenstande bekommt, für ihn eine Werthsvermehrung mit sich bringt. Diese Möglichkeit, welche sich in der Regel bei jedem Tauschenden vorfindet, auf einen Theil des eingetauschten Gegenstandes verzichten zu können, ohne die Vortheile des Tausches für sich ganz aufzuheben, giebt denn die Mittel an die Hand, solchen Menschen, die unmittelbar beim Tausch nicht betheiligt sind, die aber durch ihre Thätigkeit die Hindernisse wegschaffen, welche sich dem Zustandekommen des Tausches entgegenstellen, eine der übernommenen Arbeit verhältnißmäßige Belohnung zukommen zu lassen. Es kann darum mit anderen Worten von einzelnen Menschen als Arbeit übernommen werden, diese Hindernisse wegzuräumen, und es fällt ihnen dann als Product ihrer Arbeit dasjenige zu, welches die Tauschenden für sie beim Tausch zurückzulassen sich bewogen finden. Der Eintauschende gewinnt dann bei diesem Tausch doch noch so lange, als die Arbeit, welche er darauf zu verwenden hat, um das im Tausch Hingegebene zu Stande zu bringen, geringer ist als die Arbeit, welche es ihn kosten würde, das Eingetauschte an seinem Wohnorte zu verfertigen.

Die Thätigkeit, welche darauf gerichtet ist, die Hindernisse des Tausches zu beseitigen, bezeichnen wir nun bekanntlich mit dem Ausdruck »Handel« und der Handel schafft also so lange eine Werthsvermehrung, als indirect dadurch die oben bezeichnete Arbeitsverminderung bewirkt wird; er bewirkt für den Eintauschenden so lange offenbar indirect eine Verkleinerung des betreffenden p und hat daher für ihn die oben Seite 73 angegebenen mit dieser Verkleinerung verbundenen Folgen.

Nach Einführung der Arbeitstheilung und als nothwendige Ergänzung derselben, des Handels, wiederholt sich denn für den Einzelnen in bei der praktischen Ausführung sehr erschwerter Form die Frage, wie viel von jedem einzelnen Genußmittel, und in Folge dessen von jedem Gegenstande der dritten Klasse zu produciren ist, um das Größte des Lebensgenusses zu erlangen. Denn es leuchtet ein, daß die Quantität, welche ein Mensch für einen bestimmten Gegenstand im Tausch von einem andern Gegenstand herzugeben geneigt ist, je nach dem Vorrath, den er von diesem Gegenstande schon besitzt, in demselben Maße wechselt, wie der Werth des Neuhinzukommenden, und was hier von einem einzelnen Menschen gesagt wurde, gilt nicht minder von einer Mehrheit von Menschen, je größer die Masse schon ist, welche unter sie zur Vertheilung gelangt, je geringer ist der Werth des Neuhinzukommenden, je weniger wird daher auch unter übrigens gleichen Umständen im Tausche dafür gegeben werden. Derjenige also, der es sich zur Aufgabe macht, irgend einen Gegenstand zum Austausch anzufertigen, wird je nach der schon durch Andere producirten Masse desselben Gegenstandes seine Nebenmenschen dazu geneigt finden, mehr oder weniger beim Tausch für sein Product zu geben, und in demselben Maße wird er in den Stand gesetzt, sich selbst die verschiedenen Genüsse reichlicher oder weniger reichlich zu bereiten.

Die theoretische Lösung der Aufgabe, wie viel von jedem Gegenstande zu produciren ist, damit die größtmöglichste Summe des Genusses für die ganze Menschheit erzeugt wird, hat nach allem Vorhergehenden keine Schwierigkeit. Dieses Maximum tritt ein, wenn nach dem Austausch dem auf S. 85 gefundenen Satze Genüge geschieht, und außerdem die Production der verschiedenen Gegenstände der Art eingerichtet wird, daß dann das letzte Atom, welches einem jeden von jedem Gegenstande zufällt, im Verhältniß der Anstrengung beim Schaffen desselben den gleich großen Genuß gewährt. Der Beweis für die Richtigkeit dieser Schlußfolgerung liegt darin, daß bei jeder andern Vertheilung der menschlichen Kräfte weniger Genuß und daher weniger Werth geschaffen wird. Und nicht bloß, daß durch Erfüllung jener Bedingungen in Summa ein Größtes von Werth geschaffen wird, jeder Einzelne erhält dann genau den Antheil von dieser Summe, auf welchen er billiger Weise Anspruch machen kann.

So leicht nun hier die theoretische Lösung der Aufgabe gefunden wurde, so schwer scheint die praktische. Schon bei der Entwicklung der Lehrsätze, wie das Genießen einzurichten ist, um ein Größtes von Lebensgenuß zu erlangen, wurde ein genaues Befolgen dieser Sätze einstweilen darum unausführbar gefunden, weil dieses ein genaues Messen der Genüsse und der Beschwerde bei ihrer Bereitung durch Arbeit als gelungen voraussetzte. Hier nun bekommt diese Schwierigkeit nicht bloß einen neuen an und für sich noch weit schwierigern Zusatz, es kommen außerdem noch neue Schwierigkeiten hinzu. Denn zur Ausführung der Lehrsätze über das Genießen war jenes Messen doch nur von einem Jeden bei sich selbst vorzunehmen, und es ist darum, wenn auch kein genaues Messen, doch ein annäherndes Schätzen möglich, auf dessen Grund denn um so genauere Resultate erzielt werden, je näher die Schätzung der Wahrheit kommt; zur Ausführung des eben gefundenen Satzes dagegen muß jeder Mensch dieses Messen nicht bloß bei sich, sondern auch bei jedem andern Menschen zu Stande bringen; er muß außerdem wissen, wie viel ein Jeder von jedem Gegenstande producirt, weil er erst, wenn er diese Kenntnisse besitzt, berechnen kann, worauf er am Vortheilhaftesten für sich seine Thätigkeit zu richten hat, und ist denn auf diese Weise die Arbeitskraft des Menschengeschlechts richtig vertheilt, so müssen dann außerdem noch Mittel gefunden werden, die Menschen zu einem solchen Austausch gegenseitig zu vermögen, wie es der eben ausgesprochene Lehrsatz bedingt.

Nur die oberflächlichste Betrachtung dieser zu erfüllenden Bedingungen zur Ausführung des gefundenen Lehrsatzes zeigt, daß es sowohl dem einzelnen Menschen, wie der ganzen Menschheit, selbst bei klar erkanntem Zweck, ewig unmöglich bleiben würde, diesen wünschenswerthesten Zustand herbeizuführen. Denn selbst, wenn es gelänge, jedem Einzelnen alle die Thatsachen genau zu liefern, deren er bedarf, um seine Kräfte in zweckmäßigster Weise zu verwenden, würde die Berechnung auf Grund dieser Thatsachen unstreitig mehr Zeit in Anspruch nehmen, als ihm überhaupt zu leben vergönnt ist, während die Thatsachen selbst nur einen Augenblick richtig bleiben. Von einer werthhervorbringenden Arbeit könnte darum dann keine Rede sein, und das Menschengeschlecht würde beim versuchten Ausführen der Rechnungen inzwischen nicht bloß keine Werthe erhalten, sondern verschmachten.

Hier haben wir denn die erste Gelegenheit, die wunderbare Schönheit der Gesetze des Genießens anzustaunen. Durch ihre Construction wird es zu Stande gebracht, daß der Einzelne, um seinen eigenen Lebenszweck in vollkommenster Weise zu erreichen, seine Handlungen so einrichten muß, daß bei ungehinderter Wirksamkeit das Endresultat das ist, daß jener Lehrsatz sich in vollendetster Weise ausgeführt findet. Diese Gesetze lösen diese anscheinend für das Menschengeschlecht unlösbare Aufgabe sogar auf eine so leichte und unmerkliche Weise, daß selbst das Dasein der Aufgabe bisher den National-Oekonomen entgangen ist, was denn vor allem Andern zu den hirnverbrannten Theorien des Communismus und Socialismus Veranlassung gegeben hat.

Um klar zu machen, wie die Gesetze des Genießens die Lösung der Aufgabe zu Stande bringen, haben wir einfach den Weg zu verfolgen, den der Mensch nach Einrichtung der Arbeitstheilung und des Handels zu gehen hat, um seinen Lebenszweck in vollkommenstem Maße zu erreichen, und dabei die Wirkungen ins Auge zu fassen, welche aus dieser Handlungsweise hervorgehen.

Die Möglichkeit der Einrichtung der Arbeitstheilung setzt voraus, daß sich ein bestimmtes Verhältniß festgestellt hat, in welchem alles zur Genußbereitung Dienliche gegen einander vertauscht werden kann. Denn der Einzelne kann sich nur dazu entschließen, seine Thätigkeit auf die Darstellung eines einzelnen oder doch nur weniger Gegenstände zu beschränken, die er darum in weit größeren Massen darstellt, als für ihn selbst Werth haben, wenn er weiß, daß und in welchem Maße er sie gegen andere für ihn werthvolle Gegenstände vertauschen kann. Wie diese Feststellung möglich sei, wissen wir aus der Erfahrung. Sie geschieht in der Weise, daß ein bestimmter Gegenstand, dem nach den vorhandenen Verhältnissen ein bestimmtes Maß von Werth innewohnt, als Maßstab für alle übrigen genommen wird, daß dieser Gegenstand als Tauschmittel, als Geld dient, und sich ein Preis feststellt, in welchem alles Uebrige gegen diesen Gegenstand einzutauschen ist. Wie leicht sich dieses macht, sehen wir bei Kindern. In einem Alter, in welchem sie noch von den Verkehrsverhältnissen der Erwachsenen ausgeschlossen sind, wird ein allgemein beliebtes Spielzeug von längerer Dauer, bei Knaben die so verschieden benannten kleinen Steinkugeln, bei Mädchen Steck- und Nähnadeln zum Tauschmittel, zu Geld, und Bildchen, Maikäfer, Spielbälle, Kreisel u. s. w. erlangen ihren Preis in diesem Tauschmittel. Wie sich dieses ganz von selbst zufolge der Gesetze des Genießens machen muß, bedarf ebenfalls kaum einer weitern Andeutung.

Bei einer irgend erheblichen Ausdehnung der Arbeitstheilung muß sich für den Menschen bald die Schwierigkeit zeigen, welche, sobald sie in größerm Maße eintritt, die Einrichtung des Handels nöthig macht, die Schwierigkeit nämlich, gerade den Menschen zu finden, der das eigene Product wünscht, und das gewünschte zum Austausch besitzt. Darum muß es denn für den Besitzer eines Gegenstandes, der an und für sich zur Genußbereitung geeignet, für ihn aber wegen der besessenen Masse werthlos ist, als Gewinn betrachtet werden, wenn er diesen Gegenstand gegen irgend einen andern zur Genußbereitung geeigneten Gegenstand vertauschen kann, wenn der dafür erhaltene für ihn auch eben so wenig Werth hat, wie der vertauschte, wenn jener nur länger die Eigenschaften behält, die ihn zur Genußbereitung befähigen. Der Gewinn besteht dann offenbar darin, daß sich die Wahrscheinlichkeit, während dieses längern Zeitraumes einen Menschen zu finden, für den der Gegenstand wirklichen Werth hat, und der gleichzeitig sich im Besitz eines Gegenstandes von wirklichem Werth für den erstgenannten Menschen befindet, vergrößert, und um so viel denn auch die Wahrscheinlichkeit wächst, zuletzt für seinen Gegenstand wirklichen Werth zu erhalten, während derselbe sonst während des Suchens, die Eigenschaften, die ihn zur Genußbereitung befähigen, verlieren, d. h. verderben, und so keinen Genuß bewirken würde. Bei häufigerer Wiederholung eines solchen Tausches unter verschiedenen Menschen muß denn bald der Gegenstand gefunden werden, der jene Eigenschaften am Längsten behält, und daher bei einem solchen Tausch am Wünschenswerthesten ist, und diesen wird dann ein Jeder, wenn er keinen wirklichen Werth erlangen kann, im Tausch um so mehr zu erlangen suchen, als die allgemeinere Anerkennung dieses Vorzugs einen Tausch gegen diesen Gegenstand auch dann leicht macht, wenn dieser selbst auch für den Mittauschenden keinen Werth hat. So muß es denn bald dahin kommen, daß in der Regel bei jedem Tausch, der vorgenommen wird, der eine der vertauschten Gegenstände in demjenigen besteht, bei welchem jene Eigenschaft zur Anerkennung gelangt ist, daß mithin dieser Gegenstand allgemein als Tauschmittel benutzt, zu Geld wird. Es schließt dieses die Nothwendigkeit der Feststellung eines bestimmten Verhältnisses, in welchem der Tausch vorzunehmen ist, eines Preises unbedingt in sich, weil bei dem Mangel alles Werthes für den einen Tauschenden nur in einem solchen Verhältniß ein Maßstab liegt, ob er sich auf den Tausch einzulassen habe oder nicht, und dazu der Umstand, daß bei jedem Tausch der eine der Gegenstände immer derselbe bleibt, die Feststellung dieses Verhältnisses sich ohne alle Schwierigkeiten bewerkstelligen läßt.

Ist dann ein solcher Zustand eingetreten, so ist es hierdurch dem Einzelnen leicht gemacht, sich die Arbeit auszusuchen, die ihm die größte Belohnung verspricht; er darf nur zusehen, durch welche Arbeit er die größte Summe Geldes einzutauschen im Stande ist, um damit die vollkommenste Gewißheit zu erhalten, daß er dann auch durch diese Arbeit sich die größtmöglichste Summe des Lebensgenusses wird verschaffen können. Durch das Aussuchen dieser Arbeit bewirkt er nämlich für sich die möglichste Vergrößerung von π nach unserer oben eingeführten Bezeichnung; denn es ist offenbar, daß die Vergrößerung der Geldsumme bei gleicher Arbeit, und vermehrte Geschicklichkeit beim Schaffen der Genußmittel in ihren Endwirkungen die gleichen sind Und nicht bloß, welche Arbeit der Einzelne zu verrichten hat zur möglichsten Steigerung seines Lebensgenusses, auch die Bestimmung, wie er die erlangte Geldsumme zu verwenden hat, wird nach Einführung des Geldes verhältnißmäßig leicht; er darf nur bei sich die Schätzung vornehmen, welcher Genuß für ihn größer wird, wenn er die gleich große Geldsumme zum Eintausch des einen oder andern Genußmittels verwendet, und den Eintausch bewirken, bei welchem sein Genuß der größte wird, um gewiß zu sein, sich dadurch die größte Summe des Genusses zu verschaffen. Denn dadurch, daß Alles gegen Geld vertauschbar wird, wird das Geld das gemeinschaftliche Maß zur Bestimmung der verschiedenen p nach unserer obigen Bezeichnungsweise. Der Mensch erlangt also ein Größtes von Lebensgenuß, wenn er sein ganzes erarbeitetes Geld, E, der Art auf die verschiedenen Genüsse vertheilt, die e so bestimmt, daß bei jedem einzelnen Genuß das letzte darauf verwendete Geldatom den gleich großen Genuß gewährt.

Betrachten wir nun die Folgen, die es hat, wenn Jeder seinen Lebenszweck in möglichst hohem Maße zu erreichen strebt.

Nach dem Vorstehenden wird zunächst Jeder die Arbeit verrichten, die ihm nach seinen Verhältnissen den größten Verdienst verspricht, und indem dieses Jeder in seinen Verhältnissen thut, wird von den verschiedenen zur Genußbereitung dienlichen Gegenständen ein bestimmtes Quantum producirt; indem dann weiter ein Jeder abwägt, in welchem Verhältniß er die verschiedenen Genußmittel einzutauschen hat (für sich die e und darnach die m bestimmt), stellt sich andererseits ein bestimmtes Quantum fest, welches zu dem festgestellten Preise zum Eintausch begehrt wird. Nur höchst zufällig könnte nun dieses letztere Quantum mit dem producirten übereinstimmen, da bis jetzt wenigstens kein nothwendiger Zusammenhang zwischen dem erstern und letztern Quantum nachgewiesen ist, vielmehr kann das producirte sowohl zu groß, wie zu klein sein. Ist es zu groß, so ist die unmittelbare Folge davon, daß ein Theil der producirten Masse in den Händen der Producenten uneingetauscht zurückbleibt. Aber die Producenten dieses Theils, der für sie selbst ja keinen Werth hat, würden sich um den ganzen Verdienst ihrer Arbeit gebracht sehen, wenn es ihnen nicht gelingt, ihre Nebenmenschen zum Eintausch dieser Masse zu vermögen, und so entsteht also die Frage, wie sie dieses zu Stande bringen können. Ein Rückblick auf unsere Formel für m, den bereiteten Theil eines Genusses, dessen Vergrößerung rücksichtlich Verkleinerung, also auch den vergrößerten oder verkleinerten Eintausch anzeigt, wird uns hierüber sofort Aufschluß geben. Es muß werden:

$$m = 1 - \frac{p\,(P - \pi)}{g\,(\alpha + \beta)}.$$

Es verändert sich also m, wenn sich eines der g und p oder π oder γ ändert, aus denen ja auch P, α und β zusammengesetzt sind. Aber auf π, die Größe der Geschicklichkeit des Eintauschenden, auf γ, die Größe seiner Arbeitskraft, auf die verschiedenen g, die Größe der verschiedenen Genüsse für den Eintauschenden, endlich auf die p aller übrigen Genüsse, haben die Producenten keine Einwirkung; sie können also auch nicht durch eine Veränderung in diesen Bedingungen ihre Nebenmenschen zu einer Vergrößerung des m, welches ihrem Genußmittel angehört, bewegen. Nur auf das p, was dem producirten Genußmittel entspricht, steht ihnen eine Einwirkung frei. Durch Herabsetzen oder Steigern des Preises können sie dieses p verkleinern oder vergrößern, und dieses ist also die einzige Möglichkeit, wie sie ihre Nebenmenschen zu einer Veränderung der eingetauschten Masse und dadurch zum Eintausch der von ihnen producirten Masse vermögen können, und wollen sie daher überhaupt einen Werth für ihr Product erlangen, so müssen sie von dieser Möglichkeit der Art Gebrauch machen, daß sie p so bestimmen, daß m sich vergrößert. Unser Satz S. 73 zeigt denn, daß m sich mit Verkleinerung von p fortwährend und bis dahin vergrößert, daß es bei $p = 0$ ein Maximum erreicht. Die Producenten werden also ihre Masse vertauschen, wenn sie den Preis herabsetzen, es sei denn, daß die producirte Masse ausreicht, um bei allen Menschen den Genuß vollaus zu bereiten.

Genau das Umgekehrte findet Statt, wenn die producirte Masse kleiner ist, als die zum Eintausch begehrte. Durch Steigerung des Preises können dann die Producenten das Begehrte bis dahin vermindern, daß überhaupt nichts mehr zum Eintausch verlangt wird, indem bei einem bestimmten p, wie wir oben sahen, $m = 0$ wird. Unmittelbare Folge dieses Vorgangs ist denn, daß sich der Preis bei einem jeden Gegenstande genau in der Höhe feststellt, daß die ganze producirte Masse eingetauscht wird.

Die Erfahrung bestätigt nun bekanntlich das hier theoretisch gewonnene Resultat in der vollkommensten Weise. Wer nun Etwas feil hält, weiß, daß durch Vermehrung der Masse der Preis herab-, durch Verminderung hinaufgedrückt wird, sowie umgekehrt eine Herabsetzung des Preises vermehrten, Steigerung desselben verminderten Verkauf zur Folge hat, und daß die Schwankung im Preise so lange währt, bis voraussichtlich zu dem zuletzt bleibenden Preise der ganze Vorrath verkauft werden wird. Es ist dieses eine so bekannte und allgemein anerkannte Thatsache, daß es zum Zweck der Beweisführung auch hier genügt haben würde, sie als anerkannte Thatsache anzuführen, wenn es hier bloß auf diesen Beweis angekommen wäre. Aber es kam auch hier mehr darauf an, den ursächlichen Zusammenhang dieser Erscheinung mit den Gesetzen des Genießens näher nachzuweisen. Jedoch beweist auch hier wieder diese Uebereinstimmung des theoretisch gewonnenen Resultats mit der Wirklichkeit die Richtigkeit der Voraussetzungen und Schlußfolgerungen.

Bei dieser Art und Weise, wie sich der Preis feststellt, wird nun gar keine Rücksicht auf die Höhe der Belohnung genommen, welche den Producenten für ihre Arbeit zufällt. Sehr natürlich wird diese daher sehr verschieden ausfallen, je nachdem die Arbeit auf Herstellung des einen oder andern Gegenstandes verwendet wurde. Aber diese Verschiedenheit der Höhe der Belohnung bei den verschiedenen Arbeiten kann sich der Wahrnehmung der Menschen auf die Dauer nicht entziehen, weil einerseits eine große Masse der Genüsse nicht geheim gehalten werden kann, viele sogar erst zu Genüssen werden, wenn Andere an dem Genießen Theil nehmen;

andererseits aber wegen des Gesetzes der Vertheilung seiner Kräfte auf alle Genüsse, selbst aus der Art und Weise, wie auch nur ein Genuß bereitet wird, ein Schluß auf die Summe des Genusses des betreffenden Menschen zulässig ist. Bei dem Streben eines Jeden, seinen Lebensgenuß zum Höchsten zu steigern, wird daher Jeder suchen, die Arbeit zu verrichten, bei welcher die Preisverhältnisse ihn am Günstigsten stellen, und die unmittelbare Folge hiervon ist denn, daß eine größere Zahl Menschen wie bisher sich der besser belohnten Arbeit widmen, und Folge hiervon, daß die Masse des Producirten sich bei der höher belohnten Arbeit in demselben Verhältniß vermehrt, wie die Zahl der in diesem Arbeitszweig beschäftigten Menschen. Daher tritt denn nun auch die Nothwendigkeit ein, diese größere Masse zu vertauschen, während durch diesen Vorgang alle anderen Verhältnisse eine nur so unbedeutende Veränderung erleiden, daß derselben hier keine Rechnung getragen zu werden braucht. Wie wir oben sahen, wird diese größere Masse vertauscht werden durch Herabsetzung des Preises, aber auch nur dann, wenn diese Herabsetzung erfolgt. Die unmittelbare Folge der Herabsetzung ist aber weiter, daß die ganze Summe, welche jeder Producent für sein Product erhält, verhältnißmäßig kleiner wird, während die Bedingungen der Production dadurch nicht berührt werden. Diese Verkleinerung bleibt also ganz und gar auf seiner Belohnung ruhen, sie wird um so viel geringer, als durch Herabsetzung des Preises die Verkaufssumme kleiner wird. Natürlich werden sich darum die Producenten zu dieser Herabsetzung nur gezwungen verstehen, aber die Nothwendigkeit, die größere Masse zu vertauschen, übt diesen Zwang mit der unerbittlichsten Strenge aus. So giebt also der Umstand, daß eine Belohnung für irgend eine Art der Production gegen andere Arten unverhältnißmäßig hoch erscheint, die unmittelbarste Veranlassung, diese Unverhältnißmäßigkeit zu entfernen; denn es ist natürlich, daß die Massen-Vermehrung und in Folge dessen die Preisherabsetzung so lange fortdauern wird, bis die Belohnung verhältnißmäßig erscheint.

Während so bei den für zu hoch belohnt gehaltenen Productionen die Unverhältnißmäßigkeit beseitigt wird, findet durch das umgekehrte Verfahren bei den zu niedrig belohnten Productionszweigen eine Steigerung dieser Belohnung Statt. So wie zu jenen Productionszweigen ein Zuströmen stattfindet, tritt bei diesen ein Verlassen ein. Ja in der Regel werden die jenen Productionszweigen Zuströmenden diesen bisher angehört haben, und die unmittelbare Folge hiervon ist dann, daß die Masse des Producirten sich in demselben Verhältniß vermindert. Diese Verminderung macht den Uebrigbleibenden möglich, den Preis zu steigern, dessen Erhöhung ihnen dann in ganz gleicher Weise zu Gute kommt, wie die Preiserniedrigung jenen ihre Belohnung schmälerte, und diese Verhältnisse werden offenbar so lange

dauern, bis eine Verhältnißmäßigkeit in der Belohnung bei allen Pro=
tionszweigen, wie diese auch Namen haben mögen, hergestellt ist.

Das hier Gesagte leidet unmittelbar nur Anwendung auf die Genuß=
tel und die Gegenstände der zweiten Klasse, indessen darf man nur dem
f dieser Wirkungen folgen, um sich zu vergewissern, daß dasselbe bei
em, was überhaupt der Schätzung unterworfen ist, die gleichen Resul=
 erzielt. Wer die letzte Hand an ein Genußmittel legt, erwägt, ob ihm
se Production eine verhältnißmäßige Belohnung gewährt, und hierbei
nmt ebensowohl die eigene Beschwerde, als der Preis in Betracht, den er
deren zahlen muß, um sich das zu seiner Production erforderliche Material,
dazu nöthigen Werkzeuge und Arbeitskräfte zu verschaffen. Findet er
m, Alles in Allem berücksichtigt, die ihm bleibende Belohnung zu gering,
daß er, den Productionszweig gegen einen andern zu vertauschen, sich
anlaßt sieht; so wird durch dieses Vertauschen einerseits die Masse des
nußmittels, rücksichtlich des integrirenden Theils eines solchen, andererseits
r auch die Masse des gekauften Materials der gekauften Werkzeuge und
beitskräfte verhältnißmäßig vermindert. Jede Verminderung der Masse
 Genußmittels hat denn in bekannter Weise eine Steigerung des Prei=
, und eine Besserung der Belohnung der Producenten des Genußmittels
Folge. Aber diese Preissteigerung wirkt weiter auf die Masse des ge=
sten Materials, der gekauften Werkzeuge und Arbeitskräfte nicht zurück,
il sie eben nothwenig ist, und ganz und gar dazu verbraucht wird, um
Belohnung der Producenten zu einer verhältnißmäßigen zu machen; sie
n aber keinen andern Menschen veranlassen, von einer andern zu dieser
obuction überzugehen, und so eine Aenderung in dem Massenverhältniß zu
irken. Es wird daher eine verhältnißmäßige Zahl der Producenten des
aterials, der Werkzeuge, der Besitzer der Arbeitskräfte diese Production
stellen müssen, wenn es ihnen nicht gelingt, durch andere Mittel die ge=
fte Masse zu vermehren. Es liegt auf der Hand, daß die Preisernie=
zung auch hier das Mittel ist, diese Vermehrung zu bewirken. Denn,
 die Production des Genußmittels das bestimmte Maß nicht überschreitet,
, wie wir oben sahen, lediglich darin seinen Grund, daß nur bei diesem
aß die Belohnung der Producenten eine verhältnißmäßige Höhe behält.
ird aber der Preis des von ihnen verbrauchten Materials, der Werkzeuge
 Arbeitskräfte herabgesetzt, so steigert sich ihre Belohnung um so viel,
 sie hierdurch beim Ankauf der gleichen Masse sparen. War also früher
e Belohnung eine verhältnißmäßige, so wird sie nun unverhältnißmäßig
ß; von anderen Productionszweigen gehen daher welche zu dieser Pro=
ttion über, um sich der größern Belohnung theilhaftig zu machen. Hier=
rch wird denn sowohl die Masse des Genußmittels als die Masse des zur
obuction verwandten Materials, der Werkzeuge und Arbeitskräfte ver=

7

mehrt. Die erstgenannte Vermehrung hat denn in bekannter Weise eine Erniedrigung des Preises des Genußmittels zur Folge, aber diese hat auf die Masse des gekauften Materials, der gekauften Werkzeuge und Arbeitskräfte eben so wenig Einfluß, wie vorhin die Steigerung, sie bewirkt lediglich, daß die Belohnung wieder die frühere Verhältnißmäßigkeit erlangt, und so bleibt denn die zuletzt genannte Vermehrung der Masse des gekauften Materials, der Werkzeuge und Arbeitskräfte als Folge der Preiserniedrigung dieser Gegenstände bestehen. Und auch hier muß diese Wirkung fortwährend bis dahin eintreten, daß das Material, die Werkzeuge und Arbeitskräfte umsonst zu haben sein würden. Die Preissteigerung bewirkt denn umgekehrt eine Verminderung der gekauften Masse bis dahin, daß nichts mehr gekauft wird, aus ganz analogen Gründen, die ich deshalb für überflüssig halte, näher anzuführen.

Die Veränderung im Preismaß hat also bei den Gegenständen, denen nur mittelbar Werth zuzuschreiben ist, genau dieselben Folgen, wie bei den Genußmitteln, es ist darum natürlich, daß auch das Endresultat bei beiden genau das gleiche ist. Ist nämlich auch hier nun die Belohnung, welche den Producenten des Materials, der Werkzeuge, den Besitzern der Arbeitskräfte zufällt, eine unverhältnißmäßige, sei sie zu groß oder zu klein; so findet durch Zu= oder Abgang eine Vermehrung oder Verminderung der Masse, und hierdurch eine Preiserniedrigung oder Erhöhung Statt, wodurch denn zuletzt die Ausgleichung der Unverhältnißmäßigkeit bewirkt wird. Der Vorgang bei diesen Gegenständen unterscheidet sich daher von dem bei den Genußmitteln eintretenden nur dadurch, daß hier die Ausgleichung durch Vermehrung oder Verminderung der Production eines Genußmittels vermittelt wird; letzter Grund der Ausgleichung ist aber auch hier die Art und Weise, wie die Gesetze des Genießens construirt sind.

Noch eine Bemerkung ist hier zu machen. Bei Bestimmung des Werthes sahen wir, daß, wo eine Mehrheit von Gegenständen durch ihr Zusammenwirken einen Genuß bereitet, die Bestimmung des Werthes jedes einzelnen unmöglich gefunden wurde. Nur der Werth ist bestimmbar, den sie in ihrer Gesammtwirkung haben. Dieser Umstand hindert jedoch nicht, daß sich nicht auch bei jedem einzelnen dieser Gegenstände ein Preis feststellt, durch den die Belohnung der Producenten eine verhältnißmäßige wird. Wer einen solchen Genuß sich verschaffen will, erwägt, wie viel ihn dieser Genuß im Ganzen kosten wird, und nach Verhältniß dieser Kosten wird er die Quantität bestimmen, die er von diesem Gegenstande kauft. Wie nun auch der Preis bei jedem einzelnen sich bestimmt haben mag, so muß sich nun bald herausstellen, ob bei demselben die Belohnung der Producenten eine verhältnißmäßige ist, und ist dieses nicht, so muß sie bald durch die bekannten Vorgänge zu einer solchen gemacht werden.

Ja, die Verhältnisse bringen hier sogar noch eine Beschleunigung mit sich, denn die Vermehrung oder Verminderung der Production, bei einem dieser Gegenstände durch die Unverhältnißmäßigkeit des Preises hervorgerufen, bedingt eine verhältnißmäßige Vermehrung oder Verminderung bei allen anderen Gegenständen, die in ihrer Vereinigung erst den bestimmten Genuß zu Wege bringen. Die Producenten dieser Gegenstände müssen daher durch ein entgegengesetztes Verfahren diese Wirkung für sich zu paralysiren suchen, und so wird also hier von mehren Seiten zugleich dahin gearbeitet, die Unverhältnißmäßigkeit auszugleichen.

Als nächstes Resultat der bisherigen Untersuchung stellt sich nun heraus, daß bei der Art und Weise, wie die Gesetze des Genießens construirt sind, nach Einführung des Geldes durch das Streben eines Jeden, seinen Lebensgenuß zum Höchsten zu steigern, das Resultat erzielt wird, daß Jeder von den durch gemeinschaftliche Anstrengungen erzeugten Genußmitteln einen der von ihm bei dieser Erzeugung übernommenen Beschwerde genau verhältnißmäßigen Antheil erhält, sobald es gelingt alle Hindernisse wegzuräumen, welche sich dem Einzelnen entgegenstellen, sein Geld in zweckmäßigster Weise zu verwenden, und den Productionszweig zu ergreifen, der je nach seinen Verhältnissen für ihn der vortheilhafteste ist. Was daher Socialisten und Communisten als das höchste und letzte Ziel ihres Strebens betrachten, wird hier durch das Zusammenwirken der Naturkräfte mit einer Vollkommenheit erreicht, wie wir eine solche Vollkommenheit immer, aber auch nur bei den Werken des Schöpfers wahrzunehmen Gelegenheit haben. Denn nicht ein einzelner Mensch oder eine Mehrheit von Menschen, deren beschränkte menschliche Erkenntniß in der Regel ein unrichtiges Urtheil zu Tage fördern würde, sitzt hier zu Gericht, um das Verdienst des Einzelnen abzuwägen, wie Socialisten und Communisten wollen; die ganze Menschheit fällt hier in ihrer Gesammtheit ihr Urtheil. Jeder Einzelne erwägt bei sich mit einer Unparteilichkeit, die im ganzen Sinne des Worts eine vollkommene genannt werden kann, weil sein persönliches Wohl diese Unparteilichkeit erheischt, den Werth ab, den jeder Gegenstand für ihn hat; mit gleicher Unparteilichkeit bestimmt er dann nach Verhältniß des Preises die Quantität, welche er seinen Verhältnissen gemäß kaufen muß, um ein Größtes von Lebensgenuß zu erlangen, und indem er dann diese Käufe auch unverzüglich und unweigerlich ausführt, vertheilt er damit die Belohnungen an die verschiedenen Producenten genau in dem Verhältniß, in welchem sie sich um seinen Lebensgenuß verdient gemacht haben, unbeirrt durch den Umstand, ob die Producenten hierdurch in den Stand gesetzt werden, sich wie eine Catalani, ein Paganini Millionen zusammenzusparen, ober, durch die miserablen menschlichen Einrichtungen verursacht, wie in Schlesien noch so kürzlich, dem Hungertyphus anheim fallen. Denn also brachten es die wundervollen Berechnungen des Schöpfers mit sich, daß die von ihm gewollten unendlich schönen Resultate nur zu erreichen waren, wenn das Mitleid, was er als ein heiliges Gefühl dem Menschen einpflanzte, auf jene Vertheilung der Belohnungen keinen Einfluß übt. Darum wußte er denn die Folgen der Vertheilung der Belohnungen dem einzelnen Menschen so weit zu entrücken, daß sie sich seinen Wahrnehmungen entweder ganz entziehen, oder, wo auch dieses nicht, die Wirkungen seiner Handlungsweise im Verhältniß zum Ganzen so unbedeutend erscheinen, daß ihn diese nicht zu einem andern Verfahren bestimmen werden. Indem dann jeder einzelne Mensch in ganz gleicher Weise verfährt, muß als Endresultat sich ergeben, daß die Summe aller einzelnen Belohnungen, welche Jedem zufällt, genau dem Verdienste entspricht, welches der Mensch sich um Erhöhung des Lebensgenusses seiner Nebenmenschen erworben hat. Während so dem Grundsatz der Gerechtigkeit, welchen Socialisten und Communisten auf dem möglichst verkehrten Wege zu verwirklichen streben, durch die Wirksamkeit der Gesetze des Genießens in unverbesserlicher Vollkommenheit, und so dem menschlichen Gefühle Genüge geschieht, hat der Schöpfer die von ihm gewollten Resultate keineswegs hierauf beschränkt.

Bei Betrachtung der Art und Weise, wie sich der Preis nach Maßgabe des zu Kauf Gestellten feststellt, sahen wir, daß hierdurch zunächst nur zufällig eine Verhältnißmäßigkeit der Belohnung der Producenten bewirkt werden kann; in der Regel muß diese Verhältnißmäßigkeit erst hergestellt werden durch den Uebergang von der schlechter zu der besser belohnten Production, und dieser Uebergang verursacht dann die Verbesserung der Belohnung bloß dadurch, daß in dem neuen Productionszweig das Verhältniß der zu übernehmenden Beschwerde zu dem geschaffenen Werth ein günstigeres wird, daß also die Summe des erzeugten Genusses für die Menschheit sich um so viel vergrößert. Hierauf hat die Veränderung in dem Preisverhältniß durchaus keinen Einfluß, da die Masse des Producirten hiervon unabhängig ist, und nur das Verhältniß durch den Preis bestimmt wird, in welchem die Arbeit auf die verschiedenen Gegenstände verwendet wird. So vermehrt sich also die Summe des für die ganze Menschheit bereiteten Genusses fortwährend und so lange, als noch ein Uebergang von einem Productionszweig zum andern zu wünschen ist, und erreicht in dem Augenblick ein Größtes, wenn die Verhältnißmäßigkeit der Belohnung überall hergestellt ist. In dem Augenblick ist dann dem Princip der Gerechtigkeit nicht bloß in vollkommenster Weise genügt, denn daß die Größe der Belohnung immer dem Verdienst um den Lebensgenuß der Menschheit entspricht, kann, wie wir oben sahen, niemals eine Störung erleiden, außerdem ist in diesem Augenblick die Belohnung im genauesten Verhältniß zu der übernommenen Beschwerde, sondern es ist auch bewirkt, daß mit den Kräften des Menschengeschlechts und seinen Kenntnissen in jenem Augenblick die Summe des Lebensgenusses der ganzen Menschheit unmöglich noch eine Steigerung erleiden kann, und da außerdem jede Störung in jener Verhältnißmäßigkeit fortwährend in bekannter Weise ausgeglichen wird, so folgt denn, daß der Schöpfer es durch die Construction der Gesetze des Genießens erreicht hat, daß das Menschengeschlecht seine intellectuellen und materiellen Kräfte fortwährend so verwendet, daß es sich durch dieselben fortwährend ein Größtes von Lebensgenuß verschafft, sobald nur die Hindernisse beseitigt sind, die sich dem Einzelnen in den Weg stellen, sein Geld in zweckmäßigster Weise zu verwenden, und den Productionszweig zu ergreifen, der ihm selbst die höchste Belohnung bietet. Hier zeigt sich denn auch, warum beim Vertheilen der Belohnungen an die Producenten dem Mitleid jede Einwirkung versagt werden mußte. Das so eben beschriebene Resultat war nur dann zu erzielen, wenn der Mensch den Uebergang von einer Production zur andern so lange und fortwährend bewirkt, sobald diese oder eine andere höhere Belohnung gewährt. Wenn aber in irgend einem Productionszweig die Belohnung des Arbeiters so tief gesunken ist, daß er das Mitleid erregt, dann ist wahrlich mehr wie zureichender Grund vorhanden, einen Umtausch des Productionszweiges vorzunehmen. Würde dem Mitleid dann Raum zu thatkräftigem Handeln gewährt; so würde unter allen Umständen der Uebergang mindestens verzögert, also jenes wünschenswerthe Resultat um so später erreicht.

Aber selbst dieses Resultat genügte dem Schöpfer noch nicht zur Beglückung seiner Menschen, er leerte sein ganzes überreiches Füllhorn von Lebensgenuß über die Erde. Indem der Schöpfer seinen Menschen so organisirte, daß die fortgesetzte geregelte Thätigkeit einestheils die Fertigkeit steigert, anderntheils die Beschwerde bis zu dem Punkte vermindert, daß sie in einen mehr oder minder großen Genuß übergeht, verwirklichte er für den Menschen das Mährchen vom Schlaraffenlande; denn durch Genuß schafft sich dann der Mensch neue Genüsse, ein ewiger Kreislauf von immer sich steigerndem Genießen. Nur in unschätzbar schönerer Weise sehen wir dieses Mährchen hier verwirklicht; denn dadurch, daß der Mensch einestheils erst durch die eigene Thätigkeit zu jenem Punkte des Genießens gelangt, anderntheils nur durch Schaffen von Werth für Andere ihn erreicht, setzte der Schöpfer jedem einzelnen Genuß die Krone auf durch das Entstehen des

Bewußtseins in jedem Menschen: **Was du genießest, verdienst du zu genießen, denn was du Anderen an Werth geschaffen hast, überwiegt vielfach die Beschwerde, die das Hervorbringen deiner Genußmittel ihnen verursacht.** Und so sehen wir denn, daß die Verwirklichung dieses durch eigene Thätigkeit geschaffenen wirklichen Paradieses, statt des verlorenen fabelhaften, nur davon abhängt, die wiederholt angedeuteten Hindernisse zu beseitigen. Hierauf ist denn nun unsere Untersuchung zu richten, und daß es gelingen muß, mit den vorhandenen Naturkräften diese Hindernisse zu beseitigen, dafür giebt die jetzt schon erlangte Erkenntniß der Macht, Weisheit und Güte des Schöpfers eine so untrügliche Bürgschaft, wie wahrlich keine zweite existirt.

Bevor ich im Folgenden zum Aufsuchen der Hindernisse zum Ergreifen des günstigsten Productionszweiges zum Zweck ihrer Beseitigung übergehe, sind zunächst die Folgen der Einführung der Arbeitstheilung, des Handels und des Geldes noch näher ins Auge zu fassen.

Unmittelbare Folge der Einführung der Arbeitstheilung, verbunden mit dem Umstande, daß das Resultat der gleich großen Arbeit ein außerordentlich verschiedenes ist, je nachdem der Ort, sei er von Natur oder durch Kunst hergestellt, die Arbeit mehr oder weniger begünstigt, ist **das Entstehen von Renten**.

Die Rückwirkung einer günstigern oder minder günstigen Beschaffenheit des Orts, wo die Arbeit verrichtet wird, für den Arbeiter ist nämlich ganz die gleiche, wie die einer der günstigern Beschaffenheit verhältnißmäßige Vergrößerung von π. Aber die Vortheile dieser Vergrößerung von π genießt der Arbeiter nur so lange, als er sich im Besitz des günstigern Orts befindet, sowie andererseits sich diese Vortheile der Vergrößerung von π auf jeden Arbeiter übertragen, der in den Besitz des Ortes gelangt. Sehr natürlich muß also der Besitz des Ortes so hoch geschätzt werden, als die Vergrößerung des Lebensgenusses durch diesen Besitz wird, und Folge davon, daß also der Besitzer eines solchen Ortes denselben einem Andern nur gegen eine entsprechende Entschädigung zur Benutzung überlassen wird, d. h. nur, wenn ihm für die Ueberlassung des Orts zur Arbeit eine dem günstigern Resultat der Arbeit entsprechende Rente bezahlt wird.

Durch das Entstehen der Renten erleiden nun unsere obigen Formeln einige Veränderung. Um sie zu bestimmen, kehren wir zu unserm Bilde für die Summe des Lebensgenusses zurück. Dasselbe hat im Allgemeinen die Form gcd (Fig. 21), und es ist dann bekanntlich $af = \pi$, $\Delta afg = \frac{\gamma}{2}$ und $ae = E$ für den Fall des Maximums des Lebensgenusses. Soll nun der Arbeiter für das Ueberlassen eines zur Arbeit besser geeigneten Orts eine Rente bezahlen, die wir mit R bezeichnen wollen, so können wir das in unserer Figur dadurch darstellen, daß

Fig. 21.

wir ab über a hinaus verlängern und aa' der zu zahlenden Rente $= R$ machen, weil die Wirkung dieser Rentenzahlung die ist, daß der Arbeiter nun die Rente erarbeiten muß, bevor er von dem Erarbeiteten den geringsten Genuß bezieht; dieser beginnt erst in a, nachdem die Rente $a'a = R$ erarbeitet ist. Bezeichnen wir dann weiter mit $\mu\pi$ das nun durch die besondere Oertlichkeit bewirkte π, wobei also $\mu > 1$ vorauszusetzen ist, machen $a'f' = \mu\pi$, ferner $a'f'g' = afg - \frac{\gamma}{2}$ und ziehen $g'f'd'$; so giebt nun die Fläche $a'acd'g'$ ein Bild der Größe des Lebensgenusses des Arbeiters nach der Rentenzahlung.

Mit Hülfe der so gewonnenen Figur hält es denn nicht schwer, die Aenderungen aufzufinden, welche unsere Formeln durch die Nothwendigkeit einer Rentenzahlung erleiden. Durch das Hinzukommen der Rentenzahlung ändert sich nämlich in dem Theil der Figur, der durch $bacb'$ dargestellt wird, nichts; daher bleibt auch in der Formel:

$$w' = \frac{P-E}{\alpha} - \frac{E-\pi}{\beta}$$

das erste Glied der zweiten Seite, welches diesen Theil darstellt, das gleiche wie früher. Dagegen verändert sich das Glied $\frac{E-\pi}{\beta}$. Es ändert sich $af = \pi$ in $a'f' = \mu\pi$ und vergrößert sich jede Abscisse um $a'a = R$, d. h. es verändert sich E in $E + R$. Es wird daher, wenn wir $\frac{\mu^2 \pi^2}{\gamma} = \beta'$ setzen:

$$w' = \frac{P-E}{\alpha} - \frac{E+R-\mu\pi}{\beta'},$$

wobei nur zu bemerken ist, daß, so lange die dem w' entsprechende Abscisse

kleiner als R ist, P, E und α gleich Null sind. Aus dieser Formel für w' folgt dann:
$$W = \tfrac{1}{2}\left(G + \gamma - \frac{(P-E)^2}{\alpha} - \frac{(E+R-\mu\pi)^2}{\beta'}\right).$$
Ferner wird W ein Maximum, wenn $w' = 0$, oder:
$$\frac{P-E}{\alpha} = \frac{E+R-\mu\pi}{\beta'},$$
d. h. wenn:
$$E = \frac{\alpha(\mu\pi - R) + \beta' P}{\alpha + \beta'},$$
daher für den Fall des Maximums:
$$W = \tfrac{1}{2}\left(G + \gamma - \frac{(P+R-\mu\pi)^2}{\alpha + \beta'}\right).$$
Man findet ferner mit Hülfe des neuen Werthes für E das auf jeden Genuß zu Verwendende:
$$e = p\left(1 - \frac{p(P+R-\mu\pi)}{g(\alpha+\beta')}\right),$$
den von jedem Genuß bereiteten Theil:
$$m = 1 - \frac{p(P+R-\mu\pi)}{g(\alpha+\beta')},$$
und die Größe der Genüsse bei ihrem Abbrechen:
$$w = \frac{P+R-\mu\pi}{\alpha+\beta'}.$$

Nach dem Hinzukommen der Nothwendigkeit einer Rentenzahlung kann nun aber die Formel für E nicht mehr wie oben unmittelbar gebraucht werden, um A, das Arbeitsquantum, zu berechnen, weil nun nicht mehr bloß E, sondern $a'a = R$ mehr erarbeitet werden muß. Wenn wir also das ganze zu erarbeitende Quantum $a'e'$ mit M bezeichnen, so wird:
$$M = \frac{\alpha(\mu\pi - R) + \beta' P}{\alpha + \beta'} + R,$$
oder:
$$M = \frac{\alpha\mu\pi + \beta'(P+R)}{\alpha + \beta'},$$
und daher das Arbeitsquantum:
$$A = \frac{\alpha\gamma + \mu\pi(P+R)}{\alpha\gamma + \mu^2\pi^2}.$$

Die Nothwendigkeit, für den einen Menschen eine Rente zu zahlen, führt als Correlat die andere Nothwendigkeit mit sich, daß es neben ihm

inen andern Menschen giebt, der diese Rente bezieht, und so entsteht denn
ehr natürlich die Frage, welche Aenderungen durch das Beziehen einer sol=
chen Rente in unseren Formeln hervorgebracht werden. Unsere Figur er=
leichtert auch hier das Auffinden dieser Aenderungen.

Die Wirkung des Beziehens einer solchen Rente ist nämlich, daß ihr
Besitzer, so weit sie reicht, alle Genüsse ohne eigene Arbeit sich verschaffen
kann. Das Bestehen der Rente können wir daher an unserer Figur dar=
stellen, wenn wir von a ab (Fig. 22) auf ab ein Stück $aa' = R$ der

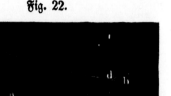

Fig. 22.

Größe der Rente gleich ab=
schneiden, dann $a'f = \pi$
und $a'fg = \dfrac{\gamma}{2}$ machen,
d. h. daß wir den Anfang
der Arbeit in a' setzen, den
Punkt, bei welchem die be=
zogene Rente erschöpft ist.
Es giebt dann also die
Fläche $acdga'$ das Bild
des Lebensgenusses für den
Fall des Maximums. Eine ganz ähnliche Betrachtung wie vorher zeigt
dann sofort die Veränderungen, welche durch das Beziehen der Rente in
unseren Formeln hervorgebracht werden. Auch hier bleibt nämlich die Fläche
$bacb'$ unverändert, daher in dem Ausdruck:

$$w' = \frac{P-E}{\alpha} - \frac{E-\pi}{\beta}$$

das erste Glied der zweiten Seite, welches diese Fläche mißt, ebenfalls, und
nur das zweite Glied erleidet die Veränderung, daß es, so lange $E < aa'$
Null bleibt, von da ab dann bei Vergrößerung der Abscissen die Größe wie
früher von a ab erhält. Der Veränderung wird also Rechnung getragen,
wenn man E um $aa' = R$ vermindert. Man erhält also:

$$w' = \frac{P-E}{\alpha} - \frac{E-R-\pi}{\beta},$$

und sieht hieraus, daß die obigen Formeln, die beim Zahlen einer Rente
zur Berechnung gefunden wurden, auch hier die gleichen Dienste leisten,
wenn man nur in ihnen das Zeichen für R in das entgegengesetzte verwan=
delt, dabei aber π und in Folge dessen β unverändert läßt, wie dieses ja
auch schon daraus zu schließen war, daß die gezahlte und empfangene Rente
entgegengesetzte Größen sind.

Es erscheint nun zunächst die Bestimmung hier von Interesse, zu einer wie hohen Rente ein Arbeiter sich äußersten Falls entschließen darf, ohne seine Lage zu verschlimmern, und die Bestimmung ist im höchsten Grade einfach. Die Summe seines Lebensgenusses muß nach der Uebernahme der Rente mindestens die gleiche Höhe behalten, wie vorher. Es muß also:

$$\tfrac{1}{2}\left(G + \gamma - \frac{(P-\pi)^2}{\alpha+\beta}\right) < \tfrac{1}{2}\left(G + \gamma - \frac{(P+R-\mu\pi)^2}{\alpha+\beta'}\right)$$

werden, oder reducirt und R entwickelt, muß:

$$R \lessgtr (P-\pi)\sqrt{\frac{\alpha+\beta'}{\alpha+\beta}} - (P-\mu\pi).$$

Und dieses ist also die Summe, zu deren Abgabe als Rente ein Arbeiter sich höchstens für das Ueberlassen einer bestimmten Oertlichkeit auf eine bestimmte Zeit verstehen kann, wenn sich durch dieses Ueberlassen sein π auf $\mu\pi$ während dieser Zeit steigert. Ich werde das Maximum, welches R hiernach erreichen kann, in der Folge mit dem Ausdruck "zahlbare Rente" belegen.

Mit Hülfe dieser Formel läßt sich nun auch der Einfluß bestimmen, den die Aenderung der Bedingungen des Lebensgenusses auf die Größe der zahlbaren Rente hat, und zunächst mag denn untersucht werden, was für eine Aenderung das Hinzukommen eines neuen Genusses bewirkt. Wie wir fanden, ist vor dem Hinzukommen eines neuen Genusses:

$$\text{I. } R = (P-\pi)\sqrt{\frac{\alpha+\beta'}{\alpha+\beta}} - (P-\mu\pi).$$

Nach dem Hinzukommen wird also:

$$\text{II. } R = (P+p-\pi)\sqrt{\frac{\alpha+\beta'+\frac{p^2}{g}}{\alpha+\beta+\frac{p^2}{g}}} - (P+p-\mu\pi).$$

Der Unterschied, wenn wir diesen mit ΔR bezeichnen und reduciren, ist also:

$$\Delta R = (P+p-\pi)\sqrt{\frac{\alpha+\beta'+\frac{p^2}{g}}{\alpha+\beta+\frac{p^2}{g}}} - p$$

$$(P-\pi)\sqrt{\frac{\alpha+\beta'}{\alpha+\beta}};$$

·ucf, dem wir folgende Form geben können:

$$\Delta R = p\left(\sqrt{\frac{\alpha + \beta' + \frac{p^2}{g}}{\alpha + \beta + \frac{p^2}{g}}} - 1\right) -$$

$$(P - \pi)\left(\sqrt{\frac{\alpha + \beta'}{\alpha + \beta}} - \sqrt{\frac{\alpha + \beta' + \frac{P^2}{g}}{\alpha + \beta + \frac{P^2}{g}}}\right),$$

einerseits p, andererseits $P - \pi$ als gemeinschaftlichen Factor

anntlich nähert sich nun jeder Bruch, dessen Zähler und Nenner die gleiche Zahl vergrößert, um so mehr der Einheit, je größer die er und Nenner hinzugefügte Zahl wird. Denn stellt $\frac{a}{b}$ irgend uch vor, und es werde zu dessen Zähler und Nenner die gleiche bdirt; so ist nach dieser Addition der Unterschied zwischen ihm und ·it:

$$\frac{a+c}{b+c} - 1 = \frac{a-b}{b+c},$$

sieht also, daß dieser Unterschied um so kleiner wird, je größer c, be für $c = \infty$ verschwindet, dagegen, wenn man einen negativen r c ausschließt, ein Maximum erreicht, wenn $c = 0$ wird.

t Hülfe dieses Satzes hält es denn nicht schwer, vermittelst des letz= drucks für ΔR zu sehen, was aus demselben bei Veränderung der p wird. Man sieht nämlich, daß der Ausdruck:

$$\frac{\alpha + \beta' + \frac{p^2}{g}}{\alpha + \beta + \frac{p^2}{g}}$$

imum erreicht, wenn das neu Hinzukommende $\frac{p^2}{g} = 0$ wird, und Minimum $= 1$ wird, wenn $\frac{p^2}{g} = \infty$. Im ersten Falle wird

Klammer $= \sqrt{\frac{\alpha + \beta'}{\alpha + \beta}} - 1$ und erreicht also ein Maximum,

n Falle wird sie $1 - 1 = 0$. Das gerade Umgekehrte tritt bei en Klammer des Ausdrucks für ΔR ein; bei $\frac{p^2}{g} - 0$ wird sie

$$\sqrt{\frac{\alpha+\beta'}{\alpha+\beta}} - \sqrt{\frac{\alpha+\beta'}{\alpha+\beta}} = 0; \text{ bei } \frac{p^2}{g} = \infty \text{ dagegen wird sie}$$
$\sqrt{\frac{\alpha+\beta'}{\alpha+\beta}} - 1$, ein Maximum. Man sieht also hieraus, daß mit Vergrößerung von g der negative Theil des Ausdrucks für ΔR fortwährend kleiner, der positive fortwährend größer wird, mithin ΔR sich mit Vergrößerung von g fortwährend vergrößert; man sieht ferner, daß einen ganz ähnlichen Einfluß wie die Vergrößerung von g eine Verkleinerung von p auf den negativen Theil des Ausdrucks hat, daß aber auf den positiven sich dieser Einfluß dadurch modificirt, daß in ihm p auch noch als Factor erscheint. Es bewirkt dieses, daß der positive Theil bei $p = 0$ auch $= $ Null wird, daß also, während zuerst bei Verkleinerung von p ein Wachsen stattfand, zuletzt wieder ein Sinken eintritt, daß, mit anderen Worten, ΔR bei einem bestimmten p ein Größtes erreicht, bei $p =$ Null aber auch $= 0$ wird. Der Einfluß der Veränderung irgend eines g oder p auf R ist daher qualitativ ein durchaus ähnlicher, wie der der Veränderung der g und p auf E. Wir können das Resultat der Untersuchung folgendermaßen in Worte fassen:

1. **Auf die Größe der zahlbaren Rente haben die Genüsse, die dem Menschen ohne eigene Anstrengung zufließen, keinen Einfluß.**

2. **Mit der Vergrößerung eines nur theilweise bereiteten Genusses dagegen vergrößert sich die zahlbare Rente unausgesetzt.**

3. **Mit Verminderung der zu seiner Bereitung erforderlichen Arbeit von dem Punkte ab, wo die Bereitung überhaupt zu beginnen hat, vergrößert sich die zahlbare Rente zunächst, bis sie bei einem bestimmten p ein Größtes erreicht, und sinkt dann, bei noch fernerer Verminderung von p bis bei $p = 0$, auf die frühere Größe herab.**

Den Punkt zu bestimmen, wann für ΔR bei Veränderung von p ein Maximum eintritt, unterlasse ich, weil die Rechnung etwas weitläufig wird, und, diesen Punkt zu kennen, hier ohne praktisches Interesse ist. Hier genügt es vielmehr ganz und gar, zu wissen, daß dieses Maximum in ähnlicher Art eintritt, wie oben bei E.

Den Einfluß einer Aenderung von μ auf R ergiebt die Formel:
$$R = (P - \pi)\sqrt{\frac{\alpha+\beta'}{\alpha+\beta}} - (P - \mu\pi)$$
unmittelbar. Das veränderliche μ kommt nämlich im positiven Gliede

des Ausdrucks nur im Zähler des Radicals, in $\beta' = \dfrac{\mu^2 \pi^2}{\gamma}$ vor. Es wächst also mit β' und daher mit μ unausgesetzt, während das negative Glied $P - \mu\pi$ mit dem Wachsen von μ unausgesetzt abnimmt. R wird also mit dem Wachsen von μ unausgesetzt größer.

Um den Einfluß einer Veränderung von π auf R zu finden, ersetze man β und β' durch ihre Werthe und multiplicire unter dem Wurzelzeichen mit γ. Die Formel wird dann:

$$R = (P - \pi) \sqrt{\dfrac{\alpha\gamma + \mu^2\pi^2}{\alpha\gamma + \pi^2}} - (P - \mu\pi),$$

daher für $\pi = 0$:

$$R = P\sqrt{\dfrac{\alpha\gamma}{\alpha\gamma}} - P = 0.$$

Von da ab werden beide Glieder um so kleiner, je größer π; es ist jedoch die Abnahme bei dem abzuziehenden Gliede um so größer, wie bei dem positiven Gliede, als bei diesem in dem Factor $P - \pi$, P nur um π, nicht aber um $\mu\pi$ zu vermindern ist, und außerdem $P - \pi$ noch mit der Quadratwurzel eines unechten Bruches, mithin mit einer Zahl, jedenfalls größer wie 1, zu multipliciren ist, die mit Vergrößerung von π sich ununterbrochen vergrößert. Dieses Verhältniß dauert unausgesetzt, bis bei $\pi > \dfrac{P}{\mu}$ sich das negative Glied in ein positives verwandelt. Von diesem gilt dann in Beziehung auf das erste positive Glied genau das Umgekehrte wie bei $\pi < \dfrac{P}{\mu}$; das Wachsen des letzten Gliedes übertrifft dann aus den bereits angeführten Gründen die Abnahme bei dem ersten, bis bei $\pi = P$ das erste Glied gleich Null und daher:

$$R = -(P - \mu\pi) = \mu\pi - \pi$$

wird, d. h. bis die Rente dem Unterschiede der beiden π vor und nach der Benutzung der zweckmäßigern Oertlichkeit gleichkommt. Sehr natürlich. Denn ein Mensch, der schon vor der Benutzung der zweckmäßigern Oertlichkeit vermöge seiner Geschicklichkeit alle Genüsse vollaus zu befriedigen vermochte, ist offenbar bei Benutzung der zweckmäßigern Oertlichkeit im Stande, genau dasjenige als Rente abzugeben, welches er bei der gleichen Anstrengung mehr wie früher schafft. **Mit der Vergrößerung von π findet daher auch unausgesetzt eine Vergrößerung von R Statt.**

Die in R bewirkte Veränderung bleibt bei einer Veränderung von γ qualitativ die gleiche, wie bei einer Veränderung von π. Bei einer Veränderung von γ bleiben nämlich, wie oben (Seite 54 f.) ausgeführt wurde, β und β' unverändert, während jede Veränderung von γ eine verhältnißmäßige Veränderung von π erheischt. In dem Ausdruck:

$$R = (P - \pi)\sqrt{\frac{\alpha + \beta'}{\alpha + \beta}} - (P - \mu\pi)$$

wird daher das Radical, welche Veränderungen sich auch in γ ereignen mögen, eine Constante und nur π ändert sich in dem gleichen Sinne wie γ. Der Umstand bleibt also bestehen, daß das negative Glied eine um so raschere Abnahme rücksichtlich bei $\pi > \frac{P}{\mu}$ als positives, eine um so raschere Zunahme wie die Abnahme des positiven beim Wachsen von π hat, als das erstere sich um μπ, das letztere nur in dem Factor P — π um π vermindert, dazu aber auch hier noch mit der Quadratwurzel eines unechten Bruches zu multipliciren ist. R wächst also auch unausgesetzt mit γ, bis auch hier bei $\pi = P$; $R = (\mu - 1) P = (\mu - 1) \pi$ wird.

Hieraus ergeben sich folgende drei Sätze:

Die zahlbare Rente wächst unausgesetzt:

1) **mit der größern Zweckmäßigkeit der bestimmten Oertlichkeit zur Production (mit dem Wachsen von μ);**

2) **mit Vermehrung der Geschicklichkeit (Vergrößerung von π) und**

3) **der Arbeitskraft (von γ) des Arbeiters.**

Wir kommen nun dazu, den Einfluß zu bestimmen, den es auf die Handlungen eines Arbeiters ausübt, wenn ihm eine Oertlichkeit überwiesen wird, durch welche sich sein π auf μπ steigert, und derselbe gehalten ist, dafür die zahlbare Rente abzugeben.

Auf die Summe des Lebensgenusses des Arbeiters selbst, auf W. übt diese Ueberweisung nun selbstredend keinen Einfluß aus, da die Größe der zahlbaren Renten gerade dadurch gefunden wird, daß W vor und nach Zahlung der Rente die gleiche Höhe behält. Gehen wir daher zur Untersuchung des Einflusses ihrer Abgabe auf E, das erarbeitete Einkommen, über.

Vor Abgabe der Rente hatten wir:

$$\text{I. } E = \frac{\alpha\pi + \beta P}{\alpha + \beta},$$

nach deren Abgabe wird:

$$E = \frac{\alpha(\mu\pi - R) + \beta' P}{\alpha + \beta'},$$

oder wenn wir R durch den gefundenen Werth erſetzen:

$$\text{II.} \quad E = \frac{\alpha \left[\mu\pi - (P-\pi) \sqrt{\dfrac{\alpha+\beta'}{\alpha+\beta}} + (P - \mu\pi) \right] + \beta' P}{\alpha + \beta'}$$

daher nach vorgenommener Reduction:

$$\Delta E = \frac{\alpha(P-\pi)}{\alpha + \beta} \left(1 - \sqrt{\frac{\alpha+\beta}{\alpha+\beta'}} \right);$$

man ſieht denn aus dieſem Ausdruck ohne Weiteres, daß, da der Vor=
ausſetzung gemäß $\beta < \beta'$ auch ΔE weſentlich poſitiv und um ſo größer
wird, je größer β', d. h. je größer μ, und daß E ſich mithin in demſelben
Maße vergrößert.

An unſerer Figur (S. 103, Fig. 21) zeigt ſich dieſes Reſultat
auch unmittelbar. Die Fläche $a'acd'g'$ kann, da $\Delta\, a'f'g' - \Delta\, afg$
$= \dfrac{\gamma}{2}$ werden muß, der Fläche cdg nur dann gleich werden, wenn dg
und $d'g'$ ſich in einem Punkte h zwiſchen d und f der Art ſchneiden,
daß $\Delta\, ff'h = \Delta\, dd'h$ wird, was bedingt, daß der Punkt d weiter von
a ab nach d' und um ſo weiter von d abrückt, je größer $a'f'$ in Ver=
hältniß zu af wird, weil in demſelben Verhältniß $a'g'$ kleiner als ag
werden muß, und a' weiter von a rückt, mithin auch der Punkt e um ſo
weiter von a nach e', daß alſo $ae' > ae$, und um ſo größer je größer μ.

Unmittelbare Folge der Vergrößerung von E iſt, daß auch jedes
einzelne e und m eine entſprechende Vergrößerung, w dagegen eine Ver=
kleinerung erleidet, wie dieſes ohne weitere Auseinanderſetzung einleuchten
wird. Daher der Satz:

**Mit der größern Zweckmäßigkeit einer Oertlichkeit
zur Production vermehrt ſich das auf Bereitung jedes
einzelnen Genuſſes verwendete Arbeitsquantum (jedes
einzelne e), ſowie der von jedem einzelnen Genuß bereitete Theil (jedes einzelne m) gleichzeitig mit der ganzen
auf die Genußbereitung verwendeten Summe (mit E),
während die Größe der Genüſſe bei ihrem Abbrechen (w)
immer mehr abnimmt.**

Nach Beſtimmung des Einfluſſes der Benutzung der beſſern Oert=
lichkeit auf E, iſt der Einfluß auf M ohne Weiteres klar. Es wird:

$$M = E + \Delta E + R;$$

daher der Satz:

**Die ganze verarbeitete Maſſe vergrößert ſich bei
Ueberweiſung einer beſſern Oertlichkeit zur Production
um ΔE mehr, wie als Rente abgegeben werden kann.**

Endlich findet man in bekannter Weise den Unterschied im Arbeits=
quantum nach Benutzung der bessern Oertlichkeit:
$$\varDelta A = \frac{\pi \, (P-\pi)}{\alpha \gamma + \mu^2 \pi^2} \left[\mu \sqrt{\frac{\alpha \gamma + \mu^2 \pi^2}{\alpha \gamma + \pi^2}} - \frac{\alpha \gamma + \mu^2 \pi^2}{\alpha \gamma + \pi^2} \right].$$
Man sieht hier, daß man die beiden Glieder der Klammer in diesem
Ausdruck einander gleich machen kann, wenn man das erstere mit
$\sqrt{\dfrac{\alpha \gamma + \mu^2 \pi^2}{\alpha \gamma + \pi^2}}$, das zweite mit μ multiplicirt. Es ist aber:
$$\mu > \sqrt{\frac{\alpha \gamma + \mu^2 \pi^2}{\alpha \gamma + \pi^2}},$$
wie sofort daraus erhellt, daß man unter dem Radical das erste Glied im
Zähler $\alpha \gamma$ noch mit μ^2 multipliciren müßte, um das Radical $= \mu$ zu
machen; μ aber der Voraussetzung nach größer als 1 ist. Dabei wird der
Unterschied zwischen μ und $\sqrt{\dfrac{\alpha \gamma + \mu^2 \pi^2}{\alpha \gamma + \pi^2}}$ um so größer, je größer μ,
und verschwindet, wenn $\mu = 1$. Daher ist denn das Glied der Klammer,
welches mit μ multiplicirt werden müßte, um dem andern gleich zu werden, wenn
dieses mit $\sqrt{\dfrac{\alpha \gamma + \mu^2 \pi^2}{\alpha \gamma + \pi^2}}$ multiplicirt würde, das negative nämlich, klei=
ner als das positive, und der Unterschied wächst um so mehr je größer μ.
Es ist also auch $\varDelta A$ wesentlich positiv, und um so größer je größer μ.
Daher der Satz:

Durch die Benutzung einer zweckmäßigern Oertlich=
keit zur Production gegen Abgabe der zahlbaren Rente
vergrößert sich das zu leistende Arbeitsquantum um so
mehr, je höher die Zweckmäßigkeit steigt.

Ich gehe nunmehr zur Untersuchung des Einflusses über, den es
auf den Zustand und die Handlungsweise eines Menschen hat, wenn sich
bei ihm die Größe der zu zahlenden oder der zu beziehenden Rente ändert.
Wie wir (Seite 105) sahen, leiden die Formeln dadurch, daß eine zu
zahlende Rente in eine zu beziehende übergeht, nur die Modification, daß
sich das Zeichen vor R ändert. Es folgt denn hieraus, daß die zu zah=
lende und zu beziehende Rente als eine und dieselbe continuirliche Größe
zu betrachten ist, die sich beim Nullpunkt in ganz gleicher Art in eine
zu zahlende oder zu beziehende Rente scheidet, wie in unserm Zahlen=
system bei demselben Punkte die positiven von den negativen Zahlen.

Dieses vorausgeschickt, ist der Einfluß, den eine Veränderung von R

in allen Formeln hervorbringt, durch ihren bloßen Anblick klar. Die Formeln sind:

$$W = \tfrac{1}{2}\left(G + \gamma - \frac{(P \pm R - \pi)^2}{\alpha + \beta}\right)$$

$$E = \frac{\alpha(\pi \mp R) + \beta P}{\alpha + \beta};$$

$$e = p\left(1 - \frac{p(P \pm R - \pi)}{g(\alpha + \beta)}\right);$$

$$m = 1 - \frac{p(P \pm R - \pi)}{g(\alpha + \beta)};$$

$$M = \frac{\alpha \pi + \beta(P \pm R)}{\alpha + \beta};$$

$$A = \frac{\alpha \gamma + \pi(P \pm R)}{\alpha \gamma + \pi^2};$$

$$w = \frac{P \pm R - \pi}{\alpha + \beta};$$

und sie zeigen also, daß in den Formeln für W, E, e und m das abzuziehende Glied, von der zahlbaren Rente angefangen, mit Verkleinerung und nach Ueberschreitung des Nullpunktes mit Vergrößerung von R immer kleiner, die Ausdrücke selbst also immer größer werden, bis bei $R = P - \pi$ das abzuziehende Glied $= 0$ und dann $W = \tfrac{1}{2}(G + \gamma)$ ein Größtes, $E = P$, $e = p$ und $m = 1$ wird, alle Genüsse mithin durchaus zur Befriedigung gelangen, daß aber der Einfluß auf M, A und w der umgekehrte ist. Sie nehmen unter den gleichen Umständen ununtergesetzt ab, bis bei $R = P - \pi$, $M = \pi$, $A = 1$ und $w = 0$ wird.

Unsere Figur zeigt dieses Resultat auch unmittelbar. Die Veränderungen der Größe der Rente kann man an derselben darstellen, daß man sich das Dreieck $a'fg$ (Fig. 23) auf der Linie $a'b$ verschiebbar denkt, der Art,

Fig. 23.

daß die Seite $a'f$ immer auf der Linie $a'b$ bleibt. Der Punkt a' muß dann in demselben Verhältniß nach b gerückt werden, in welchem die zu zahlende Rente kleiner, die zu beziehende größer wird. Ist dann das Dreieck $a'fg$ beispielsweise in die Lage $a''f'g'$ gelangt; so sieht man unmittelbar, daß die Summe des Lebensgenusses sich um $fdd'f$ vergrößert hat, E ist von ae auf ae' gewachsen, und mit ihm wachsen denn alle e und m; dagegen hat sich M und A von $a'e$ auf $a''e'$, und w von de auf $d'e'$ verkleinert. Daher der Satz·

Durch Verkleinerung der zu zahlenden oder Vergrößerung der zu beziehenden Rente wächst:

1. die Summe des Lebensgenusses (W),
2. das Einkommen (E),
3. das auf jeden Genuß verwandte Arbeitsquantum (die e),
4. der von jedem Genuß bereitete Theil (die m) unausgesetzt bis dahin, daß alle Genüsse vollaus zur Bereitung gelangen. Dagegen vermindert sich,
5. die erarbeitete Masse bis auf das Quantum, welches mit Genuß zu schaffen ist (M bis $M = \pi$),
6. das mit Beschwerde verbundene Arbeitsquantum, und
7. die Größe der Genüsse bei ihrem Abbrechen bis auf Null ($A - 1$ und w bis 0).

Das Entstehen von Renten in der betrachteten Weise kann nun nicht ohne Einfluß bleiben auf die Vertheilung, welche ein Jeder von dem von ihm erarbeiteten Einkommen vornimmt. Denn die besondere Beschaffenheit, sei sie eine natürliche oder künstlich herbeigeführte, welche einen Ort zu einer bestimmten Arbeit besonders geschickt macht, hält in der Regel während eines längern Zeitraums an, oft auf unbeschränkte Zeit, ja sogar mit steigendem Vortheil, wie beispielsweise bei dem zu landwirthschaftlichen Zwecken benutzten Grund und Boden. Es kann darum denn auch während dieses ganzen Zeitraums die entsprechende Rente gezahlt werden, rücksichtlich befindet sich der Besitzer, der die besondere Oertlichkeit bei seiner Arbeit benutzt, während dieses Zeitraums in einer verhältnißmäßig bessern Lage. Der Werth des Besitzes eines solchen Orts wird daher für den Besitzer durch die Summe des Werthes der einzelnen Renten gemessen, die er je nach Beschaffenheit der Oertlichkeit, der Wahrscheinlichkeit seiner Lebensdauer und der Gesetzmäßigkeit in den sonstigen äußeren Verhältnissen zu beziehen erwarten darf, oder bei eigener Benutzung durch das Ueberlassen an Andere beziehen könnte. Bei dieser Sachlage leuchtet es denn sofort ein, daß je nach den vorhandenen Ver-

ältnissen der Werth einer solchen Rente sehr oft den Werth des augenblicklichen Genusses dessen, welches herzugeben wäre, um sich den Besitz
der Rente zu verschaffen, weit überwiegen kann. In einem solchen Falle
wird dann der Mensch sein Einkommen so lange auf Beschaffung dieser
Rente zu verwenden haben, als der Werth der Rente sich höher berechnet
als der Werth des augenblicklichen Genusses.

Wenn in dem Zeitraum t die Summe des Lebensgenusses eines
Menschen durch die Formel:

$$\text{I.} \quad W = \tfrac{1}{2}\left(G + \gamma - \frac{(P \pm R - \pi)^2}{\alpha + \beta}\right),$$

gefunden wird, was bedingt, daß die g und p sowie R, π und γ mit
Rücksicht auf die Zeit t bestimmt sind, so wird, wenn der Mensch für
diese Zeit noch außerdem eine weitere Rente r bezöge, sein Lebensgenuß
durch die Formel gefunden:

$$\text{II.} \quad W = \tfrac{1}{2}\left(G + \gamma - \frac{(P \pm R - r - \pi)^2}{\alpha + \beta}\right).$$

Der Unterschied und daher der Werth des einmaligen Beziehens der Rente
r ist mithin:

$$\Delta W = \tfrac{1}{2}\left(G + \gamma - \frac{(P \pm R - r - \pi)^2}{\alpha + \beta}\right)$$
$$\quad - \tfrac{1}{2}\left(G + \gamma - \frac{(P \pm R - \pi)^2}{\alpha + \beta}\right),$$

oder nach vorgenommener Reduction:

$$\Delta W = \frac{r\,[2\,(P \pm R - \pi) - r]}{2\,(\alpha + \beta)},$$

wenn der Bezug der Rente und der Genuß derselben wirklich erfolgt.
Beides aber sind Ereignisse, die sich erst in einer mehr oder weniger fernen
Zukunft zutragen sollen; auf ihr Eintreffen ist darum nicht mit Gewiß-
heit, sondern nur mit einer gewissen Wahrscheinlichkeit zu rechnen. Der
Werth der Rente vermindert sich darum in demselben Verhältniß, in welchem die Wahrscheinlichkeit des Nichtgenießens zunimmt, und das Nicht-
genießen kann denn sowohl in den persönlichen Verhältnissen des Menschen
als auch darin seinen Grund haben, daß die Rente nicht geliefert wird.
Bezeichnet man daher mit s den Wahrscheinlichkeitscoëfficienten für das
Genießen, mit v denjenigen für die Leistung, so ist der gegenwärtige Werth
der Rente r für die Zeit t:

$$1)\quad \Delta W = \frac{s\,v\,r\,[2\,(P \pm R - \pi) - r]}{2\,(\alpha + \beta)}.$$

Wenn dann der Bezug derselben Rente während des gleich großen
folgenden Zeitraums mit den Wahrscheinlichkeiten s' und v' zu erwarten
ist, so ist bei übrigens gleichen Verhältnissen der Werth dieser Rente:

$$2)\ \Delta W = \frac{s'v'r[2(P \pm R - \pi) - r]}{2(\alpha + \beta)},$$

u. f. w. Daher die Summe des Werthes aller einzelnen Renten, wenn wir diese mit $\int \Delta W$ bezeichnen, und $sv + s'v' + s''v'' + \ldots = V$ setzen (wo dann die Reihe so weit fortzusetzen ist, bis ein folgendes s oder $v = 0$ wird):

$$\int \Delta W = \frac{Vr[2(P \pm R - \pi) - r]}{2(\alpha + \beta)}.$$

Weiter ist aber, wenn der Mensch von dem während der Zeit t Erarbeiteten die Summe c auf Beschaffung einer Rente verwendet, sein augenblicklicher Lebensgenuß genau um soviel kleiner, als wenn er c als Rente abzugeben hätte. Die Einbuße an Lebensgenuß durch Verwendung von c zur Beschaffung der Rente wird daher durch die Formel gefunden:

$$\Delta W' - \tfrac{1}{2}\left(G + \gamma - \frac{(P \pm R - \pi)^2}{\alpha + \beta}\right)$$
$$- \tfrac{1}{2}\left(G + \gamma - \frac{(P \pm R + c - \pi)^2}{\alpha + \beta}\right)$$

oder reducirt:

$$\Delta W' = \frac{c[2(P \pm R - \pi) + c]}{2(\alpha + \beta)}.$$

Der Mensch würde sich daher in Beziehung auf die Größe seines Lebensgenusses nach Verwendung von c zur Beschaffung einer Rente genau in derselben Lage befinden, wie vor dieser Verwendung, wenn $\int \Delta W = \Delta W'$, d. h.:

$$Vr[2(P \pm R - \pi) - r] = c[2(P \pm R - \pi) + c]$$

wird.

Man kann diesen Ausdruck durch folgende Betrachtung auf eine einfachere Form zurückführen. In die Lage, einen Theil ihres Einkommens auf die Beschaffung von Renten zu verwenden, kommen alle oder doch sehr viele Menschen. Aus Rücksicht auf seinen Lebenszweck muß und wird außerdem jeder Mensch, der einen Theil seines Einkommens zur Beschaffung einer Rente zu verwenden beschließt, suchen, im Verhältniß zur verwendeten Summe eine möglichst hohe Rente zu erhalten. Dieses gemeinsame Streben aller oder doch so vieler Menschen nach einem und demselben Ziel muß denn hier in ganz gleicher Weise, wie bei allen anderen geschätzten Gegenständen, die Feststellung eines bestimmten Preises der Renten nach Verhältniß ihrer Größe, Dauer und Sicherheit bewirken. Und mehr noch. Mit wenigen Ausnahmen ist in allen Productionszweigen die Herstellung von bis dahin zu dieser Production noch nicht benutzten Stellen zum Produciren durch Aufwendung eines bestimmten Arbeitsquantums möglich. Aus vielfach angeführten Gründen muß denn diese Herstellung zunächst in den Productionszweigen erfolgen, in welchen nach den Preisverhältnissen des Producirten das Verhältniß der Herstellungskosten zu der geschaffenen Rente sich am Günstigsten gestaltet. Aber durch diese Herstellung neuer Stellen, und die darauf bewirkte Production, vermehrt sich die producirte Masse; es erfolgt Preiserniedrigung des Producnts, die augenscheinlich auf Erniedrigung der zahlbaren Rente zurückwirkt, weil sie eine Erniedrigung des π des betreffenden Arbeiters zu Wege bringt, bis dahin, daß das Verhältniß der Herstellungskosten zur geschaffenen Rente auf die gleiche Höhe wie in anderen Productionszweigen gesunken ist, so daß sich dann hierdurch der Preis der Renten in der Höhe feststellen muß, daß das Verhältniß der Herstellungskosten einer neuen Stelle zur Production in allen Zweigen derselben zu der geschaffenen Rente das gleiche ist, d. h. daß sich ein bestimmter, in allen Productionszweigen gleicher Zinsfuß feststellt, oder wie dieses ausgedrückt zu werden pflegt, daß sich die in den einzelnen Gewerben angelegten Capitale in gleicher Höhe verzinsen. Diese Verhältnißmäßigkeit zwischen c und r macht denn, daß man das letztere als einen aliquoten Theil des erstern ausdrücken kann, d. h. daß man, wenn z diesen aliquoten Theil bezeichnet, $r = zc$ setzen kann.

Die Substitution dieses Werthes für r in den Ausdruck:
$$Vr[2(P+R-\pi)-r] = c[2(P \pm R - \pi) + c]$$
giebt denn nach der Reduction und bei Entwickelung von c:
$$c = \frac{2(P \pm R - \pi)(Vz-1)}{z+1},$$
und dieses ist also die Summe, welche der Mensch auf Beschaffung von Renten zu verwenden hat.

Das Dasein der Renten macht in diesem Ausdruck noch eine Correction nöthig. Die Möglichkeit, eine Geldsumme zur Beschaffung einer Rente zu verwenden, macht nämlich, daß eine in der Zukunft als Rente zu beziehende Summe nicht mehr der gleich großen schon vorhandenen Summe gleich geschätzt werden kann. Sie ist vielmehr nur einer solchen Summe gleich, die vermehrt um die durch sie mögliche Rente jener Rente gleichkommt. Aus der Zinsenrechnung ist nun bekannt, daß man diese Summe findet, wenn man die nach n Zeit zu beziehende Rente in dem Verhältniß $(1+z)^n : 1$ vermindert. Man kann daher in der obigen Formel dieser Correction Rechnung tragen, wenn man bei der Werthsberechnung der einzelnen Renten die betreffenden Wahrscheinlichkeits=Coëfficienten in diesem Verhältniß verkleinert, d. h. für $t = 1$ $V - \frac{sv}{1+z} + \frac{s'v'}{(1+z)^2}$

$$+ \ldots + \frac{g^{(n)} v^{(n)}}{(1+z)^{n}+1} + \ldots$$ setzt. Bei Beurtheilung des Einflusses dieser Correction auf die Handlungsweise des Menschen darf dann aber nicht außer Acht gelassen werden, daß mit zunehmendem Alter die Arbeitskraft des Menschen (γ und in Folge dessen π) immer mehr abnimmt, und daß mit dieser Abnahme der Werth der gleich großen Rente immer mehr steigt, daß daher hierdurch jener Verkleinerung einer zukünftigen Rente durch die Möglichkeit der Verzinsung, die einer Werthabnahme gleich zu schätzen ist, direct entgegengewirkt wird.

Ueberhaupt wurde bei der Entwicklung der Formel für c von der Voraussetzung ausgegangen, daß die g und p so wie R, π und γ und endlich z für die ganze Dauer der Rente die gleiche Größe behalten würden. Es findet dieses in der Wirklichkeit nicht Statt, und es ist diese Voraussetzung hier aus ähnlichen Gründen gemacht, weshalb auch die gerade Linie zur Begrenzung der Genußfläche gewählt wurde, um eine möglichst einfache Formel zu erhalten. Es durfte aber diese Voraussetzung hier gemacht werden, weil es sich hier nur um die Art des Einflusses handelt, den eine Aenderung in den Bedingungen hervorbringt, nicht aber um das Maß dieses Einflusses; die veränderte Größe der g und p sowie von R, π, γ und z in den verschiedenen Perioden des Rentenbezuges aber nur auf dieses Maß einwirkt.

Die hier gefundene so höchst einfache Formel für c zeigt denn fast ohne weitere Andeutung den Einfluß, den eine Veränderung in den Bedingungen auf c, die auf Beschaffung von Renten zu verwendende Summe, ausübt. Sie zeigt vor Allem, daß diese Summe unabhängig ist von der absoluten Größe der Genüsse, da in derselben weder ein g noch α vorkommt. Sehr natürlich, da es nicht von der Größe der Genüsse abhängt, ob der Mensch für die augenblicklich aufgelegte Entbehrung durch den Genuß der Rente entschädigt werden wird, sondern nur von dem Verhältniß der wahrscheinlichen Dauer des Bezugs der Rente und ihrer Größe zu der für die Beschaffung verwendeten Summe, von dem Verhältniß $Vz : c$. Im Uebrigen giebt der bloße Anblick der Formel den Einfluß, den die möglichen Veränderungen der Bedingungen üben, wenn man sich nur erinnert, daß eine Vergrößerung von γ unmittelbar eine Vergrößerung von π und umgekehrt in sich schließt. Daher der Satz:

Die zur Beschaffung von Renten zu verwendende Summe vergrößert sich:

1. wenn die zur Herstellung eines Genusses erforderliche Arbeit sich vergrößert, oder ein neuer Genuß zur theilweisen Bereitung gelangt (wenn P größer wird);

2. wenn die zu zahlende Rente sich vergrößert, die bezogene sich verkleinert (wenn $+R$ größer, $-R$ kleiner wird);

3. wenn die Geschicklichkeit bei der Arbeit oder die Arbeitskraft sich vermindert (wenn π sich selbstständig oder in Folge einer Veränderung von γ verkleinert);

4. wenn die Wahrscheinlichkeit des Genusses und ungestören Bezugs oder die wahrscheinliche Dauer der Rente wächst wenn V größer wird);

5. wenn mit der gleichen Summe eine größere Rente zu beschaffen ist (wenn z sich vergrößert).

Das letztere könnte noch zweifelhaft erscheinen, weil z auch im Nenner positiv vorkommt. Dividirt man aber $z+1$ in den Factor $Vz-1$ des Zählers bis dahin, daß z im Zähler des Restes nicht mehr vorkommt, so erhält man:

$$c = 2(P \pm R - \pi)\left(V - \frac{V+1}{z+1}\right),$$

und man sieht dann unmittelbar, daß c mit Vergrößerung von z ununterbrochen wächst. Bei Beurtheilung einer Veränderung von z auf c darf man aber nicht übersehen, daß jede Veränderung von c in z eine Veränderung in entgegengesetztem Sinne hervorbringt. Denn auf die Summe aller zahlbaren Renten übt die Größe der auf die Beschaffung zu verwendenden Summe direct nur einen sehr untergeordneten Einfluß aus, jene Summe ist vielmehr in dieser Hinsicht fast als eine Constante zu betrachten. Wenn sich daher die ganze Summe, welche, zur Beschaffung von Renten zu verwenden, die Menschen Willens sind, vergrößert; so muß auf jeden Theil der zahlbaren Rente eine in demselben Verhältniß, wie die Vermehrung stattgefunden hat, größere Summe kommen, mit anderen Worten, es muß der Kaufpreis der Renten steigen, d. h. der Zinsfuß sinken.

Mit Berücksichtigung der zur Beschaffung von Renten zu verwendenden Summe, und des Umstandes, daß die Arbeit in den meisten Fällen nicht unmittelbar Genuß, sondern nur die Mittel schafft, die uns in den Stand setzen, die erforderlichen Genußmittel einzutauschen, wodurch bei der Schätzung der Summe des Lebensgenusses auf die Wahrscheinlichkeit des Genießens und der Einbuße des Einkommens Rücksicht zu nehmen ist, erhalten denn nun unsere Formeln, wenn alle Buchstaben für den gleichen Zeitraum bestimmt sind, $c = \dfrac{2(P \pm R - \pi)(Vz - 1)}{z+1}$, und bei einer zu zahlenden Rente im Maximum höchstens:

$$R = (P + c - \pi)\sqrt{\frac{\alpha + \beta'}{\alpha + \beta}} - (P + c - \mu\pi)$$

wird, folgende endgültige Gestalt:

$$W = \frac{sv}{2(1+z)}\left(G + \gamma - \frac{(P \pm R + c - \pi)^2}{\alpha + \beta}\right);$$

$$E = \frac{\alpha(\pi \mp R - c) + \beta P}{\alpha + \beta};$$

$$\text{\textit{\char13}} = p\left(1 - \frac{p(P \pm R + c - \pi)}{g(\alpha + \beta)}\right);$$

$$m = 1 - \frac{p(P \pm R + c - \pi)}{g(\alpha + \beta)};$$

$$M = \frac{\alpha \pi + \beta(P \pm R + o)}{\alpha + \beta};$$

$$A = \frac{\alpha \gamma + \pi(P \pm R + c)}{\alpha \gamma + \pi^2};$$

$$w = \frac{P \pm R + c - \pi}{\alpha + \beta}$$

Dem aufmerksamen Leser wird es nun nicht entgangen sein, daß einzelne Aenderungen in den bestimmten Größen, welche durch Aenderungen in den bestimmenden hervorgerufen werden, andererseits, weil sie für andere Größen zu den bestimmenden gehören, in diesen selbst wieder Veränderungen hervorrufen, und auf zwei solcher Vorgänge wurde auch bereits oben aufmerksam gemacht. Wir sahen so eben noch die gegenseitige Abhängigkeit von c und z, und weiter oben, daß eine Aenderung von M und m eine Aenderung des betreffenden p bewirkt, die sich dann weiter auf alle Verkehrsverhältnisse fortpflanzt. Dieses ruft denn sehr natürlich die Frage nach den eigentlich bestimmenden Kräften der Verkehrsverhältnisse ins Dasein. Von ihrer Beantwortung hängt es ab, die Einwirkung zu bestimmen, welche der Mensch auf sich selbst, und seine Umgebung vorzunehmen hat, um das Maß seines Lebensgenusses möglichst zu steigern.

Die in der Natur vorhandenen wirksamen Kräfte zur Bestimmung der Verkehrsverhältnisse haben wir nun selbststrebend unter den Größen zu suchen, welche unmittelbar oder mittelbar unsere obige Formel für W zusammensetzen, da ja die Vergrößerung der Summe des Lebensgenusses die einzige Triebfeder für die Handlungen des Menschen ist. Wir haben sie also unter den g, den p, unter π, γ, R, o, V (in welchem s und v auch enthalten sind) und z zu suchen. Wir sahen denn schon, daß in den p und in z keine solche Kraft enthalten sein kann, weil diese ihre Bestimmung durch die Verkehrsverhältnisse erhalten. Aber dasselbe gilt von den Größen, für welche wir oben Formeln fanden; denn die Möglichkeit dieser Formeln beruht ja gerade auf dem Umstande, daß ihre Größe durch die Verkehrsverhältnisse bestimmt wird. Es fallen daher von den obigen Größen noch aus R und c und es bleiben als die bestimmenden die g, π, γ und V übrig. Zweifelhaft könnte diese Schlußfolgerung hier noch scheinen in Beziehung auf R, wenn es eine bezogene Rente bedeutet, weil für dieses R unmittelbar keine Formel vorhanden ist. Der Zweifel schwindet aber durch die Betrachtung, daß das Beziehen einer Rente voraussetzt, daß sich neben dem Rentenempfänger ein Mensch findet, der geneigt ist, die Rente zu bezahlen, daß mithin die Summe aller bezogenen Renten unmittelbar durch die Summe der zahlbaren Renten bestimmt wird.

So bleiben denn die g, dann π, γ und V als die alleinigen die Verkehrsverhältnisse regelnden Kräfte übrig, und die Art der Einwirkung, welche zur Förderung des Wohlstandes auf sie auszuüben ist, ist denn sofort klar. Die Steigerung dieser Kräfte wird, wie sie beim Einzelnen W vergrößert, auch den Wohlstand des Menschengeschlechts erhöhen. Zum Beweise genügt die Betrachtung, daß die Productionsfähigkeit, während diese sich bei dem einzelnen Menschen durch Steigerung eines g oder des π, γ und V vergrößert, bei allen übrigen unverändert bleibt, daß also letztes Resultat dieser Steigerung das sein muß, daß sich die ganze producirte Masse um so viel vermehrt, als M bei jenem Menschen sich vergrößert, mithin auch um so viel mehr unter alle Menschen zur Genußbereitung zur Vertheilung kommt, der Lebensgenuß sich also in demselben Maße erhöht. Daher der Satz:

Die Menschheit kann ihren Wohlstand nur dadurch erhöhen, wenn es gelingt beim einzelnen Menschen:

1. die absolute Größe der Genüsse (die g),

2. die Arbeitskräfte und die Geschicklichkeit im Gebrauch derselben (γ und π),

3. die Lebenskräfte (s) zu steigern, und

4. den Rechtszustand zu befestigen; denn es leuchtet ein, daß die Steigerung der v nur durch diese Befestigung zu erreichen ist.

Hierauf, verbunden mit Wegräumung der Hindernisse, welche sich dem Einzelnen in den Weg stellen, den günstigsten Productionszweig zu ergreifen und sein Geld in freiester Weise zu verwenden, ist darum einzig und allein das Augenmerk zu richten, um der Menschheit zur höchstmöglichsten Glückseligkeit zu verhelfen.

Die im Vorstehenden entwickelten dürften denn die wichtigsten einfachen Lehrsätze sein, welche sich aus dem Gesetze, wie das Genießen vor sich geht, und aus dem Streben des Menschen, die Summe seines Lebensgenusses zum Höchsten zu steigern, entwickeln lassen, und hier sind wir denn dahin gelangt, die Seite 9 versprochene Methode entwickeln zu können, wie das Messen der Genüsse mit Hülfe der gewonnenen Sätze zu Stande zu bringen ist.

Zunächst leuchtet ein, daß nach Einführung des Geldes die Bestimmung der Größe der verschiedenen p und des π bei jedem Menschen verhältnißmäßig leicht wird. Zur Bestimmung der ersteren darf der Mensch nur die Masse ermitteln, die er in einem bestimmten Zeitraume von jedem Genußmittel bedürfen würde, wenn er den Genuß vollaus bereiten wollte, d. h. in der Weise, wie er die größte Summe des Genusses dadurch zu erlangen erwarten darf, und diese Masse mit dem Preise multipliciren, für welchen er während dieser Zeit das Genußmittel zu kaufen vermag. Das also erlangte Product giebt dann das betreffende p. Wenn der Mensch 5 Scheffel Getreide nöthig hat, um seinen Brotbedarf während eines Jahres vollaus zu befriedigen, und er kann während dieses Zeitraums den Scheffel zu Brot verbackenes Getreide für 3 Thlr. kaufen, so ist das dem Brotgenuß entsprechende $p = 3 \times 5 = 15$.

Eben so einfach ist die Bestimmung von π. Der Mensch darf nur beobachten, wie viel ihm seine Arbeit in dem bestimmten Zeitraume einbringt, und dann zusehen, wie viele Stunden er durchschnittlich täglich arbeiten muß, um diese Einnahme zu erhalten, und wie viele dieser Stunden er täglich mit Genuß arbeitet. π verhält sich dann zu dem ganzen Verdienst wie diese Stunden zu der ganzen durchschnittlichen täglichen Arbeitszeit. Sei das Erarbeitete, M, bei 10stündiger Arbeit jährlich 1000 Thlr., die mit Genuß verbundene Arbeitszeit täglich 6 Stunden, so ist $\pi : 1000 = 6 : 10$, mithin $\pi = 600$.

Die fernere Beobachtung, wie viel von dem ganzen Einkommen, von E, auf jeden Genuß verwendet wird, d. h. die Bestimmung der Größe der e durch unmittelbare Beobachtung führt dann mit Hülfe der Formel:

$$e = p\left(1 - \frac{p(P \pm R + c - \pi)}{g(\alpha + \beta)}\right)$$

zur Bestimmung der Größe der g. Die Formel giebt:

$$\frac{P \pm R + c - \pi}{\alpha + \beta} = \frac{(p-e)g}{p^2},$$

und ähnlich für einen zweiten Genuß:

$$\frac{P \pm R + c - \pi}{\alpha + \beta} = \frac{(p'-e')g'}{p'^2},$$

daher:

$$\frac{(p-e)g}{p^2} = \frac{(p'-e')g'}{p'^2},$$

er:
$$g' = \frac{p'^2(p-e)}{p^2(p'-e')} g.$$

In ähnlicher Weise erhält man:
$$g'' = \frac{p''^2(p-e)}{p^2(p''-e'')} g,$$

u. s. w. Es bleibt also nur mehr ein Genuß, der dem g entspricht, unbestimmt, durch dessen Bestimmung die Größe aller anderen Genüsse bekannt wird. Der Natur der Sache durchaus angemessen. Denn das Genießen ist etwas von allem anderen Existirenden specifisch Unterschiedenes; von der Größe verschiedener Genüsse können wir uns daher nur dadurch einen Begriff machen, daß wir sie gegen einander vergleichen, wie wir dieses ja auch bei Bestimmung der Größe von anderen Gegenständen thun müssen. Von der Größe verschiedener Räume erhalten wir nur dadurch einen Begriff, daß wir einen bestimmten Raum zum Maßstab nehmen, von der Schwere verschiedener Körper nur dadurch, daß wir einen von bestimmter Schwere als Gewicht besitzen u. s. w. So müssen wir denn auch hier einen Genuß als Maßstab feststellen, und hierzu erhalten wir Gelegenheit, daß bei der Rechnung ein Genuß unbestimmt bleibt. Welchen Genuß man hierzu wählt, ist an und für sich gleichgültig. Vielleicht dürfte es für die Folge einige Bequemlichkeiten gewähren, als Einheit denjenigen zu benutzen, den uns der Gegenstand verursacht, dessen wir uns zu Geld bedienen.

Nach der Bestimmung der g bleibt dann nur mehr die von γ übrig. Hierzu dient die Formel:
$$M = \frac{\alpha \pi + \beta (P \pm R + c)}{\alpha + \beta}.$$

Ersetzt man in derselben β durch $\frac{\pi^2}{\gamma}$ und entwickelt γ, so erhält man:
$$\gamma = \frac{\pi^2 (P \pm R + c - M)}{\alpha (M - \pi)}.$$

In diesem Ausdruck für γ sind nur mehr R und c unbekannt, deren Größe indessen die unmittelbare Beobachtung sofort ergiebt.

Die im Vorstehenden auseinandergesetzte Methode zur Bestimmung der g und des γ würde vollkommen richtige Resultate geben, wenn die Annahme der geraden Linie als Begrenzung der Genuß- und Beschwerdefläche richtig wäre. Es kann aber keinem Zweifel unterliegen, daß diese Annahme unrichtig ist. Das Abnahmegesetz des Genießens erfordert vielmehr als Begrenzung eine krumme Linie, die möglicher Weise bei den verschiedenen Genüssen in ähnlicher Weise modificirt erscheinen kann, wie bei dem Gesetz der Schwere die Bahnen der Himmelskörper, die möglicher Weise alle Linien des zweiten Grades darzustellen vermögen. Die Betrachtung der Tabelle auf Seite 80 zeigt die Unrichtigkeit der geraden Linie als Begrenzungslinie der Genuß- und Beschwerdefläche unwiderleglich. In derselben sinkt nämlich, aus naheliegenden Gründen, beim Sinken von γ bis auf Null das erarbeitete Einkommen, E, nur bis auf 29,5, während selbstredend beim gänzlichen Mangel aller Arbeitskraft gar kein Einkommen erarbeitet werden kann, E also ebenfalls $= 0$ werden muß. Die obigen Formeln und die daraus hergeleitete Methode zur Bestimmung der g und des γ erleiden denn natürlich hierdurch Modificationen. Es würde mehr als voreilig sein, über diese Modificationen jetzt schon irgend welche Conjecturen zu versuchen. Es ist dieses mit einiger Aussicht auf Erfolg erst möglich, wenn die aus einer ausreichend erscheinenden Zahl von Beobachtungen gezogenen Resultate vorliegen. Ich beschränke mich daher, im Folgenden zu zeigen, wie die entwickelten Lehrsätze eine Methode an die Hand geben, durch welche die Genuß- und Beschwerdecurve möglichst rasch durch unmittelbare Beobachtung gefunden werden kann.

Diese Methode beruht auf unserm bekannten Lehrsatz, daß der Mensch, um die Summe seines Lebensgenusses möglichst zu steigern, alle einzelnen Genüsse so weit zu bereiten hat, daß sie mit Rücksicht auf die Schwierigkeit der Beschaffung beim Abbrechen gleiche Größe behalten. Aus diesem Satze folgt nämlich, daß jeder Mensch die letzten Atome aller Genußmittel, die er zu einem bestimmten Preise kauft, gleich hoch schätzt. Hierdurch wird es möglich, bei Preisschwankungen eines Genußmittels die verhältnißmäßige Größe des Werthes verschiedener Atome dieses Genußmittels zu finden.

Wenn wir nämlich beobachten, wie ein Mensch sein Einkommen auf die verschiedenen Genüsse vertheilt; so können wir uns das Resultat dieser Beobachtung versinnlichen, wenn wir die Linien ab, $a'b'$, $a''b''$ u. s. w. (Fig. 24) in das Größenverhältniß zu einander setzen, wie die auf die verschiedenen Genußmittel verwandten Geldsummen zu einander stehen, und dann zur Darstellung des Werthes des letzten Atoms eines jeden Genußmittels in

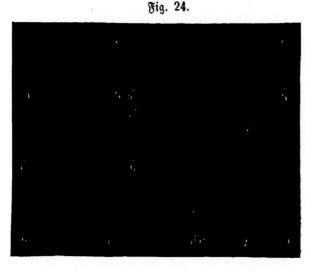

Fig. 24.

, b', b'' u. f. w. Senkrechte errichten. Ueber die Größe dieser Senkrechten giebt dann der bezogene Lehrsatz die nähere Bestimmung, daß sie alle einander gleich werden müssen, mithin $bc = b'c' = b''c''$ u. f. w. Aendert sich nun der Preis bei einem Genußmittel, bei dem ersten etwa in dem Verhältniß $1:\mu$, so ist die Folge davon, daß der Mensch die frühere Quantität nun nur für die Summe $\mu \times ab$ erhalten würde, und der Werth des letzten Atoms ändert sich dann, wie Seite 40 f. näher ausgeführt wurde, im umgekehrten Verhältniß. Er würde unter diesen veränderten Umständen $= \frac{bc}{\mu}$ sein. Will man also in der Zeichnung dieser Aenderung Rechnung tragen, so muß man, wenn μ beispielsweise $= 2$, $\alpha\beta = 2ab$ und $\beta\gamma = \frac{bc}{2}$ machen, für $\mu = 1/2$ würde $\alpha'\beta' = \frac{ab}{2}$ und $\beta'\gamma' = 2bc$. Kauft sich dann zu diesem verän=
derten Preise derselbe Mensch nun die Quantität $\alpha\delta$ rücksichtlich $\alpha'\delta'$; so ist zufolge des bezogenen Satzes dieses ein Beweis, daß er nunmehr das Atom δ rücksichtlich $\delta' = bc$ schätzt, und $\delta\varepsilon$ rücksichtlich $\delta'\varepsilon'$ muß also gleich gemacht werden bc. Hierdurch ist denn der verhältnißmäßige Werth zweier Atome eines und desselben Genußmittels gefunden. Das Atom δ rücksichtlich δ' hat den Werth $= \delta\varepsilon$ oder $\delta'\varepsilon'$, wenn der des Atoms β der $\beta' = \beta\gamma$ oder $= \beta'\gamma'$ gesetzt wird, und es ist klar, daß bei weiteren Preisschwankungen in ganz gleicher Weise der Werth eines dritten, vierten und weiteren Atoms und so das wahre Bild des Werthes dieses Genuß= mittels gefunden werden kann. Ist dieses Bild gefunden, so wird es auch ohne Zweifel gelingen, einen algebraischen Ausdruck zusammenzusetzen, der den Lauf der also gefundenen Curve mit ausreichender Genauigkeit wieder= giebt; durch Integration dieses Ausdrucks in den Grenzen zwischen $e = 0$ und $e = p$ erhält man dann die Größe des betreffenden g.

Hat man in solcher Weise bei den verschiedenen Genüssen die g be= stimmt, so ist daraus wohl ein Schluß zulässig auf den Theil der Arbeits= fläche, der Genuß gewährt, während der Umstand, daß die Beschwerde beim Schluß der Arbeit den Genüssen bei ihrem Abbrechen das Gleichgewicht hält, Gelegenheit giebt, den Theil der Curve, der die Beschwerdefläche be= grenzt, durch ein ähnliches Verfahren wie bei den Genüssen zu messen, so die Curve auch über den Sättigungspunkt hinaus zu vervollständigen, und dann γ zu bestimmen.

Die also gewonnenen Ausdrücke geben endlich ausreichende Mittel an die Hand, die obigen Formeln zu corrigiren. Vielleicht gelingt es aber auch bis dahin, unmittelbar aus der Art, wie Naturkräfte wirken, das Ab= nahmegesetz der Genüsse und die dieses Gesetz darstellenden Formeln zu ent= wickeln.

Das soeben angegebene Verfahren zum Messen der Genüsse giebt nur in dem Falle vollkommen richtige Resultate, wenn der Mensch sich nach eingetretener Preisänderung für die gleiche Geldsumme wie vorher von dem Genußmittel kauft, wie dieses beim Zeichnen von Fig. 24 vorausgesetzt wurde. Wir wissen, daß diese Voraussetzung nur in äußerst seltenen Fällen zutreffen kann; in der Regel ändern sich mit einem p gleichzeitig alle e sowie auch w. Folge hiervon ist, daß $\delta \varepsilon$ oder $\delta' \varepsilon'$ (Fig. 24) nicht mehr genau $= bc$, sondern nach Verhältniß, wie w, größer oder kleiner werden. Zur ersten Correction kann denn wohl die obige Formel:

$$w = \frac{P \pm R + c - \pi}{\alpha + \beta},$$

nach der angegebenen Weise in Rechnung gesetzt, dienen, bis es gelungen sein wird, aus den gemachten Beobachtungen eine richtigere Formel zu construiren.

Aber auch das nach vorgenommener Correction gewonnene Resultat wird das wahre Größenverhältniß der Genüsse nur dann angeben, wenn der Mensch, bei dem die Beobachtung gemacht wurde, bei Vertheilung seines Einkommens keinen Fehler begangen hat. Es kann dieses um so weniger erwartet werden, als es gerade Hauptzweck des genauern Messens ist, den Menschen dadurch zu einer richtigen Vertheilung seines Einkommens in den Stand zu setzen. Hier hilft das Mittel, welches wir überall da anwenden, wo wir Grund haben, an der Richtigkeit der einzelnen Beobachtung zu zweifeln: die Beobachtung bei möglichst vielen Menschen in gleichen Verhältnissen zu wiederholen, und aus allen Beobachtungen in zweckmäßiger Weise das Mittel zu nehmen. Es ist dann bekanntlich um so mehr Wahrscheinlichkeit vorhanden, daß die von Einzelnen begangenen Fehler sich ausgleichen werden, je höher die Zahl der Beobachtungen steigt, und das gewonnene Resultat kann mit Vertrauen innerhalb solcher Grenzen als richtig angenommen werden, innerhalb denen es sich bei fortgesetzter Beobachtung bewegt. Sind diese Grenzen zuletzt so enge geworden, daß der Fehler, ohne erheblichen Einfluß zu üben, vernachlässigt werden kann; so erlangt der Mensch, der sich diese Resultate zur Richtschnur für seine Handlungen nimmt, die an Gewißheit grenzende Wahrscheinlichkeit, daß er seinen Lebenszweck im vollkommensten Maße erreichen wird.

Für das Aufsuchen des mittleren Werthes der verschiedenen Beobachtungen leistet nun der Umstand, daß jeder Mensch aus Rücksicht auf seinen Lebenszweck im eigenen Interesse sich die Erfahrungen seiner Nebenmenschen zu Nutzen machen muß, so wesentliche Dienste, daß eine besondere auf das Messen der Genüsse gerichtete Thätigkeit fast überflüssig erscheint, dadurch, daß sich durch ein solches Verfahren von allen Menschen ohne alle Ausnahme, die Sitte bildet. Um dieses einzusehen, darf man nur beobachten, wie sich der Einzelne der Sitte gegenüber verhält.

Jeder Mensch, mag er welch immer einem Stande angehören, nimmt sich im Großen und Ganzen zur Einrichtung seines Lebens die Sitte zur Richtschnur, wie sie sich bei seinen Standesgenossen gebildet hat. Standesgenossen stehen aber in der Regel auf einer ziemlich gleichen Stufe der körperlichen und geistigen Ausbildung, die von ihnen gemachten Beobachtungen erfüllen daher die Bedingung, daß bei der Zusammenstellung verschiedener Beobachtungen, um den mittleren Werth zu finden, nur solche brauchbar sind, die bei Menschen in möglichst ähnlichen Verhältnissen gemacht worden sind. Aber nicht unbedingt fügt sich der Einzelne der vorgefundenen Sitte, er prüft vielmehr, ob er beim Befolgen der Sitte wirklich den höchsten Lebensgenuß erreicht, und versucht wiederholt in einzelnen Handlungen den Einfluß eines abweichenden Verfahrens. Findet er dann bei einem solchen Verfahren höheren Genuß, so wird er sich in diesem Punkte der Sitte nicht fügen. Sehen wir doch in jedem Stande Einzelne nach jeder Richtung hin sich von der Sitte entfernen! Ein anderer, neuer Einzelne, wird diese neue Richtung um so eher versuchen, je mehr sich schon derselben hingegeben haben, und ist sie wirklich die richtigere, dieses bestätigt finden, deshalb dabei bleiben, und so für einen Folgenden den Impuls für diese Richtung verstärken, bis wegen der vorausgesetzten Richtigkeit sie die alte verdrängt hat. Es mißt also der Einzelne genau ab, ob er durch Beobachtung der Sitte ein Größtes von Lebensgenuß erlangt, und glaubt er dann in der Sitte einen Fehler zu entdecken, so verbessert er diesen. Jeder Folgende wird dann zur Prüfung des vermeintlichen Fehlers um so mehr veranlaßt, je mehr Menschen sich schon für das Dasein des Fehlers entschieden haben. Ist dann wirklich ein Fehler vorhanden, so ist offenbar, daß dieses sich im Laufe der Zeit immer klarer herausstellen muß, sowie es sich andererseits kund thun muß, wenn der Erste beim Verlassen der Sitte sich geirrt hat.

Die Sprache bezeichnet auch in großen Umrissen die verschiedenen Stadien, welche hiernach die Resultate des Messens der Genüsse durchlaufen müssen, bis sie die Sicherheit erlangen, die sie nahezu als absolut wahr erscheinen lassen: Laune nennen wir den Versuch des einzelnen Menschen, die Sitte zu verbessern, und Sonderling den Menschen, der bei dem Versuch längere Zeit beharrt, ohne Nachahmung zu finden; Mode diesen Versuch, wenn sich demselben zeitweise viele Menschen anschließen, während wir endlich die Befolgung des für sicher gehaltenen Resultats als eine Forderung der Moral betrachten und darauf unsere Sittengesetze basiren.

Aus dieser Art und Weise, wie sich die Sitte bildet, folgt für das Messen der Genüsse, daß, wenn wir jetzt beobachten, wie die

verschiedenen Stände der menschlichen Gesellschaft i[hr]
Einkommen zur Genußbereitung verwenden, wir al[s Re]=
sultat dieser Beobachtung nicht das subjective Urthe[il des]
einzelnen Menschen erhalten, bei welchen die Beobach[tung]
vorgenommen wurde, sondern das mit mehr oder minderer
Schärfe gezogene Resultat aus sämmtlichen Erfahrungen
aller Standesgenossen dieser Menschen seit deren Dasein
in der menschlichen Gesellschaft. Darum haben wir denn nur
nöthig, um das Messen der Genüsse zu Stande zu bringen, zu constatiren,
wie in den einzelnen Ständen im Durchschnitt die Verwendung des Ein=
kommens erfolgt, und hierdurch dem Einzelnen das Erkennen der wirklich
vorhandenen Sitte zu erleichtern. Der Verkehr wird dann die Verbesserung
der Sitte ganz von selbst zu Stande bringen. Darum erscheint denn die
Bestimmung der p und π, der e, E, M, R und c durch wirkliche Beob=
achtung, aus denen sich dann die g und γ berechnen lassen, bei den ver=
schiedenen Ständen der menschlichen Gesellschaft vor allem
Andern als die bei Weitem wichtigste Aufgabe der Statistik.

Aus der Art, wie nach dem Vorstehenden die Schöpfung construirt
ist, folgt nun für die Handlungsweise des Menschen folgendes Verfahren.
Zunächst kann die Arbeitstheilung, mit den daraus für den Einzelnen
sowohl, wie für die Gesammtheit entspringenden Vortheilen, nur eingeführt
werden, wenn Jeder in dem Andern die gleich berechtigte Persönlichkeit ach=
tet, und Jeder sicher gestellt ist, daß er auch den Genuß des von ihm Er=
arbeiteten unverkürzt sich wird verschaffen können, mag er dasselbe zum so=
fortigen Genießen verwenden, oder in Renten anlegen wollen. Das letztere
führt die Nothwendigkeit mit sich, jedem Menschen die freieste Dis=
positionsbefugniß über sein Eigenthum zu gestatten; aus
dem erstern ergiebt sich die Pflicht für jeden einzelnen Menschen,
sich aller Handlungen zu enthalten, wodurch die Person
oder der Besitz eines andern beeinträchtigt oder verletzt
wird, und ihr entsprechend das Recht für einen jeden Men=
schen, eine Beeinträchtigung oder Verletzung mit Gewalt
zu verhindern.

Aber einestheils reicht die Kraft des Einzelnen nicht aus, sich gegen
Beeinträchtigung und Verletzung zu schützen, anderntheils kommen außer=
ordentlich häufig Fälle vor, wo die Grenze zweifelhaft erscheint, bis zu wel=
cher Jeder gehen darf, ohne seinen Nebenmenschen zu nahe zu treten. Bei=
des macht es denn nothwendig, daß von der Gesammtheit eine Macht ge=

[...]ssen wird, welche die Kraft des mit Verletzung bedrohten Einzelnen un=
[...] und in zweifelhaften Fällen die Grenze des Rechts des Einzelnen
[...] Beides ist denn bekanntlich in unseren Zuständen im Großen und
[...] in ausreichender Weise durch Constituirung des Staats mit seinen
[...]schiedenen Institutionen und durch die Gesetzgebung über den Schutz der
Personen und des Eigenthums, wenn auch im Einzelnen in vielfacher Be=
ziehung in außerordentlich mangelhafter Weise, zu Stande gebracht.

Nach Einrichtung der Arbeitstheilung kann nun jeder Mensch seinen
Lebenszweck nur dadurch im höchsten Maße erreichen, daß er sich die erfor=
derlichen Genußmittel durch unausgesetzt fortgesetztes Eintauschen verschafft,
sei es, daß ihm die Mittel hierzu aus Renten oder aus dem von ihm Er=
arbeiteten zufließen. Die Größe der Summe des Lebensgenusses hängt
dann wesentlich davon ab, daß sich der Mensch beim Eintauschen seiner
Genußmittel in der Schätzung ihres wirklichen Werthes nicht irrt, und
dieses kann er, abgesehen von allen anderen Schwierigkeiten, die mit der
Schätzung verbunden sind, nur zu erreichen hoffen, wenn ihm in Beziehung
auf das einzutauschende Genußmittel alle Thatsachen bekannt sind, welche
auf die Schätzung Einfluß üben. Ueber diese Thatsachen kann ihm in der
Regel der Verkäufer die beste Auskunft geben, sei es, daß derselbe sie als
Producent aus eigener Erfahrung kennt, oder als Kaufmann Gelegenheit
hatte, sie von jenem in Erfahrung zu bringen. Der Käufer muß also
wünschen, daß ihm beim Einkauf von dem Verkäufer alle einflußreichen
Aufklärungen in dieser Hinsicht gegeben werden. Aber diese Aufklärungen
kann und wird der Mensch nur erhalten, wenn alle im Verkehr mit einan=
der stehenden Menschen, er selbst mit eingeschlossen, nach dem gleichen Grund=
satz verfahren. Darum wird es denn Pflicht für jeden Men=
schen, beim Verkaufen ehrlich zu Werke zu gehen, d. h. die
Vorzüge des zu verkaufenden Gegenstandes ebensowohl, wie dessen Mängel
nach bestem Wissen dem Kauflustigen kund zu thun. Dieser Pflicht gegen=
über erhält denn die Gesammtheit, die wir in unseren Zuständen
durch den Staat repräsentirt wissen, das Recht, den einzelnen Men=
schen zur Befolgung dieses Grundsatzes nöthigenfalls zu
zwingen.

Aus der Art, wie die Sitte sich bildet, folgt ferner die Pflicht des
Menschen, die Sitte als Norm für seine Handlungsweise
zu nehmen, und nur dann einen Versuch zu einem abwei=
chenden Verfahren zum Zweck der Verbesserung der Sitte
zu machen, wenn eine bessere Erkenntniß der Naturgesetze
mit Wahrscheinlichkeit durch das veränderte Verfahren
eine wirkliche Erhöhung der Summe des Lebensgenusses
erwarten läßt. Es folgt diese Pflicht einmal aus dem Umstande, daß

nach der Art, wie sich die Sitte bildet, der Mensch eine überwiegend große Wahrscheinlichkeit erlangt, er werde bei der strengsten Befolgung der Sitte seinen Lebensgenuß zum Höchsten steigern; dann aber auch, weil der Mensch sich nur durch das Anschließen an die Sitte bei seinen Nebenmenschen das für ihn unbedingt nöthige Vertrauen erwerben kann, welches er beim Verkaufen seines Erarbeiteten nöthig hat, um für sich das günstigste Resultat zu erzielen.

Wie bereits bemerkt, kann nämlich ein Kauf in der für den Käufer wünschenswerthesten Weise nur zu Stande kommen, wenn der Verkäufer bei demselben vollkommen ehrlich zu Werke geht. Aber die Erwartung dieser Ehrlichkeit kann nur gehegt werden, wenn der Mensch sich im Besitz der Kenntniß der Gesetze des Verkehrs befindet, und sich die Fertigkeit erworben hat, seine Handlungen nach diesen Gesetzen einzurichten, weil ja nur aus jenen Gesetzen sich die Nothwendigkeit dieser Ehrlichkeit ergiebt, und weil auch beim Besitz jener Kenntnisse ein ehrliches Handeln nur beim gleichzeitigen Besitz jener Fertigkeit zu erwarten ist. Beides aber, der Besitz der Kenntniß jener Gesetze sowohl, wie dieser Fertigkeit, darnach zu handeln, beweist der Mensch auf das Bündigste durch sein Anschließen an die Sitte, während er durch ein entgegengesetztes Betragen den vollgültigsten Beweis des Gegentheils gegen sich selbst führt. Folge dieses Sachverhalts ist es, daß sich jeder Kauflustige an den Verkäufer wendet, den er sich in den Schranken der Sitte bewegen sieht, und bei einem die Sitte verletzenden Menschen nur dann kaufen wird, wenn er nach Verhältniß der gesteigerten Gefahr des Betruges wohlfeiler zu kaufen im Stande ist, wodurch denn der Verdienst des Verkäufers sich in demselben Maße vermindert.

Aus der Art, wie bei der Arbeit die Beschwerde wächst, folgt, daß der Mensch mit der gleichen Beschwerde ein Größtes zu erarbeiten vermag, wenn er die Arbeit möglichst auf alle Tage gleichmäßig vertheilt, und es folgt denn hieraus:

Jeder Producent hat seinen Productionszweig wo möglich der Art einzurichten, daß die erforderlichen Arbeiten sich gleichmäßig auf alle Tage des Jahres vertheilt finden. Bei denjenigen Productionszweigen daher, welche aus irgend welcher Ursache eine periodische Unterbrechung erleiden, darf der Arbeiter die Arbeitstheilung nicht so weit treiben, daß er sich auf jenen Productionszweig beschränkt. Er muß vielmehr mit diesem noch einen andern zu vereinigen suchen, der ihm in jenen Zwischenperioden Arbeit verschafft.

Der Mensch, dem es noch nicht gelungen ist, seine Ausbildung so hoch zu steigern, daß er sich in den Stand gesetzt sieht, sei es mit oder ohne Hülfe, von ihm zufließenden Renten, dasjenige, was er zu seiner Genußbereitung bedarf, selbst zu erarbeiten, muß unbedingt die Sitte als Norm für seine Handlungsweise nehmen, wie sie von den schon zu der bezeichneten Selbstständigkeit gelangten Menschen für seine Verhältnisse als bestehend anerkannt wird, ohne auch nur den Versuch machen zu dürfen, eine Veränderung der Sitte vorzunehmen.

Denn der Mensch vermag bis dahin, daß er sich jene Ausbildung verschafft hat, den Werth einer Veränderung der Sitte wegen mangelnder Kenntniß der Größe der Beschwerde bei der Arbeit nicht zu bestimmen. Aus dem gleichen Grunde hat der Mensch sich bis zur erlangten Selbstständigkeit unbedingt den Anordnungen seiner Erzieher, insofern diese nicht offenbar gegen die Sitte verstoßen, zu unterwerfen. Dieser Pflicht entspricht auf Seiten der Erzieher das Recht, die Befolgung der der Erziehung wegen erforderlichen Anordnungen, insofern dieselben als Ausfluß der bis dahin für die zweckmäßigste anerkannten Methode zu betrachten sind, selbst durch körperliche Gewalt zu erzwingen, aber auch die Pflicht, sich bei Ausübung dieses Zwanges streng innerhalb der bezeichneten Grenzen zu halten, es sei denn, daß eine bessere Erkenntniß der Naturgesetze mit Wahrscheinlichkeit von der Abweichung von der bisherigen Methode ein günstigeres Resultat erwarten läßt. Ferner erwächst der Gesammtheit aus dieser Pflicht der Erzieher aus einer doppelten Rücksicht das Recht der Ueberwachung, auf daß sie dieser Pflicht nachkommen. Einmal, weil die nachtheiligen Folgen der Vernachlässigung in höchst unbedeutendem Maße den Erzieher, in weit höherm Maße den zu Erziehenden treffen, es mithin im eigenen Interesse des letztern liegt, daß die Gesammtheit die Oberaufsicht nicht vernachlässigt, noch mehr aber, weil der Wohlstand der Gesammtheit wesentlich davon abhängt, daß jeder Mensch sich Kenntniß der Naturgesetze verschafft und sich die Fertigkeit erwirbt, ihnen gemäß zu handeln.

Endlich sahen wir, daß es bei jedem Menschen besonders darauf ankommt, seine Genußfähigkeit, Arbeitskraft und Geschicklichkeit möglichst zu steigern, und das Mittel, diese Steigerung zu bewirken, ist denn bekanntlich zweckmäßige Uebung der Körper- und Geisteskräfte. Die Steigerung nimmt dann, wenn auch nicht wie die Zeit, doch mit der Zeit zu, welche in gleich zweckmäßiger Weise auf die Uebung verwandt wird. Von der andern Seite sind die Empfindungen bei unausgesetzter Fortsetzung dieser Uebung denen bei der Arbeit durchaus gleich, so daß sie also täglich eine bestimmte Zeit hindurch, die sich bei vorschreitender Fertigkeit fortwährend verlängert, mit Genuß verbunden vorgenommen werden kann, und die Beschwerde erst nach Ablauf dieser Zeit beginnt, wenn die Uebung auch dann noch fortgesetzt wird. Es folgt hieraus, daß der Mensch ein bestimmtes Maß der

Ausbildung mit der geringsten Beschwerde sich verschaffen kann, wenn er die hierfür anzustellende Uebung auf alle Tage seines Lebens von der Geburt angefangen vertheilt, es folgt ferner aus dem Umstande, daß die Beschwerde bei ununterbrochener Uebung, immer mehr steigt, während die Steigerung der Fertigkeit mit dieser Steigerung der Beschwerde keineswegs gleichen Schritt hält, daß es eine Art, diese Uebung anzustellen, geben muß, bei welcher der Vortheil für den Menschen ein Größtes wird. Wie indessen die Uebung anzustellen ist, um dieses Größte zu erreichen, leidet, wie beim Genießen, überhaupt erst eine nähere Bestimmung, wenn das Messen der Genüsse und die Größe ihrer Steigerung, das Messen der Beschwerde und ihrer Verminderung durch Uebung gelungen sein wird. Aber wie der Verkehr das Messen der Genüsse, der Beschwerde bei der Arbeit nach und nach zu Stande bringt, ohne eine besonders darauf gerichtete bewußte Thätigkeit des einzelnen Menschen, lediglich dadurch, daß sich die Sitte bildet, so findet er auch hier in ganz ähnlicher Weise die zweckmäßigste Art diese Uebung anzustellen dadurch, daß der neu aufwachsenden Generation die Erfahrungen aller älteren zu Gute kommen.

Wem die Erziehung eines Menschen zufällt, sieht sich in seiner Umgebung nach dem Menschen um, den er am Meisten wegen seiner Lage beneiden zu dürfen glaubt, d. h. der seiner Schätzung gemäß sich die höchste Summe des Lebensgenusses verschaffen kann, und der dabei in diese Lage mit Hülfe solcher Mittel gelangt ist, wie sie auch dem zu erziehenden Menschen zu Gebote gestellt werden können. Den Weg, den dieser Mensch bei seiner Ausbildung genommen hat, nimmt er sich dann zum Muster, und dasselbe Verfahren wird der zu Erziehende im Vereine mit dem Erzieher auch dann befolgen, wenn der erstere so weit herangewachsen ist, daß sein eigener Wille mit zur Berücksichtigung gelangt, weil sein eigenes Interesse dieses Verfahren erheischt. Augenscheinlich ist dieser Weg denn auch relativ der beste, im Falle sich der Mensch bei Schätzung des Lebensgenusses seines Musters nicht geirrt hat, ein Irrthum, der um so seltener vorkommen wird, je weiter das Menschengeschlecht in Verbesserung der Sitte gelangt. Aber der solchergestalt zum Muster genommene Mensch hat seine Ausbildung unter Befolgung desselben Grundsatzes erworben und so rückwärts jeder vorhergehende. Es folgt denn hieraus, daß der Mensch sich bei Befolgung dieses Grundsatzes das Verfahren bei der Erziehung zur Richtschnur nimmt, welches durch die Erfahrungen des Menschengeschlechts seit seiner Erscheinung auf der Erde sich als das relativ beste bewährt hat. Und auch hier findet die Verbesserung des Verfahrens in ganz ähnlicher Weise wie bei der Sitte Statt. Denn auch hier fügt sich der Einzelne, mag nun der zu Erziehende oder der Erzieher die Veranlassung sein, nicht unbedingt dem als relativ besten beobachteten Verfahren, sondern, wie bei der Sitte, wird auch hier nach allen Richtungen hin von und bei Einzelnen ein abweichendes Verfahren zu ihrem Vortheil oder Nachtheil versucht, je nachdem das Resultat sich als günstiger oder minder günstig erweist, aber unter allen Umständen zum großen Vortheil für die Gesammtheit, weil dieser die gemachten Erfahrungen zu Nutze kommen. Als Resultat muß sich daher auch hier herausstellen, daß zuletzt das nahezu absolut beste Verfahren gefunden wird, und daß das Menschengeschlecht sich diesem um so mehr nähern muß, je länger es besteht, und um so schneller, je weiter es in der Erkenntniß der Naturgesetze vorschreitet.

Dieses sind denn in großen Umrissen die Regeln für menschliches Handeln, wie sie sich aus den Gesetzen des Genießens und den vom Menschen verfolgten Lebenszweck ergeben. Ich enthalte mich aus dem in der Vorrede bereits angegebenen Grunde in größere Einzelheiten einzugehen.

Mit Hülfe der in Vorstehendem gewonnenen Sätze und Regeln erklären sich nun alle Erscheinungen des täglichen Lebens als die nothwendigen Consequenzen des bei einem jeden Menschen vorhandenen Strebens, die Summe seines Lebensgenusses zum Höchsten zu steigern. Einige der wichtigsten mögen hier ihre Erläuterung finden.

Zunächst mag diese Erläuterung erfolgen in Beziehung auf die Eintheilung der Genüsse in Bedürfnisse und Genüsse im engern Sinne und die Erscheinung, daß der Kreis der Bedürfnisse sich bei einem jeden Menschen um so mehr erweitert, je höher sein Einkommen steigt. Die Thatsache selbst ist bekannt. Der Wohlhabende rechnet es beispielsweise zu seinen Bedürfnissen, täglich Fleisch in der wünschenswerthesten Form bis zur Sättigung zu genießen; der Taglöhner auf dem Lande freut sich, wenn er an besonderen Festtagen ein Stück Braten zu verzehren hat.

Grund dieser Eintheilung und Erscheinung ist, daß die Preisänderung bei einem Gegenstande diametral entgegengesetzte Wirkungen hervorbringt, je nachdem p sich vor der Veränderung diesseits oder jenseits der Grenze befindet, bei welcher die e ein Maximum, rücksichtlich Minimum, erreichen, und durch die Veränderung diese Grenze nicht überschreitet. Ist p größer als diese Grenze bezeichnet, ist es also in der Tabelle S. 69

größer als 48,262, in der Seite 71 größer als 18,614, so muß die zum Ankauf zu verwendende Summe bei dem Genuße, bei welchem eine Preisänderung eintritt, beim **Steigen** des **Preises verkleinert**, bei allen anderen Genüssen dagegen **vergrößert** werden, während das ganze zu leistende Arbeitsquantum sich **vermindert**. Das gerade Umgekehrte findet Statt beim Steigen des Preises, wenn p vor der Veränderung kleiner war, als die Zahl, welche jene Grenze bezeichnet, und auch nach der Steigerung diese Grenze nicht überschritten wird; beim **Steigen des Preises vergrößert** sich die zum Ankauf zu verwendende Summe bei dem Genuß, bei welchem die Preisänderung eintritt, sie **verkleinert** sich dagegen bei allen anderen Genüssen, während das zu leistende Arbeitsquantum sich **vergrößert**. Diese Verschiedenheit in den Wirkungen einer Preissteigerung macht sich denn außerordentlich stark bemerklich bei den Empfindungen, welche bei Preisschwankungen in dem Menschen hervorgerufen werden. **In dem zuletzt genannten Falle sinkt trotz und wegen der größern Ausgabe der bereitete Theil sowohl des vertheuerten Genusses wie aller anderen Genüsse, während außerdem noch das Arbeitsquantum vergrößert werden muß.** Ein Mensch in solchen Verhältnissen, wie sie bei Berechnung der Tabelle Seite 69 vorausgesetzt wurden, würde beispielsweise, wenn er das Genußmittel, dem p' entspricht, bis dahin zu dem Preise von 5 Thlr. etwa hätte kaufen können, sich von diesem Genußmittel 97,5 % seines Bedarfs gekauft, und dafür 4,875 Thlr. ausgegeben haben; außerdem dann zum Ankauf:

> des ersten Genußmittels   9,362 Thlr.
> „ dritten   „   13,085 „
> „ vierten   „   12,254 ,

verwenden, und dafür:

> vom ersten Genußmittel . . . . . . 93,6 %
> „ dritten   „   . . . . . . 87,2 %
> „ vierten   „   . . . . . . 68,1 %

seines Bedarfs erhalten, und um diesen Ankauf zu bewirken, im Ganzen 39,576 Thlr. zu erarbeiten, oder ein Arbeitsquantum von 1,319 zu leisten gehabt haben. Steigt dann der Preis von 5 auf 10 Thlr.; so ist die Folge hiervon, daß der Mensch von dem vertheuerten Genußmittel nur mehr 93,8 %, mithin 3,7 % weniger gegen vorhin kauft, aber für dieses geringere Quantum muß er dennoch 9,376 Thlr., mithin 4,501 Thlr. mehr wie früher bezahlen, und um diese Mehrausgabe zu decken, bei allen anderen Genüssen eine Ersparniß eintreten lassen, die:

beim erſten Genuß	0,161 Thlr.
» dritten »	0,482 »
» vierten »	1,446 »

beträgt, wodurch er:

den erſten Genuß um	1,71 %
» dritten » »	3,65 %
» vierten » »	11,83 %

gegen früher beſchränken, und außerdem noch ſtatt 39,576 nunmehr 41,988 Thlr., mithin 2,412 Thlr. mehr erarbeiten muß. Sein Arbeits= quantum ſteigert ſich dadurch von 1,319 auf 1,400 und nach Maßgabe die Größe ſeiner Beſchwerde. Hier vereinigen ſich alſo alle Wirkungen der Theuerung, dem Menſchen ſeine Einbuße an Lebensgenuß empfinden zu machen und mehr noch; daß ein derartiger Genuß die Macht beſitzt, zu einer ſpärlichern Befriedigung aller anderen Ge= nüſſe und zu erhöhter Anſtrengung zu zwingen, muß den Schein hervorrufen, daß dieſe Genüſſe die Befriedigung bis zu einem gewiſſen Punkt ſo unbedingt verlangen, daß der freie Wille des Menſchen dadurch gebunden wird.

Ganz anders in dem zuerſt genannten Falle; in ihm bewirkt die Vertheuerung zwar auch eine ſpärlichere Befriedigung bei dem vertheuerten Genuß, dabei aber zugleich eine Gelder= ſparniß, die andererſeits bei allen anderen Genüſſen bei ver= mindertem Arbeitsquantum ein reichlicheres Genießen mög= lich macht. Wäre der Preis des Genußmittels, dem p' in der bezoge= nen Tabelle entſpricht, vor der Steigerung ſchon 140 Thlr. geweſen; ſo hätte ſich zu dieſem Preiſe der Menſch 7,6 % ſeines ganzen Bedarfs ge= kauft, und dafür 10,652 Thlr. verausgabt. Stiege dann der Preis auf 180 Thlr., ſo kaufte er ſich nur mehr 3,5 %, mithin 4,1 % weniger, und genöſſe alſo ſo viel weniger wie vorhin. Aber für dieſe 3,5 % zahlt er auch nur 6,223 Thlr.; er ſpart alſo gegen früher 4,429 Thlr., und dieſes ſetzt ihn in den Stand, von allen anderen Genußmitteln und zwar:

von dem erſten	1,73 %
» » dritten	3,80 %
» » vierten	11,37 %

mehr wie bisher zu kaufen und daher ſo viel mehr zu genießen und außer= dem das zu erarbeitende Quantum von 42,669 auf 40,297, mithin um 2,372 Thlr. und nach Verhältniß das Arbeitsquantum und ſonach die Beſchwerde zu vermindern. Bei mangelhaftem Meſſen der Genüſſe kann es daher leicht den Anſchein gewinnen, als entſchädigten die zuletzt ge= nannten Wirkungen für den durch die zuerſt genannte entzogenen Genuß. Jedenfalls iſt es dadurch augenfällig, daß es ganz in die Willkür des Menschen gelegt ist, wie weit er einen derartigen Genuß bereiten will.

Ein zufälliger Umstand kömmt noch hinzu, den Unterschied der Empfindungen bei Preissteigerung in dem einen gegen den andern Fall noch zu erhöhen. Es ist der, daß jeder Mensch auf einige Zeit im Voraus über die Verwendung seines Einkommens wenigstens theilweise zu verfügen pflegt, ja sogar sich durch Verträge hierzu bindet. Wer daher durch die Preissteigerung zu größeren Ausgaben bei dem vertheuerten Genuß und dadurch zum Sparen bei allen anderen Genüssen veranlaßt wird, empfindet dieses Gebundensein unangenehm, während umgekehrt im andern Falle ein um so freierer Spielraum für die Verwendung der ersparten Summe bleibt.

Diese Verschiedenheit der Wirkungen bei der Preissteigerung der Genußmittel je nach Verschiedenheit der Umstände, konnte denn in der Wirklichkeit nicht lange unbemerkt bleiben, sie hat zu der Eintheilung der Genüsse in **Bedürfnisse** und **Genüsse im engern Sinne** Veranlassung gegeben. **Bedürfnisse** nannte man die Genüsse, welche bei Preissteigerung des Genußmittels jenen Zwang zur spärlichern Befriedigung aller anderen Genüsse auflegen; **Genüsse im engern Sinne, Luxusgegenstände, Vergnügungen** diejenigen, bei welchen bei Preissteigerung das Gegentheil stattfindet.

Zwischen den Bedürfnissen und den Genüssen im engern Sinne stehen die Genüsse in der Mitte, bei welchen das Verhältniß des Werthes und Preises zum Einkommen eine solche Befriedigung veranlaßt, daß bei Preissteigerung die bekannte Grenze überschritten wird. Bei diesen leidet selbst bei genauer Berechnung, mithin bei Voraussetzung eines genauen Messens der Genüsse, die Summe, welche von einem bestimmten Einkommen auf den Ankauf eines solchen Genußmittels vor und nach der Preissteigerung verwandt werden muß, oft gar keine, immer aber eine nur so kleine Veränderung, daß sie bei einem nur etwas ungenauen Messen als gleich erscheint. In Tabelle Seite 69 verändert sich bei einer Steigerung des Preises von 40 auf 60 Thlr. die auf Bereitung des Genusses zu verwendende Summe nur von 23,642 auf 23,419, mithin nur um 0,233 oder um 0,94 %. In allen diesen Fällen hat denn die Preissteigerung auf alle andere Genüsse sowohl wie auf das zu leistende Arbeitsquantum einen so geringen Einfluß, daß er in der Wirklichkeit sich der Wahrnehmung entzieht. Die Theuerung übt daher weder wie bei den Bedürfnissen jenen Zwang zur spärlichern Befriedigung aller anderen Genüsse und Vergrößerung des Arbeitsquantums aus, noch giebt sie wie bei Genüssen im engern Sinne zu reichlicherm Genießen bei allen übrigen Genüssen und Verminderung des Arbeitsquantums Veranlassung. Die nachtheiligen Folgen der Theuerung beschränken sich in diesen Fällen lediglich auf eine spärlichere Befriedigung des vertheuerten Genusses. Ein solcher Genuß wird denn jenem Menschen weder als Bedürfniß erscheinen, noch als Genuß im engern Sinne, als Vergnügen; er wird vielmehr zwischen beiden die Mitte halten.

So verschieden aber auch die Wirkungen der Preissteigerung eines Genußmittels je nach Verschiedenheit der Umstände sind, unter welchen sie eintritt, auf die Summe des Lebensgenusses ist die Wirkung immer eine und dieselbe. Diese Summe wird unter allen Umständen durch dieselbe vermindert, und die Verschiedenheit der Wirkungen im Uebrigen wird nur dadurch hervorgerufen, daß der Mensch um die nachtheiligen Wirkungen der Preissteigerung für sich möglichst klein zu machen, einen verschiedenen Weg einschlagen muß, je nachdem die Umstände verschieden sind. Es ergiebt dieses der auf Seite 53 f. ausgesprochene Lehrsatz, und zeigt auch unsere Tabelle Seite 69. Bei einer Steigerung des Preises von 5 auf 10 sinkt die Summe des Lebensgenusses von 193,754 auf 190,310, mithin um 1,77 % des frühern Genusses; bei der Steigerung des Preises von 40 auf 60 von 164,821 auf 152,026 oder um 7,76 %, endlich bei einer Steigerung von 140 auf 180 von 134,879 auf 133,250 oder um 1,21 %.

Bei einem solchen Grunde für die Eintheilung der Genüsse in Bedürfnisse und Genüsse im engern Sinne kann denn die Erscheinung nicht überraschen, daß der Kreis der Bedürfnisse mit dem Steigen des Einkommens sich vergrößert. Denn während sonach bei $E = 0$ selbst der Genuß, bei welchem $\frac{g}{p}$ am Größten, d. h. das Verhältniß der absoluten Größe des Genusses zu der Schwierigkeit der Beschaffung am Günstigsten ist, der darum zuerst zur Bereitung zu gelangen hat, erst auf der Schwelle steht, wo bei der kleinsten Vergrößerung von E dessen Bereitung beginnt, auf dem Punkte also, auf welchem in der Tabelle Seite 69 der dem p' entsprechende Genuß sich befindet, wenn $p' = 275^9/_{13}$ wäre, mithin selbst dieser Genuß, wie viel mehr alle anderen Genüsse, unzweifelhaft zu den Genüssen im engern Sinne gehört; werden bei $E = P$ alle Genüsse vollaus bereitet, und gehören somit eben so unzweifelhaft alle ohne Ausnahme zu den Bedürfnissen. Bei einer allmäligen Vergrößerung von E von Null angefangen bis P müssen daher nach und nach immer mehr Genüsse zu Bedürfnissen werden.

Daß nun wirklich von jedem Menschen der Umstand, ob der Preis eines Genußmittels diesseits oder jenseits der bekannten Grenze sich befindet, und auch durch die Preisschwankung jene Grenze nicht überschreitet, als der bestimmende Grund angesehen wird, ob ein Genuß für ihn zu den Bedürfnissen oder zu den Genüssen im engern Sinne zu rechnen ist, hat keine Schwierigkeiten in jedem gegebenen Falle nachzuweisen. Nur ein paar Thatsachen mögen zur Erklärung angeführt werden.

Weizenbrot ist in unseren Zuständen in einem solchen Preise, daß vom wohlhabendern Bürgerstande ab in der Scala des Reichthums aufwärts, alle Menschen sich dieses Genußmittel fast bis zur Sättigung kaufen. Bei sogenannter Theuerung sehen wir daher alle diese Leute diesen Genuß zwar etwas spärlicher bereiten, oder auch nur etwas haushälterischer mit dem Genußmittel umgehen; aber die dadurch herbeigeführte Ersparniß ist doch nicht so groß, daß nicht die ganze Summe, welche sie zum Kaufe von Weizenbrot verwenden, eine bedeutende Steigerung erlitte, und darum rechnen denn alle diese Leute den Genuß von Weizenbrot zu ihren Bedürfnissen.

Weizenbrot ist aber andererseits in unseren Zuständen doch noch in einem solchen Preise, daß der Taglöhner auf dem Lande, und wer mit diesem in gleicher Kategorie steht, sich den Genuß desselben nur bei besonders festlichen Gelegenheiten verschafft. Bei Theuerung tritt dann bei diesem eine so spärliche Befriedigung dieses Genusses ein, daß die ganze Summe, welche er auf den Genuß verwendet, eine merkbare Erniedrigung erleidet, ja oft genug auf Null herabsinkt, indem er ganz und gar auf Bereitung dieses Genusses verzichtet. Dem Taglöhner erscheint darum der Genuß von Weizenbrot als ein Genuß im engern Sinne.

Aber auch das in der Mitte Schweben zwischen Bedürfniß und Genuß im engern Sinne zeigt sich beim Weizenbrot sehr deutlich. Der kleine Handwerker kauft bei einem bestimmten Preise eine bestimmte Anzahl Brötchen, die er, weil sie denselben Preis behalten, bei Theuerung nicht vermehrt, obschon sie dann natürlich im Verhältniß der Theuerung kleiner werden. Er giebt darum auch bei Theuerung die gleiche Summe für Weizenbrot aus, und gleicht die Theuerung ganz durch spärlichern Genuß aus. Bei ihm ist also das Preisverhältniß des Weizenbrotes der Art, daß jene Grenze überschritten wird. Der kleine Handwerker rechnet darum den Genuß von Weizenbrot weder zu seinen Bedürfnissen, noch betrachtet er denselben als einen solchen Genuß, den er den Vergnügungen beizuzählen geneigt wäre.

An diesem Beispiel zeigt sich auch gleichzeitig, wie der Genuß des Weizenbrotes bei steigendem Einkommen nach und nach alle verschiedenen Stufen des Genießens durchwandert.

Und nicht bloß beim einzelnen Menschen kann man die oben beschriebenen Wirkungen einer Preissteigerung bei einem Genußmittel beobachten; diese Wirkungen zeigen sich nicht minder deutlich im Verkehr im Großen. Bei sogenannter Theuerung, d. h. bei erheblichem Steigen des Preises eines Genußmittels, welches von der größern Masse der Menschen zu den Bedürfnissen zu rechnen ist, über den Durchschnittspreis, nimmt die Consumtion von Luxusgegenständen um so mehr ab, für eine je größere Zahl von Menschen sie als solche gelten, jedoch von ihnen gekauft zu werden pflegen, und je höher der betreffende Genuß in der Scala der Vergnügungen hinaufsteigt. Aehnlich wirkt das Erscheinen eines neuen Vergnügens. In einer kleinen Stadt beispielsweise entzieht das Erscheinen einer Schauspielergesellschaft vielen anderen der vorhandenen Vergnügungsorte einen fühlbaren Theil ihrer gewohnten Einnahme, und auch hier ist der entzogene Theil um so größer, je mehr der Ort nur zur Erholung vorhanden zu betrachten ist. Das Erscheinen dieses neuen Vergnügens ist aber offenbar einer Preiserniedrigung gleich zu achten. Das Vergnügen war früher um keinen Preis zu haben, und kann jetzt zu billiger Taxe gekauft werden; es muß daher die umgekehrte Wirkung wie die Preissteigerung ausüben. Wir sahen aber Seite 70 und 72, daß das den Genüssen durch Preisschwankung entzogene rücksichtlich zugewiesene Quantum um so größer wird, je kleiner $\frac{g}{p}$, d. h. je weiter der Genuß in der Scala der Vergnügungen hinaufsteigt.

Auch die Wirkung einer Preisschwankung auf das Arbeitsquantum finden wir durch die Wirklichkeit bestätigt. Sowohl bei jener Theuerung, wie vor einem besondern Feste, sucht Jeder, dessen Productionszweig dieses zuläßt, sich durch erhöhte Anstrengung die Summe zu verschaffen, im ersten Falle zur Deckung der gezwungenen Mehrausgabe bei einem Bedürfniß, im letztern zur Deckung der Kosten zur Feier des Festes. Denn auch hier ist das Eintreffen des Festes aus dem beim Eintreffen der Schauspieler angeführten Grunde einer Preiserniedrigung gleich zu achten.

Endlich könnte die Wirkung auf die Summe des Lebensgenusses nur zweifelhaft sein bei Genüssen im engern Sinne. Daß aber hier durch Theuerung eine Schmälerung eintritt, zeigt der nicht zu bewältigende Widerstand, den die Gesetzgeber fanden, wenn sie sich thörichter Weise einfallen ließen, Gesetze wider einen vermeintlich zu großen Luxus zu geben. Denn dieser Widerstand kann nur darin seinen Grund haben, daß die Erschwerung für bestimmte Volksklassen, sich bestimmte Genüsse, die für sie zu den Genüssen im engern Sinne gehörten, zu verschaffen, die einer Vertheuerung gleich zu achten ist, als Schmälerung der Summe des Lebensgenusses empfunden wurde.

Eine andere Erscheinung des Verkehrs bedarf hier weiter gar keiner Erklärung, sie ergiebt sich als unmittelbare Consequenz der minutiösesten Ausführung eines Lehrsatzes, der oben als einer der wichtigsten von allen gefunden wurde. Es ist die Erscheinung, daß bei allen Menschen von gleichem Einkommen bei übrigens ähnlichen äußeren Verhältnissen die Größe der auf Bereitung des gleichen Genusses verwandten Summen in außerordentlich vielen Fällen nur so kleine Verschiedenheiten zeigen, daß sie kaum beachtet zu werden verdienen, und daß die Verschiedenheit um so geringfügiger ist, je näher der Genuß an die Bedürfnisse der betreffenden Menschen grenzt, und je höher derselbe in die Scala der Bedürfnisse hinaufsteigt; während die Summen, welche von den Menschen mit verschiedenem Einkommen zur Bereitung desselben Genusses verwandt werden, sehr häufig bei dem einen im Vergleich zum andern zu einem Vielfachen anwachsen. Die Taglöhner einer und derselben Stadt verwenden ziemlich die gleiche Summe jeder auf seine Wohnung, Kleidung, Essen u. s. w. Das Gleiche findet bei Handwerksmeistern bei nahezu gleichem Verdienst Statt, sowie weiter aufwärts beim wohlhabenden Bürger, Kaufmann u. s. w. Aber während der Taglöhner beispielsweise hier in Cöln auf seine Wohnung jährlich 30 bis 40 Thlr. verwendet, steigt diese Summe beim Handwerker auf 100 und 150 Thlr., beim wohlhabenden Bürger, Kaufmann u. s. w. auf 200, 300 und mehr Thlr., und so ähnlich bei allen anderen Genüssen. Wird dieses ja als eine so feststehende immer wiederkehrende Thatsache betrachtet, daß es wiederholt versucht worden ist, sie bei der Einschätzung behufs der Besteuerung als Norm zu nehmen. Zur Erklärung dieser Thatsache wurde denn bisher, wenn überhaupt irgend etwas, nur angeführt, daß diese Ausgaben zur Befriedigung von Bedürfnissen dienten, bei deren Bestimmung darum dem einzelnen Menschen keine Wahl freistehe.

Offenbar widerstreitet aber diese zur Erklärung jener Thatsache angeführte Behauptung schnurstracks der Wirklichkeit. Wäre sie wahr, so müßte Taglöhner, Handwerker, Bürger und Kaufmann zur Befriedigung dieses Bedürfnisses eine absolut gleich große Summe ausgeben. Der ungeheure Spielraum der hier stattfindet, bei welchem der Kaufmann das 10fache ja 20=, 30= und mehrfache des Taglöhners verwendet, beweist im Gegentheil auf das Bündigste, daß es ganz und gar in die Willkür des Menschen gelegt ist, die Größe dieser Summe zu bestimmen. Könnte hierüber noch irgend ein Zweifel herrschen, so muß dieser schwinden durch Anerkennung der Thatsache, daß, wenn auch im Allgemeinen bei Leuten von gleichen Verhältnissen hinsichtlich der Verwendung ihres Einkommens große Uebereinstimmung herrscht, diese Uebereinstimmung doch keineswegs ohne bedeutende Ausnahmen sich findet. Wäre es aber der Willkür des Menschen entzogen, die Höhe der Ausgaben für jene Genüsse zu bestimmen, so wären solche Ausnahmen absolut unmöglich. Endlich müßten, wenn diese Ansicht richtig wäre, nothwendig die Genüsse, die sich die verschiedenen Menschenklassen in solcher Hinsicht bereiten, absolut gleiche Größe haben. Nun steht aber, abgesehen von der ungeheuren Stufenfolge der Größe dieser Genüsse in einer und derselben Stadt, unser städtischer Taglöhner, wenn wir seinen Lebensgenuß mit dem anderer Volksklassen und Völkerstämme vergleichen, auf einer viel höhern Stufe des Genusses. Denn vergleichen wir nur seine Wohnung, sein Hausgeräth, seine Kleidung, sein Essen mit den gleichen Gegenständen eines ländlichen Taglöhners, so finden wir seinen Zustand schon bedeutend besser; noch größer wird der Unterschied, wenn wir diesen Vergleich mit dem Zustande des Grönländers, Feuerländers oder gar des nackten indianischen Höhlenbewohners der Felsengebirge im Westen von Nordamerika anstellen, der, aller und jeder Bequemlichkeit des Lebens bar, nur zu häufig dem Verhungern preisgegeben ist. Und selbst dieser steht auf der Leiter des Lebensgenusses noch nicht auf der untersten Sprosse, denn auch ihm fließt noch zeitweise ein weit größeres Quantum von Lebensgenuß zu, als für den Menschen unbedingt nothwendig erscheint. Erst menschliche Grausamkeit hat die Grenze kennen gelernt, und durch Jahre lang fortgesetzte Versuche unzweifelhaft festgestellt, innerhalb welcher dem Menschen bei der Genußbereitung keine Wahl freisteht. Arme, beklagenswerthe Gefangene haben es in unzweifelhafter Weise darthun müssen, daß ein dunkles Loch in der Erde, wenige Loth Nahrungsstoff täglich und eine entsprechende Quantität Wasser die einzigen Genüsse sind, deren Bereitung der Mensch sich nicht entziehen kann. Was darüber ist, verfällt dem Gesetz der Einkommensvertheilung und der vollkommensten Willkür des Menschen.

Wenn sonach die Erklärung dieser Thatsache durch die Charakterisirung der betreffenden Genüsse als Bedürfnisse unmöglich ist, und auch die sonstigen Lehrsätze der National-Oekonomie zu ihrer Erklärung nicht die Mittel gewähren, so liegt dagegen hier diese Erklärung auf der Hand. Wir wissen aus dem Vorstehenden, daß, wenn erst das Messen der Größe der Genüsse gelungen sein wird, hinsichtlich der Vertheilung des Einkommens sich genau die Erscheinungen zeigen müssen, wie sie bei jener Thatsache hervorgehoben wurden. Ja, wenn wir die Beobachtung noch vervollständigen, so finden wir hierdurch nur eine um so vollkommenere Uebereinstimmung mit den theoretisch gewonnenen Resultaten.

Wenn wir nämlich das auf jeden Genuß verwandte Quantum im Verhältniß zum ganzen Einkommen betrachten, d. h. die Größe des Bruchs $\frac{e}{E}$, so finden wir, daß dieser Bruch bei steigendem Einkommen bei einem jeden Genuß ein Größtes erreicht in dem Augenblick, in welchem der folgende zunächst kleinere Genuß gerade auf die Grenze zu stehen kommt, wo seine Bereitung zu beginnen hat. Von da ab nimmt derselbe bei noch weiter steigendem Einkommen unausgesetzt ab, bis er, sobald alle Genüsse vollaus zur Bereitung gelangen, ein Kleinstes wird. In der Tabelle Seite 77 ist bis $E = 2$, $\frac{e}{E} = 1$, von da ab sinkt dasselbe, bis bei $E = 59$,

$\frac{e}{E} = \frac{10}{59} - 0{,}170$ wird; von $E = 2$ bis $E = 11$ steigt $\frac{e'}{E}$ von 0 bis $\frac{6}{11} - 0{,}545$, von da ab sinkt es, bis bei $E = 59$, $\frac{e'}{E} = \frac{16}{59} = 0{,}271$ wird, endlich von $E = 11$ bis $E = 29$ steigt $\frac{e''}{E}$ von 0 bis $\frac{9}{29} - 0{,}310$ und sinkt dann bis bei $E = 59$ auf $\frac{15}{59} = 0{,}254$. Genau dieselben Erscheinungen finden wir in der Wirklichkeit wieder. Das von der Wohnung entlehnte Beispiel mag als Beleg dienen. Während, wie bereits oben bemerkt wurde, die absolute Größe der auf die Wohnung verwendeten Summe beim Taglöhner am niedrigsten ist, und beim Wohlhabendern fortwährend wächst, wie auch theoretisch das Wachsen der verschiedenen e mit E gefunden wurde; hat die Statistik großer Städte es längst nachgewiesen, daß, während der Taglöhner etwa $1/4$ seines Einkommens auf die Wohnung verwendet, der Handwerker nur etwa $1/5$, der Bürger $1/6$ u. s. w., der Wohlhabendere einen immer kleinern Theil für dieselbe ausgiebt.

Durchaus übereinstimmend mit der Verkleinerung von $\frac{e}{E}$ mit dem Wachsen von E. Wenn wir daher in unseren Zuständen diese Verhältnißmäßigkeit bei Verwendung des Einkommens vorfinden, so kann dieses nicht weiter unsere Verwunderung erregen, es berechtigt uns nur zu dem untrüglichen Schluß, daß das Menschengeschlecht beim Messen der Genüsse in so weit richtige Resultate erzielt zu haben glaubt, als die beobachtete Gleichförmigkeit bei Vertheilung des Einkommens diese bestimmten Resultate als Bedingung voraussetzt.

Und nicht bloß glaubt das Menschengeschlecht in so weit richtige Resultate beim Messen der Genüsse erzielt zu haben; es ist sich auch in sehr vielen Fällen der Grenze bewußt, bis zu welcher es den Resultaten vertrauen zu können glaubt. Es ergiebt sich dieses in unzweifelhafter Weise aus dem Umstande, daß das Menschengeschlecht es längst als Sittengesetz proclamirt hat, die Resultate, so weit sie als richtig betrachtet werden, zu befolgen. Wer es darum jetzt noch wagt, die als richtig betrachteten Resultate bei Vertheilung seines Einkommens zu verletzen, an dessen Charakter heftet sich ein Makel, wenn er nicht ganz und gar aus der Gemeinschaft seiner Standesgenossen ausgestoßen wird, und diese Folge tritt sowohl bei unverhältnißmäßiger Beschränkung wie Vergrößerung der verwendeten Summen ein. Dabei hat die absolute Größe der Genüsse unmittelbar auf das Eintreten dieser Folge gar keinen

Einfluß, sondern einzig die unverhältnißmäßige Vertheilung des Einkommens. Der Mensch, der vermöge seiner Verhältnisse auf seine Wohnung 200 Thlr. verwenden, und nach Verhältniß auf die anderen Genüsse sein Einkommen vertheilen sollte, wird, wenn er hierin eine solche Ersparniß eintreten läßt, daß er immer noch das Doppelte eines Taglöhners zu dieser Ausgabe verwendet, mithin hier in Cöln auf die Wohnung etwa 70 Thlr. und nach Verhältniß auf die anderen Genüsse, von seinen Standesgenossen als Geizhals, mindestens als unanständiger Knicker betrachtet, wenn er die also ersparten Summen zur Beschaffung von Renten, als Bruder Liederlich, wenn er sie zur Bereitung von Genüssen gebraucht, von anerkannt geringerm Werthe, auf Vergnügungen, trotzdem, daß dieser Mensch sich ja dann doch noch einen weit höhern Genuß verschafft, wie der Taglöhner. Umgekehrt. Der Taglöhner wird von seinen Standesgenossen als Verschwender betrachtet, wenn er sich auch nur eine Wohnung zu 70 Thlr. miethen wollte, obschon derselbe auch dann ja noch lange nicht den Genuß durch seine Wohnung erhält, den auch nur der Handwerker hat. **Ein Beweis, daß die durch das Messen der Genüsse gewonnenen Resultate innerhalb solcher Grenzen bereits als so feststehend angesehen werden, daß darauf die Forderung ihrer Befolgung an jeden Menschen gerichtet werden kann, daß sie einen genügenden Anhaltspunkt für ein Sittengesetz geben.**

Als Wirkung der Steigerung der absoluten Größe eines Genusses fanden wir S. 74 f., daß das dem vergrößerten Genuß entsprechende e, sowie E, M, A und W eine fortwährende Vergrößerung, die e der übrigen unverändert gebliebenen Genüsse dagegen eine ausgesetzte Verminderung erleiden. Auch dieses bestätigt die Wirklichkeit. Schon im Eingange und später wiederholt wurde darauf aufmerksam gemacht, daß durch Uebung ein Genußsinn einer Verstärkung fähig sei, und es ist denn natürlich, daß, wenn diese Uebung nur einseitig nach einer Richtung erfolgt, die Verstärkung sich dann auch ganz besonders in dieser Richtung zeigt. So finden wir es denn auch. Einem Menschen, der sich einen und denselben Genuß lange Zeit in erhöhtem Maße bereitet, wird dieser Genuß, wie wir sagen, zur Gewohnheit, und in einem höheren Stadium zur Leidenschaft. Bei einem solchen Menschen sehen wir denn die Erscheinungen, wie sie mit Vergrößerung eines bestimmten g verbunden gefunden wurden, deutlich zu Tage treten. Die auf Bereitung des zur Leidenschaft gewordenen Genusses verwandte Summe sowohl, wie die Anstrengung, sich die Mittel zu dieser Ausgabe zu verschaffen, und daher auch bei übrigens gleich bleibenden Umständen das Einkommen, die producirte Masse und die Summe des Lebensgenusses werden immer größer, während jener Mensch seine Ausgaben für alle anderen Genüsse mehr und mehr beschränkt. Selbst dann, wenn die

Befriedigung der Leidenschaft auf seine körperlichen und geistigen Kräfte nachtheilig zurückwirkt, und hierdurch sein π und γ sich verkleinert, was dann weiter auch Verkleinerung von E und M, sowie von W zur Folge hat, bleiben die Wirkungen des einseitig vergrößerten Genusses erkennbar; es bleibt die unverhältnißmäßige Vertheilung des Einkommens auf die verschiedenen Genüsse, und die vergrößerte Kraftanstrengung, wenn dieselbe auch weniger zu Tage fördert, ganz so, wie diese Wirkungen auch mit Hülfe der obigen Formeln zu finden sind, wenn man in ihnen gleichzeitig ein g vergrößert, π und γ dagegen verkleinert.

Von den Wirkungen, die eine Veränderung von π hervorbringt, sind diejenigen, daß sich mit einer Vergrößerung der Geschicklichkeit beim Gebrauch der Arbeitskraft M, W und E und mit dem letztern alle auf Bereitung der einzelnen Genüsse verwandten Summen, die e, vergrößern und vermehren, so bekannte Thatsachen, daß es kaum der Erwähnung bedarf. Aber auch der oben gefundene Einfluß auf A, das Arbeitsquantum, finden wir mit der Wirklichkeit auf das Genaueste übereinstimmen. Wir sahen, daß A bei $\pi = 0$ gleich 1 ist; von da an wächst es, bis bei einem bestimmten π, A ein Größtes erreicht, und nimmt dann wieder ab, bis bei $\pi = P$, A die Größe $= 1$ wieder erlangt. Ganz so finden wir es in der Wirklichkeit. Beim Sclaven, weil er Alles für seinen Herrn erarbeitet, beim Kinde, aus wirklicher Ungeschicklichkeit, ist π gleich Null zu achten, und so kann denn auch bei dem erstern nur die Peitsche des Aufsehers, beim letztern nur die Autorität der Erzieher jenen oder dieses dazu bringen, die Arbeit auch nur um ein einziges Zeitatom länger fortzusetzen, als sie Vergnügen gewährt. Es würde also $A = 1$ bei ihnen bleiben, wenn nicht äußerer Zwang dieses verhinderte. Gehen wir vom Sclaven zum freien Arbeiter über, so begegnen wir aus nahe liegenden Gründen in dem Stande dem kleinsten π, der sich durch seine Arbeit in unseren Zuständen das kleinste Einkommen zu verschaffen weiß, und von diesem aufwärts einem um so größern π, je höher das durchschnittliche Einkommen der Standesgenossen steigt. Dem kleinsten π mithin beim Taglöhner, und so aufwärts einem immer größern beim Handwerksgesellen, Handwerksmeister, Kaufmann u. s. w. Wenn wir daher in dieser Reihenfolge aufwärts steigen, so müssen wir in derselben die eben bemerkte Zu- und Abnahme des von jedem einzelnen Stande geleisteten Arbeitsquantums wiederfinden, und dieses bestätigt sich denn auch. Ueber den Fleiß der Taglöhner wird bekanntlich von allen Arbeitgebern unausgesetzt geklagt. Man hat sich gegen die nachtheiligen Folgen ihrer geringen Anstrengung dadurch zu schützen gesucht, daß man eine bestimmte Stundenzahl festsetzte, während welcher die Arbeit geleistet werden muß, ohne jedoch dadurch auch die gewünschte Anstrengung während dieser Stunden herbeiführen zu können. Diese Anstrengung mißt der Taglöhner vielmehr einzig nach dem Umstande ab, sich nicht die Unzufriedenheit des Arbeitgebers in dem Maße zuzuziehen, daß er ihm die Arbeit entzöge. Wir sehen also, daß der Taglöhner zwar einerseits aus eigenem Antriebe A über das Maß beim Sclaven und Kinde hinaus vergrößert, andererseits aber doch, daß diese Vergrößerung in ziemlich engen Grenzen bleibt. Eine höhere Anstrengung wie beim Taglöhner finden wir schon beim Handwerksgesellen, besonders dann, wenn es durch Gewährung von Stücklohn in seine Hand gelegt ist, das Maß seines Fleißes gegen den Lohn genau abzumessen. Am Höchsten steigt aber die Anstrengung bei der Arbeit bei dem Handwerksmeister, dem Kaufmann u. s. w., dem es gelingt, sich durch seine Thätigkeit das durchschnittliche Einkommen seiner Standesgenossen zu verdienen. Bei ihm erreicht also π die Größe, bei welcher A ein Größtes wird. Steigt sein Verdienst über dieses Maß hinaus, so sehen wir diesen Menschen dann in seiner persönlichen Anstrengung wieder immer mehr nachlassen, bis endlich ein Punkt der Wohlhabenheit eintritt, bei welcher er nur mehr so viel arbeitet, als ihm Vergnügen gewährt, wo also A wieder $= 1$ wird.

Die Uebereinstimmung der Wirkungen, welche als mit einer Veränderung von γ verbunden gefunden wurden, mit der Wirklichkeit liegen nach allem Vorstehenden zu klar zu Tage, als daß es noch eines besondern Nachweises dieser Uebereinstimmung bedürfte; wenden wir uns daher zu den Erscheinungen, welche als mit dem Entstehen von Renten verbunden gefunden wurden.

Hier sahen wir denn, daß die Bestimmung der Größe der Rente, welche für das Ueberlassen einer bestimmten Oertlichkeit zur Production gegeben wird, unabhängig von den Herstellungskosten der Oertlichkeit und ihrem Kaufpreis erfolgt, und so finden wir es in der Wirklichkeit. Wer ein Landgut zur Production pachten will, und ganz ähnlich bei der Uebernahme jeder andern Rente, fragt nicht, wie viel die bisherigen Eigenthümer seit unvordenklichen Zeiten auf Bauten und Meliorationen verwendet haben, noch auch einen wie hohen Kaufpreis der jetzige Eigenthümer etwa gegeben habe: er berechnet vielmehr, wie viel Producte er bei zweckmäßigster Verwendung von Arbeitskraft auf dem Gute zu ziehen vermag, und zu welchem Preise er diese mit Wahrscheinlichkeit wird verkaufen können, und entschließt sich dann zu einer solchen Pacht, daß ihm nach Erstattung der Kosten noch eine solche Summe bleibt, die ihn in den Stand setzt, mit Rücksicht auf die durch das Landgut freiwillig gebotenen Genüsse, sich den seinem Stande verhältnißmäßigen Lebensgenuß zu verschaffen. Hat sich dann auf diese Weise ein Pachtpreis für das Gut festgestellt, so normirt sich nach diesem, den mit Wahrscheinlichkeit in der Folge zu erwartenden Veränderungen und dem herrschenden Zinsfuß der Kaufpreis des Gutes. Es folgt denn aus dieser Berechnungsweise des Kaufpreises, wie dieses auch theoretisch gefunden wurde, daß die Höhe der zu beziehenden Rente, unabhängig von der Handlungsweise des Eigenthümers, sich lediglich durch die Verkehrsverhältnisse feststellt, und daß die Herstellungskosten einer bestimmten Oertlichkeit zur Production auf den Kaufpreis dieser Oertlichkeit nur insoweit zurückwirken, daß keine neue Oertlichkeiten hergestellt werden, wenn der Kaufpreis diese Kosten nicht mindestens erreicht, endlich, daß jede Aenderung in den Verkehrsverhältnissen auf den Kaufpreis solcher Oertlichkeiten zurückwirken müsse, ohne daß der Eigenthümer hierauf direct einzuwirken im Stande wäre. Die Schwankungen in dem Preise des Grundeigenthums ohne Zuthun des Eigenthümers sind zu bekannt, als daß es des Nachweises der Uebereinstimmung des gefundenen Satzes mit der Wirklichkeit bedürfte. Die Erfindung einer neuen Maschine, welche erheblich mehr leistet, als die bisher gebrauchten, erniedrigt den Kaufpreis der älteren bis auf die Höhe der Schätzung des Materials u. s. w.

Endlich sahen wir noch, daß die Regelung des Zinsfußes sich dadurch von selbst macht, daß die auf Herstellung von Renten verwandten Summen dem Productionszweige zuströmen, bei welchem das Verhältniß der Rente sich am Günstigsten gestaltet. Es ist aber eine bekannte Thatsache, daß, sobald ein Gewerbe einen unverhältnißmäßigen Gewinn abwirft, sofort durch neue Einrichtungen die Production in demselben vergrößert wird, bis durch Massenvermehrung der Preis des Products so weit herabgedrückt ist, daß die Verhältnißmäßigkeit des Verdienstes hergestellt ist. Geht ja doch hieraus die unausgesetzt wiederkehrende Klage über zu große Concurrenz hervor!

Während so einerseits die gewonnenen Lehrsätze und Regeln uns die Erklärung aller im menschlichen Verkehr vorkommenden Erscheinungen leicht machen, geben sie uns andererseits wiederholt Gelegenheit, die wunderbare Schönheit der Construction der Schöpfung zu bewundern.

Nach Einrichtung der Arbeitstheilung kann nämlich ein Mensch seinen Zustand durch die eigenen Kräfte nur dadurch verbessern, daß er das von ihm Producirte zu verbessern oder zu vermehren lernt, ohne die Beschwerde bei der Arbeit zu vergrößern. Die Verbesserung seines Zustandes erfolgt dann dadurch, daß er im erstern Falle einen höhern Preis für sein Product erhält, dessen Erhöhung ihm zu Gute kommt, im letztern, daß er mehr zu verkaufen im Stande ist, mithin um so viel mehr bei gleicher Arbeit löst. Die Verbesserung des Products wirkt nämlich für den Consumenten genau wie die Vergrößerung des Genusses, wie eine Vergrößerung des betreffenden g, weil gerade die Größe des g den Maßstab dafür abgiebt, ob eine Verbesserung bewirkt worden ist. Wir sahen aber Seite 74, daß die Vergrößerung eines g Vergrößerung des betreffenden e und in Folge dessen von m

nach sich zieht, d. h. daß sich durch Verbesserung des Products die Nachfrage vergrößert, der Preis sich also steigert.

Während aber von der einen Seite sich der Zustand des Producenten durch die verbesserte Einrichtung seiner Production bessert, wirkt diese Verbesserung auch günstig auf die Consumenten zurück. Denn die Steigerung eines g bewirkt Vergrößerung von W, und es begreift sich, daß die Preissteigerung, die, wie wir eben sahen, gleichzeitig hervorgebracht wird, eben deshalb, weil das gesteigerte g Bedingung der Steigerung ist, niemals so hoch gelangen kann, daß der Vortheil der Steigerung von g für die Consumenten ganz paralysirt würde; die Vermehrung der Masse aber bei gleicher Arbeit bewirkt Preiserniedrigung, die gleichfalls das W der Consumenten vergrößert, während diese Erniedrigung aus einem ganz ähnlichen Grunde eben so wenig so groß werden kann, dem Producenten allen Vortheil der verbesserten Production zu entziehen. Ja mehr noch. Die verbesserte Einrichtung werden sich alle Producenten um so allgemeiner und rascher zu Nutze machen, mit je geringerer Beschwerde sie herzustellen ist; dieses bewirkt denn in demselben Maße Massenvermehrung des betreffenden Products wie die Beschwerde geringer erscheint, und in Folge dessen Preiserniedrigung, und so sieht man denn, daß der Schöpfer es durch die Einrichtung seiner Schöpfung dahin gebracht hat, daß, während jeder Mensch gezwungen ist, unter allen Umständen einen Theil des Vortheils, den die verbesserte Einrichtung seines Productionszweiges mit sich bringt, seinen Nebenmenschen zukommen zu lassen, dieser Theil in demselben Maße zunimmt, je tiefer die Mühwaltung sinkt, die zur Herstellung des Productionszweiges in der verbesserten Art und Weise aufzuwenden ist.

So sehen wir denn, daß der Grundsatz der Billigkeit, der von Communisten und Socialisten auf so verkehrtem Wege angestrebt wird, durch die Gesetze des Verkehrs in einer so vollendeten Weise zur Ausführung gebracht wird, daß diese gar keine Verbesserung mehr zuläßt, daß mithin der über den Egoismus auf Seite 3 f. gemachte Ausspruch sich im ausgedehntesten Maße bewährt.

Weiter. Die Construction der Schöpfung bringt es mit sich, daß die verschiedenen Naturkräfte, durch welche die Genüsse vermittelt werden, sich in dem verschiedensten Maße auf der Erdoberfläche vertheilt finden, und Folge hiervon ist es, daß die Hülfe, welche die Naturkräfte beim Bereiten der Genüsse gewähren, je nach der Gegend eine sehr verschiedene ist. Es scheint hierdurch Gefahr vorhanden, daß die Menschen in besonders begünstigten Gegenden sich mit den Genüssen zufrieden stellen werden, die die Natur ihnen freiwillig bietet. Es wäre dieses ein in doppelter Hinsicht zu beklagendes Resultat. Einmal in Beziehung auf jene Menschen selbst, denn, wie wir sahen, erreicht der Mensch seinen Lebenszweck nur dann in gesteigertem Maße, wenn er es von Jugend auf nicht unterläßt, sich einen bestimmten Grad von Bildung und Einkommen durch mit Beschwerde verbundene Arbeit zu verschaffen; dann aber auch in Beziehung auf die Gesammtheit, weil dieser der Werthsüberschuß verloren gehen würde, der, wie wir so eben sahen, nothwendig unter allen Umständen von jedem Producenten für die Gesammtheit erarbeitet werden muß. Auch diese Gefahr hat aber der Schöpfer in wunderbar schöner Weise durch seine Construction der Schöpfung zu vermeiden gewußt. Wir sahen nämlich Seite 56, daß die dem Menschen ohne sein Zuthun zufallenden Genüsse auf das zu leistende Arbeitsquantum ohne allen Einfluß sind; wir sahen ferner Seite 58, daß das zu leistende Arbeitsquantum jedesmal dann einen neuen Zuwachs erhält, wenn ein neuer bis dahin noch nicht bereiteter Genuß zur theilweisen Bereitung gelangt; wir sahen endlich Seite 145, daß das Arbeitsquantum bei dem Menschen ein Größtes erreicht, dem es gelingt, vermöge seiner Geschicklichkeit sich das durchschnittliche Einkommen seiner Standesgenossen zu verschaffen. Nun ist es aber eine bekannte Thatsache, daß es auf der Erdoberfläche keine Gegend giebt, in welcher nicht die bei Weitem größere Masse der Genußmittel, die das Menschengeschlecht herzustellen gelernt hat, nur mit Hülfe von Arbeit zu erlangen ist. Um jene Gefahr zu beseitigen, genügt es also, bei dieser Construction der Schöpfung jene Menschen möglichst mit allen Genüssen bekannt zu machen, und ihnen die betreffenden Genußmittel im Tausch anzubieten; sie werden sich dann veranlaßt sehen, in ihrer Gegend dasjenige für das Menschengeschlecht zu erarbeiten, was mit der geringsten Arbeit dort herzustellen ist. **Es wird dann weiter von dem ganzen Menschengeschlecht ein Größtes von Arbeit geleistet, sobald es gelungen sein wird, jedem Menschen eine solche Stellung zu verschaffen, daß ihm durch seine Arbeit das durchschnittliche Einkommen seiner Standesgenossen zufließt, sowie denn außerdem jeder Mensch in dem Maße an der Arbeit des ganzen Menschengeschlechts Theil nimmt, in welchem er sich auch bei der Consumtion der durch Arbeit geschaffenen Genußmittel betheiligt**, ein Resultat, welches selbstredend nichts mehr zu wünschen übrig läßt.

Hier scheint mir nun ein passender Ort, um einige der folgenreichsten Irrthümer anzudeuten, in welche Staatsmänner, National-Oekonomen, Moralisten und Pädagogen verfallen sind, wenn auch eine erschöpfende Beurtheilung dieser Irrthümer erst möglich sein wird, wenn erst die Mittel zur Beseitigung der Hindernisse aufgefunden sein werden, welche die Construction der Schöpfung dem Einzelnen entgegenstellt, in zweckmäßigster Weise zu handeln. Mehre dieser Irrthümer haben nämlich eine so weite Verbreitung, und die jetzige Generation ist so sehr gewohnt, sie unbedingt als wahr vorauszusetzen, daß ich fürchten müßte, man werde bei Beurtheilung der Zweckmäßigkeit der vorzuschlagenden Mittel zur Beseitigung der mehrerwähnten Hindernisse ihnen vielleicht unbewußt einen Einfluß einräumen, wenn sie nicht ausdrücklich hier als Irrthümer bezeichnet werden.

Als ersten derartigen Irrthum führe ich den an, daß man in dem Gelde einen Maßstab des Werthes zu besitzen glaubte. Man glaubte darum den Vermögensstand eines Volkes berechnen zu können, wenn man die vorhandene Masse von allem Käuflichen mit seinem Preise multiplicirte und die Producte summirte. Verleitet wurde man zu diesem Irrthume dadurch, daß bei dem einzelnen Menschen die Summe des Lebensgenusses in unseren Zuständen mit der Geldsumme wächst, welche ihm als Einkommen zufließt. Daß diese Ansicht vom Gelde einen Irrthum einschließt, bedarf hier wohl kaum des Nachweises.

Wenn wir uns die Art und Weise vergegenwärtigen, wie sich die Preise feststellen, so leuchtet sofort ein, daß das Geld kein Maßstab des Werthes, sondern ein Maßstab der Arbeit ist, die die Herstellung des Gegenstandes erfordert. Wenn ich an einem Orte für einen Thaler 3 Pfd. Kaffee oder 8 Pfd. Fleisch oder 40 Pfd. Roggenbrot kaufen kann, das gewünschte Trinkwasser aber umsonst erhalte: so folgt daraus nicht, daß 3 Pfd. Kaffee gleich viel werth sind, wie 8 Pfd. Fleisch oder gar 40 Pfund Roggenbrot, das Trinkwasser aber werthlos sei; sondern nur, daß es der Menschheit gleich viel Arbeit gekostet hat, an jenem Orte 3 Pfd. Kaffee oder 8 Pfd. Fleisch oder 40 Pfd. Roggenbrot zur Consumtion herzustellen, und daß die Arbeit, an dem Orte das Trinkwasser zu beschaffen, gleich Null zu schätzen ist. Zum Werthe steht der Preis nur in so fern in Beziehung, als eine Unverhältnißmäßigkeit zwischen Werth und Preis ein Mißverhältniß zwischen Nachfrage und Vorrath hervorruft, wodurch weiter Massen- und Preisänderung bis dahin bewirkt wird, daß der Werth des zuletzt producirten Atoms zur Arbeit, welche die Production verursacht, in richtigem Verhältniß steht.

Aus diesem Verhältniß des Preises zum Werth ergiebt sich denn, daß aus jenen Producten der Preise in die betreffenden Massen ein directer Schluß über die Größe des Werthes, den die gleichen Geldsummen darstellen, ganz und gar unmöglich ist, während andererseits trotz dem die Thatsache, daß mit Erhöhung des Einkommens in unseren Zuständen die Summe des Lebensgenusses des betreffenden Menschen sich steigert, ihre genügende Erklärung findet. Denn das Größenverhältniß des Einkommens zu der ganzen

Summe, welche allen Menschen zusammengenommen zur Genußbereitung als Einkommen zufließt, drückt daher auf das Genaueste die Größe des Antheils aus, den der Mensch sich von der von der ganzen Menschheit geleisteten Arbeit zu Nutze machen kann. Wenn es ihm dann außerdem vergönnt ist, über diesen Theil der Arbeit so zu verfügen, wie er es seinen persönlichen Verhältnissen gemäß am Passendsten findet, und es ist dieses in unseren Zuständen im Großen und Ganzen dadurch möglich, daß Jeder so ziemlich freie Wahl hat, welche Genüsse er sich für sein Geld bereiten will, so leuchtet ein, daß sich die Summe seines Lebensgenusses mit Steigerung jenes Arbeitsquantums selbst steigern müsse, wenn auch in einem minder raschen Verhältniß, wie diese Steigerung selbst erfolgt.

Die Folgen des Irrthums, das Geld als Maßstab des Werths zu betrachten, sind denn so mannigfaltig, daß ich mich hier lediglich darauf beschränken muß, auf eine einzige Consequenz dieses Irrthums aufmerksam zu machen, da wenige verkehrte Maßregeln gefunden werden dürften, die nicht wenigstens theilweise diesem Irrthum ihr Dasein verdanken. Die Consequenz, die ich hier berühren will, ist, daß man von diesem Irrthume in richtiger Schlußfolgerung dahin gelangte, nur solche Vorgänge im Verkehr als für die menschliche Gesellschaft gewinnbringend zu betrachten, bei welchen sich ausrechnen ließ, daß sich die Geldsumme in der einen oder anderen Hand nach dem Vorgange gegen früher vermehrt habe, ohne sich darum zu bekümmern, ob der Lebensgenuß bei Anderen durch diese Vorgänge nicht weit mehr abnehme, als der Zuwachs an Lebensgenuß bei dem Gewinnenden zu schätzen sei, und folgerecht weiter, daß man also auch nur das Entstehen solcher Vorgänge herbeizuführen und zu befördern habe. Aus diesem Irrthum sind denn vermittelst dieser Schlußfolgerung alle die beschränkenden Maßregeln des freien Verkehrs vorzugsweise entstanden, wie wir sie am Meisten ausgeprägt im Mercantilsystem finden, und wie wir sie noch als Ueberbleibsel dieses Systems in Schutzzöllen, Zunftwesen, Monopolen, Privilegien, Concessionen, Prüfungen u. s. w. zu beklagen haben.

Ein zweiter Irrthum hat indessen nicht minder zum Entstehen dieser beschränkenden Maßregeln beigetragen. Es ist der Wahn, den die ganze jetzt lebende Generation mit wenigen Ausnahmen theilt, daß es der Menschheit, oder einem Theil derselben, einem bestimmten Volke, oder doch einem Einzelnen jemals an lohnender Arbeit fehlen könne, daß darum die Sorge, dergleichen Arbeit zu schaffen, mit zu den Pflichten der Regierung gehöre. Dieser Wahn verdankt seine Entstehung der Wahrnehmung der Thatsache, daß man zeitweise in einzelnen Productionszweigen die Arbeiter außer Brot kommen sieht, und es für diese dann schwer hält, sofort andere lohnende Beschäftigung zu finden. Mit Hülfe der obigen Sätze läßt aber eine nur oberflächliche Betrachtung der Verkehrsverhältnisse den wahren Grund jener

Thatsache leicht entdecken. Der wahre Grund jener zeitweisen Brotlosigkeit ist, daß von allen der Schätzung unterworfenen Gegenständen nur eine bestimmte und zwar je nach den Schwankungen in den Verkehrsverhältnissen verschiedene Masse producirt werden muß, daß es sich darum auch häufig ereignet, daß die Zahl der bisher in einem bestimmten Productionszweig beschäftigten Arbeiter zu vermindern ist, daß es aber, wenn diese Nothwendigkeit einer Verminderung der Arbeiter eintritt, diesen Arbeitern nicht sofort gelingt, alle die Hindernisse zu beseitigen, welche sich ihnen entgegenstellen, den unter den veränderten Verhältnissen ungünstig gewordenen Productionszweig gegen einen günstigern zu vertauschen.

Die Nothwendigkeit der Verminderung der Arbeiterzahl in einem bestimmten Productionszweige kann verschiedene Gründe haben. Schon die Art, wie der Verkehr die Aufgabe löst, daß von jedem der Schätzung unterworfenen Gegenstande die den Verhältnissen angemessene Masse fortwährend geschaffen wird, bedingt häufig eine solche Verminderung. Der Verkehr wendet nämlich beim Lösen dieser Aufgabe eine Methode an, ähnlich der Approximationsmethode der Mathematiker, wenn ihnen die directe Lösung ihrer Aufgabe nicht gelingen will. Es wird der Gesammtheit eine bestimmte Masse irgend eines Gegenstandes übergeben, und ihr überlassen, den Preis festzustellen, zu welchem diese Masse verkauft werden wird. Ist dann das Resultat kein solches, wie es gewünscht wird, so bedingt dieses, wenn der Preis zu niedrig gefunden wird, eine Verminderung der Masse und nach Verhältniß der Arbeiter; ganz und gar ähnlich, wie die Mathematiker bei der Approximationsmethode für die Unbekannte, hier die Masse, in die bestimmte Formel einen durch Schätzung gefundenen Werth substituiren, und aus dem mit Hülfe dieses Werthes erhaltenen Resultate darauf zurückschließen, ob sie den substituirten Werth zu groß oder zu klein genommen haben. Der zuerst fast unvermeidliche Fehler bei dieser Art, wie dem Verkehr einzig und allein die Lösung der Aufgabe gelingt, muß sich denn im Allgemeinen um so größer herausstellen, je weniger Erfahrungen die Producenten bereits gemacht haben. Darum sehen wir bei neu aufkommenden Industriezweigen, die anfangs den Producenten unverhältnißmäßig großen Gewinn abwerfen, den Markt um so schneller und stärker der Art überfüllt, daß der ursprüngliche Gewinn in um so größeren Verlust übergeht, je unverhältnißmäßiger der erste Gewinn war, und in Folge dessen auch um so mehr Arbeiter in jene unangenehme Lage gerathen.

Nicht minder bringen die Veränderungen in den Bedingungen, welche den Ankauf einer bestimmten Masse bestimmen, häufig die Nothwendigkeit

einer Verminderung der Masse, und folgerecht der Arbeiter mit sich, wie dieses die oben aus der Formel:
$$m = 1 - \frac{p(P \pm R + c - \pi)}{g(\alpha + \beta)}$$
entwickelten Sätze näher angeben.

Ein dritter Grund, der oft eine Veränderung der producirten Masse und damit Veränderung der Arbeiterzahl nothwendig macht, ist die Veränderung der Zahl der im Verkehr stehenden Menschen.

Der in unseren Zuständen am Häufigsten vorkommende Grund zur Verminderung der Arbeiterzahl in einem Productionszweige liegt endlich in jeder neuen Entdeckung oder Erfindung, welche auf das zur Herstellung einer bestimmten Quantität eines geschätzten Gegenstandes erforderliche Arbeitsquantum vermindernd einwirkt. Die Verminderung der Arbeiterzahl muß dann in um so größerm Maßstabe vorgenommen werden, je einflußreicher sich die Entdeckung oder Erfindung erweist. Durch eine solche erleidet ein Productionszweig nicht selten eine solche Umänderung, daß der für alle Arbeiter nothwendig werdende Uebergang zu der neuen Methode als ein Ergreifen eines neuen Productionszweiges zu betrachten ist, und sich bei allen dann auch die Schwierigkeiten einstellen, welche hiermit verbunden zu sein pflegen.

Zwei Beispiele mögen diese Ausführungen näher erläutern. Als in der französischen Revolution von 1789 die Sitte des Puderns und des Perrükentragens abkam, wurden die betreffenden m so sehr vermindert, daß Puderfabrikanten und Perrükenmacher, die ersteren allmälig fast ganz und gar, die letzteren zum bei Weitem größern Theil ihre Production einstellen mußten. Aehnliches trat ein, als die Erfindung und Vervollkommnung der Baumwollenspinnmaschine das π des betreffenden Arbeiters auf das Hundert- und Mehrfache des Handspinners steigerte. Die Handspinner waren genöthigt, ihre Production einzustellen, und der Uebergang zum Maschinenspinnen war mit ganz ähnlichen Schwierigkeiten verbunden, wie der Uebergang zu einem neuen Productionszweige.

Aus dem Vorstehenden folgt denn, daß die periodische Veränderung der Arbeiterzahl in einem bestimmten Productionszweige niemals aufhören kann, und erst dann ein Minimum erreichen wird, wenn das Menschengeschlecht die höchste Stufe menschlicher Ausbildung, welche die Naturkräfte möglich machen, erreicht haben wird. Weiter aber ergiebt sich hieraus eben so klar, daß das einzige Mittel, die vorübergehende trostlose Lage der entbehrlich werdenden Arbeiter zu lindern, das ist, daß man ihnen ausreichende Hülfe gewährt, sobald wie möglich zu anderen Productionszweigen überzugehen.

In die Anwendbarkeit dieses Mittels werden nun diejenigen Zweifel setzen, welche behaupten, daß in allen Productionszweigen eine Ueberfüllung vorhanden sei. Sie glauben sich zu dieser Ansicht berechtigt, weil jetzt, nachdem eine freiere Gesetzgebung die künstlich geschaffenen Beschränkungen der vorigen Jahrhunderte zum Ergreifen eines Productionszweiges wenigstens theilweise beseitigt hat, in allen hiervon betroffenen Productionszweigen die freiere Concurrenz den frühern monopolistischen Gewinn der Producenten auf eine verhältnißmäßigere Höhe herabgedrückt hat. Dieses Herabsinken jener Monopolisten von dem Standpunkte, wo es ihnen möglich wurde, auf Kosten ihrer weniger begünstigten Nebenmenschen sich mit Nichtsthun die Mittel zu einem luxuriösen Leben zu verschaffen, zu solchen Bürgern, die nur mit eigener Anstrengung zu einem verhältnißmäßigen Lebensgenuß gelangen, was sie sehr richtig der freieren Concurrenz zuschreiben, erschien den Producenten selbst sehr natürlich als ein Uebel, als Verfall ihres Productionszweiges und als Folge der Ueberfüllung. Sie vergaßen aber dabei, daß der jetzt ihnen zufallende und nur mit Anstrengung erlangte Lebensgenuß einer weit größern Zahl von Menschen zu Gute kommt, und daß der Zuwachs an Genuß bei der vermehrten Zahl bei Weitem die Einbuße der Monopolisten aufwiegt, und außerdem durch die vermehrte Anstrengung die ganze Masse der producirten werthvollen Gegenstände eine Vermehrung erleidet. Die ganze Menschheit erhält also in demselben Maße mehr Genußmittel zu verzehren, wodurch sich dann ihr Lebensgenuß erhöht. Die folgende Erwägung wird dieses noch deutlicher machen.

Die Nothwendigkeit, die Zahl der Arbeiter in einem Productionszweig zu vermindern, giebt sich, wie wir sahen, dadurch kund, daß sich der Preis des Products der Art feststellt, daß ihre Belohnung gegen andere Productionszweige unverhältnißmäßig niedrig wird. Es folgt denn hieraus, daß diese Nothwendigkeit der Arbeiterverminderung gleichzeitig nur bei einer kleinern Zahl von Productionszweigen eintreten kann. Denn die Production der gewohnten Masse der Genußmittel geht im Großen und Ganzen ununterbrochen fort, und diese Genußmittel kommen auch eben so ununterbrochen zur Vertheilung unter alle lebende Menschen. Aber die überwiegend größere Zahl der Menschen muß sich die Mittel zum Ankauf ihres Antheils an jenen Genußmitteln ganz oder doch zum größten Theil durch den Verkauf des von ihnen Erarbeiteten verschaffen. Wie verschieden nun auch die Antheile bei den Einzelnen ausfallen mögen, so leuchtet doch aus wiederholt angegebenen Gründen ein, daß im Allgemeinen bei allen diesen Menschen sich die Größe des Lebensgenusses nach Maßgabe der Beschwerde bei der Arbeit, ihrer Geschicklichkeit und Arbeitskraft abstufen muß, daß also bei der größern Zahl der Menschen die Verhältnißmäßigkeit der Belohnung vorhanden sein müsse, ja daß gerade nur dadurch der Maßstab gefunden wird, ob in dem einen oder andern Productionszweig die Belohnung für zu gering zu erachten, und daher durch Vergeringerung der Arbeiterzahl zu verbessern ist, daß er eben gegen andere Productionszweige unverhältnißmäßig niedrig belohnt erscheint. Ist dieses aber, und es vertheilen sich dann die in einzelnen Productionszweigen überflüssig befundenen Arbeiter auf alle übrigen, bei welchen die Verhältnißmäßigkeit der Belohnung nach den bisherigen Preisverhältnissen vorhanden ist, der Art, daß nach der durch die Massenvermehrung bewirkten Preisänderung die Verhältnißmäßigkeit der Belohnung bleibt, was immer möglich ist, so ist das Endresultat dieses Vorganges: In dem gedrückt gewesenen Productionszweig steigert sich wegen Verminderung der Masse der Preis bis zur verhältnißmäßigen Höhe; in allen anderen vermehrt sich die Masse des Producirten in dem Maße als mehr Arbeiter darin beschäftigt sind, während die Zahl der consumirenden Menschen und das Verhältniß ihres Antheils das gleiche wie früher bleibt. Es kommt also auf jeden Kopf ein verhältnißmäßig größeres Quantum, und es erleidet daher die Summe des Lebensgenusses bei einem jeden, wie sich auch sonst die Preise gestalten mögen, eine entsprechende Steigerung.

Die Erfahrung bestätigt denn das hier gewonnene Resultat in vollkommenster Weise. Während die Störungen, welche die neueren Erfindungen in dem großartigsten Maßstabe verursacht haben, sich in verhältnißmäßig kurzer Zeit ausgleichen, weist die Statistik nach, daß seit der freieren Gesetzgebung die Consumtion von Genußmitteln, auf den Kopf der Bevölkerung gerechnet, in ununterbrochener Zunahme begriffen ist.

Noch ein anderes Hinderniß scheint sich der Anwendbarkeit des Mittels in den Weg zu stellen, die vorübergehende Verdienstlosigkeit einzelner Arbeiter durch den Uebergang zu anderen Productionszweigen zu beseitigen; der Umstand nämlich, daß zu jeder Production ein bestimmtes Maß bestimmter Naturkräfte erforderlich ist, daß aber in unseren Zuständen alle Naturkräfte, welche überhaupt zur Production geeignet erscheinen, in Beschlag genommen sind, so daß für einen neu hinzukommenden Arbeiter keine mehr übrig zu sein scheinen. Es hat dieses zu einem weitern Irrthum Veranlassung gegeben; es hat sich hieraus die Meinung gebildet, daß in den Ländern, in welchen jeder Landestheil seinen bestimmten Besitzer hat, wie namentlich in unserm Vaterlande, überhaupt so viel producirt werde, als die natürliche Beschaffenheit des Landes nur immer zulasse. Zu diesem Irrthum wurde man durch die beiden Thatsachen verleitet, die sich in einem solchen Zustande immer wieder finden, daß bei solchen Voraussetzungen jeder Fleck Landes zu dem Productionszweig benutzt wird, zu welchem er nach den thatsächlichen Verhältnissen am Besten geeignet erscheint, und daß außerdem der Producent sich auch bemüht, ihn hierzu auf die zweckmäßigste Weise zu benutzen. So glaubte man sich hierdurch zu dem Schlusse berechtigt, daß absolut das möglichst Höchste producirt werde. Der Fehler dieser Schlußfolgerung liegt klar zu Tage. Die Benutzung jedes

Fleckchens Landes zur Production ist nur relativ die beste, nur so lange, als die thatsächlichen Verhältnisse die gleichen bleiben; sie hindert aber nicht den Umtausch der einen Production gegen die andere, wenn die thatsächlichen Verhältnisse eine solche Aenderung wünschenswerth erscheinen. lassen. Denn nicht alle vorhandenen zu einer Production dienlichen Naturkräfte werden auch wirklich zu derselben benutzt, vielmehr in jedem einzelnen Productionszweige nur so viele von allen vorhandenen, daß die Beschwerde bei der Arbeit auf den am Schlechtesten zur Production geeigneten Stellen mit dem Werth des letzten, des preisbestimmenden Atoms in dem richtigen Verhältniß steht. Um den Beweis für die Richtigkeit dieser Aufstellung zu führen, wird es genügen, die Massenvermehrung bei dem Productionszweige nachzuweisen, bei welchem die Masse der erforderlichen Naturkräfte am Größten ist, und bei welchem sich darum der Massenvermehrung scheinbar die größten Hindernisse in den Weg stellen, weil die erforderliche Masse in unseren Gegenden fast die ganze Erdoberfläche in Anspruch zu nehmen scheint, beim Ackerbau.

Von jedem Ackersmann hier in Preußen beispielsweise, wo sich derselbe auch befinden mag, wird man auf die Frage, ob er aus seinem Acker das Mögliche ziehe, die Antwort erhalten, daß er allen Fleiß und alle Kräfte darauf verwende, dieses Mögliche möglichst zu steigern, und so liegt denn der Schluß sehr nahe, daß Preußen so viel wie nur möglich Ackerbauerzeugnisse hervorbringe, es könne und brauche darum gar nicht gefragt zu werden, wie viel zu produciren wünschenswerth, sondern nur, wie viel zu produciren möglich sei. Aber hätte man vor einem Menschenalter dieselbe Frage an die Ackersleute Preußens gerichtet, so würde man genau dieselbe Antwort erhalten haben. Dabei hat die Versorgung der Bevölkerung von Preußen mit Ackerbau-Producten seit einem Menschenalter keine so erhebliche Veränderung erlitten, daß derselben hier Rechnung getragen zu werden brauchte. Es versorgt Preußen seine Angehörigen noch in ganz ähnlicher Weise und mindestens eben so reichlich mit Nahrungsmitteln wie vor 30 Jahren. Im Jahre 1822 brauchten aber noch keine 12 Millionen in Preußen mit denselben Nahrungsmitteln versorgt zu werden, mit denen jetzt über 16 Millionen versorgt werden müssen. Die Production muß sich also in den 30 Jahren in einem größern Verhältniß, wie $12:16 = 3:4$, mithin um mehr als ein Drittheil des im Jahre 1822 Producirten, d. h. bloß beim Getreide um mehr als 20,000,000 Scheffel jährlich vermehrt haben, und die Ackersleute müssen es also trotz ihrer Versicherung in den 30 Jahren möglich gemacht haben, mit denselben Naturkräften dieses größere Quantum zu schaffen.

Dieser anscheinende Widerspruch mit den Versicherungen des Landmannes erklärt sich denn eben daraus, daß dessen Aeußerung keine absolut, sondern nur eine relativ gültige Wahrheit enthält. Der Ackersmann bemüht sich, aus seinem Acker so viel zu ziehen, daß die zuletzt darauf verwendete Arbeit noch ihre verhältnißmäßige Belohnung findet, und es fällt keinem Ackersmann ein, mit jener Erklärung die Behauptung aufstellen zu wollen, daß aus dem Acker nicht mehr zu erzielen wäre. Jeder Ackerer weiß vielmehr, daß, wenn er allen Acker nur in der Art cultiviren wollte, wie wir unsere Gärten zu bearbeiten uns veranlaßt sehen, er oft das Vielfache des jetzigen Ertrags erhalten würde, und doch ist auch bei unserer Gartencultur die Grenze des Möglichen selbstredend noch lange nicht erreicht. Aber bei einer solchen Behandlung des Ackers würde die Arbeit ihre verhältnißmäßige Belohnung nicht finden, darum unterbleibt sie, bis die Preisverhältnisse sich anders gestalten.

Wenn nun schon bei den Gegenständen, den Producten des Ackerbaues, bei welchen scheinbar die wenigste Willkür in Beziehung auf ihre Vermehrung herrscht, dennoch diese Vermehrung, so weit sich bei der jetzigen Ausbildung des Menschengeschlechts übersehen läßt, auf das Doppelte, ja Vielfache möglich ist, wie viel mehr bei allen anderen Gegenständen, die wir als Producte der Industrie zu bezeichnen gewohnt sind.

Nur bei einigen wenigen geschätzten Gegenständen, bei welchen es den Menschen noch nicht gelungen ist, eine Einwirkung auf die Naturkräfte zu entdecken, durch welche ihre Entstehung vermittelt werden könnte, machen hiervon eine Ausnahme, wie beispielsweise Edelsteine, edle Metalle und einige Producte des Pflanzen= und Thierreichs. Ausnahmen, die indessen von so untergeordnetem Einfluß auf die Gesammtwohlfahrt der Menschheit sind, daß derselbe als vollständig verschwindend zu betrachten ist, während dieser Umstand bei den edlen Metallen in anderer Hinsicht dem Menschengeschlechte Vortheile zu Wege bringt, auf welche ich beim Geldwesen noch näher zurückkommen werde, welche diesen kleinen Nachtheil unberechenbar überbieten.

Noch eine allgemeinere Erwägung zeigt übrigens das Irrthümliche der Ansicht, daß es einem Einzelnen, einem Volke oder der Menschheit jemals an lohnender Arbeit fehlen könnte. Die Menschheit würde sich nämlich offenbar im höchsten Wohlstande befinden, wenn Jeder im Stande wäre, mit dem Arbeitsquantum, welches ihm selbst Genuß gewährt, so viel zu erarbeiten, daß er alle seine Genüsse vollaus zu befriedigen im Stande wäre, daß bei Jedem $\pi = P \pm R$, je nachdem er eine Rente zu zahlen oder zu empfangen hätte, wäre. Denn hätte die Menschheit einmal diesen Zustand erreicht, so könnte derselbe selbst dadurch nicht mehr verbessert werden, daß man den Einzelnen selbst in die Lage versetzte, gar nicht mehr arbeiten zu dürfen, und doch vollaus genießen zu können, weil er

kann ja doch das Arbeitsquantum, welches ihm Genuß gewährt, leisten
müßte, um sich auch diesen Genuß zu verschaffen, wie wir ja einen König
von Frankreich Schlosser, und einen Kaiser von Oesterreich Siegellack=
fabrikant werden sahen, ohne daß es diesen Männern in den Sinn gekom=
men wäre, sich durch diese Arbeit ein Einkommen zu verschaffen. Dieser
Zustand wäre erreicht, wenn bei jedem einzelnen Producenten sich die Ge=
schicklichkeit und Arbeitskraft der Art steigerte, daß die Producenten eines
jeden geschätzten Gegenstandes mit dem Arbeitsquantum, welches ihnen
Genuß gewährt, mit $A=1$, das ganze Quantum zu erarbeiten im Stande
wären, welches für die ganze Menschheit zur völligen Bereitung des betref=
fenden Genusses ausreichte, und jeder Producent an der erarbeiteten Masse
in dem Verhältniß seiner Genußfähigkeit Theil hätte. Die Preise aller
Gegenstände müßten sich dann, weil alles Erarbeitete verkauft werden
müßte, so stellen, daß Jedem als Belohnung genau die Summe zufiel, die
er gebraucht, um sich alle Genußmittel vollaus kaufen zu können. In einem
solchen Zustand hätte dann die Menschheit offenbar im Verhältniß zu ihrer
Arbeitskraft ein Minimum von Arbeit zu leisten; denn wir wissen aus
dem Satz Seite 60, daß für ein kleineres π, A unter allen Umständen
größer als 1 wird. Wir wissen aber außerdem, daß in unseren jetzigen Zu=
ständen noch das Vielfache der jetzt gelieferten Arbeit zu leisten wäre, um
jene Quantitäten zu Stande zu bringen. Wie kann man also von einem
Mangel an Arbeit sprechen, wenn einerseits so ungeheure Quantitäten von
Arbeit noch zu liefern wären, um jenen wünschenswerthesten Zustand, völlige
Bereitung aller Genüsse, herbeizuführen, andererseits aber dieser Zustand
nur herbeigeführt werden kann, wenn es gelingt, das zu leistende Arbeits=
quantum durch Steigerung der Geschicklichkeit und Arbeitskraft bei jedem
Menschen auf jenes Minimum zurückzuführen, das Streben daher einzig
und allein darauf zu richten ist, das erforderliche Arbeitsquantum zu ver=
mindern!

Dieses Streben gelingt denn auch jetzt dem Menschengeschlecht durch
die rasch auf einander folgenden Entdeckungen in den Naturwissenschaften
und Erfindungen zur zweckmäßigern Verwendung der vorhandenen Natur=
kräfte in überraschender Weise, und eine Vergleichung dessen, was auf den
Kopf der Bevölkerung jetzt gegen früher verzehrt wird, zeigt auch den au=
ßerordentlichen Zuwachs an Lebensgenuß, den die Menschheit sich hierdurch
verschafft.

Man sieht denn hieraus, daß jene temporäre Verdienstlosigkeit in ein=
zelnen Productionszweigen nicht in einem Mangel an Arbeit überhaupt,
sondern nur in dem Mangel an lohnender Arbeit in dem bestimmten Pro=
ductionszweig ihren Grund hat, ein Mangel, dadurch hervorgerufen, daß
von dem bestimmten geschätzten Gegenstande im Verhältniß zu allen übri=

gen eine unverhältnißmäßig große Masse producirt wurde. Die so allgemein verbreitete Meinung, es sei von der Regierung Sorge für lohnende Arbeit zu tragen, beruht daher wirklich auf einem Irrthum, und die Einrichtung der darauf hinzielenden Monopole, wie wir sie in Schutzzöllen, Zunftwesen, Concessionen, Privilegien, Prüfungen u. s. w. besitzen, kann nur das Uebel verewigen. Die Thätigkeit der Regierung muß sich vielmehr das gerade Entgegengesetzte zum Ziele setzen, sie hat einzig dahin zu wirken, den Uebergang von einer Production zur andern möglichst zu erleichtern, und muß darum nicht bloß jene künstlich und willkürlich gemachten Schranken wegräumen, sondern auch auf die Beseitigung der durch die Construction der Schöpfung hervorgerufenen Hindernisse hinwirken.

Als einen weitern Irrthum führe ich hier den schon oben kurz erwähnten an, daß man nur solche Vorgänge im Verkehr für die Gesammtheit als gewinnbringend erachtete, bei denen sich nach dem Vorgange ausrechnen ließ, daß irgend ein Mensch einen Geldgewinn daraus gezogen habe. Dieser Irrthum hat seinen Grund in der Verkennung des eigentlichen Wesens des Kaufs und der wahren Vortheile, welche er der menschlichen Gesellschaft bringt, und diese selbst wurzelt darin, daß der Kauf und Verkauf, der Handel, einzelne Menschen in den Stand setzt, mit um so weniger Beschwerde Reichthum zu erwerben, je mangelhafter die Einrichtungen zur Erleichterung des Austausches sind. Dieses Reichwerden von einzelnen Menschen, die den Handel unter besonders günstigen Umständen als Gewerbe betreiben, sprang so sehr in die Augen, daß man dieses als letzten Zweck des Handels um so mehr betrachten zu können glaubte, als es unzweifelhaft Zweck der mit dem Handel beschäftigten Menschen war, und sie daher den Handel als nur zu diesem Zweck vorhanden betrachteten.

Um das Irrige dieser Ansicht nachzuweisen, betrachten wir zunächst den Vorgang näher, der durch den Gebrauch des Geldes als Tauschmittel ins Dasein gerufen wird. Wir finden, daß die ureigenthümlichste Wirkung des Geldes darin besteht, daß durch das Geld der bis dahin untheilbare Tausch theilbar wird. Wenn zwischen A und B ein Tausch zu Stande kommen soll, ohne Vermittlung des Geldes, so muß für B der Gegenstand von A, für A der von B wirklichen Werth haben. Nach vorgenommenem Tausche wird dann Jeder den eingetauschten Gegenstand zur Genußbereitung verwenden, und so sind denn hier durch den einmaligen Tausch die beabsichtigten Wirkungen des Tausches bis zur Vollendung eingetreten. Tauscht aber B von A einen Gegenstand gegen Geld ein, so kann auf Seiten des A die beabsichtigte Wirkung, Genußbereitung, erst eintreten, wenn er bei C das erhaltene Geld zuerst gegen wirklichen Werth vertauscht hat; erst dann kann er mit der Genußbereitung bekommen, erst dann also tritt die ursprünglich beabsichtigte Wirkung des Tausches für A ins Dasein. Und nicht bloß A befindet sich in dieser Lage, auch B und C. Denn B konnte in den Besitz des Geldes nur durch vorangegangenen Tausch gelangt sein (der Fall, wenn B in anderer Weise in diesen Besitz gelangt ist, bildet hier keine Ausnahme, weil dann sein Besitz nicht als Geld zu betrachten ist), und C muß erst das Geld wieder vertauschen, bevor er die gewünschten Wirkungen des Tausches empfindet. Den Tausch, bei welchem auf der einen Seite Geld als Tauschmittel dient, unterscheiden wir nun von jenem ersten ursprünglichen Tausch bekanntlich durch die Benennung Kauf, und Kauf ist daher ein nur zum Theil zu Stande kommener Tausch; es gehören mindestens zwei Käufe dazu, um bei einem Menschen die beabsichtigten Wirkungen des Tausches zu Tage zu fördern, und so sehen wir denn, daß durch die Einführung des Geldes die Theilbarkeit des Tausches bewirkt wird. Durch die weiter getriebene Arbeitstheilung, bei welcher bekanntlich nicht jeder Gegenstand von einem Arbeiter bis dahin hergestellt wird, daß er zu seinem endlichen Zweck verwendet werden kann, sondern bis dahin oft durch eine große Zahl von Händen gehen muß, und durch die Nothwendigkeit der Einführung des Handels bei weiterer Ausbreitung der Arbeitstheilung wird denn diese Theilbarkeit des Tausches ins Unbegrenzte vermehrt. Denn bei der bisher betrachteten Art des Kaufes wurde wenigstens auf der einen Seite, auf Seiten des Käufers, der Zweck des Tausches, Genußbereitung, erreicht. Wer aber einen unvollendeten Gegenstand kauft, um ihn vollendeter hergestellt zu verkaufen, wie dieses bei weitgetriebener Arbeitstheilung stattfindet, oder um Handel zu treiben kauft, muß das Eingekaufte erst gegen eine größere Geldsumme wieder verkaufen und muß dann erst gegen einen dritten Kauf für das vermehrte Geld Genußmittel einkaufen. Hier sind also mindestens drei Käufe zur Vermittlung des Tausches erforderlich, wenn zwischen dem ersten Producenten und dem Consumenten nur eine Mittelsperson thätig ist, und es leuchtet ein, daß durch Vermehrung dieser Mittelspersonen sich auch die Zahl der abzuschließenden Käufe und zwar beim Hinzukommen einer Mittelperson jedesmal um zwei vermehrt.

Der wahre Vortheil des Kaufs für die menschliche Gesellschaft ist daher, daß durch ihn in unzählbar vielen Fällen ein Tausch möglich wird, in welchen ohne Kauf der Tausch unterbleiben müßte, und daß also in allen diesen Fällen die außerordentliche Werthsvermehrung eintritt, wie sie mit dem Tausch verbunden gefunden wurde.

Aber so groß auch dieser Vortheil sein mag, so wird er doch nicht ohne einen kleinern Nachtheil erlangt. Es ist nämlich aus dem Vorstehenden offenbar, daß die Werthsvermehrung bei dem ursprünglichen Tausch, demjenigen, bei welchem jeder der beiden Tauschenden für sich wirklichen Werth erhält, ihr Größtes erreicht, obschon bei diesem Tausch gar kein Geld vorkommt, mithin auch von einer Vergrößerung der Geldsumme in irgend einer Hand gar keine Rede sein kann. Sie leidet schon dann einen Abbruch, wenn auch nur einen unbedeutenden, wenn es nöthig wird, diesen ursprünglichen Tausch durch nur zwei Käufe zu vermitteln, nämlich so viel, als die Beschwerde dadurch wächst, daß, um nun den Zweck des Kaufs in gleicher Weise wie bei jenem Tausch zu erreichen, anstatt einer einmaligen Uebertragung eine zweimalige nöthig wird, und als die übertragenen Waaren und Geldsummen durch diese Uebertragungen eine Verschlechterung und Verminderung erleiden. Dieser Abbruch steigert sich denn außerordentlich, wenn nun die Zahl der Käufe vermehrt werden muß, um den Tausch zu vermitteln, weil hierdurch nicht bloß die Zahl der Uebertragungen sich vermehrt, sondern auch außerdem von den vertauschten Waaren ein Theil zur Entschädigung für die Mühwaltung der Mittelspersonen zurückgelassen werden muß. Dasjenige daher, was durch die vermehrten Uebertragungen verloren geht, und was den Mittelspersonen zufällt, sind die beklagenswerthen Kosten, welche aufgewendet werden müssen, um die Hindernisse zu beseitigen, welche die Natur der Verhältnisse in diesen Fällen dem Zustandekommen des Tausches in den Weg stellt, und es ist jedesmal als Gewinn zu betrachten, wenn es gelingt, die Zahl der nothwendigen Uebertragungen zu vermindern, und dasjenige, was den Mittelspersonen belassen werden muß, herabzusetzen. Man sieht daher, daß das Streben der Regierung genau die entgegengesetzte Richtung zu verfolgen hat, als ihm zufolge jenes Irrthums angewiesen wird. Die Regierung hat dafür zu sorgen, daß die den Mittelspersonen zufallenden Geldsummen möglichst klein ausfallen, und die Zahl der Mittelspersonen so sehr vermindert werde, als es ohne den Austausch zu vermindern nur immer geschehen kann, und die Regierung muß es jenen Mittelspersonen ganz und gar selbst überlassen, wie bei jedem andern Productionszweig, dafür zu sorgen, daß ihnen der verhältnißmäßige Lebensgenuß für ihre Mühwaltung zufällt.

Noch eine allgemeinere Erwägung zeigt aber nicht minder das Irrige jener Ansicht. Wäre sie richtig, so könnte die Menschheit keinen größern Reichthum erwerben, als wenn sie die Einrichtung träfe, daß jede Waare, bevor sie vom Producenten zum Consumenten gelangte, auf dem Wege des Handels durch die Hände aller übrigen Menschen zuerst passiren müßte, und jeder von denselben einen Handelsgewinn zöge. Die durch den Handel gewonnene Summe erreichte dann offenbar ein Größtes. Dieser Schluß trägt denn, obschon regelrecht auf jenen Irrthum gebaut, seine Absurdität zu offen an der Stirn, als daß es nöthig wäre, noch durch eine Auseinandersetzung seine Unrichtigkeit darzuthun.

Das Erwerben von Reichthum durch den Handel hat daher nächst der

…erordentlichen Werthsvermehrung, die der Tausch mit sich bringt, die die …glichkeit bedingt, durch den Handel überhaupt irgend etwas zu verdienen, …genscheinlich in den Hindernissen seinen Grund, welche sich dem Einzelnen in …en Weg stellen, den Handel, der den Reichthum schafft, als Erwerbszweig zu …greifen. Aus dieser wahren Natur des Handelsgewinns, wonach der über= …äßige Gewinn lediglich auf Kosten der übrigen Menschheit erworben wird, …klärt sich denn auch, warum der durch Handel erworbene Reichthum so …phemerer Natur ist. Denn dieser Reichthum kann hiernach nur so lange …rhalten, bis es gelungen ist, die Hindernisse zum Ergreifen dieses Pro= ductionszweigs zu beseitigen, und dadurch die Belohnung der Producenten auf ihre verhältnißmäßige Höhe herabzudrücken, und die Geschichte bestätigt in der großartigsten Weise dieses Resultat. Nur ein Beispiel mag hier an= geführt werden.

Durch die geographische Lage bedingt, gelang es zuerst den Bewohnern der Seestädte Oberitaliens, die Hindernisse wegzuräumen, welche sich dem Handel zwischen Asien und Europa in den Weg stellten, und es fiel den= selben dieser Handel dadurch mit nahezu gleichen Wirkungen, wie bei Ein= richtung eines Monopols, zu. Als daher vorzugsweise durch die Kreuzzüge die Völker Asiens und Europas ihre gegenseitigen Genußmittel näher kennen lernten und in Folge dessen der Austausch unter denselben allgemeiner und ausgedehnter zu werden begann, gelangten einzelne Bewohner jener See= städte hierdurch zu einem oft angestaunten Reichthum, dessen Größe um so außerordentlicher erschien, wenn er mit der übrigen ganzen Weltlage in Ver= gleich gestellt wurde. In dieser günstigen Lage blieben die italienischen Städte so ziemlich ungestört, bis durch Umschiffung von Afrika zunächst die Por= tugiesen und Spanier, später Holländer und Engländer ihnen die Concur= renz bildeten. Im Rausche des so leicht gewonnenen Reichthums versäum= ten es aber die Bewohner Italiens wohl vorzugsweise aus Unkenntniß der Gesetze des Verkehrs, bevor noch jene Concurrenz eintrat, die Einrichtungen zu treffen, welche allein geeignet sind, dauernden Vortheil aus dem Handel zu ziehen, nämlich die Hindernisse zu beseitigen, welche sich im eigenen Lande den Einzelnen in den Weg stellen, den günstigsten Productionszweig für sich zu ergreifen, und sich durch seine Ausbildung zu dem gewählten Productions= zweige in zweckmäßigster Weise zu qualificiren, endlich den Rechtszustand möglichst zu befestigen; oder, wie wir dieses fortan kürzer ausdrücken können: die Hindernisse für den Einzelnen zu beseitigen, um den Natur= gesetzen gemäß handeln zu können, und so sehen wir denn die Be= wohner Italiens von der ephemeren Höhe ihres Reichthums um so tiefer herabsinken, je mehr es durch die Concurrenz gelang, den Verdienst der Kaufleute auf die verhältnißmäßige Höhe herabzudrücken. Ganz die gleiche Erscheinung wiederholte sich später in Portugal und Spanien. In Eng=

11

land dagegen, wo den Gesetzen des Verkehrs besser Rechnung getragen worden ist, sehen wir trotz aller Concurrenz überall da, wo diesen Gesetzen Rechnung getragen wird, sich über das ganze Volk einen oft beneideten Wohlstand verbreiten.

Wie ephemer der durch den Handel zu gewinnende Reichthum ist, zeigen aber am Besten die sich stets mehrenden Klagen der Kaufleute, es sei jetzt beim Handel nichts mehr zu machen. Sie verstehen darunter, daß es jetzt weit schwerer halte, wie früher, außer dem zum standesmäßigen Unterhalt erforderlichen Einkommen, noch ein solches Quantum Renten zu beschaffen, welches sie in den Stand setzt, in späteren Lebensjahren das ohnehin über das verhältnißmäßige Maß gesteigerte üppige Leben fortzusetzen, und außerdem dann noch die Renten als Erbschaft zu hinterlassen. Durch die verbesserten Einrichtungen beim Handel, d. h. durch das Fortschaffen der durch die Natur oder Kunst geschaffenen Hindernisse zum Ergreifen dieses Productionszweiges, gelingt es nämlich immer mehr, den Verdienst beim Handel so weit herabzudrücken, daß er gerade ausreicht, sich bei verhältnißmäßiger Anstrengung bis zum Lebensende den verhältnißmäßigen Lebensgenuß zu verschaffen, und seine Kinder zu erziehen, d. h. den Verdienst beim Handel zu einem im Vergleich zu anderen Productionszweigen verhältnißmäßigen zu machen, wodurch denn das sogenannte Reichwerden aufhören muß.

Noch ein anderer Irrthum wird in der so oft wiederholten Redensart ausgesprochen, daß sich das Proletariat von Jahr zu Jahr vermehre. Man versteht unter dieser Redensart, daß unter den arbeitenden Klassen von Jahr zu Jahr mehr Verdienstlosigkeit einreiße. Mehre Erscheinungen im Verkehr scheinen diese Ansicht zu rechtfertigen.

Zunächst die unausgesetzte Steigerung der von Behörden und Corporationen zu Unterstützungen verwandten Summen, ohne daß trotz dieser Steigerung auch nur den wirklich Bedürftigen in ausreichendem Maße geholfen würde; dann die unleugbare Thatsache, daß die Lage der meisten Fabrikarbeiter von Jahr zu Jahr eine beklagenswerthere geworden ist; weiter die massenhafte Auswanderung vorzugsweise kleinerer Ackerwirthe und Handwerker; endlich die Erscheinung, daß es auch den besseren Handwerkern und Kaufleuten weit seltener wie früher gelingt, Reichthum zu erwerben. Diese Thatsachen scheinen darzuthun, daß alle Stände, von oben angefangen, immer weiter herabsinken, bis zuletzt alle bei den Unterstützungsbedürftigen angekommen sein werden.

So täuschend aber auch dieser Schluß aus diesen Thatsachen scheint, so widerlegt sich derselbe unbedingt durch die andere bereits angeführte, eben so unwiderlegliche Thatsache, daß die Consumtion aller Genußmittel auf den Kopf der Bevölkerung gerechnet (von zeitweisen unbedeutenden Schwankungen abgesehen) unausgesetzt von Jahr zu Jahr steigt. Mit dieser Steigung muß denn auch das durchschnittliche Quantum des Lebensgenusses, welches jedem Menschen zufällt, unausgesetzt im Wachsen begriffen sein, und die überwiegend große Masse des Menschengeschlechts muß sich daher von Jahr zu Jahr wohler befunden haben. Darum müssen denn die oben erwähnten Thatsachen in etwas Anderm, als in dem Sinken des Wohlstandes ihren Grund haben.

Hier nun hält es nicht schwer, die Nothwendigkeit jener Erscheinungen, neben dem unbedingt stattfindenden Steigen des Wohlstandes im Allgemeinen, aus den Gesetzen des Genießens, und dem von jedem Menschen verfolgten Lebenszweck bei Berücksichtigung der geschichtlichen Entwicklung zu erkennen. Ich beginne diese Erklärung mit der zuletzt angeführten Thatsache, der, daß es der wohlhabendern Klasse schwerer wie früher fällt, Reichthum zu erwerben. Weshalb dieses beim Handelsstande eintritt, hat schon seine Erklärung gefunden; es bleibt daher diese nur noch für andere Gewerbetreibende zu geben übrig.

Als im Mittelalter neben dem Ackerbau noch andere Productionszweige entstanden, und dadurch die Arbeitstheilung in ausgedehnterem Maße ins Leben eingeführt wurde, konnte der Lehrsatz, daß die Concurrenz die Preise der Producte herabdrücke, und die unmittelbare Folge dieses Vorgangs: Schmälerung der Belohnung des Producenten, nicht lange unerkannt bleiben. Diese Folge erschien denn bei mangelhafter Erkenntniß der den ganzen menschlichen Verkehr regelnden Gesetze mit so überwiegendem Nachtheil verknüpft, daß von allen Producenten unausgesetzt die größten Anstrengungen gemacht wurden, alle Concurrenz möglichst von sich abzuhalten. Sie übersahen es nämlich, daß ihnen in der Ersparniß, die sie dadurch machen würden, daß in allen Zweigen der Production die gleiche Concurrenz wirksam sei, daß sie mithin bei freier Concurrenz alle ihre Genußmittel um so wohlfeiler würden einkaufen können, weit mehr als bloßer Ersatz für den Ausfall bei ihrer Einnahme geleistet werden würde. Als Resultat dieses Strebens sind denn alle die Maßregeln ins Leben getreten, welche darauf hinwirken, es dem Menschen möglichst zu erschweren, irgend einen der besser belohnten Productionszweige zu ergreifen. So entstanden die mehr oder weniger streng geschlossenen Zünfte und Innungen der Handwerker, die Gilden der Kaufleute, das Verbot, gewisse Productionszweige außerhalb der Städte zu betreiben, die Erschwerung des Bürgerwerdens in den Städten, das Ausschließen fremder Producte vom heimischen Markt u. s. w. Folge dieser Beschränkungen war denn, daß nach Verhältniß ihrer Größe die producirte Masse in den beschränkten Productionszweigen unverhältnißmäßig klein blieb, und Folge hiervon, daß der Preis dieser Producte dauernd eine unverhältnißmäßige Höhe zu der Beschwerde bei ihrer Production behielt. Der Verdienst aller der Personen, denen der Zufall so günstig war, daß es ihnen möglich wurde, sich eine solche privilegirte Stelle zur Production zu verschaffen, behielt daher unausgesetzt eine unverhältnißmäßige Höhe, die denn auf Kosten der großen Masse der menschlichen Gesellschaft sowohl ein reichlicheres Genießen bei allen diesen Personen, als auch eine Vergrößerung der von ihnen zur Beschaffung von Renten verwandten Summen herbeiführte. Dieses letztere bewirkte denn weiter, daß bei den folgenden Generationen die unverhältnißmäßige Steigerung des Lebensgenusses nach Potenzirung wuchs, weil nach den getroffenen Einrichtungen die Erben jener Renten in der Regel diejenigen waren, welche sich im Stande sahen, eine der privilegirten Stellen für sich zu gewinnen. Sehr natürlich mußte denn bei längerer Fortdauer eines solchen Zustandes bei jenen Producenten selbst der Glaube entstehen, es komme ihnen wirklich dieser höhere Lebensgenuß zu. Als daher eine aufgeklärtere Gesetzgebung damit begann, jene Beschränkungen zu mildern, mußten die Erscheinungen genau so eintreten, wie wir sie jetzt bei den Gewerbetreibenden sehen. Die dadurch bewirkte Massenvermehrung bringt die Preise jener privilegirten Producte der naturgemäßen Höhe näher, und schmälert den Verdienst der Producenten nach Verhältniß. Was also von Handwerkern und Kaufleuten so gern als Verfall ihrer Gewerbe hingestellt werden möchte, ist nichts weiter, als das Zurückgehen ihrer Belohnung von jener künstlich herbeigeführten auf die naturgemäße Höhe. Nicht bloß, daß also diese Erscheinung auf kein Zurückgehen der Menschheit im Wohlstande schließen läßt, die genauere Bestimmung der Schmälerung, welche diese Producenten durch die vernünftigere Gesetzgebung erlitten haben, zeigt unwiderleglich die bereits aus der Statistik sich ergebende außerordentliche Steigerung des Wohlstandes der ganzen Menschheit.

Wäre nämlich der Wohlstand der Menschheit nur auf derselben Höhe stehen geblieben, wie er zur Blüthezeit jener gesetzlichen Beschränkungen war; so hätte die freiere Gesetzgebung diese Producenten nicht bloß zu beschränkter Rentenbeschaffung, sondern auch zu einem beschränktern Genießen nöthigen müssen, weil beides durch jene künstlichen Mittel auch künstlich in die Höhe getrieben worden ist. Nun ist es aber eine feststehende Thatsache, und die so häufig geführte, wenn auch an und für sich lächerliche Klage über den steigenden Luxus gerade in diesen Klassen, beurkundet diese Thatsache in untrüglicher Weise, daß das Genießen sich bei allen jenen Producenten unausgesetzt gesteigert hat. Zum Ueberfluß mag noch eine Thatsache hierfür angeführt werden. Zur Zeit jener gesetzlichen Beschränkungen war, nach allen Schilderungen, die wir von dem damaligen Zustande der Handwerker besitzen, bei denselben in der Regel die Zurichtestube des Meisters gleichzeitig die Wohnstube für die Familie und im Winter die Küche, und in demselben Raume empfing der Meister auch seine Kunden. Die Geräthschaften dieser Stube bestanden aus unpolirten hölzernen Möbeln, Stühlen mit festem hölzernen Sitz, wenn nicht gar hölzernen Bänken und Schemeln. Jetzt rechnet jeder Handwerker in der verhältnißmäßig gleichen Lage es zu seinen Bedürfnissen, zum Empfang seiner Kunden eine besondere Stube zu besitzen, versehen mit Vorhängen, Spiegel, polirten, mindestens mit Rohr geflochtenen Stühlen, Tischdecke, irgend einem Spiegelaufsatz, eingerahmten Lithographien und häufig genug Sopha und Fußdecke. Es kann also keinem Zweifel unterliegen, daß der Genuß des Wohnens jetzt beim Handwerker in weit höherem Grade wie früher seine Befriedigung erhält. Dabei haben die Preisverhältnisse für Wohnung und alle übrigen Genüsse keine solche Aenderung erlitten, daß sich daraus diese höhere Befriedigung des Wohnungsgenusses erklären ließe, und es folgt denn aus dieser Thatsache, verbunden mit dem Satz über die Vertheilung des Einkommens, daß eine ähnliche Steigerung in der Bereitung aller anderen Genüsse beim Handwerker Platz gegriffen haben muß, und weiter, daß also der Wohlstand der Menschheit sich um so viel mehr gehoben haben muß, wie die Steigerung des Genießens beim Handwerker beträgt, als ohne diese Steigerung der Handwerker durch die freiere Concurrenz würde gezwungen worden sein, sich in seinem Genießen zu beschränken.

Während die bis jetzt betrachtete Erscheinung in der in früheren Zeiten bewirkten künstlichen Preissteigerung der Productenpreise ihren Grund hat, werden die beiden zuerst genannten Erscheinungen durch eine künstlich bewirkte Preiserniedrigung hervorgerufen.

Die von Behörden und Corporationen gewährten Unterstützungen werden nämlich nicht bloß an solche gegeben, die ganz und gar für immer arbeitsunfähig sind; sondern auch an solche, deren Productionszweig vermöge seiner natürlichen Beschaffenheit, beispielsweise durch eine bestimmte Jahreszeit, oder zeitweises Kranksein, oder andere unverschuldete zeitweise Arbeitslosigkeit in Noth gerathen. Dabei ist es eine so feststehende Sitte geworden, diese Unterstützungen an wirklich Bedürftige bis zu einem gewissen Betrage zu gewähren, daß sogar bestimmten Corporationen gesetzlich die Verpflichtung zu solchen Unterstützungen aufgelegt ist. Nun giebt es aber unter allen Umständen und besonders in unseren Zuständen noch eine Menge Productionszweige, in welchen die Arbeiter sich periodisch, namentlich durch den Wechsel der Jahreszeiten, am Arbeiten verhindert sehen, und bis jetzt ist es diesen Arbeitern noch keineswegs gelungen, für diese Zeit andere lohnende Beschäftigung zu finden, während beim Genießen wohl eine Beschränkung, aber keine gänzliche Unterbrechung um so weniger möglich ist, als die Sitte ein Minimum des Genusses, auf welches jeder

Mensch im Zusammenleben Anspruch habe, festgestellt hat, welches mit Recht das absolut Kleinste weit übersteigt. Naturgemäß muß denn der Lohn dieser Arbeiter während der Zeit des Arbeitens sich so hoch stellen, daß er, gleichmäßig auf das ganze Jahr vertheilt, ihren Lebensgenuß zu einem verhältnißmäßigen machen würde, und ohne ein künstliches Eingreifen würde dieses denn auch unfehlbar geschehen. Durch das Gewähren der Unterstützungen wird aber dieses Resultat verhindert, und der Preis der Arbeit unter jenes Maß herabgedrückt.

Die Gewißheit nämlich, bei eintretendem Nothstande Unterstützung zu erhalten, muß den ohnehin vorhandenen Reiz, alles Erarbeitete zur augenblicklichen Genußbereitung zu verwenden, nicht bloß bedeutend erhöhen, sie macht es einem Menschen möglich, dauernd eine solche unzweckmäßige Verwendung vorzunehmen. War dann bei einer vernünftigen Verwendung des Erarbeiteten der Lebensgenuß dieser Arbeiter bis dahin ein verhältnißmäßiger, so wird nun derjenige des Arbeiters, der sich durch die andere Verwendungsart Unterstützung zu verschaffen weiß, um so viel zu groß, als die Unterstützung zu schätzen ist, und diese unverhältnißmäßige Höhe des Lebensgenusses hat denn die gewöhnliche Wirkung, Massenvermehrung durch vermehrten Zugang zu dieser Production, und Preiserniedrigung bis dahin, daß nur einschließlich der Unterstützung die Belohnung des Arbeiters eine verhältnißmäßige wird. Ist dieser Zeitpunkt eingetreten, so kann nun kein Arbeiter mehr in diesem Productionszweige ohne jene Unterstützung bestehen. Man sieht also, daß die Summe jener Unterstützungen von Jahr zu Jahr so lange wachsen muß, bis sämmtliche Arbeiter, die periodisch arbeitslos werden, während dieser Arbeitslosigkeit auf Kosten der Gesammtheit unterhalten werden. Von dem Anwachsen dieser Summe ist darum ein Schluß auf den Wohlstand der Gesammtheit unzulässig.

Noch ein anderer Umstand zeigt auch hier den Fortschritt des Menschengeschlechts im Wohlstande. Es ist der, daß die Sitte das Kleinste, was jedem Menschen an Lebensgenuß zufallen müsse, bedeutend gegen früher erhöht hat. Die Vergleichung der jetzigen Einrichtung von Armenversorgungs=Anstalten gegen die der vorigen Jahrhunderte zeigt dieses unwiderleglich, eben so sehr aber auch das allgemeine Streben der Wohlhabenden, Mittel zu finden, jedem Menschen wenigstens dieses durch die Sitte festgestellte Kleinste von Lebensgenuß zu gewähren.

Wie nun dem Uebelstande, den die Unterstützungen mit sich führen, ohne Härte für den Arbeiter abzuhelfen ist, kann erst später einer Erörterung unterworfen werden.

Daß das Loos so vieler Fabrikarbeiter ein so beklagenswerthes ist, hat seinen Grund darin, daß die Ausbildung des Maschinenwe=

sens es möglich gemacht hat, in sehr vielen Productionszweigen die Körperkräfte des Menschen schon in einem solchen Alter zur Production zu verwenden, in welchem eine menschliche Ausbildung noch nicht gewährt werden kann, und die Menschen aus irregeleitetem Egoismus sich auch nicht geschämt haben, diese Möglichkeit zu mißbrauchen. Menschen, die in einem so frühen Alter zu derartigen Arbeiten mißbraucht werden, finden sich erwachsen von so mangelhafter geistiger und körperlicher Ausbildung, daß sie nur eben befähigt erscheinen, ihre Arbeitskraft im Fabrikwesen ihr ganzes Leben hindurch zu verwerthen. Bei den wegen der bekannten Schwankungen in den Verkehrsverhältnissen unvermeidlich eintretenden sogenannten schlechten Conjuncturen müssen sie sich denn eine Schmälerung ihrer Belohnung um so mehr gefallen lassen, als sie sich in der ersten Zeit noch in der Lage befinden, durch die Beschäftigung der eigenen Kinder sich ganz oder theilweise Ersatz für den Ausfall zu verschaffen. Aber gerade durch die Anwendung dieses Mittels wird das Uebel verewigt. Denn selbst dann, wenn auf die Fabrikarbeiter kein außergewöhnlicher Zwang ausgeübt würde, muß aus bekannten Gründen die Belohnung der Fabrikarbeiter bei diesem Verfahren so tief sinken, daß dieselbe einschließlich des Verdienstes der Kinder eine verhältnißmäßige wird. Ist es bis dahin gekommen, so übt nun auf jeden Fabrikarbeiter dieses Verhältniß den indirecten Zwang aus, seine Kinder in den Fabriken in jenem frühen Alter arbeiten zu lassen, und sie hierdurch zu zwingen, ihr Leben lang Fabrikarbeiter zu bleiben. Dieser Zwang setzt diese unglückseligen Menschen dann in die Lage, sich bei neu eintretenden schlechten Conjuncturen unausgesetzt eine Herabsetzung ihrer Belohnung gefallen lassen zu müssen, bis dahin, daß sie nur mehr eben ausreicht, das Leben zu fristen. Auch diese Erscheinung hat daher mit dem Wohlstande im Allgemeinen nichts zu schaffen. Der Uebelstand würde beseitigt, wenn die Beschäftigung eines Menschen in einem Alter, in welchem er noch nicht die körperliche und geistige Ausbildung zu einem Menschen seines Zeitalters erlangt hat, nicht stattfände, und dieses zu beanspruchen, heißt ja wahrlich für den Menschen nur das fordern, was wir freiwillig unseren Hausthieren gewähren! Auch hierauf werde ich noch später zurückkommen.

Von den vier Erscheinungen, aus welchen auf das Zurückgehen der menschlichen Gesellschaft im Wohlstande zurückgeschlossen wird, bleibt daher nur noch die massenhafte Auswanderung übrig, und diese Erscheinung bedarf denn hier kaum einer Erklärung. Wir wissen, daß die Menschheit, um ihr Loos möglichst günstig zu gestalten, sich für jede Production den Fleck der Erde aussuchen muß, der die günstigsten Bedingungen bietet.

Nun aber wäre es ein sonderbares Zusammentreffen, wenn unter den ungeheuren Landesstrecken, welche in anderen Welttheilen noch nicht für eine Production in Beschlag genommen sind, sich nicht viele weit besser geeignete finden sollten, wie so manche der hier in Europa benutzten. Wir müßten daher hier weit eher, als über die Auswanderung, darüber uns wundern, daß dieselbe nicht schon weit früher massenhaft stattgefunden hat. Auch diese Erscheinung hat daher zur Größe des Wohlstandes der Menschheit keine unmittelbare Beziehung. Daß aber gerade kleinere Ackerwirthe und Handwerker den Versuch machen, günstigere Stellen zur Production aufzusuchen, hat seinen Grund darin, daß gerade bei Einrichtung der ackerbaulichen Production durch unsere Institutionen die größten Fehler begangen werden, und daß sich dann diesen kleine Handwerker anschließen, ist sehr natürlich, weil unter der neu angesiedelten Masse der Ackerbauer die ersten Handwerker eine verhältnißmäßig hohe Belohnung finden müssen.

So erweist sich die Schlußfolgerung aus diesen Erscheinungen auf ein Zurückgehen der Menschheit im Wohlstande gegenüber der durch die Statistik festgestellten Thatsache der vergrößerten Consumtion von Genußmitteln als ein Irrthum.

Ein weiterer Irrthum ist es, daß man glaubte, außer den Mitteln, welche einzig und allein im Stande sind, den Wohlstand der Menschheit zu fördern, die Steigerung der g, π, γ und V (denn die Beseitigung der Hindernisse zum Ergreifen des besten Productionszweiges ist eben auch nichts Anderes, als ein Mittel zur Steigerung der den Verkehr regelnden Kräfte) noch besondere anwenden zu können und zu müssen, das sogenannte Capitalvermögen der Menschheit, oder eines Theils derselben, eines bestimmten Volkes, zu vermehren, daß man überhaupt glaubte, in diesem Capitalvermögen irgend einen Maßstab für den Wohlstand des Volkes zu finden. Dieser Irrthum hat einen ganz ähnlichen Grund, wie der, welcher das Geld als Maßstab des Werthes erscheinen ließ. Weil sich der einzelne Mensch um so wohler befindet, je größer im Verhältniß zu seinen Nebenmenschen die in seinem Besitz befindliche Capitalsumme sich berechnet, glaubte man weiter schließen zu können, daß also auch eine Mehrheit von Menschen, ein ganzes Volk an diesem Wohlerbefinden Theil haben werde, wenn es gelänge, die ihr zustehende Capitalsumme zu vergrößern, und daß daher das Streben dahin zu richten sei, auf diese Vergrößerung Bedacht zu nehmen.

Diese Schlußfolgerung wäre richtig, wenn die Verkehrsverhältnisse eine directe Einwirkung auf die Höhe der der ganzen Menschheit zustehenden Capitalsumme möglich machten; so aber wird diese Capitalsumme lediglich durch Rechnung gefunden, dadurch, daß man die zahlbare Rente nach dem durch die Verkehrsverhältnisse "estgestellten Zinsfuß capitalisirt. Die sogenannte Capitalsumme wird mithin von R, dessen Größe durch die Formel:

$$R = (P + c - \pi)\sqrt{\frac{\alpha + \beta'}{\alpha + \beta}} - (P + c - \mu\pi)$$

gefunden wird, und z bestimmt, und es folgt denn aus den früher entwickelten Sätzen, daß die Größe von R und z und mit ihr die Größe der berechneten Capitalsumme beim Steigen des Wohlstandes sowohl steigen wie sinken kann, daß also zwischen der Größe des Wohlstandes und der Größe der berechneten Capitalsumme in keiner Weise irgend eine Verhältnißmäßigkeit stattfindet.

Ein Paar fingirte Beispiele mögen die Sache zunächst in helleres Licht setzen.

In allen Ländern, die wir zu den civilisirten rechnen, wirft der Besitz des Grundeigenthums eine bedeutende Rente ab, und es repräsentirt das Grundeigenthum in allen diesen Ländern darum eine bedeutende Capitalsumme. In Preußen beispielsweise mag dieses Grundeigenthum bei mäßiger Schätzung 100,000,000 Thlr. Rente geben, und daher selbst bei einem Zinsfuß von 5%, für die jetzigen Verhältnisse zu hoch, eine Capitalsumme von 2,000,000,000 Thlr. repräsentiren. Gesetzt nun, es gelänge, durch irgend welche Erfindungen oder Entdeckungen mit oder ohne Aufwendung von Kosten alles jenes Grundeigenthum der Art herzustellen, daß nach dieser Herstellung jede zu einem Productionszweig hergestellte Oertlichkeit zu dieser Production gleich gut wie jede andere, und zwar in der Art qualificirt sich fände, wie jetzt die am Besten befundene, und wir betrachten die Folgen hiervon zunächst beim Ackerbau, so finden wir: Das beste Land liefert bei gleicher Mühwaltung gegenwärtig bekanntlich den vielfachen Ertrag des schlechtesten. Es würde also bei Verwendung der gleichen Arbeitskraft mindestens das Doppelte an Ackerbauproducten wie jetzt erzeugt werden. Aber selbst der Taglöhner rechnet den Genuß von Nahrungsstoff zu seinen Bedürfnissen, und zwar zu seinen dringenden Bedürfnissen der Art, daß er, was die erforderliche Masse betrifft, seinen Bedarf weit mehr als zur Hälfte befriedigt, während der etwas besser gestellte Mensch sich an der Masse Nichts mangeln läßt, und die gesteigerte Befriedigung dieses Bedürfnisses einzig in der qualitativ bessern Befriedigung sucht. Es folgt denn hieraus, daß die ganze Menschheit mit dem producirten doppelten Quantum weit mehr wie volle Befriedigung ihres Bedarfs erlangen, der Preis der Ackerbauproducte also auf Null herabsinken müßte, wenn dem nicht durch Verminderung der Arbeiterzahl entgegengewirkt würde. Diese Nothwendigkeit der Verminderung der Arbeiterzahl bedingt dann weiter, daß eine verhältnißmäßige Strecke gleich gut zum Ackerbau geeigneten Bodens unbebaut liegen bleibt, und Folge hiervon ist, daß sich der neue Preis der Ackerbauproducte nur mehr so gestalten kann, daß die Ackerbauer dabei eben ihre verhältnißmäßige Belohnung finden, ohne im Stande zu sein, die geringste Rente zu zahlen, weil jeder höhere Preis sofort Massenvermehrung durch Cultivirung der noch vorhandenen gleich guten Ackerflächen, die dann umsonst zu haben wären, mit sich bringen würde. Aehnliches wie bei dem Ackerbau würde bei anderen Industriezweigen in Beziehung auf die Bodenrente eintreten, und so gingen denn in Preußen die 100,000,000 Thlr. Grundrente, und dem entsprechend der Kaufpreis dieses Grundeigenthums mit 2,000,000,000 Thlr. verloren, eine Summe 20 Mal größer als die ganze in Preußen umlaufende Münzmasse zu schätzen ist, und in ähnlichen Verhältnissen gestalteten sich die Verluste in allen übrigen Ländern.

Dieser nach den gewöhnlichen Begriffen gar nicht zu überwindende Verlust würde sich indessen in der Wirklichkeit in den ungeheuersten Segen für die Menschheit verwandeln. Denn nicht bloß würde dann die Menschheit den Genuß aus Ackerbauproducten weit reichlicher wie bisher befriedigen, weil er so viel wohlfeiler würde, als früher Grundrente zu zahlen war und mehr Köpfe noch auf die verhältnißmäßige Belohnung durch diesen Industriezweig Anspruch hatten; es könnte außerdem durch die ungeheure Masse der beim Ackerbau ersparten Arbeitskraft bei verhältnißmäßiger Vertheilung auf alle übrigen Productionszweige, ohne Störung der Verhältnißmäßigkeit der Belohnung, die producirte Masse in allen diesen Zweigen nach Verhältniß vermehrt werden, während die Zahl der theilnehmenden Menschen dadurch keine Aenderung erlitte. Es käme also von jedem Genußmittel nach Verhältniß mehr auf jeden Kopf, und es fände also, trotz des Sinkens des sogenannten Capitalvermögens bis auf Null, in doppelter Rücksicht bei jedem Einzelnen eine Steigerung der Summe des Lebensgenusses Statt.

Umgekehrt läßt ein Steigen des Capitalvermögens keineswegs auf Steigerung des Wohlstandes schließen.

Wenn hier in Cöln plötzlich ein so großer Theil aller Brunnen, welche der Bevölkerung jetzt das gewünschte Wasser geben, versiegte, so daß der übrigbleibende Theil zur Deckung des Bedarfs nicht mehr ausreichte, und die Erdrinde sich hier der Art veränderte, daß auch kein neuer Brunnen mehr gegraben werden könnte; so müßte zur Ergänzung der gewünschten Wassermasse aus entlegeneren Gegenden Wasser herbeigeschafft werden. Dieses kann nicht ohne Arbeit geschehen; das Wasser würde also hier in Cöln einen dieser Arbeit verhältnißmäßigen Preis erlangen. Die Besitzer der unversehrt gebliebenen Brunnen würden daher auch das Wasser, welches sie mit viel weniger Arbeit aus diesen Brunnen herauszuschaffen im Stande wären, zu diesem Preise bezahlt erhalten; es würde ihnen also der Ueberschuß dieses Preises über das zu leistende Arbeitsquantum als Rente für den Besitz der Brunnen zufallen. Eine Rente, die augenscheinlich unter Umständen eine sehr bedeutende Höhe erreichen könnte, und es würde sich also durch diesen Vorgang das Capitalvermögen Cölns um diese ganze capitalisirte Rente vermehrt finden. Wer aber möchte behaupten, daß die Bewohner Cölns dadurch, daß sie das gewünschte Wasser nicht mehr umsonst haben könnten, im Wohlstande vorgeschritten seien?

Jedoch nicht bloß durch solche fingirte Beispiele läßt sich die Richtigkeit der obigen Schlußfolgerungen darthun; das Leben liefert dergleichen Beispiele täglich unzählige Mal. Wie bereits oben bemerkt wurde, sinkt bei jeder neuen Erfindung und Entdeckung, die sich bei ihrer Einrichtung als praktisch bewährt, der Kaufpreis der bis dahin vorhandenen Einrichtungen um so tiefer, je wesentlichere Aenderungen die neue Erfindung bedingt. Die Erfindung einer neuen Maschine, die erheblich mehr leistet, als die bis dahin angewandten, macht, wie schon bemerkt, diese letzteren ganz und gar preislos, auch wenn sie vor der Erfindung noch so theuer bezahlt worden sind, es sei denn, daß das Material zu anderen Zwecken sich benutzen läßt; der Bau der Eisenbahnen macht, indem er den Verkehr auf wenige Hauptpunkte concentrirt, das Grundeigenthum in kleineren Orten, von denen er dadurch abgeleitet wird, im Preise sinken, und an jenen Hauptpunkten um so rascher steigen u. s. w.

Es folgt denn hieraus:

Aus der Größe der Summe, welche gezahlt werden müßte, um alle Renten des Menschengeschlechts oder eines bestimmten Volkes anzukaufen, ist ein Schluß auf den Wohlstand des Menschengeschlechts oder jenes Volkes ganz und gar unmöglich, weil die Größe dieser Summe davon abhängt, 1) wie hoch sich die Herstellungskosten neuer Stellen zur Production berechnen, Kosten, deren Größe wesentlich bedingt ist von der Ausbildung der Naturwissenschaften; 2) wie groß die Verschiedenheit in der Tauglichkeit der zu einer und derselben Production dienenden Oertlichkeiten sich findet; endlich 3) wie groß die erforderliche Masse des Productes ist, mithin von Umständen, die zum Wohlstande in keiner bestimmten Verhältnißmäßigkeit stehen.

Wenn aber sonach die Größe der Kaufsumme der Renten zum Wohlstande keine bestimmte Verhältnißmäßigkeit hat, so ergeben sich dagegen zwischen der Größe dieser Kaufsumme und der Größe der Herstellungskosten der Renten ganz ähnliche Beziehungen, wie zwischen Preis und Werth. Wie der Preis das Verhältniß der zur Herstellung eines geschätzten Gegenstandes aufzuwendenden Arbeit ergibt, so giebt der Kaufpreis verschiedener Oertlichkeiten das Verhältniß der Tauglichkeit einer bestimmten Stelle zur Production an; wie ferner die Unverhältnißmäßigkeit des Preises Massenveränderung bis dahin bewirkt, daß der Werth des zuletzt producirten Atoms dem Werthe des dafür zu zahlenden Geldatoms gleich kommt, so bewirkt hier die Unverhältnißmäßigkeit des Kaufpreises gegen die Herstellungskosten neuer Renten Massenveränderung in den zur Production benutzten Stellen bis dahin, daß der Kaufpreis diese Herstellungskosten noch eben aufwiegt; wie aber die gelungene Herabsetzung des Preises für die Producenten zwar mit augenblicklichem Nachtheil, für die Gesammtheit aber mit überwiegendem dauernden Vortheil verbunden ist; so bewirkt auch jede gelungene Herabsetzung des Kaufpreises schon constituirter Renten für die Besitzer zwar Verlust, für die Gesammtheit aber überwiegenden Vortheil.

Noch eine allgemeinere Erwägung zeigt aber, daß das sogenannte Capitalvermögen auf einer Fiction beruht, und nichts weiter als eine Rechnungsmünze ist. Der Einzelne sowohl wie jedes Volk und die ganze Menschheit besitzt neben den eigenen körperlichen und geistigen Kräften nur Stellen, die mehr oder weniger gut zur Production sich eignen. Mit diesen müssen die unausgesetzt consumirten Genußmittel eben so unausgesetzt, und wenn die Menschheit im Wohlstande fortschreiten will, in erhöhtem Maße reproducirt werden. Neben dieser eigenen Arbeitskraft und diesen Stellen, von denen dann bei relativ verschiedener Tauglichkeit Renten bezogen werden, auf deren Höhe der Werth des Producirten einen höchst untergeordneten Einfluß ausübt, besitzt die Menschheit außerdem nur noch einen solchen Vorrath geschätzter Materialien und Genußmittel, wie er unbedingt erforderlich erscheint, um die Erhaltung und Herstellung der gewünschten Arbeitsstellen bewirken zu können, und das Genießen bis zur Reproduction neuer Massen nicht unterbrechen zu müssen, und endlich noch eine mäßige Geldsumme, die ihr als Maßstab beim Austausch dient, und als solcher fast unverändert fortwährend aus einer Hand in die andere übergeht, die aber wegen dieser im höchsten Grade wünschenswerthen Unveränderlichkeit auf den Wohlstand direct gar keinen Einfluß übt. Von einem abgesonderten Capitalvermögen ist aber nirgends eine Spur zu finden.

Aus dieser Auseinandersetzung folgt denn, daß es ein eben so verkehrtes Streben ist, durch künstliche Mittel die Kaufpreise der Renten zu steigern, oder auch nur auf einer bestimmten Höhe zu erhalten, als es beim Preise verkehrt gefunden wurde, durch Beschränkungen, wie diese auch Namen haben mögen, die Preise in der Höhe zu halten, daß von den Producenten jeder drohende augenblickliche Verlust abgehalten werde.

Aus der Fiction eines abgesonderten und besonders aufgespeichert gedachten Capitals ist aber in ganz entgegengesetztem Sinne, wie vorhin angedeutet, eine andere Maßregel hervorgegangen, ganz dazu gemacht, die Schätzung des sogenannten Capitalvermögens möglichst herabzudrücken, welche außerdem eine der unseligsten gesetzlichen Beschränkungen des freien Verkehrs enthält, eine Beschränkung, die, wenn es nicht dem Verkehr gelungen wäre, sie in vielen Beziehungen zu umgehen, und ihre üblen Folgen wenigstens größtentheils zu paralysiren, den Fortschritt des Menschengeschlechtes im Wohlstande unberechenbar mehr aufgehalten haben würde, als Krieg, Pest, Wassers= und Feuersnoth und alle die anderen Calamitäten, denen das Menschengeschlecht zeitweise unterworfen ist. Es ist dieses die beschränkende Gesetzgebung, die Zinsenzahlung betreffend, Beschränkungen, die man durch die Nothwendigkeit gerechtfertigt glaubte, den Schuldner vor Bedrückung von Seiten des Gläubigers zu schützen. Die Form einerseits, in welcher sich namentlich in der ersten Entwickelungsperiode der Menschheit die Summen, welche zur Beschaffung von Renten bestimmt werden, die c bildeten, andererseits die Qualität der überwiegend größern Masse von Fällen, in welchen diese Summen damals fast ausschließlich als Darlehen von Anderen in Anspruch genommen wurden, schien diese Nothwendigkeit mit sich zu führen.

Die Natur der Verhältnisse bringt es nämlich mit sich, daß die Entdeckung, wie durch Tausch und Arbeitstheilung der Wohlstand gesteigert werden könne, erst zu machen ist, nachdem ein Zustand vorhergegangen ist, in welchem jeder Mensch unmittelbar nur für die eigene Genußbereitung Sorge trug, weil ja erst Erfahrungen über die Genußbereitung gesammelt werden mußten, ehe die Vortheile des Tausches und der Arbeitstheilung wahrzunehmen waren, Erfahrungen, die nur zu machen waren, wenn dem Menschen vorerst die Genußbereitung bis zu einem gewissen Punkte durch eigene Thätigkeit einige Zeit hindurch gelungen war. Wie uns die Geschichte lehrt, beschränkt sich aber in dieser Periode die Genußbereitung durch eigene Thätigkeit selbst dann, wenn die ersten Stadien menschlicher Ausbildung, das Jäger= und Hirtenleben, schon zurückgelegt sind, und ein Uebergang zum Ackerbau stattgefunden hat, auf die Beschaffung der nothwendigsten Nahrungsmittel, der unentbehrlichsten Wohnung und Kleidung und weniger zur ersten Bequemlichkeit dienender Geräthe, und jedem Einzelnen liegt ob, selbst die Arbeiten zu verrichten, durch welche ein Fleck des Erdbodens zu dieser Production geeignet hergestellt werden kann, während andererseits die einmal zum Ackerbau hergestellten Stellen durch die regelmäßige Benutzung zur Production sich nicht bloß zu dieser Production geeignet erhalten, sondern sich in ihrer Tauglichkeit fortwährend steigern, so daß hierdurch neue Stellen nur in so mäßiger Zahl herzustellen sind, als das allmälige Anwachsen des Menschengeschlechtes bedingt. Um diese so allmälige Herstellung zu bewirken, waren denn die von den Ackerbauern selbst bestimmten c, die bis dahin nur in eigener Arbeit bestanden, und sich daher von der übrigen Arbeit nur dadurch unterschieden, daß sie anstatt unmittelbare Genußmittel nur Stellen zur Erzeugung von Genußmitteln schafften, vollkommen ausreichend. Bei regelmäßigem Verlauf konnte in einem solchen Zustande von einem Darlehen gar keine Rede sein. Nur dann, wenn durch einen Unglücksfall, Viehsterben, Feuers- und Wassersnoth, langwierige Arbeitsunfähigkeit, Krieg u. s. w. eine zur Production hergestellte Stelle zum Theil vernichtet wurde, machte sich die Nothwendigkeit eines Darlehens fühlbar, weil es dem Einzelnen dann unmöglich wurde, die Masse der Arbeit sofort zu schaffen, die zur Herstellung der Stelle nothwendig wurde.

Aber während die Verkehrsverhältnisse des Menschengeschlechts sich bis zu diesem Punkte ausbildeten, gelang es, nach dem Zeugniß der Geschichte, einzelnen Menschen, sich als Herrn aller übrigen und als Herrn des Grund und Bodens aufzuwerfen, und sich in diesem Verhältniß die von den verschiedenen Stellen zahlbaren Renten ganz oder theilweise zu sichern. Hierdurch erlangten denn diese wenigen Menschen mühelos die Disposition über ein so bedeutendes Arbeitsquantum, daß sie, selbst bei verschwenderischem Genießen, dasselbe kaum zu erschöpfen vermochten. Sie befanden sich daher vor allen Anderen in der Lage, jene nöthig werdenden Darlehen geben zu können.

Während daher auf der einen Seite mühelos erworbene, und für den Besitzer fast werthlose Summen zu Darlehen benutzt werden konnten, waren die Darlehenssucher durch den äußersten Nothstand zu dem Darlehen gezwungen. Unter solchen Umständen konnte es denn als unmoralisch erscheinen, diesen Nothstand der Darlehenssucher zur Steigerung des Zinsfußes zu benutzen, und man hielt es darum für vollkommen gerechtfertigt, auf dem Wege der Gesetzgebung hier verbietend aufzutreten. So kam in das kanonische Recht das Verbot, in das bürgerliche Recht die Feststellung eines zulässigen Maximums für Zinsen, und das Verbot der Zinseszinsenrechnung. Diese gesetzlichen Bestimmungen würden sich von diesem Gesichtspunkte aus vielleicht so lange rechtfertigen lassen, als die factischen Zustände die eben beschriebene Gestalt behielten, wenn dadurch wirklich den Schuldnern geholfen worden wäre, und wenn nicht außerdem in den Gesetzen des Verkehrs eine unvergleichlich wirksamere Kraft vorhanden wäre, welche den Schutz der Schuldner mit nie fehlender Sicherheit übernimmt; so aber schlug, abgesehen davon, daß die Gesetze des Verkehrs jede Vorsorge für die Schuldner überflüssig machen, das angewendete Mittel zum Nachtheil der Schuldner aus.

Daß man sich von jener beschränkenden Gesetzgebung die Beseitigung der Bedrückungen der Schuldner versprach, hat nun seinen Grund in jener Fiction eines besondern Capitalvermögens. Man dachte sich, wenn auch nur unklar, deshalb die Capitalbesitzer in der Nothwendigkeit, dieses Capital nun auch wieder als Capital benutzen zu müssen, und glaubte sie daher durch jene Gesetzgebung zu billigen Bedingungen gegen die Schuldner zwingen zu können. Aber wie bereits bemerkt, besitzt die Menschheit neben ihrer Arbeitskraft nur mehr oder weniger gute zur Production geeignete Stellen (der Vorrath an Materialien, Genußmittel und Geld kann hier, weil derselbe unausgesetzt in wenig veränderlicher Größe erhalten werden muß, als von untergeordnetem Einfluß außer Acht gelassen werden), aus denen vereinigt den Einzelnen ein Einkommen zufließt, dessen Größe das Arbeitsquantum bezeichnet, über welches sie im Verkehr zu verfügen haben. Ob sie dann diese Verfügung so treffen werden, daß sie einen Theil dieses Arbeitsquantums zur Herstellung von Renten verwenden, und welche Größe dieser Theil erlangen wird, hängt, wie wir aus der Formel:

$$c = \frac{2(P \pm R - \pi)(Vz - 1)}{z + r}$$

wissen, bei übrigens sich gleich bleibenden Umständen wesentlich von der Größe von z, von dem Zinsfuße ab; je größer z, je größer c. Wenn daher durch eine gesetzliche Beschränkung z ein bestimmtes Maximum nicht überschreiten darf, so ist die Folge hiervon keineswegs, daß die Darlehenssucher das gewünschte Darlehen zu ermäßigten Bedingungen erhalten, sondern, daß die Summe aller c um so kleiner, die Summe aller e um so größer wird, daß mithin eine verhältnißmäßige Zahl der Darlehenssucher kein Darlehen oder, was im Wesentlichen auf dasselbe hinauskommt, erst in späterer Zeit wie sonst ein Darlehen erhält. Folge hiervon ist denn, daß so viel weniger Stellen, oder doch so viel später zur Production günstig hergestellt werden, indem die Arbeit, die sonst hierauf verwandt werden würde, zur Befriedigung der gesteigerten Nachfrage nach Genußmitteln verwandt werden wird, und Folge hiervon, daß in demselben Maße mit der gleichen Arbeitskraft weniger producirt werden kann, der Fortschritt im Wohlstand mithin in dem gleichen Maße gehemmt wird, was denn nach Potenzirung auf ewige Zeiten fortwirkt.

Die zuletzt übrigbleibende Wirkung jener gesetzlichen Beschränkung ist also:

Von der ganzen Masse der Darlehenssucher erhält nur der Theil das gewünschte Darlehen, der mit der Summe der c, die zu dem gesetzlich festgestellten z noch übrig bleibt, zufriedengestellt werden kann, dieser Theil ist aber weiter um so kleiner, je tiefer z unter das den Verhältnissen angemessene Maß bestimmt wird, je wirksamer die gesetzliche Bestimmung zu sein scheint; er besteht aber andererseits gerade aus den Darlehenssuchern, die sich persönlich in den günstigsten Verhältnissen befinden, weil natürlich die Darleiher sich diese bei der

Möglichkeit einer freien Wahl aussuchen werden, die also am Wenigsten eines gesetzlichen Schutzes bedürfen. Neben diesem begünstigten Theil verurtheilt das Gesetz den übrigbleibenden Theil, die am Meisten Nothleidenden, zum Versinken in das Proletariat, wenn es ihm nicht gelingt, seine Kräfte anderweitig ohne die Nothwendigkeit eines Darlehens zur Production zu verwenden.

Wie ganz anders, wenn die gesetzliche Beschränkung nicht existirt. Der Theil, der jetzt bei den gewährten Darlehen leer ausgeht, würde durch die Steigerung von z den Darleihern so viel größere Vortheile anbieten, daß dadurch die Ungunst ihrer Verhältnisse gegen jenen ersten Theil aufgewogen würde. Aber diese Steigerung würde andererseits zur Vergrößerung aller c führen, sie kann daher niemals höher getrieben werden, als daß die Summe der c genau ausreicht, um das Bedürfniß nach Darlehen zu decken, während anderseits nur da Darlehen zu dem höhern z noch werden gesucht werden, wo die ganze Summe der Zinsen die durch das Darlehen zu erzielende Rente nicht erschöpft, oder ihr doch nur eben gleichkommt. Folge hiervon wäre dann, daß in demselben Verhältniß, wie mehr Darlehen contrahirt würden, mehr Stellen zur Production geeignet hergestellt würden, und die Masse des Producirten bei gleicher Arbeitskraft sich vermehrte, d. h. der Wohlstand um so viel mehr zunähme, was dann wieder weiter nach Potenzirung auf ewige Zeiten günstig fortwirkt, und dann auch, in der Regel, die allmälige Herabsetzung von z im Gefolge hat.

Bringen nun jene Beschränkungen der Verzinsung schon solche Nachtheile mit sich, wenn die Verkehrsverhältnisse erst so weit gediehen sind, daß nur Darlehen aus Noth gesucht werden, wie viel mehr steigern sich dieselben dann, wenn die steigende Ausbildung des Menschengeschlechts die Ausdehnung der Arbeitstheilung, die Errichtung von Fabriken und einen ausgedehnten Handel nöthig macht! Denn, wie wir sahen, ist die nothwendige Folge der Zinsenbeschränkung, daß selbst die beim Ackerbau aus Noth gesuchten Darlehen nur theilweise gewährt werden, während der Ackerbauer doch in der Verpfändung des rentetragenden Grund und Bodens das Mittel besaß, den Gläubiger über den Empfang der Rente in der Regel ausreichend sicher zu stellen; um wie viel weniger konnten also solche Menschen zur Herstellung anderer Productionszweige zu dem gesetzlichen Zinsfuß Darlehen erhalten, die als Sicherheit für die übernommenen Verbindlichkeiten bloß ihre persönliche Qualification zu bieten vermochten, und denen zum Ersatz dieser mangelhaften Sicherheit nur das Mittel der Steigerung der zu zahlenden Rente zu Gebote stand, dessen Anwendung ihnen nun durch die fehlerhafte Gesetzgebung abgeschnitten wurde?

So wurde in einer unberechenbaren Zahl von Fällen die **Disposition** über das dem Einzelnen zustehende Arbeitsquantum zum ungeheuren Nachtheil für den Fortschritt des Menschengeschlechts im Wohlstande anstatt zur Herstellung von Renten zum augenblicklichen Genuß vorgenommen. Nur diejenigen konnten wegen dieser Beschränkungen die Ausdehnung vorhandener oder Einrichtung neuer Productionszweige bewirken, denen neben der persönlichen Qualification die Disposition über ein hinreichendes Arbeitsquantum aus eigenen Mitteln frei stand, und für welche außerdem das zu erarbeitende Einkommen noch hinreichenden Werth besaß, um die Beschwerde der Production mehr wie zu vergüten. Sehr natürlich fanden sich aber diese drei Bedingungen um so seltener zusammen, je großartiger im Laufe der Zeit die Anlagen zur Production sich als nothwendig herausstellten, und so verdanken wir denn der Zinsenbeschränkung vorzusweise, daß das Sprichwort: »Mit Geld kann man Geld verdienen«, noch eine Wahrheit enthält. Denn jenen wenigen Menschen, bei welchen sich jene Bedingungen vereinigt vorfanden, fielen nun diese Productionszweige wie Monopole zu, ihr Verdienst wurde daher ein unverhältnißmäßig großer, und diese Größe denn mit Recht vorzugsweise dem Geldbesitze zugeschrieben.

Darum würden wir denn, was die Entwicklung unserer Industrie und den Handel betrifft, noch fast auf der Stufe des Mittelalters stehen geblieben sein, wenn die Verkehrsverhältnisse das Gesetz nicht zum Theil illusorisch gemacht, zum Theil zu umgehen gewußt hätten. Ich spreche hier nicht von den Kunstgriffen, deren sich jetzt Wucherer bedienen müssen, um nicht dem Gesetz zu verfallen; sie erscheinen im großen Ganzen zu unbedeutend, als daß sie hier Berücksichtigung finden könnten: sondern von den Umgehungen, denen das Gesetz niemals im Stande gewesen ist, seine Billigung zu versagen.

Illusorisch werden die gesetzlichen Bestimmungen jedesmal dann, wenn sich der Preis einer Waare, einer Leistung der Art feststellt, daß der Producent neben seiner verhältnißmäßigen Belohnung, als einfacher Arbeiter betrachtet, und der Summe, welche erforderlich ist, die getroffenen Einrichtungen fortwährend in gleich gutem Stande zu erhalten, noch mehr erübrigt, als die Verzinsung des Anlagecapitals zu dem gesetzlichen Zinsfuß erfordert. Denn dieses Mehr bezieht er nur deshalb, weil er die bestimmten Einrichtungen zur Production besitzt, mithin als Rente für diese Einrichtungen; nur wird ihm dieses Mehr hier von der Gesammtheit anstatt von einem Einzelnen, der es sich von der Gesammtheit wieder erstatten lassen würde, bezahlt. Kann ja selbst, ohne das Gesetz zu verletzen, jede Fabrikanlage beispielsweise, zu jeder beliebigen Miethe übernommen werden, während es strafffällig sein würde, das Geld zur Anlage der gleichen Fabrik herzuschießen und sich höhere als die gesetzlichen Zinsen zu stipuliren, wenn auch durch diese selbst jene Miethe noch lange nicht erreicht werden sollte!

Nun ist es aber eine bekannte Thatsache, daß den Producenten in allen Productionszweigen bisher weit höhere Summen zuflossen, als der Arbeitsverdienst, die Unterhaltungskosten und die einfache Verzinsung des Anlagecapitals erheischten, und daß der Unterschied sich um so bedeutender herausstellt, je weiter wir ins Mittelalter zurückgehen, ja unbedingt am Höchsten, als das canonische Recht die Verzinsung als unmoralisch ganz und gar verbot. Erst in der neuesten Zeit ist die Verzinsung der im Gewerbe angelegten Capitalien, nachdem der hypothekarische Zinsfuß unter den gesetzlichen gesunken ist, in einigen Gegenden auf, und vielleicht zeitweise unter das gesetzlich festgestellte Maximum gesunken, und so sehen wir denn, daß der Verkehr jenes fehlerhafte Gesetz seinem materiellen Inhalte nach gerade damals um so exorbitanter verletzte, als man es bei Weitem am Nothwendigsten erachtete, über seine Ueberschreitung aufs Strengste zu achten.

Aber nicht bloß wird das Gesetz in den Fällen, in welchen mit eigenem Gelde die Herstellung von Renten erfolgt, illusorisch. Der Verkehr hat auch das Mittel gefunden, dasselbe in unzählig vielen anderen Fällen zu umgehen, durch das Creditiren des Kaufpreises der Waare. Es ist nämlich eine bekannte Thatsache, daß bei Creditkäufen der Preis der Waare ganz allgemein, im Verhältniß zum Kaufen gegen baar, gesteigert wird. Wer aber ein Stück Leinwand gegen halbjährigen Credit zu 21 Thlr. erhält, was er gegen baar zu 20 Thlr. erhalten würde, zahlt, wie die Formel:
$$21 = 20\,(1+x)^{1/2}$$
oder:
$$Lg\,(1+x) = 2\,(Lg\,21 - Lg\,20),$$
und daraus $x = 0{,}1025$ zeigt, in Wirklichkeit $10^{1}/_{4}\,\%$ Zinsen. Es ist dann weiter eine eben so bekannte Thatsache, daß die Steigerung des Preises bei Creditkäufem um so größer wird, je weniger Vertrauen der Creditnehmer genießt, so wie, daß bei halbjährigem Credit die hier angenommene Steigerung von 5 % des Waarenpreises zu den sehr mäßigen gehört. Fast alle die unzähligen Fälle, in denen ein Creditkauf stattfindet, schließen daher eine Umgehung des Gesetzes in sich.

Durch dieses Mittel des Creditirens haben sich denn die größere Zahl der Producenten den nachtheiligen Folgen der fehlerhaften Gesetzgebung zum Theil zu entziehen gewußt, während diejenigen, zu deren Schutz jene Beschränkungen vorzugsweise beitragen sollten, diejenigen nämlich, die durch einen Unglücksfall gezwungen ein Darlehen suchen, dieses Mittel nicht anwenden können, und daher die nachtheiligen Folgen des Gesetzes ungeschwächt tragen müssen. Denn wer weiß es nicht, daß jene unglücklichen Darlehenssucher jetzt den Wucherern in die Hände fallen, Leuten, die sich der Gefahr aussetzen, dem Gesetz zu verfallen, und daher selbstredend für diese Gefahr sehr reichlich von dem Darlehenssucher entschädigt werden müssen!

Jedoch auch nur theilweise kann durch jenes Mittel des Creditirens den nachtheiligen Folgen des Gesetzes abgeholfen werden. Der charakteristische Unterschied zwischen dieser Form der Darlehen von der gewöhnlich sogenannten, besteht darin, daß die geliehene Summe nicht in Geld, sondern in Waare überliefert wird, und daß die Zinsen zum Voraus für die ganze Dauer des Darlehens berechnet werden, so daß sie nun nicht mehr in einer vom Darlehen getrennten Summe sich klar und deutlich zeigen, sondern in der ganzen zu erstattenden Summe der Art versteckt sind, daß in der Regel der Schuldner selbst ihren Betrag gar nicht, oder doch nur näherungsweise zu bestimmen vermag, und sehr natürlich haben denn die Nachtheile in diesem charakteristischen Unterschied ihren Grund.

Zunächst bewirkt der Umstand, daß das Darlehen nicht in Geld contrahirt werden darf, das Gesetz macht dieses ja eben unmöglich; sondern nur in Waaren contrahirt werden kann, der Darlehensnehmer aber nur eine sehr beschränkte Zahl bestimmter Waaren gebrauchen kann, daß er das Darlehen nur von den wenigen Menschen erhalten kann, welche die Waare bis dahin fertigstellen, wie und wo er sie gebrauchen kann. Es hat dieses für den Darlehenssucher, den Käufer des Darlehens, genau die Folgen, welche jede beschränkte Concurrenz mit sich führt, Steigerung des Preises, d. h. Erschwerung der Bedingungen.

Wenn nun schon hierdurch die Lage der Darlehenssucher eine schlechtere wird, so verschlechtert sich dieselbe nun noch außerdem dadurch, daß die Form des Darlehens besondere Schwierigkeiten für sie darbietet, den Zinsfuß zu bestimmen, den sie in Wirklichkeit zu gewähren gezwungen werden. In dem Maße, in welchem diese Schwierigkeiten steigen, gehen ihnen die Vortheile verloren, welche die Concurrenz dem Käufer schafft. Es wird den Schuldnern dadurch außerordentlich viel schwerer, zu vergleichen, wo sie das gewünschte Darlehen unter den günstigsten Bedingungen zu erlangen vermögen, während dieser Umstand die Gläubiger um so mehr in den Stand setzt, sich günstigere Bedingungen zu stipuliren.

Noch ein anderer nicht minder erheblicher Nachtheil entsteht aber durch diese Form des Darlehens. Weil von der einen Seite der Vortheil, den der Darleiher von dem Darlehen hat, sich nicht in einer getrennten Summe herausstellt, sondern in dem höhern Preise versteckt liegt, von der andern Seite nur die Menschen sich zu dem Darlehen entschließen können, welche die gewünschte Waare zu verkaufen haben, erscheint das Gewähren des Darlehens um so mehr wie eine besondere Gefälligkeit, welche der Darleiher dem Darlehensnehmer erzeigt, nicht wie ein für beide Theile gewinnbringendes Geschäft, was es doch in der That ist, weil von dem Schuldner in der Regel nur mangelhafte Sicherheit geboten werden kann. Hierdurch bildet sich denn zwischen Gläubiger und Schuldner ein Abhängigkeitsverhältniß, welches von dem erstern um so leichter zur Bedrückung des letztern benutzt werden kann und erfahrungs=

mäßig benutzt wird, je mehr der Schuldner in der Wahl seines Gläubigers beschränkt ist. Die Bedrückungen, denen beispielsweise Handwerker ausgesetzt sind, wenn sie ihr Material auf Credit zu nehmen gezwungen sind, sind zu bekannt, als daß es mehr als einer Andeutung bedürfte. Nicht bloß werden sie gezwungen, höhere Preise zu bezahlen, um den Credit zu behalten, sie müssen sich auch schlechtere Waare und Vexationen aller Art gefallen lassen.

So bleibt denn bei dieser Umgehung als üble Folge des Gesetzes bestehen, daß die Darlehenssucher gezwungen werden, das Darlehen gerade bei den Leuten aufzunehmen, bei welchen sie die ungünstigsten Bedingungen zu erwarten haben, und in Unkenntniß bleiben, was ihnen in Wirklichkeit das Darlehen kostet.

Im letzten Effecte sind die Folgen des Verbots der richtigen Berechnung der Zinsen, und nur so kann das Verbot der Zinseszinsenrechnung richtig bezeichnet werden, die gleichen, wie die der Zinsenbeschränkung, wenn auch minder erheblich. Daß die Zinsenrechnung nur nach der Formel:
$$A = a\,(1+z)^n,$$
sowohl für ein ganzes oder gebrochenes, so wie positives wie negatives n, d. h. sowohl bei der Zinsen-, wie Rabattrechnung, richtig vorgenommen werden kann, ergiebt die einfache Erwägung, daß die nach irgend einem Zeitmoment fällig gewordenen Zinsen von dem Gläubiger, wenn er sie erhält, zur Beschaffung neuer Renten benutzt werden können (bekanntlich das ureigenthümliche Kennzeichen der Potenzirung), dem Gläubiger also, wenn der Schuldner die fälligen Zinsen widerrechtlich behält, ein Vortheil entzogen wird, der im Minimum der Verzinsung gleich kommt.

Daß nun trotzdem die Gesetzgebung diese Berechnungsart verboten hat, hat seinen Grund darin, daß die Gesetzgeber, selbst unbekannt mit der Wirksamkeit stetiger Kräfte, sich von einem Mathematiker hatten berechnen lassen, daß selbst die kleinste Münze auf Zinseszinsen gelegt, nach Verlauf von Jahrhunderten zu einer unbezahlbaren Summe anwachse, und darum Zinseszinsen für den Schuldner so gefährlich glaubten, daß ein Verbot derselben unbedingt nothwendig sei, um den unvermeidlichen Ruin der Schuldner zu verhüten. Darum erscheint es denn zunächst zweckmäßig, die Größe der Gefahr für die Schuldner näher festzustellen, was am Zweckmäßigsten durch Berechnung der von dem Schuldner nach der richtigen und nach der jetzt üblichen Berechnungsart zu zahlenden Summen geschehen kann. Die jetzt übliche Berechnungsart geschieht bekanntlich nach der Formel:
$$A' = a\,(1+nz).$$
Macht man dann in beiden Formeln $z = 0{,}05$; $a = 1$, d. h. legt man eine Verzinsung von 5 % zu Grunde, so erhält man für verschiedene Größen von n folgende Tabelle für:

$n =$	$1/12$;	$A =$	$1{,}004074$;	$A' = 1{,}004167$;	$A - A'$	$= -$	$0{,}000093$
$" =$	$1/6$;	$" =$	$1{,}008165$;	$" = 1{,}008333$;	$"$	$= -$	$0{,}000168$
$=$	$1/4$;	$" =$	$1{,}012272$;	$" = 1{,}0125$;	$"$	$= -$	$0{,}000228$
$=$	$1/3$;	$" =$	$1{,}016396$;	$" = 1{,}016667$;	$"$	$= -$	$0{,}000271$
$" =$	$5/12$;	$" =$	$1{,}020537$;	$" = 1{,}020833$;	$"$	$= -$	$0{,}000296$
$=$	$1/2$;	$" =$	$1{,}024695$;	$" = 1{,}025$;	$"$	$= -$	$0{,}000305$
$" =$	$7/12$;	$" =$	$1{,}028870$;	$" = 1{,}029167$;	$"$	$= -$	$0{,}000297$
$=$	$2/3$;	$" =$	$1{,}033062$;	$" = 1{,}033333$;	$"$	$= -$	$0{,}000271$
$=$	$3/4$;	$" =$	$1{,}037270$;	$" = 1{,}0375$;	$"$	$= -$	$0{,}000230$
$=$	$5/6$;	$" =$	$1{,}041496$;	$" = 1{,}041667$;	$"$	$= -$	$0{,}000171$
$=$	$11/12$;	$" =$	$1{,}045740$;	$" = 1{,}045833$;	$"$	$= -$	$0{,}000093$
$=$	1;	$" =$	$1{,}05$;	$" = 1{,}05$;	$"$	$=$	0
$=$	2;	$" =$	$1{,}1025$;	$" = 1{,}1$;	$"$	$=$	$0{,}0025$
$=$	3;	$" =$	$1{,}157625$;	$" = 1{,}15$;	$"$	$-$	$0{,}007625$
$=$	4;	$" =$	$1{,}215506$;	$" = 1{,}2$;	$"$	$=$	$0{,}015506$
$=$	5;	$" =$	$1{,}276281$;	$" = 1{,}25$;	$"$	$=$	$0{,}026281$
$=$	6;	$" =$	$1{,}340096$;	$" = 1{,}3$;	$"$	$=$	$0{,}040096$
$=$	7;	$" =$	$1{,}407100$;	$" = 1{,}35$;	$"$	$-$	$0{,}057100$
$=$	8;	$" =$	$1{,}477455$;	$" = 1{,}4$;	$"$	$-$	$0{,}077455$
$=$	9;	$" =$	$1{,}551328$;	$" = 1{,}45$;	$"$	$-$	$0{,}101328$
$" =$	10;	$" =$	$1{,}628895$;	$" = 1{,}5$;	$"$	$-$	$0{,}128895$

u. s. w. Man sieht denn hieraus, daß der Schuldner bei Zahlungen innerhalb des ersten Jahres sich bei der gewöhnlichen Berechnungsart der Zinsen im Nachtheil befindet, der Nachtheil erreicht nach Ablauf eines halben Jahres ungefähr ein Größtes; er beträgt, wie die letzte Colonne zeigt, dann auf eine Zinsenzahlung von 25000 Thlr. nach gewöhnlicher Berechnungsart 305 Thlr. Der Schuldner zahlt also auf je 82 Thlr. einen Thaler oder auf jeden Thaler ungefähr $4^2/_5$ Pf. zu viel. Nach Jahresfrist beginnt denn der Vortheil für den Schuldner, und er wird um so größer, je länger die Zahlung verschoben wird; er wächst aber andererseits doch nur so langsam, daß nach Verlauf eines 10jährigen Zeitraums seine Schuld bei Berechnung von Zinseszinsen nur so groß wird, als sie bei Berechnung von einfachen Zinsen bei einem Zinsfuße von ungefähr $6^2/_7$ % sein würde. Daß aber ein Schuldner seinen Verpflichtungen zur Zinsenzahlung erst nach einem 10jährigen Zeitraum nachkommt, ereignet sich einestheils so selten, daß es bei der Gesetzgebung keine besondere Rücksicht verdient, anderntheils ist der Nachtheil für den Schuldner augenscheinlich nicht so groß, daß er nicht als eine heilsame Strafe für seine Nachlässigkeit oder seinen Leichtsinn betrachtet werden könnte, und so sehen wir denn, daß die Gesetzgeber, welche in der Berechnung von Zinseszinsen für die Schuldner eine Gefahr erblickten, groß genug, um durch unzeitige Bevormundung dagegen einzuschreiten, Gespenster gesehen haben; ja, da der Gläubiger es in der Hand hat, den Schuldner durch Anwendung der ihm gesetzlich zustehenden Zwangsmaßregeln zur pünktlichen Zinsenzahlung anzuhalten, wodurch denn die ihm drohenden Nachtheile verhütet werden; so stellt sich auch hier wieder heraus, daß, wenn überhaupt ein Nachtheil durch Berechnung von Zinseszinsen eintritt, dieses nicht auf Seiten des Schuldners, sondern auf Seiten des Gläubigers vorkommt, und daß mithin auch hier in jeder Beziehung die Gesetzgebung die Schuldner sowohl wegen größerer Bedrückung, als wegen Mehrzahlung schlechter gestellt hat, als es ohne diese gesetzliche Bestimmung geschehen sein würde, mithin ihren Zweck ganz und gar verfehlt hat.

Auch hier hat indessen der Verkehr den Fehler der Gesetzgebung zum großen Theil verbessert. Wie bereits angedeutet, bietet die Gesetzgebung den Gläubigern selbst die Mittel, sich vor den nachtheiligen Folgen einer verspäteten Zinsenzahlung zu schützen, wenn die Gläubiger nur darauf halten, daß ihnen die versprochenen einfachen Zinsen pünktlich gezahlt werden. Sie können dann durch sofortige erneuerte Anlage der als Zinsen bezogenen Summen zur Beschaffung von Renten sich den Genuß von Zinseszinsen sichern. Nur bei kürzeren Zeitfristen hat es Schwierigkeiten, sich in dieser Weise Zinseszinsen zu verschaffen. Ein so reger Geldverkehr, daß die dadurch eingebüßte Summe einige Erheblichkeit erlangte, kommt aber nur bei Kaufleuten und Fabrikanten vor, und da sich denn bei diesen bald die Nothwendigkeit herausstellte, diesem Verluste Rechnung zu tragen, sich aber kein Mittel finden wollte, das Gesetz in zweckmäßiger Weise zu umgehen, haben dieselben keinen Anstand genommen, das Gesetz ins Gesicht zu schlagen, es ganz und gar zu verspotten, indem sie sein Dasein ignoriren. Der Kaufmann schließt an einem bestimmten Tage sein Conto-Corrent ab, und die Forderung, die ihm an diesem Tage verbleibt, muß ihm sein Schuldner verzinsen, mag diese Forderung aus Capital oder Zinsen entstanden sein. Hierdurch werden denn im Effect wirklich Zinseszinsen empfangen und vergütet.

Wegen der dem Gesetz unerreichbaren und der bei Kaufleuten geduldeten Umgehungen beschränken sich die Nachtheile der falschen Zinsenberechnung auf die Widersprüche, die dadurch in den kaufmännischen Rechnungsarten zum Vorschein kommen. Es ist hier nicht der Ort, dieses weitläufiger auseinanderzusetzen, es gehört dieses in die Lehre von der kaufmännischen Buchführung. Hier mögen daher nur ein paar Beispiele Platz finden, an denen diese Widersprüche sich kund geben.

Die Forderung, welche ein Mensch an einen andern zu machen hat, ist vollständig bestimmt, wenn die einzelnen Summen, die Jeder dem Andern schuldig geworden ist, mit den betreffenden Zeitmomenten, in welchen

das Schuldigwerden eintrat, bekannt sind, und wenn außerdem über die Höhe der zu vergütenden Zinsen eine feste Uebereinkunft besteht. Es darf daher denn auch die Art der Berechnung, wenn sonst die Bedingungen sich nicht verändern, in der Summe, welche in einem bestimmten Zeitmoment zu zahlen ist, keine Aenderung hervorbringen. Bei der Art aber, wie der Kaufmann jetzt sein Conto-Corrent abschließt, ändert sich diese Summe, je nachdem er zum Abschluß einen andern zwischen der Zahlung und der schuldig gewordenen Summe liegenden Zeitpunkt wählt. Ein Zahlenbeispiel wird dieses verdeutlichen. Wenn A und B dergestalt in laufender Rechnung stehen, daß sie sich gegenseitig 5% Zinsen vergüten, und am 1. Januar jeden Jahres ihre Rechnung abschließen; so hat, wenn A dem B am ersten Januar 1000 Thlr. schuldig geworden ist, derselbe am nächsten 1. Januar 1050 Thlr. zu zahlen. Ist dagegen A die 1000 Thlr. am 1. Juli schuldig geworden, so schließt sein Conto-Corrent am 1. Januar mit 1025 Thlr. ab; will er dann am 1. Juli mithin, nachdem er wie vorhin die 1000 Thlr. ein Jahr lang benutzt hat, seine Schuld bezahlen, so hat er zu zahlen 1025 Thlr. und halbjährige Zinsen dieser Summe, mithin $1025 (1 + \frac{1}{2} \times 0{,}05) = 1050\frac{5}{8}$ Thlr. oder $\frac{5}{8}$ Thlr. mehr wie vorhin, obschon die Bedingungen ganz und gar die gleichen geblieben sind, unter denen er die 1000 Thlr. benutzt hat. Der Grund dieses Widerspruchs liegt auf der Hand. Im zweiten Falle werden Zinsen von 25 Thlr. für ein halbes Jahr berechnet, was im ersten nicht stattfand. Eben so klar ist es, daß der Widerspruch bei Berechnung von Zinseszinsen nicht zum Vorschein kommen würde, weil ganz allgemein:
$$a(1 + z)^{n+p} = a(1 + z)^n (1 + z)^p.$$
Es würde dann das Conto-Corrent im zweiten Falle abschließen mit:
$$1000(1 + 0{,}05)^{1/2} = 1024{,}695,$$
daher am 1. Juli die Schuld sein:
$$1024{,}695 (1 + 0{,}05)^{1/2} = 1050$$
genau wie im ersten Falle.

Ein anderes Beispiel des Widerspruchs aus ganz gleichen Gründen liefert die Rabattrechnung, mag die Rechnung nach der näherungsweise richtigern Formel $\frac{a}{1 + nz}$ oder nach der Formel $a(1 - nz)$ vorgenommen werden, d. h. mag Rabatt auf oder von Hundert gerechnet werden. Der Widerspruch zeigt sich bei der zweiten Formel durch den bloßen Anblick; sie führt zu einem unsinnigen Resultat, sobald $nz > 1$; er wird auch für die erste Formel klar, wenn man zu verschiedenen Zeiten zahlbare Summen, die mit Rücksicht auf ihre Verzinsung gleich hoch zu schätzen sind, vermittelst der Rabattrechnung auf einen frühern Zeitpunkt zurückführt. Ein

Zahlenbeispiel mag auch hier genügen. Gesetzt, A hat an B nacheinem Jahr 100 Thlr. zu bezahlen, an C nach zwei Jahren 105 Thlr. zu fordern, so müßte sich A bei Vergütung von 5 % Zinsen von seiner Schuld durch Ueberweisung jener 105 Thlr. an B gerade frei machen können. Nach der Rabattrechnung sind aber 100 Thlr. nach einem Jahre zahlbar werth $\frac{100}{1 + 0{,}05} = 95{,}238$, dagegen 105 Thlr. nach zwei Jahren zahlbar $= \frac{105}{1 + 0{,}1} = 95{,}455$, die letzteren also 0,217 Thlr. mehr, und so viel würde also A noch herausbekommen müssen. Nach der zweiten Formel sind 100 Thlr. nach einem Jahr zahlbar werth $100 (1 - 0{,}05) = 95$, dagegen 105 Thlr. nach zwei Jahren zahlbar $= 105 (1 - 0{,}1) = 94{,}5$. Es hätte dann also A noch ½ Thlr. zuzulegen. Bei richtiger Zinsrechnung verschwindet auch hier der Widerspruch. Der Rabatt wird dann durch die bekannte Formel gefunden, wenn man n negativ setzt oder durch $(1 + z)^n$ dividirt, dann ist aber ganz allgemein:

$$\frac{a}{(1+z)^n} = \frac{a(1+z)^p}{(1+z)^{n+p}}.$$

Bei der kaufmännischen Buchführung wäre hierdurch eine viel bessere Uebersichtlichkeit erreichbar, wenn man die Buchung der zu verschiedenen Zeiten geleisteten Zahlungen nach dem Werthe vornähme, der ihnen in einem und demselben Zeitmoment zukäme. Es kann dieses ohne Irrthum gerade wegen der Richtigkeit der vorstehenden Gleichung geschehen. Jedes Conto könnte dann sofort vollkommen genau abgeschlossen werden, wenn man nur dem Unterschied zwischen Soll und Haben die entsprechenden Zinsen zurechnete, während jetzt bekanntlich erst der Zeitpunkt für die Abschließung des Conto-Corrents bekannt sein muß, um dann bei jedem einzelnen gezahlten Posten die nöthige Zinsenrechnung vornehmen zu können. Die einzige Unbequemlichkeit dagegen bestände darin, daß die Rechnung das Zuhülfenehmen der Logarithmen bedingte, die jedoch für die am Häufigsten vorkommenden Fälle leicht durch Tabellen entbehrlich gemacht werden können.

Hätte die Gesetzgebung nun hier niemals hemmend in den Verkehr eingegriffen, so würden alle diese Nachtheile niemals entstanden sein. Die richtige Berechnung der Zinsen würde die fortgeschrittene Mathematik bald gefunden haben, und es würde sich dann auch eben so bald herausgestellt haben, daß dasjenige, was ausreichte den Producenten für sein Creditiren zu entschädigen, unter allen Umständen mehr wie ausreicht, den Capitalisten (ich bediene mich hier dieses Ausdrucks als allgemein verständlich zur Bezeichnung eines Menschen, der verhältnißmäßig viele Renten zu beziehen hat, und daher bei unseren Zuständen in dem Kaufpreis dieser Renten über größere Geldsummen zu disponiren hat) für das gleich große Darlehen bei der gleichen Gefahr des Verlustes zu entschädigen, da der Producent zu produciren aufhören und Capitalist werden würde, wenn ihm der Zinsfuß, den der Capitalist erhält, genügte; der Producent aber die Entschädigung für das Creditiren nur nach dem Satze abmessen kann und wird, den er durch sein Capital in seiner Production verdient. Es würde darum den Creditnehmern unter allen Umständen gelingen, bei Capitalisten das gewünschte Darlehen zu billigeren Bedingungen zu erhalten, wie jetzt beim Producenten; es würde also der Darlehenssucher nicht bloß sein Darlehen dort haben contrahiren können, wo ihm die billigsten Bedingungen geboten worden wären, es würde auch hierdurch Sitte geworden sein, umgekehrt wie jetzt, daß jeder Producent sich das zu seiner Production erforderliche Capital in baarem Gelde verschafft hätte, und Folge hiervon, daß die so lähmend auf alle Production rückwirkenden Creditkäufe nie, sondern nur Käufe gegen baar Sitte geworden sein würden, weil dann der Mann, der sich nicht durch Vermittlung von Verwandten und Bekannten die nöthige baare Summe würde haben verschaffen können, hierdurch den vollgültigen Beweis lieferte, daß er auch kein Vertrauen verdiene, und demgemäß auch von den Producenten keinen Credit erhalten hätte; es würde endlich, während die Summe aller c durch die gesetzliche Firirung des Zinsfußes auf ein Maximum zu einer Zeit, wo sich dieses weit unter der verhältnißmäßigen Höhe befand, bis jetzt nicht einmal ausreichte, um auch nur die gegen Hypothek gesuchten Darlehen zu decken, diese Summe durch Steigerung von z auf die Höhe gekommen sein, wie sie das Bedürfniß erheischt, und hierdurch die Industrie seit dem Mittelalter, in so weit ihr Aufschwung durch diese Summen bedingt ist, einen ähnlichen Aufschwung genommen haben, wie jetzt erst in neuester Zeit, weil erst in dieser Zeit der den Verhältnissen angemessene Zinsfuß dem gesetzlich bestimmten näher gerückt ist. Es wird vielleicht manchem Leser der Einfluß einer Steigerung von z auf die Steigerung der Summe der c unbedeutend erscheinen; einen solchen erinnere ich nur an die vielen Millionen, die in dem letzten Jahrzehnt auf den Bau von Eisenbahnen verwandt sind und die in Deutschland allein jetzt gegen 500 Millionen Thlr. betragen werden. Denn diese sind einzig und allein durch die, wenn auch theilweise nur gehoffte Steigerung von z in diesem Industriezweig aus dem Einkommen der Nation mehr zusammengebracht, als sonst auf Herstellung von Renten verwandt zu werden pflegt. Es ergiebt dieses die einfache Betrachtung, daß die Constituirung anderer Renten in anderen Industriezweigen nicht abgenommen hat, auch die vorhandenen Renten in zweckmäßigster Weise ununterbrochen unterhalten werden, und nun neben diesen noch die Eisenbahnrenten constituirt worden sind. Es folgt also hieraus, daß die Summe der c bloß durch die theilweise nur gehoffte Steigerung von z bei Eisenbahnbauten sich um alle die Millionen vergrößert hat, die auf den Bau von Eisenbahnen verwandt worden sind.

Von den Irrthümern, in welche Moralisten verfallen sind, erwähne ich hier nur den einflußreichsten. Es ist der folgende:

Weil es den Moralisten nicht gelingen wollte, die Kraft zu entdecken, welche den Menschen bestimmen werde, im Zusammenleben mit anderen so zu handeln, wie es für das Bestehen der Gesammtheit unbedingt nothwendig erschien; weil sie im geraden Gegensatze zu einer solchen Kraft in dem Egoismus eine Kraft vorzufinden glaubten, die bei ungehinderter Wirksamkeit die menschliche Gesellschaft zu vernichten drohte, entblödeten sie sich nicht, den Mangel jener unbedingt nothwendigen Kraft vorauszusetzen, und so dem Schöpfer des Weltalls ein so stümperhaftes Werk anzudichten, wie zu liefern jeder menschliche Maschinenbauer sich schämen würde. Denn wie sollte es wohl einem menschlichen Maschinenbauer einfallen, eine Maschine zu bauen, die, nachdem sie fertig geworden ist, in Bewegung zu setzen, ihm die Kraft gebricht, und heißt es wohl etwas Anderes, als ein solches vernunftwidriges Beginnen dem Schöpfer, den man sich doch nicht erwehren konnte als allmächtig und allweise hinzustellen, zur Last legen, wenn man den Mangel jener Kraft in der Schöpfung voraussetzt?

Selbstüberhebung trägt denn augenscheinlich die Schuld an diesem Irrthum. Anstatt von der unbedingt richtigen Voraussetzung auszugehen: **Die Schöpfung ist vollkommen, es muß also die Kraft, welche zum Bestehen des Menschengeschlechts unbedingt nothwendig ist, in ausreichendem Maße in ihr vorhanden sein; wenn wir sie daher bis jetzt noch nicht entdeckt haben, so liegt dieses nur in unserer Unwissenheit**; drehte man den Schluß um, und sagte: weil wir intelligenten Menschen jene Kraft nicht entdeckt haben, existirt sie nicht, der Schöpfer war also unserer Intelligenz gegenüber ein Stümper, wir müssen uns darum beeilen, diesem Fehler der Schöpfung abzuhelfen, den Schöpfer zu verbessern, und selbst eine solche Kraft schaffen. So wurde denn der Schöpfer mit Himmel, Fegefeuer und Hölle versehen, um die mißrathenen menschlichen Geschöpfe in Ordnung zu halten!

Diesem Irrthum verdanken denn alle positiven Religionen augenscheinlich ihre Entstehung, Religionen, die, abgesehen von den inneren Widersprüchen und Vernunftwidrigkeiten, an welchen alle so unendlich reich sind, ihre Unmöglichkeit schon allein dadurch beweisen, daß so unzählbar verschiedene existiren, während doch alle ihre specielle Offenbarung von Oben behaupten, und zu beweisen versuchen. Diesem Irrthum, der ein so stümperhaftes Werk dem Schöpfer zur Last legt, ist es ferner zuzuschreiben, daß der Schöpfer selbst im Christenthum, in welchem er doch noch am Höchsten gestellt ist, doch nur als richtender Mensch erscheint.

Wir nun hier, die wir die Kraft, deren Stärke zu bewundern wir täglich unzählige Male Gelegenheit haben, als diejenige kennen gelernt haben, welche vollkommen ausreicht, jene Hülfe zu leisten, den Egoismus des Menschen, wir bedürfen jenes Auskunftsmittel der Moralisten nicht weiter. Wir wissen, daß die in der Schöpfung thätigen Kräfte vollkommen ausreichen, nicht bloß die Schöpfung zu erhalten, sondern auch bis dahin fortzubilden, wo der Schöpfer das Ziel der Fortbildung gesteckt hat, und daß es dazu in keiner Weise irgend einer Nachhülfe von Seiten des Schöpfers bedarf. Wir können darum dem Schöpfer die Stellung anweisen, die nach menschlicher Anschauung als die höchste erscheint: **thronend über seinen Welten, und sich an der Vollkommenheit des Erschaffenen erfreuend.**

Wir bedürfen darum auch hier keiner besondern Offenbarung, um den Willen des Schöpfers und dadurch den Weg kennen zu lernen, den wir zu gehen haben. **Die Schöpfung ist für uns diese Offenbarung, sie ist das Gesetzbuch, welches vor jedem Menschen aufgeschlagen da liegt, in welchem er nur zu lesen braucht, um jenen Weg unzweideutig bezeichnet zu finden.** Und nicht bloß ist dieses Gesetzbuch von jeher jedem Menschen zugänglich gewesen, und wird ihm bis zum Ende der Tage zugänglich bleiben; es bewahrt sich selbst auch unausgesetzt dergestalt unverfälscht, daß selbst die vereinigten Kräfte des ganzen Menschengeschlechts kein Jota daran zu verfälschen im Stande sind. **So sehen wir denn hier eine jedem einzelnen Menschen nicht bloß zugängliche, sondern aufgedrungene ewig unverfälschbare Offenbarung und darum würdig des Wesens, dessen Macht, Weisheit und Güte wir stündlich zu bewundern Gelegenheit haben.**

Den Inhalt der wahren Religion des Schöpfers bilden daher die Wahrheiten, wie wir sie in unseren naturwissenschaftlichen Werken, zu denen auch das vorliegende im vollen Sinne des Wortes zu rechnen ist, entwickelt finden. Die Dogmen dieser Religion sind die Naturgesetze, und sie bringen den Beweis ihrer Wahrheit mit so unwiderstehlicher Kraft mit sich, daß kein Mensch, dem sie einmal klar geworden sind, auch nur im Stande wäre, einen Zweifel an ihre Wahrheit bei sich zu erregen; sie brauchen darum keinen auf menschliche Autoritäten gestützten Glauben. Das Moralprincip dieser Religion ist, seine Handlungen der Art den Naturgesetzen gemäß einzurichten, daß die Summe des Lebensgenusses auf der Erde ein Größtes werde, und wie wir oben sahen, zeigt uns die Sitte den sichersten Weg, zu diesem Ziele zu gelangen, und um den Menschen zur Befolgung dieses Moralprincips zu vermögen, bedarf es keines besondern Himmels, keines Fegefeuers, keiner Hölle; es genügt das Wissen bei jedem Menschen, daß jede Verletzung dieses Princips die Summe seines Genusses um so mehr schmälert, je schwerer die Verletzung zu schätzen ist. Der Cultus dieser Religion besteht in den Uebungen, die der Mensch anzustellen hat, um einerseits zum Verständniß der Naturgesetze zu gelangen, andererseits die Fertigkeit zu erwerben, ihnen gemäß zu handeln. Die Sacramente derselben sind die physikalischen und chemischen Experimente, die wir anzustellen vermögen, um uns die Beweise für die Richtigkeit der gefundenen Gesetze zu liefern, und bei ihnen wird denn die Lehre, daß der Genuß der Sacramente den Menschen in den Stand der Gnade versetze, und der Schöpfer in diesen Sacramenten gegenwärtig sei, zur Wahrheit. Denn das Letztere ergiebt unmittelbar die Wirksamkeit der Naturkräfte bei diesen Experimenten, das Erstere folgt daraus, daß wir durch Nichts so leicht eine klare Erkenntniß der Naturgesetze zu erlangen im Stande sind, die uns ja einzig und allein in den Stand setzen, dem Willen des Schöpfers gemäß zu leben. Priester dieser Religion sind die Menschen, denen es gelingt, ein neues Gesetz zu entdecken, oder ein bekanntes näher zu bestimmen, oder seine Erkenntniß weiter zu verbreiten, und sie verkündigen mit jeder neuen Belehrung mit Posaunenschall stärker als der, der die Mauern von Jericho zum Einsturz brachte, die Macht, Weisheit und Güte des Schöpfers. Sie bedürfen für die Ausübung dieses hohen Berufs keiner Weihe aus Menschenhand, sie sind durch den Schöpfer selbst so untrüglich bezeichnet, daß jeder Zweifel an ihrer Sendung schwindet. Bei ihnen bewährt sich denn auch die Lehre der christlichen Kirche, daß die einmal erlangte Weihe dem Menschen einen unvertilgbaren Charakter mittheilt; denn wer einmal auf diesem Wege zur Erkenntniß des Schöpfers und seiner Religion gelangt ist, vermag dieses nie mehr von sich abzustreifen.

Man verwechsele diese Religion nicht mit den Hirngespinnsten sogenannter Philosophen, oder gar mit den Verirrungen, die dazu geführt haben, eine Göttin der Vernunft oder das eigene Ich auf den Altar zu stellen. Bei dieser Religion hat die menschliche Vernunft nichts, gar nichts zu schaffen, sie besteht wie die wahre Astronomie, die wahre Physik, die wahre Chemie, überhaupt wie jeder andere Zweig der Naturwissenschaften seit uranfänglichen Zeiten in ewiger Unveränderlichkeit und Vollendung, geschaffen durch den Schöpfer des Weltalls, und dem Menschen ist bloß die Aufgabe gestellt, das Buch, in dem sie sich niedergeschrieben findet, die Schöpfung, zu erklären. Bei dieser Erklärung kann sich der Mensch zeitweise irren, aber dieser Irrthum kann um so weniger von langer Dauer sein, je einflußreicher er ist, weil sich dann seine nachtheiligen Folgen um so allgemeiner und schneller kund thun, und muß sich um so seltener ereignen, je weiter der Mensch schon in der wahren Erkenntniß jenes Buches vorgeschritten ist. In dieser Religion wird sich aus nahe liegenden Gründen einstens das ganze Menschengeschlecht ohne allen Zweifel und um so schneller vereinigen, je weiter dasselbe in Erkenntniß derselben gelangt.

Ich schließe diese Aufzählung einiger Irrthümer mit demjenigen der Pädagogen, der sie in dem Bildungsmittel sich vergreifen ließ. Auch ohne die klare Erkenntniß des wiederholt angeführten Moralprincips der wahren Religion des Schöpfers, konnte in einer unzählbaren Menge einzelner Fälle die Nothwendigkeit nicht verkannt werden, daß der Mensch die Fertigkeit besitzen müsse, nach vorgeschriebenen Regeln zu handeln. Um aber diese Fertigkeit zu erlangen, muß der Mensch sich üben, und hier galt es also, einen Gegenstand aufzufinden, an welchem diese Uebung vorgenommen werden könne. Es kann nun hier, wenn wir den Lebenszweck des Menschen ins Auge fassen, und die Art und Weise, wie er denselben einzig und allein zu erreichen vermag, keinem Zweifel unterliegen, daß die Schöpfung selbst nicht bloß der zweckmäßigste Gegenstand hierzu ist, sondern daß dieselbe auch in dieser Beziehung gar nichts mehr zu wünschen übrig läßt. Denn in der Schöpfung selbst herrscht, wie wir jetzt wissen, die vollendetste Gesetzmäßigkeit. Wenn wir daher einen Menschen mit den Kräften bekannt machen, welche in der Schöpfung in Wirksamkeit sind, und mit den Gesetzen, nach welchen diese Wirksamkeit erfolgt, wenn wir ihn ferner üben, die Wirkungen zum Voraus zu berechnen, welche zufolge dieser Kräfte unter bestimmten Voraussetzungen eintreffen werden, und seine Körperkräfte der Art zu gebrauchen, daß er auf die leichteste Weise bestimmte Naturkräfte in die gewünschte Wechselwirkung zu setzen vermag; so ist offenbar, daß dieser Mensch dann hierdurch die größtmöglichste Geschicklichkeit erlangt hat, nach bestimmten Regeln zu handeln. Außerdem befindet sich dann aber dieser Mensch, was seine Ausbildung betrifft, in der Lage, seinen Lebenszweck in möglichst gesteigertem Maße zu erreichen, weil er dann nicht bloß Kenntniß der Naturgesetze, sondern auch die Fertigkeit besitzt, ihnen gemäß zu handeln. Es kann dann also keinem Zweifel mehr unterliegen, daß die Erziehung dieses Menschen in möglichster Vollkommenheit vollendet ist.

Anstatt der Schöpfung haben nun bekanntlich unsere Pädagogen zu diesem Bildungsmittel ein menschliches Machwerk mit allen seinen Inconsequenzen und Unvollkommenheiten gewählt, die menschliche Sprache, und zwar bei gesteigerter Bildung die zweier von dem Strome der Zeit längst überflutheten Völker, die zu ihrer Blüthezeit die Spitze der damaligen menschlichen Cultur einnahmen, und es erscheint unseren Pädagogen denn neben diesem Bildungsmittel das Studium der Naturwissenschaften, das einzige unbedingt nothwendige Studium, als etwas höchst Ueberflüssiges, wenn nicht gar, weil dieses früher oder später zu nothwendigem Conflict mit jeder positiven Religion, welchen Namen diese auch haben mag, führt, als etwas Verderbliches.

Mancherlei hat diesen Mißgriff der Pädagogen veranlaßt. Zunächst und vornehmlich, daß es erst seit wenigen Menschenaltern den Naturforschern gelungen ist, die Gesetzmäßigkeit in der Schöpfung in so weit nachzuweisen, daß wir jetzt zu dem Schlusse berechtigt sind, daß Alles in der Schöpfung sich nach der strengsten Gesetzmäßigkeit zuträgt, wenn es uns auch bis jetzt noch sehr häufig nicht gelingen will, die Kräfte und die Art ihrer Wirksamkeit anzugeben, welche jede einzelne Erscheinung bedingen, weil selbstredend erst von dem Augenblick, wo jener Nachweis gelang, die Schöpfung als zweckmäßiges Bildungsmittel erscheinen konnte.

Ein zweiter Grund ist, daß der Zweck der Sprache ihre Construction nach einer bestimmten Gesetzmäßigkeit bedingt, und daß sie ihren Zweck um so vollkommener erfüllt, je mehr es gelingt, die Gesetzmäßigkeit herzustellen. In jenen alten Sprachen fand man darum an und für sich schon eine gewisse Gesetzmäßigkeit vor, die nun in ihnen um so vollkommener herzustellen war, als sie in starrer Unbeweglichkeit sich in verhältnißmäßig wenigen Schriftstellern niedergelegt fanden, die man dadurch noch um so starrer zu machen wußte, daß man die Zahl der Schriftsteller, welche man als Autoritäten zuließ, der Classiker, willkürlich beschränkte. Hierdurch gelang es denn nach unsäglichen Anstrengungen, durch Aufstellung von Regeln und Ausnahmen dem Lernenden eine sichere Norm vorzuschreiben, nach welcher er bei seinen Arbeiten sich zu richten habe, und so erfüllten denn nun jene Sprachen die Bedingung, die an das Bildungsmittel zu machen sind.

Noch ein dritter Grund des Mißgriffs der Pädagogen ist folgender. Als Griechen und Römer den Glanzpunkt ihrer Cultur erreichten, stand das übrige Europa auf einer unvergleichlich tiefern Culturstufe. Durch ihre Unterjochung durch Völker des Nordens und Ostens ging dieser Höhepunkt der Cultur verloren, bis durch den Fortschritt der Masse des Menschengeschlechts in Bildung endlich im Mittelalter wieder Sinn für wissenschaftliches Streben erwachte. Jenen Männern nun, bei welchen sich jenes Streben zuerst wieder zeigte, mußten die Werke der Griechen und Römer um so ausgezeichneter erscheinen, als die Cultur, die sie hervorgerufen hatte, wirklich die ihrige um Vieles übertraf, und als durch den mehr als tausendjährigen Nimbus die poetischen Uebertreibungen jugendlicher Völker für baare Münze genommen wurden, gegen welche dasjenige, was die Nachkommen selbst zu leisten sich im Stande sahen, keinen Vergleich aushalten konnte. Hierdurch entstand denn eine Ueberschätzung jener Werke, die sich von Lehrer auf Schüler bis in unsere Zeit hinein fortpflanzte, und sie auch als das geeignetste Mittel zur Charakterbildung des aufwachsenden

Menschen erscheinen ließ, obschon unsere ganze Weltanschauung nach allen Richtungen hin von der der Griechen und Römer eine ganz und gar verschiedene ist, und es auch dem ärgsten Enthusiasten für Griechen- und Römerthum nicht einfallen kann noch wird, die Anschauung der Alten als die richtigere zu vertheidigen. So ist denn der Mißgriff der Pädagogen zu erklären und zu entschuldigen.

―――

Wenden wir uns nun zum Aufsuchen der Hindernisse, welche sich dem Einzelnen in den Weg stellen, den Naturgesetzen gemäß zu handeln, von deren Beseitigung, wie wir Seite 102 zuerst und später wiederholt sahen, es ganz allein abhängt, die Erde zu einem Paradiese umzugestalten; so finden wir, als ein erstes Hinderniß, daß der Mensch ohne alle Kenntnisse und Fertigkeiten geboren wird, diese vielmehr erst durch Lernen und Ueben sich erwerben muß, und die Erziehung ist es denn, durch welche dieses Hinderniß gehoben werden kann.

Wenn die vorstehenden Ausführungen richtig sind, so leuchtet ein, daß in jedem Menschen der feste Entschluß entstehen muß, den Weg zu gehen, der gleichzeitig für ihn, wie für die Gesammtheit als der vortheilhafteste gefunden wurde, sobald es gelungen ist, ihn von der Wahrheit der obigen Ausführungen zu überzeugen. Hierzu ist denn erforderlich, ihm eine solche Kenntniß der in der Schöpfung wirksamen Kräfte und der Gesetze, nach denen sie wirken, beizubringen, um daraus die Construction der Schöpfung im Großen und Ganzen zu begreifen, daraus zu begreifen, daß sowohl die materielle Welt wie auch das Menschengeschlecht durch diese Kräfte nicht bloß erhalten, sondern auch fortgebildet werde. Diese Kenntniß jedem Menschen zu verschaffen, ist daher nächster Zweck der Erziehung, der darum unverrückt im Auge zu behalten ist, und dann, aber auch nur dann, erscheint bei einem Menschen die Erziehung vollendet, er erscheint als ein Mensch seines Jahrhunderts, wenn es gelungen ist, ihm die Weltanschauung, wie sie das Menschengeschlecht seines Zeitalters besitzt, in vollster Klarheit beizubringen. Hierzu reicht es aber nicht aus, auf irgend welche Autoritäten gestützt, dem Menschen zu sagen, daß dieses oder jenes sich so und so verhalte, es ist dazu erforderlich, daß dem Menschen alle die Gründe mitgetheilt werden, aus denen auf die Richtigkeit der gefundenen Gesetze geschlossen worden ist. Denn nur dann, wenn der Mensch selbst die Schlußfolgerungen zu machen gelernt hat, welche zu jenen Gesetzen führen, erlangen dieselben die unwiderstehliche Kraft, welche jede Wahrheit mit sich führt. Das Erlernen von Sprechen, Lesen und Schreiben und zwar nicht bloß bis dahin, daß der Mensch Worte nachzusprechen und Buchstaben nachzumalen, sondern so weit, daß er das von Anderen Gedachte richtig aufzufassen und das selbst Gedachte in logischer Folge mitzutheilen vermag, erscheint dann nicht mehr als letzter Zweck des Schulbesuchs, sondern nur als unentbehrliche Hülfsmittel, um jene Weltanschauung in dem Menschen zu erwecken. Aber nicht bloß die genannten erscheinen als solche Hülfsmittel, auch noch eine Wissenschaft, von der bisher der überwiegend größere Theil der Menschen ausgeschlossen blieb.

Das Resultat der Wirksamkeit verschiedener Naturkräfte kann erst dann zur klaren Anschauung gebracht werden, wenn es gelungen ist, die mathematische Formel zu finden, die uns in den Stand setzt, für alle möglichen Größengrade der bestimmenden Kräfte die producirte Wirkung zu berechnen. Aber auch mit Hülfe solcher Formeln kann nur demjenigen das Verständniß jener Wirksamkeit beigebracht werden, dem das Verständniß jener Formeln nicht abgeht. Darum erscheint es denn unbedingt nothwendig, daß jeder Mensch in der Mathematik bis dahin ausgebildet werde, daß ihm das Verständniß jener Formeln möglich wird. **Von diesem Gesichtspunkte aus erscheint die Mathematik nur als ein Theil der Sprache, als derjenige Theil, der die Größenbegriffe näher festzustellen bestimmt ist, als dieses durch gewöhnliche Worte sich thun läßt**, und das Erlernen derselben bis dahin, daß die in ihren Formeln niedergelegten Wahrheiten verstanden werden, eben so nothwendig, als das Erlernen der Sprache selbst.

Neben diesem durch die Erziehung zu erreichenden Zweck erscheint das Erlernen der Gegenstände, auf welche jetzt so häufig das meiste Gewicht gelegt wird, von so untergeordnetem Interesse, daß diesen Gegenständen nur in so fern Zeit und Kräfte vergönnt werden dürfen, als jener Zweck nicht darunter leidet. Es gehören dahin politische Geographie, Geschichte, Rechnen, mit der Absicht, den Menschen dadurch in den Stand zu setzen, die im spätern Leben etwa vorkommenden Rechenexempel auszurechnen, das Erlernen noch anderer Sprachen u. s. w. Alle diese Gegenstände mag sich der Mensch, wie jede andere Fertigkeit zum Betreiben eines bestimmten Productionszweigs, in dem Maße aneignen, in welchem er sie für zweckmäßig sei es für seine eigne Genußbereitung oder für die Production findet, der er sich gewidmet hat.

Und nicht bloß deshalb, um vermöge jener Weltanschauung den Entschluß recht zu handeln in dem Menschen hervorzubringen und ihm den Weg hierzu zu zeigen, ist die Erziehung zu dieser Weltanschauung nöthig, eben so nöthig ist sie deshalb, weil ein also gebildeter Mensch sich in der günstigsten Lage befindet, um seine g, sein π und γ auf das Höchste zu steigern. Denn, wenn auch, um jene Weltanschauung zu erwecken, die

Kenntniß der Naturkräfte und der Gesetze ihrer Wirksamkeit nur in ähnlichen großen Umrissen erforderlich ist, wie im Vorstehenden die Gesetze des Genießens sich entwickelt finden; so ist doch andererseits die Kenntniß aller bekanntermaßen wirksamen Kräfte ohne alle Ausnahme in solchen Umrissen nöthig. Darum ist ein solcher Mensch besser wie jeder andere im Stande, sobald er einen bestimmten Productionszweig für sich gewählt hat, zu beurtheilen, ob und welche der vorhandenen Naturkräfte sich dazu eignen, ihn bei seiner Production zu unterstützen, während die Bildung, welche ihn befähigt, aus dem Zusammenwirken jener Kräfte das Bestehen des Weltalls zu begreifen, ihn auch in den Stand setzt, die speciellere Kenntniß der zu seiner besondern Production tauglich befundenen Kräfte sich, sei es durch Erlernen des schon Bekannten, sei es durch eigene Forschung, zu verschaffen.

Diesen Grad der Ausbildung dem Menschen zu geben, hält nun erfahrungsmäßig nicht schwer. Der Geist unserer Tertianer auf den Gymnasien erscheint hinlänglich ausgebildet, um die hier genannten Lehren aufzufassen. Es fehlt denselben hierzu nur Kenntniß der einzelnen Naturgesetze, und es würde mithin unbedingt die erforderliche Bildung im Allgemeinen bei den Menschen bis zu dem Alter, in welchem sich jetzt unsere Tertianer befinden, d. h. bis zum 15. Jahr ungefähr, zu erreichen sein, wenn es von der Geburt an als Zweck festgehalten würde, bei der Ausbildung jenen Punkt zu erreichen. In jenem Alter ist aber weiter die körperliche Ausbildung erst so weit gediehen, daß die Muskelkraft eben ausreicht, um mit der größeren Masse der bei der Production zu verrichtenden Arbeiten beginnen zu können, und so erscheint es denn auch der Sache durchaus angemessen, jene erste Lebenszeit zu der geistigen Ausbildung des Menschen vorzugsweise zu benutzen, und hierdurch während dieser Zeit den Menschen in den Stand zu setzen, bei erlangter körperlicher Ausbildung von seiner Muskelkraft den besten Gebrauch machen zu können. Aber nicht bloß, daß die Erfahrung zeigt, daß diese als die zweckmäßigste gefundene geistige Ausbildung dem heranwachsenden Menschen bis zu jenem Zeitpunkte, wo die Verwendung seiner Muskelkraft zur Production zweckmäßig erscheint, beigebracht werden kann; von der Weisheit des Schöpfers läßt sich der untrügliche Schluß von Hause aus ziehen, daß er seinen Menschen so organisirt hat, daß bei einer zweckmäßigen Erziehungsmethode unbedingt jenes wünschenswertheste Zusammentreffen der geistigen und körperlichen Ausbildung eintreffen muß, daß also, so lange dieses nicht zusammentrifft, die angewandte Erziehungsmethode daran Schuld ist.

Hat man den Menschen denn mit dieser wahren Religion des Schöpfers bekannt gemacht, so bringe man es ihm dann zur vollsten Klarheit, wie die Sitte sich bildet. Man zeige ihm, wie er in Folge dessen sich die tausendjährigen Erfahrungen des Menschengeschlechts zu Nutzen machen kann, um ein Größtes von Lebensgenuß zu erlangen, wenn er die Sitte zur Richtschnur für seine Handlungen nimmt; man zeige ihm, wie sich die Menschen, um sich vor gegenseitigen Störungen bei der Erstrebung ihres Lebenszwecks zu schützen, veranlaßt gesehen haben, die Uebertretungen solcher Sittengesetze, die dem Nebenmenschen einen positiven Nachtheil zufügen oder zuzufügen drohen, mit Strafen zu belegen, um solche Uebertretungen möglichst zu verhindern, daß es darum vor allem Andern nöthig ist, sich aufs Strengste nach diesen Gesetzen zu richten; daß der Mensch darum aber nicht minder im eigenen Interesse auch in allen anderen Beziehungen die Sitte zu beobachten habe. Man zeige ihm aber andererseits auch, wie jeder Mensch berufen ist, auf die Verbesserung der Sitte einzuwirken, aber wie der Mensch erst hierzu befähigt ist, wenn seine productive Fertigkeit die Höhe erreicht hat, daß sie ihn in den Stand setzt, sein E sich ganz oder mit Hülfe einer ihm zustehenden Rente selbst zu schaffen, weil erst dann der Mensch im Stande ist, die Beschwerde, welche die Arbeit verursacht, gegen den dadurch geschaffenen Genuß richtig abzuwägen, erst dann also auch ein Urtheil zu fällen vermag, bei welchem Verfahren der Lebensgenuß sich wahrhaft steigert, daß aber auch selbst ein solcher Mensch den Versuch der Verbesserung der Sitte nur dann machen darf, wenn der Fortschritt in Erkenntniß der Naturgesetze das wahrscheinliche Gelingen des Versuchs in Aussicht stellt. Hierdurch mache man denn dem Menschen vollkommen klar, daß er daher bis zur Ausbildung seiner Fertigkeit bis zu dem bezeichneten Punkte unbedingt der Sitte sich zu unterwerfen habe.

Hat man denn alles Dieses bei dem Menschen zur klarsten Anschauung gebracht, hat man ihn außerdem noch darauf aufmerksam gemacht, daß, seinen Lebenszweck in möglichster Vollkommenheit zu erreichen, nur noch davon abhänge, daß er den Productionszweig ergreife, in welchem er mit Wahrscheinlichkeit das höchste Einkommen zu erlangen im Stande sein werde, und daß, wenn er einmal eine Wahl getroffen habe, die Größe seines Lebensgenusses dann von der Größe der Fertigkeit, die er erlangt, und der zweckmäßigen Verwendung des Erarbeiteten abhänge: so übergebe man denselben dann getrost dem Leben. Die Erziehung des Menschen zu einem Menschen seines Jahrhunderts ist dann vollendet. Dann darf man mit Zuversicht erwarten, daß dieser Mensch seinen Lebenszweck in möglichster Vollkommenheit erreichen, und so gemäß der Construction der Schöpfung in möglichst gesteigertem Maße zu dem Lebensgenuß seiner Mitmenschen beitragen wird.

Und wie ganz anders vorbereitet, wird ein so gebildeter Mensch die Uebung in den zur Production nöthigen Handgriffen beginnen! Wie leicht wird es ihm werden, sich hierbei nicht bloß die bis dahin bekannten Naturgesetze zu Nutzen zu machen, sondern auch neu endeckte darauf anzuwenden, ja selbst diejenigen aufzufinden, von denen er sich Nutzen versprechen kann! Welchen unberechenbaren Aufschwung würden dann hierdurch alle Gewerbe ohne Ausnahme erleiden!

Die jetzt herrschende Sitte, wenigstens wenn eine höhere menschliche Bildung erstrebt wird, zwischen der Erziehung des Knaben und des Mädchens einen Unterschied zu machen, läßt es räthlich erscheinen, hier noch ausdrücklich darauf aufmerksam zu machen, daß hinsichtlich der hier als nothwendig gefundenen Bildung, um den Menschen zu einem Menschen seines Jahrhunderts zu machen, der Unterschied zwischen Knaben und Mädchen wegfallen muß. Hauptgrund der Nothwendigkeit dieser Bildung ist nämlich, wie wir sahen, daß bei der Einrichtung der Gesetze des Genießens nur vermöge dieser Bildung der Mensch seinen Lebenszweck in wünschenswerthester Weise zu erreichen vermag. Die Gesetze des Genießens sind aber beim Weibe und Manne genau die gleichen, und es ist darum denn auch kein Grund vorhanden, das Weib von der gleichen Bildung, wie der Mann sie erhält, auszuschließen. Und nicht bloß hat das Mädchen die gleiche Erziehung zu erhalten, wie der Knabe, es muß die Frau gleich dem Manne dahin streben, sich durch Arbeit ihr E zu verschaffen, weil die Arbeit nicht bloß deshalb nöthig ist, um das E zu erhalten, sondern weit mehr deshalb, um durch die unausgesetzte immer wiederkehrende Thätigkeit sich die Bildung zu verschaffen, die zur Erhöhung der Genüsse verhilft. Der bekannte Feind der Boudoirs unserer vornehmen Damenwelt, die Langeweile, und die daraus hervorgehende Launenhaftigkeit dieser Damen, unter der ihre Umgebung so oft zu leiden hat, beweist nur zu sehr die Richtigkeit dieses Satzes.

Ohne Zweifel wird nun hier die Frage aufgeworfen werden, welche Productionen zur Verrichtung durch die Frauen für passend zu erachten seien. Es bedarf indessen hier nicht einmal des Versuchs ihrer Beantwortung. Man gebe nur dem Mädchen die oben präcisirte Bildung, man überzeuge es dadurch, daß man ihm die Gesetze des Genießens zur klarsten Anschauung bringt, daß es demzufolge seinen Lebenszweck zum Höchsten zu steigern nur dann vermag, wenn seine körperliche und geistige Ausbildung die Höhe erreicht hat, daß es ohne unverhältnißmäßige Beschwerde so viel Arbeit zu leisten vermag, als erforderlich ist, sich sein E selbst zu verschaffen, und überlasse es ihm dann ganz und gar selbst, den Productionszweig aufzufinden, der seinen Kräften, Neigungen, überhaupt seiner ganzen Stellung im Leben am Besten zusagt. Es werden dann die Frauen schon finden, ob sie neben der ihnen jetzt schon allgemein zufallenden Production, Führung der Haushaltung und Pflege der Kinder, noch eine andere zu ergreifen vermögen, oder vielleicht helfend in die ihres Mannes eingreifen können. Die

Auffindung dieser Productionszweige schließt denn die wahre naturgemäße und jetzt auf dem verkehrtesten Wege so oft angestrebte Emancipation der Frauen in sich. Ist der Frau die Auffindung gelungen, so tritt sie als ihr eigener Zweck ins Leben, und die allen ungebildeten Völkern eigene, die Frauen entehrende Ansicht, nach der sie nur als Genußmittel des Mannes betrachtet werden, die dem zufälligen Umstande der größeren körperlichen Stärke des männlichen Geschlechts ihr Dasein verdankt, wird hiermit ihr Ende erreichen.

Ich übergehe die sonstigen Vortheile, welche aus einer solchen Bildung der Frauen hervorgehen würden, als ohne Weiteres klar, und bemerke nur, wie viel edler sich das Familienleben gestalten würde unter solchen gleich gebildeten Menschen, die darum nicht bloß unvergleichlich mehr wie jetzt befähigt wären, gemeinschaftlich zu genießen, und ihre Kinder eben so wieder zu Menschen ihres Jahrhunderts zu erziehen, sondern die es andererseits nicht versäumen würden, auch den gegenseitigen verschiedenen Neigungen Rechnung zu tragen.

Die allgemeinere Verbreitung einer so hohen Bildung, wie sie im Vorstehenden als bei jedem Menschen nothwendig nachgewiesen ist, wird nun ohne Zweifel denjenigen gefährlich dünken, welche selbst die jetzige, doch so ganz unzureichende Bildung für die sogenannte große Masse des Volks für zu hoch halten, weil sie mit Gewißheit erwarten dürfen, daß sie mit dem Eintritt einer solchen Bildung ihre privilegirten Stellungen verlieren werden. Sie werden daher, wie schon jetzt, um so mehr gegen die hier vorgeschlagene Bildung geltend machen, daß die meisten zum Bestehen der menschlichen Gesellschaft auf dem jetzigen Punkte des Wohlstandes zu verrichtenden Arbeiten von so hoch gebildeten Menschen nicht würden verrichtet werden wollen, daß die nothwendige Folge einer solchen Bildung daher ein Zurückgehen im Wohlstande mit sich führen werde. Diese Besorgniß kann durch die einfache Bemerkung beseitigt werden, daß der Schöpfer für seine Menschen keine Arbeiten nothwendig gemacht hat, die zu verrichten auch dem Höchstgebildeten eine unverhältnißmäßig große Beschwerde verursachte, oder deren er sich zu schämen brauchte. Nur der Mensch hat Arbeiten erfunden, deren er sich zu schämen hat, wenn er sich glaubte Kriegs= und Henkersknechte, Sclavenaufseher, Serailwächter u. s. w. schaffen zu müssen. Könnte hierüber noch ein Zweifel übrig bleiben, so wird derselbe durch folgende Betrachtung schwinden.

Von allen Arbeiten, die von Menschen zu verrichten sind, müssen wohl diejenigen, welche dem Abdecker zugefallen sind, für der menschlichen Natur am Meisten widerstrebend angesehen worden sein, weil man sie gerade den Menschen zuwies, die man lächerlicher Weise viele Jahrhunderte hindurch als ehrlos hinstellte, den Scharfrichtern. Unter den Arbeiten, die geschlecht an Genußmittel nach Quantität und Qualität durch das Dasein jener Privilegien erleidet, die daher den Sclavenbesitzer sowohl wie den Hochgebildeten nach Verhältniß trifft. Die Aufhebung aller Privilegien von jenem privilegirten Henkersknecht abwärts bis zu dem unbedeutendsten Concessionsinhaber würde daher für die Privilegirten selbst keineswegs auf die Dauer mit Nachtheil verbunden sein; es würde sie nur indirect zu ihrem eigenen größten Wohle zwingen, ihre Kräfte in zweckmäßer Weise für die Gesammtheit zu verwenden.

Ist nun durch eine solche Erziehung das Hinderniß, welches im Menschen selbst liegt, den Naturgesetzen gemäß zu handeln, beseitigt; so kommt es zunächst darauf an, den Menschen in die Lage zu versetzen, um abwägen zu können, welcher Productionszweig für ihn der günstigste sein werde. Die Construction der Schöpfung bietet hier dem Einzelnen nur ein einziges Hinderniß dar, welches er durch die eigenen Kräfte nicht zu beseitigen vermag. Es ist, daß in der Schöpfung kein Maßstab vorhanden ist, der die Einzelnen in den Stand setzt, ihr Einkommen gegen einander abzuwägen, daß nichts vorhanden ist, was ohne Weiteres zweckmäßig als Geld verwandt werden könnte. Hierdurch entsteht denn die Nothwendigkeit, das Geld durch Arbeit herzustellen, und daher weiter die Frage, welche Einrichtungen zu treffen sind, um diesem Mangel in zweckmäßigster Weise abzuhelfen. Entwickeln wir zu dem Ende aus dem Zweck, der durch das Geld erreicht werden soll, die Eigenschaften, die es besitzen muß, damit dieser Zweck in vollkommenster Weise erreicht werde.

Als die erste unbedingt nothwendig zu erfüllende Bedingung finden wir denn, daß die Veränderungen in der Schätzung des zu Geld gebrauchten Gegenstandes, wenn deren überhaupt erfolgen, mit einer bestimmbaren Gesetzmäßigkeit sich ereignen müssen. Wer sich zu einem Tausch gegen Geld entschließt, kann dieses nämlich nur, da das Geld an und für sich keinen oder doch nur unverhältnißmäßig kleinen Werth für ihn hat, in der Voraussicht, daß er seiner Zeit bei eintretendem Bedarf ein bestimmtes Quantum wirklichen Werthes für dieses Geld wird einkaufen können. Soll er daher einen Vergleich darüber anzustellen im Stande sein, ob er in dem Gelde ein Aequivalent für den hingegebenen Gegenstand erhält, so muß er darauf rechnen dürfen, daß die Schätzung des Geldes in der Zeit, in welcher er im Besitz desselben bleibt, keine oder eine nach einer im Voraus berechenbaren Gesetzmäßigkeit eintretende, oder endlich nur eine so unbedeutende Aenderung erleiden wird, die er ohne fühlbaren Nachtheil unberücksichtigt lassen darf. Aber nach dem Vertauschen des Geldes von Seiten des bisherigen Besitzers tritt der neue

Eigenthümer genau in die gleiche Lage, und so weiter jeder folgende, so daß also der Gegenstand, der als Geld dienen soll, die Unveränderlichkeit der Schätzung oder die Bestimmbarkeit der Aenderung möglichst ununterbrochen behalten muß. Das Maß der zulässigen Veränderlichkeit ohne Aufnahme in die Rechnung wird nun noch außerordentlich beschränkt durch das Entstehen der Renten nach Einführung der Arbeitstheilung und das Entstehen der Nothwendigkeit für den Einzelnen, um seinen Lebenszweck in möglichst hohem Maße zu erreichen, auf die Beschaffung von Renten einen bestimmten Theil seines Einkommens zu verwenden. Denn hier muß er, um vernünftig handeln zu können, in der Regel die Schätzung des Geldes kennen, die es sein ganzes Leben hindurch behalten wird, und so ist also beim Gelde vor Allem das Augenmerk darauf zu richten, auf unbestimmte Zeit zum Voraus die Thatsachen mit möglichster Sicherheit zu constatiren, welche die Schätzung bedingen.

Weitere Bedingungen, welche der zu Geld dienende Gegenstand zu erfüllen hat, sind dann die, daß es Jedem leicht werden müsse, beliebige Quantitäten des Gegenstandes zusammenzufassen, und daß außerdem die physischen Eigenschaften, welche die Schätzung bedingen, der Art sind, daß die Schätzung genau nach Verhältniß der Masse steigt und sinkt; das Erstere, weil jeder Mensch genöthigt ist, die Theilung seines Einkommens in der verschiedenartigsten Weise vorzunehmen, das Letztere, weil ja sonst die Schätzung je nach der verschiedenen Art der Theilung eine andere werden würde.

Außer diesen nothwendig zu erfüllenden Bedingungen ist dann noch eine andere Eigenschaft in hohem Grade wünschenswerth, die nämlich, daß die Schätzung im Verhältniß zur Masse eine möglichst hohe sei, damit die zu übertragenden Massen möglichst klein werden.

Die erste unbedingt nothwendig zu erfüllende Bedingung, welche der zu Geld brauchbare Gegenstand erfüllen muß, ergiebt denn sofort, daß nur ein solcher Gegenstand zu Geld brauchbar ist, dessen physische Eigenschaften, auf denen seine Schätzung beruht, durch die Zeit keine Aenderung erleiden dürfen, weil ja sonst zwischen älterm und jüngerm Gelde ein Unterschied in der Schätzung eintreten müßte, der die Bestimmbarkeit der Größe der Schätzung überhaupt unmöglich machen würde. Aber abgesehen hiervon, scheint diese erste Bedingung bei den außerordentlichen Schwankungen der Schätzung bei jedem Gegenstande ohne alle Ausnahme bei einem jeden Menschen bei oberflächlicher Betrachtung kaum möglich zu erfüllen.

Jeder Mensch wird nämlich einen Gegenstand, wenn derselbe ihm auch von einem andern Menschen als Geld gegeben wird, doch nur dann auch wieder als Geld benutzen, wenn die dafür kaufbaren Sachen höhern

Werth für ihn haben, als der als Geld erhaltene Gegenstand, und es folgt denn daraus, daß jeder Mensch das Geld als solches genau in der Höhe schätzt, wie die Genüsse bei ihrem Abbrechen, weil er ja im Stande ist, bei Ausgabe des folgenden Geldatoms wirklichen Werth von dieser Größe zu erhalten. Die Formel:

$$w = \frac{P \pm R + c - \pi}{\alpha + \beta}$$

drückt daher bei einem jeden Menschen genau die Größe der Schätzung des Geldes aus. Man sieht denn schon hieraus nicht bloß, daß diese Schätzung bei einem jeden Menschen eine andere ist, sondern auch bei jedem Menschen außerdem noch unausgesetzt sich ändert, weil die p durch den Verkehr, ferner die g, so wie π, γ, R und c bei einem jeden Menschen unausgesetzt von der Geburt bis zum Tode die verschiedensten Größengrade durchlaufen.

Neben dieser Schwankung in der Schätzung des Geldes bei einem jeden Menschen, übt denn die Massenvermehrung des zu Geld dienenden Gegenstandes auch die bekannte Wirkung aus, Erniedrigung der Schätzung. Verändert sich nämlich die Masse in dem Verhältniß $1 : \mu$; so ist die zuletzt bleibende nothwendige Folge hiervon, daß auch das jedem Menschen zufließende Quantum Geld, sein E, sich in demselben Verhältniß verändert, daß er nun mithin μE anstatt E erhält. Denn wäre dieses nicht, so würde ja derjenige, dem ein größeres Quantum zuflösse, einen unverhältnißmäßigen Lebensgenuß erhalten, und es würde durch bekannte Vorgänge, Massenvermehrung durch Uebergang zu dieser Production, und dadurch bewirkte Preiserniedrigung, die Verhältnißmäßigkeit hergestellt werden. Die Folge dieses veränderten E ist denn natürlich eine nach Maßgabe dieser Veränderung veränderte Bestimmung aller einzelnen e, aber, da die Veränderung in dem gleichen Sinne bei jedem einzelnen Menschen eintritt, das Endresultat der Veränderung, daß sich die ganze zum Einkauf begehrte Masse bei jedem Genußmittel nach Maßgabe dieser Veränderung der e ändert, während die producirte Masse in keinem Productionszweige hierdurch eine Aenderung erleidet. Alle Producenten ohne alle Ausnahme kommen daher in die Lage, ihre Preise steigern zu können, wenn $\mu > 1$, oder dieselben herabsetzen zu müssen, wenn $\mu < 1$, und es hält nicht schwer, die Grenze zu finden, bis zu welcher im Allgemeinen diese Aenderung sich zutragen muß. Wenn nämlich die Preise bei allen Genußmitteln der Art geändert werden, daß sich das betreffende p in μp verwandelt, d. h. daß die Aenderung in dem Verhältniß der veränderten Masse des zu Geld dienenden Gegenstandes vorgenommen wird, so erhält jeder Mensch nun für μe genau dieselbe Masse des Genußmittels, die er früher für e erhalten hat, und es wird daher genau so, wie früher die ganze vorhandene Masse zu dem Preise p, jetzt dieselbe Masse zu dem Preise μp verkauft werden. Es können darum die Verhältnisse erst dann wieder Stabilität erhalten, wenn die Preisänderung bei allem Käuflichen in dem Verhältniß eingetreten ist, wie die Massenvermehrung bei dem zu Geld dienenden Gegenstande. In der Summe des Lebensgenusses des Einzelnen ändert sich dann nur das, daß er auch von dem Gegenstande, der zu Geld dient, μe anstatt e zur wirklichen Genußbereitung für sich behält, und die hierdurch bewirkte Veränderung ist denn genau die gleiche, als wenn sich der Preis dieses Gegenstandes im umgekehrten Verhältniß verändert hätte, daß er also anstatt früher $= p$ nunmehr $= \dfrac{p}{\mu}$ geworden wäre.

Das Endresultat einer Veränderung in der Masse des zu Geld dienenden Gegenstandes ist also:

1. **Die Preise von allem zu Kauf Gestellten erleiden eine Aenderung im Verhältniß der veränderten Masse;**

2. **das jedem Menschen von dem zu Geld dienenden Gegenstande zur wirklichen Genußbereitung bleibende Quantum, und demgemäß die Summe seines Lebensgenusses verändert sich genau so, wie bei Aenderung des Preises des betreffenden Gegenstandes im umgekehrten Verhältnisse der Massenveränderung.**

Ein zufälliger Umstand bringt nun hier noch eine besondere Wirkung hervor. Es ist der, daß eine Menge Leistungen in unseren Zuständen auf kürzere oder längere Zeit hinaus zum Voraus in fest bestimmten Geldsummen stipulirt zu werden pflegen. Durch die Veränderung aller Preise erleiden denn diese Summen in ihrer Schätzung eine Veränderung, als wenn die Summe selbst sich im umgekehrten Verhältniß verändert hätte, mithin, da dergleichen Leistungen genau wie Renten in unsere Formeln Aufnahme zu finden haben, wie wenn R sich in $\dfrac{R}{\mu}$ verwandelt.

Zu diesen Schwankungen in der Schätzung, wie sie bei jedem Gegenstande ohne Ausnahme eintreten, kommt beim Gelde noch eine neue hinzu; es ist die durch die veränderte Umlaufsgeschwindigkeit bewirkte. Denn es leuchtet ein, daß jeder Mensch in dem gleichen Maße mit einer kleinern Geldsumme ausreicht, um sich den gleichen Lebensgenuß zu verschaffen, für einen je kürzern Zeitraum er sich mit Genußmittel zu versorgen hat, und je schneller er das Erarbeitete zu verkaufen vermag. Daher der Satz:

Die Beschleunigung des Geldumlaufs wirkt wie eine entsprechende Massenvermehrung.

Die große Zahl der Ursachen, welche in der Schätzung des Geldes eine Aenderung hervorrufen, scheinen nun die Erfüllung der ersten unbedingt nothwendig zu erfüllenden Bedingung ganz und gar unmöglich zu machen. Dennoch aber hindert dieses nicht die Herstellung eines Geldes mit zum Voraus bestimmbarer Schätzung.

Im Zusammenleben der Menschen muß sich nämlich die allgemeine Schätzung des Geldes nach der durchschnittlichen Größe der g, π, γ, R und c regeln, weil die Aenderungen, in so fern sie bei dem Einzelnen im entgegengesetzten Sinne erfolgen, sich aufheben, so daß nur das durchschnittliche Maß der bestimmenden Größen als das wirklich bestimmende übrig bleibt. Nun ändert sich aber die durchschnittliche Größe der g, π, γ, R und c nur mit dem ganzen Culturzustande der Menschheit, und diese Aenderung erfolgt erfahrungsmäßig so allmälig und langsam, daß der Einfluß auf die allgemeine Schätzung des Geldes für kürzere Zeiträume unmerkbar wird, für längere aber, da sich aus den schon gemachten Erfahrungen auf die wahrscheinliche Aenderung des zunächst zu erwartenden Culturzustandes geschlossen werden kann, durch Beobachtung bestimmbar wird.

Ein Umstand trägt noch dazu bei, selbst den Einfluß eines veränderten Culturzustandes noch unbedeutender zu machen. Es ist die Connexität, welche zwischen den Veränderungen einzelner Bedingungen besteht, welche die Größe von w bestimmen. Mehre dieser Veränderungen müssen nämlich in der Regel gleichzeitig erfolgen, während der Einfluß dieser gleichzeitig herbeigeführten Veränderungen auf w der gerade entgegengesetzte ist. Die Steigerung auch nur eines g des π oder γ bei einem Menschen kann in der Regel nur durch eine im Allgemeinen gesteigerte geistige oder körperliche Ausbildung erreicht werden, und diese bewirkt dann eine gleichzeitige Steigerung aller g sowohl, wie des π und γ bei diesem Menschen. Aus den Tabellen S. 74 ff. wissen wir aber, daß der Einfluß einer Steigerung von g auf w der gerade entgegengesetzte ist, wie der von π und γ, bei Steigerung eines g steigt w, bei Steigerung von π und γ dagegen sinkt w; bei gleichzeitiger Steigerung von g, π und γ muß sich also der Einfluß auf w wenigstens so weit paralysiren, als der schwächere Einfluß groß ist. Aehnliches wiederholt sich bei R. Der Einfluß einer Verminderung der zu zahlenden Rente auf w ist der gerade entgegengesetzte, wie der einer Verminderung der zu empfangenden. Aber jede Aenderung in der gezahlten Rente bedingt die gleiche Aenderung in der empfangenen; auch hier muß sich also der Einfluß auf w zum großen Theil aufheben. Endlich sahen wir, daß der Einfluß einer Veränderung eines p (siehe Tabelle Seite 69 und 71) auf w bei einem Menschen der gerade entgegengesetzte ist, je nachdem der betreffende Genuß zu den Bedürfnissen oder zu den Genüssen im engern Sinne zu rechnen ist. Nun ist aber bei den außerordentlichen Abstufungen in der Wohlhabenheit in unseren Zuständen einestheils ein und dasselbe Genußmittel für den

Einen Bedürfniß, für den Andern ein Genuß im engern Sinne, wodurch denn der Einfluß einer Preisschwankung auf w um so mehr paralysirt wird, als dergleichen Preisschwankungen sich erfahrungsmäßig bei den verschiedensten Gegenständen und häufig im entgegengesetzten Sinne zutragen.

Und nicht bloß die Schwankungen in der Schätzung des Geldes, die aus der Verschiedenheit der persönlichen Verhältnisse eines jeden Menschen hervorgehen, vermindern sich im Verkehr fast bis zur Unmerklichkeit; auch die durch die verschiedene Umlaufsgeschwindigkeit des Geldes in seiner Schätzung bewirkte Schwankung wird durch den Verkehr bis auf ein ähnliches Minimum herabgebracht.

Gerade darum nämlich, weil jeder Mensch es als Lebenszweck verfolgt, seinen Lebensgenuß zum Höchsten zu steigern, liegt es aus bekannten Gründen in seinem Interesse für seine Person, den Geldumlauf möglichst zu beschleunigen. Durch dieses gemeinsame Streben aller Menschen ohne Ausnahme nach einem und demselben Ziele muß denn bewirkt werden, daß die Geschwindigkeit des Geldumlaufs in jedem einzelnen Augenblick nach den thatsächlichen Umständen, zu denen auch namentlich die geistige Ausbildung der betreffenden Menschen zu rechnen ist, die möglichst größte ist. Ist dieses aber, so kann sich die Umlaufsgeschwindigkeit des Geldes nur mit diesen thatsächlichen Umständen ändern, und eine solche Aenderung kann denn zu Folge der Construction der Schöpfung nur sehr allmälig erfolgen, und wird in ihrem Effect im Allgemeinen um so kleiner, je weiter das Menschengeschlecht bereits in seiner Ausbildung vorgeschritten ist.

Hieraus ergiebt sich denn, weil sowohl für die Gesammtheit wie für den Einzelnen die Stetigkeit der Geldschätzung ein wünschenswerthes Resultat ist, für menschliches Handeln die Regel:

Jeder Einzelne sowohl, wie die Regierung hat, wo auf die Geschwindigkeit des Geldumlaufs eingewirkt werden kann, diese Einwirkung darauf zu richten, den Umlauf zu beschleunigen.

So sieht man also, daß die Schätzung eines Gegenstandes als Geld nahezu Stabilität erhalten wird, wenn man hierzu einestheils einen Gegenstand wählt, dessen physische Eigenschaften durch die Zeit keine Veränderungen erleiden, und es anderntheils gelingt, das Massenverhältniß des Gegenstandes zu den thatsächlichen Umständen immer gleich groß zu halten. Die erste unbedingt nothwendig zu erfüllende Bedingung zur Herstellung des Geldes wird mithin erfüllt, wenn es gelingt, einen Gegenstand aufzufinden, bei welchem jenen Bedingungen genügt werden kann.

Der Verkehr hat nun längst darüber entschieden, daß von den edlen

Metallen Gold und Silber die zu Geld erforderlichen Eigenschaften in einer solchen Vollkommenheit in sich vereinigen, daß sie gar nichts zu wünschen übrig lassen. Hinsichtlich der Unveränderlichkeit der physischen Eigenschaften durch die Zeit und durch Theilen und Zusammenlegen ist dieses eine so bekannte Thatsache, daß es kaum der Erwähnung bedarf. Das Zusammenschmelzen beliebig getheilt gewesener Massen in eine einzige von bestimmter Form und Größe, oder umgekehrt, das Theilen größerer Massen ist mit verhältnißmäßig so wenig Arbeit zu bewirken, daß dadurch die Schätzung größerer oder kleinerer Massen nur nach Verhältniß der Masse erfolgt. Nur in wie weit das Gold und Silber auch die Bedingung erfüllt, daß die Massenveränderung nach einer bestimmbaren Gesetzmäßigkeit erfolgt, erfordert hier eine nähere Auseianbersetzung.

Diese bestimmbare Gesetzmäßigkeit der Massenveränderung beim Gold und Silber wird durch Dreierlei bewirkt. Zunächst dadurch, daß es zum unschätzbaren Glück für die Menschheit den Alchymisten nicht gelungen ist, Gold und Silber zu machen, und die Fortschritte in der Chemie es jetzt fast zur Gewißheit erhoben haben, daß es auch ewig dem Menschen unmöglich bleiben wird, diese Stoffe herzustellen, weil sie wirklich zu den Elementen zu gehören scheinen, daß daher eine Massenveränderung durch willkürliche menschliche Handlungen, die dann selbstredend die Bestimmbarkeit der Gesetzmäßigkeit in der Massenveränderung aufheben würden, nicht zu befürchten ist. Weiter dadurch, daß die an der Erdoberfläche vorhandene Masse dieser Metalle eine verhältnißmäßig gegen die von dem ganzen Menschengeschlecht gewünschte Masse sehr kleine ist, die außerdem nur durch unausgesetzte mühselige Arbeiten ganz allmälig in annähernd bestimmbaren Quantitäten gefunden wird. Endlich dadurch, daß die Consumtion dieser Metalle bei dem am Häufigsten vorkommenden Gebrauch, zu Schmucksachen und Geld, so außerordentlich gering ist, daß das ganze jährlich consumirte Quantum nur auf einen kleinen Bruchtheil Eines Procents der vorhandenen Masse geschätzt werden kann. Durch das Zusammenwirken dieser drei Umstände muß es denn dahin kommen, daß, während die jährliche Ausbeute eine verhältnißmäßig kleine ist, sich dennoch die ganze Masse dieser Metalle, die in den Besitz der Menschheit gelangt, fortwährend und so lange vergrößert, bis die Abnutzung, geschehe diese nach einem noch so geringen Procentsatz, der jährlichen Ausbeute gleich kommt. Ist dieser Punkt erreicht, so erleidet dann die vorhandene Masse gar keine Veränderung mehr, und die bis dahin erfolgende Veränderung ist um so unbedeutender, je näher dieser Zeitpunkt rückt, und die bestimmbare Gesetzmäßigkeit dieser Veränderung folgt denn aus dem Umstande, daß willkürliche menschliche Handlungen die Masse nicht zu vermehren vermögen, daß weiter der Procentsatz der Abnutzung nach Naturgesetzen vor sich geht, endlich die jährliche Ausheute mit um so größerer Wahrscheinlichkeit auf Jahre voraus bestimmbar wird, je weiter das Menschengeschlecht in Kenntniß der Erdoberfläche vorwärts schreitet.

So besitzt denn Gold und Silber die unbedingt nothwendigen Eigenschaften, um als Geld zu dienen, in ausgezeichnetem Grade; nicht minder aber auch diejenige, welche außerdem noch als wünschenswerth gefunden wurde. Bei der jetzt vorhandenen Masse wird Gold wenige, für das Wohlsein der Menschheit unbedeutende Gegenstände ausgenommen, vor allen Gegenständen im Verhältniß zur Masse bekanntlich der Art hoch geschätzt, daß selbst das in der Reihenfolge der Schätzung ihm fast unmittelbar folgende Silber nur auf ungefähr $1/16$ so hoch zu stehen kommt. Dabei ist aber selbst die Schätzung des Silbers noch so hoch, daß sie ausreicht, um in den meisten Fällen die Bequemlichkeit bei den Uebertragungen fast auf ein Maximum zu steigern, und so vereinigt also Gold und Silber alle Eigenschaften, welche ein zu Geld brauchbarer Gegenstand besitzen muß, in ausgezeichnetem Grade in sich.

Ich darf nun hier eine Maßregel nicht unbesprochen lassen, die fast ganz allgemein zur Anwendung gebracht wird, die aber ganz und gar dazu gemacht ist, den edlen Metallen gerade die Eigenschaft zu rauben, die sie in so ausgezeichnetem Grade zu Geld qualificirt erscheinen läßt. Es ist dieses die Ausgabe von Papiergeld, von Banknoten, überhaupt von unverzinslichen geldwerthen Papieren. Fast alle bereits angeführte Irrthümer der National-Oekonomen und Staatsmänner haben zusammen dahin gewirkt, den Glauben hervorzurufen, durch diese Maßregel sich einen besondern Vortheil schaffen zu können. Es würde darum eine Wiederholung des bereits Widerlegten mit sich bringen, wollte ich hier die Gründe aufzählen, welche jene Maßregel ins Leben gerufen haben. Ich beschränke mich im Folgenden um so mehr darauf, lediglich die wahren Folgen dieser Maßregel darzulegen, als ich es als bekannt voraussetzen darf, was die Finanzmänner mit dieser Maßregel für Vortheile zu erreichen hofften.

Unmittelbare Folge der Ausgabe von Papiergeld ist es, daß in dem Bezirke, in welchem die Ausgabe erfolgt, das Papiergeld, weil es keine Zinsen trägt, zur Vermittlung der Käufe mit benutzt wird, während die Zahl der abzuschließenden Käufe, um den Austausch des Producirten zu vermitteln, durch die Ausgabe des Papiergeldes keine Aenderung erleidet. Es wirkt also diese Ausgabe in jenem Bezirke genau wie eine Vermehrung der Masse des zu Geld dienenden Gegenstandes um den ganzen Nominal-Betrag des ausgegebenen Papiergeldes. Die Folge hiervon ist denn, wie wir Seite 201 sahen, daß die Preise alles Producirten in jenem Bezirke sich im Verhältniß der vermehrten Masse steigern. Natürlich kann diese

Steigerung nicht plötzlich und gleichzeitig bei allem zu Kauf Gestellten erfolgen, weil sich die Nothwendigkeit der Preissteigerung ja erst dadurch kund giebt, daß die gesteigerte Nachfrage nicht mehr durch den Vorrath gedeckt werden kann, die Steigerung der Nachfrage sich aber bei dem einen Gegenstande eher wie bei dem andern bemerkbar macht. Hierdurch beziehen denn die Producenten, deren Producte zuerst die Preissteigerung erfahren, einen unverhältnißmäßig großen Gewinn; es erleidet in jenem Bezirke, wie man zu sagen pflegt, die Industrie einen neuen Aufschwung, während diejenigen Producenten, bei deren Producten die Preissteigerung erst später erfolgt, eine im Verhältniß zu jenem Gewinne übergroße Entbehrung erdulden, weil sie bei dem frühern Einkommen so viele Genußmittel um so viel theurer bezahlen müssen. Es ist dieser Aufschwung der Industrie eine so bekannte immer wiederkehrende Thatsache bei neuer oder vermehrter Ausgabe von Papiergeld, daß dessen Vertheidiger sie als eine besonders günstige Wirkung dieser Ausgabe hervorzuheben pflegen. Der höhere Preis bestimmter oder aller Waaren in jenem Bezirk macht es nun vortheilhaft, aus entfernteren Gegenden als bisher Waaren zuzuführen, es tritt, wie die Redensart lautet, eine neue Belebung des Handels ein. Hierdurch werden einerseits die Preise der Waaren in jenem Bezirke wieder gedrückt, andererseits wird die Geldmasse in demselben so viel vermindert, als zum Ankauf der zugeführten Waaren erforderlich war, und dieses Verhältniß muß augenscheinlich so lange fortdauern, bis die vor Ausgabe des Papiergeldes vorhanden gewesene Verhältnißmäßigkeit der Preise wieder hergestellt ist, weil ja die productive Kraft des Volkes und die Zweckmäßigkeit des Landes zur Production durch den ganzen Vorgang keine wesentliche Aenderung erleidet. Die einzig bleibende Wirkung der Ausgabe von Papiergeld ist also folgende: Die ganze Geldmasse der Menschheit wird um so viel weniger, als die in Papiergeld ausgegebene Summe beträgt, vermehrt, als durch das Sinken des zu Geld gebrauchten Gegenstandes in seiner Schätzung mehr zur Genußbereitung verwandt wird, und es muß alles Producirte daher im Verhältniß der Vermehrung höher bezahlt werden. Der Lebensgenuß der Menschheit nimmt hierdurch nur um so viel zu, als die vermehrte Genußbereitung durch den zu Geld dienenden Gegenstand zu schätzen ist, diese Vermehrung wird aber erkauft mit dem Verluste, der während der Uebergangsperiode stattfindet, und mit der bei allen Zahlungen eintretenden vermehrten Beschwerde.

Könnte hier nun noch irgend ein Zweifel darüber sein, daß dieses wirklich die einzig bleibende Wirkung der Ausgabe von Papiergeld ist, so würde dieser gehoben werden durch die immer wiederkehrende Erscheinung, daß Gold und Silber bei übermäßiger Ausgabe von Papiergeld in einem Staate in demselben ein um so höheres Agio erreicht, je größer die ausgegebene Summe wird. Diese Erscheinung ist nämlich die nothwendige Folge davon, daß das Papiergeld im Großen und Ganzen nur in jenem Staate als Geld dienen kann. Es folgt daraus, daß die Ausgleichung der Preise durch den Handel nur so lange möglich ist, als im Lande selbst noch Gold und Silber genug vorhanden ist, um ins Ausland versandt werden zu können. Ist dagegen die Masse edler Metalle im Lande so tief gesunken, daß sie nur eben mehr ausreicht, um die Zahlungen zu leisten, die zufolge der Sitte oder einer contractlichen Verpflichtung unbedingt in Metall zu leisten sind; so würden, bei noch weiterer Ausgabe von Papiergeld und der versuchten Preisausgleichung durch Ankäufe im Ausland, die Metallbedürftigen nur mit Schwierigkeiten sich die erforderliche Masse verschaffen können, der Preis der Metalle steigt also, sie erlangen ein Agio gegen Papier. Durch dieses Agio geht denn der Vortheil des ausländischen Handels so lange verloren, als der Preisunterschied im In- und Auslande nicht so groß ist, um jenes Agio mehr wie bloß auszugleichen, weil im Auslande nur Metall, kein Papiergeld gebraucht werden kann. Bei noch weiterer Ausgabe von Papiergeld muß denn das Agio aus denselben Gründen ununterbrochen steigen, aus denen es zuerst entstanden ist, während es sich auf eine bestimmte Höhe feststellen und auf dieser halten muß, wenn die Masse des Papiergeldes unverändert dieselbe bleibt, und sonst in der Productionskraft der Menschheit keine wesentliche Aenderung eintritt.

Gewöhnlich glaubt man das Entstehen des Geldagios dem sinkenden Staatscredit zuschreiben zu müssen. Wäre diese ganz ungerechtfertigte Annahme richtig; so bleibt es ganz unbegreiflich, wie in einem ganzen Volke in der Schätzung des Vertrauens, welches der Staat verdient, eine solche Uebereinstimmung der Ansichten sich finden sollte, daß beispielsweise jetzt alle Oesterreicher dieses gegen die Sicherheit des Metallbesitzes wie 5 : 6 schätzen, während doch bekanntlich die Menschen in ihren Ansichten niemals stärker von einander abweichen, als wenn sie ein Urtheil über das Vertrauen abgeben sollen, welches ein Staat verdient. Nach meiner Ausführung erklärt sich die Thatsache sehr einfach. Durch die übermäßige Ausgabe von Papiergeld ist in Oesterreich die Geldmasse um ungefähr 20 % größer, als sie nach Verhältniß zu der übrigen Menschheit sein sollte, und sie kann nicht vermindert werden, weil im Auslande Papiergeld nicht verwandt werden kann, Metall aber, weil in Folge dieses Verhältnisses die Preise aller Waaren im Verhältniß zum Ausland 20 % höher sind, eine so gesuchte Waare geworden ist, daß es mit 20 % Agio bezahlt werden muß.

Aus den oben aufgeführten Folgen der Ausgabe von Papiergeld ergiebt sich als der bei Weitem wichtigste Nachtheil, daß die möglichst zu verhindernde Veränderlichkeit in der Schätzung des Geldes willkürlich herbeigeführt wird. Denn es ist offenbar, daß in dem Maße, wie die ganze vorhandene Masse des zu Geld dienenden Gegenstandes künstlich durch die Ausgabe von Papiergeld vermehrt wird, die Schätzung des Geldes sich erniedrigt, während die Vermehrung, weil sie von der willkürlichen Handlung einer Regierung abhängt, ganz und gar vorher unbestimmbar ist. Durch das Papiergeld raubt man daher den edlen Metallen die Eigenschaft, die sie so ausgezeichnet zu Geld qualificirt, möglichste Unveränderlichkeit des Massenverhältnisses, und erschwert dadurch in gleichem Maße der menschlichen Gesellschaft den zweckmäßigsten Austausch und in Folge dessen die zweckmäßigste Production. Gegen diesen Nachtheil verschwindet sowohl der oben angedeutete Vortheil, wenn dieser gegenüber den ebenfalls angeführten Nachtheilen überhaupt noch als Vortheil angesehen werden könnte, sowie auch der, daß sich die Staatskasse durch Ausgabe von Papiergeld aus einer augenblicklichen Geldverlegenheit helfen kann, und eine unbedeutende Zinsenersparniß sich verschafft, als ganz und gar bedeutungslos. Darum ist es dringend nöthig, um dem Geldwesen die naturgemäße Einrichtung zu geben, alles Papiergeld, und es gehört dazu alles keine Zinsen tragende geldwerthe Papier, mag dieses von der Regierung, einer Bank oder einer Privatgesellschaft ausgegeben sein, und nicht bloß im eigenen Lande, sondern auch in allen fremden Ländern aus der Welt zu schaffen.

Wird nun Gold und Silber zu Geld genommen, so kommt es weiter nur darauf an, es jedem Menschen leicht zu machen, jede beliebige Quantität dieser Metalle mit möglichst geringer Mühewaltung zusammen zu fassen, und es ist denn hier auch längst im Allgemeinen die zweckmäßigste Methode entdeckt worden, dem Einzelnen das Zusammenfassen bestimmter Quantitäten zu erleichtern. Sie besteht bekanntlich darin, daß der Staat das Ausprägen von Gold und Silber zu Münzen besorgt. Wenn aber auch im Allgemeinen diese Methode für zweckmäßig zu erachten ist; so werden dennoch im Einzelnen, weil man die Natur des Geldes und die Dienste, welche es der menschlichen Gesellschaft zu leisten hat, verkannte, bei Ausführung derselben bedeutende Fehler begangen. Ich glaube die letzteren nicht kürzer klar darlegen zu können, als wenn ich an ein allgemein bekanntes Münzsystem anknüpfe, und nur die Fehler bemerke, welche in demselben begangen werden; ich werde dadurch der Aufzählung und Beschreibung aller der Maßregeln überhoben, denen eine Billigung nicht versagt werden kann. Ich wähle hierzu, als mir zunächst liegend, das preußische Münzsystem

Um das Zusammenfassen beliebiger Quantitäten der edlen Metalle zu erleichtern, hat es sich also, wie bereits bemerkt, als die zweckmäßigste Methode bewährt, jenen Metallmassen die Form von Münzen von bestimmtem Gehalt und Gewicht zu geben. Bei diesem Verfahren kommt es denn nur mehr darauf an, dem Einzelnen die Ueberzeugung zu verschaffen, daß er wirklich in einer bestimmten Münze eine ausreichend genau abgemessene Quantität jener Metalle besitze. Um dieses zu bewirken, ist es bekanntlich Sitte geworden, daß der Staat sich das Münzrecht ausschließlich vorbehält, und es liegt auf der Hand, daß dieses Mittel bei zweckmäßiger Benutzung zum Zweck führen kann. Daß dieser Zweck aber bis heran nur durch dieses Mittel zu erreichen ist, rechtfertigt denn die Abweichung von dem sonst festzuhaltenden Grundsatz, daß es nicht Sache der Regierung ist, sich mit der Production zu befassen, daß sie dieses vielmehr ganz und gar den Einzelnen zu überlassen hat. Durch dieses vorbehaltene Recht hat denn der Staat es in seiner Gewalt, es zu bewirken, daß nur Münzen mit seinem Stempel umlaufen, denen er darum auch einen genau bestimmten Gehalt geben kann. Es kommt dann nur noch darauf an, bei dem Einzelnen die Ueberzeugung hervorzurufen, daß die Münze wirklich jenen Gehalt besitze.

Am Schnellsten und Besten wird diese Ueberzeugung bei wahrhaft redlichem Verfahren von Seiten der Regierung geschaffen, wenn dem Einzelnen die Controle des Staats über seine Redlichkeit möglichst erleichtert wird, und darum sind denn alle Mittel anzuwenden, welche diese Erleichterung bewirken. In jüngster Zeit, als man anfing einzusehen, daß das Münzregal keineswegs dazu dienen könne, der Staatskasse eine Einnahme zu verschaffen, sondern nur dazu, dem Verkehr Münzen von bestimmtem Gehalt zu liefern, hat sich denn als eines dieser Mittel bewährt, daß man, wie es bei Silbermünzen geschieht, den einzelnen Stücken die Zahl aufprägt, welche aus der feinen Mark geschlagen werden, und die Zweckmäßigkeit dieses Mittels beruht darauf, daß es hierdurch zur Kenntniß jedes Besitzers einer Münze gelangt, wie viel edles Metall er in der Münze besitzt, wenn sie das absolute Gewicht hat, welches sie haben soll. Wenn sich nun schon die Aufschrift in Beziehung auf den Feingehalt als zweckmäßig erwiesen hat, so erscheint sie noch weit zweckmäßiger hinsichtlich des absoluten Gewichts der Münzen. Denn für das Mischungsverhältniß kann der Staat die Bürgschaft übernehmen, und hat er sich dann durch redliches Handeln das Vertrauen seiner Bürger erworben; so braucht der Einzelne dann nicht weiter eine Controle über den Feingehalt auszuüben. Das absolute Gewicht der Münzen vermindert sich dagegen unausgesetzt beim Umlauf durch Abnutzung, und kann auch künstlich, wenn schon bei der jetzigen Prägeweise, ohne aufzufallen, schwieriger wie früher vermindert werden. Ueber dieses Gewicht muß daher der Einzelne unausgesetzt Controle führen, und der Staat kann ihn auch beim redlichsten Handeln von dieser Controle nicht dispensiren. Diese Controle zu erleichtern, erscheint darum weit wichtiger, als die Erleichterung der Controle des Feingehalts, und es kann dieses nicht bloß dadurch bewirkt werden, daß die Aufschrift auch über das absolute Gewicht, welches die Münzen haben sollen, Aufschluß giebt, weit mehr noch dadurch, daß den Münzstücken ein solches absolutes Gewicht gegeben wird, daß die gewöhnlichen Wägemittel, welche sich in den Händen der Bürger befinden, dazu benutzt werden können, diese Controle zu üben.

Die Nothwendigkeit dieser Controle hat sich denn auch in der Wirklichkeit unausgesetzt gezeigt. Sie gerade hat zu einem bedeutenden Irrthum beim Münzwesen Veranlassung gegeben. Alle Staaten, und so auch der preußische, glaubten nämlich diese Controle dem Einzelnen dadurch ersparen zu können, daß sie es als gesetzliche Verpflichtung für diejenigen, welche im Bereiche der Gerichte des Staates Zahlungen zu empfangen haben, aussprachen, bei diesen Zahlungen die Münzsorten, die den Münzfuß des Staats darstellen, auch dann für voll anzunehmen, wenn sie, sei es auch nur durch die Abnutzung bei regelmäßigem Gebrauch, so viel an ihrem absoluten Gewichte verloren haben, daß bei freiem Handeln der Gewichtsunterschied von dem Einzelnen nicht unberücksichtigt bleiben würde. Man glaubte diese Maßregel außerdem darum nöthig, um eine feste Einheit beim Zahlungsmittel zu schaffen. Indessen kann es keinem Zweifel unterliegen, daß die Staaten hierbei ihre Macht gegenüber den im Verkehr wirksamen Kräften außerordentlich überschätzt haben, und daß gerade durch jenen gesetzlichen Zwang eine Schwankung, ein Sinken in der Schätzung des Zahlungsmittels unbedingt herbeigeführt werden muß.

Wie bereits bemerkt, kann der Staat durch das Ausprägen der Münzen nur die Garantie übernehmen, daß **die Metallmassen der Münzen ein bestimmtes Mischungsverhältniß besitzen**. Durch die Art der Ausprägung aber die absichtliche Veränderung des absoluten Gewichtes wohl erschweren, aber sowohl diese, als auch die Verminderung des absoluten Gewichts durch Abnutzung niemals ganz verhüten. Sobald also der hierdurch herbeigeführte Gewichtsunterschied die Grenze überschreitet, innerhalb der er von dem Einzelnen ohne fühlbaren Nachtheil unberücksichtigt gelassen werden kann, heftet jener Zwang den leichteren Stücken den Makel an, daß der Credit des Staates für das mangelnde Gewicht einstehen muß. Der Credit kann aber für das mangelnde Gewicht nur in dem Bereiche des Staates selbst Ersatz leisten, der Cours seiner Münzen auf dem Weltmarkte sinkt daher, und es wird vortheilhaft, nun neue vollwichtig ausgeprägte Stücke zu sammeln, einzuschmelzen und als Barren-Metall zu verkaufen, so daß also auch durch neue Ausprägungen der gesunkene Cours nicht mehr gehoben werden kann. Es zwingt daher der Verkehr den Staat, trotz aller Garantie, die er zu geben im Stande ist, von dem einzig übrigbleibenden Mittel, den Uebelstand zu beseitigen, Gebrauch zu machen, den Münzfuß durch eine gesetzliche Bestimmung herabzusetzen, wie dieses noch kürzlich in Sachsen und den süddeutschen Staaten sich als unvermeidlich erwiesen hat. Die Nothwendigkeit einer Aenderung des Münzfußes führt aber sehr natürlich, weil alle Preise nach dem eingeführten Münzfuße abgemessen werden, alle die Nachtheile mit sich, die mit einer unvorhergesehenen Aenderung in der Schätzung des Geldes verbunden sind. Darum kann also dem Einzelnen die Controle des absoluten Gewichts der Münzstücke nicht erspart werden; der Zwang, der gegen den Einzelnen ausgeübt wird, Münzen des Staats in Zahlung anzunehmen, darf vielmehr nicht weiter gehen, als dem Staate auch die Garantie möglich ist. **Der Einzelne darf nur gezwungen werden, in den mit dem Staatsstempel versehenen Münzen das bestimmte Mischungsverhältniß anzuerkennen, dergestalt, daß, wenn ihm dann außerdem in mit dem Staatsstempel versehenen Münzen ein bestimmtes absolutes Gewicht gegeben wird, er gehalten ist, ohne weitere Prüfung anzuerkennen, daß er nun auch die vom Staate garantirte Metallmasse empfange.** Der Zwang darf also nur soweit gehen, mit dem Staatsstempel versehene Münzen, auch wenn sie zu leicht geworden sind, annehmen zu müssen, wenn der Gewichtsunterschied durch Daraufgabe vergütet wird. Diese Beschränkung des Zwanges auf das natürliche Maß führt denn außerdem noch den andern Vortheil mit sich, daß die absichtliche Verminderung des absoluten Gewichts der geprägten Stücke so sehr erschwert wird, daß die Ausführung fast unmöglich erscheint. Denn soll diese Verminderung die darauf verwendete Arbeit vergüten, so muß die dadurch gewonnene Metallmasse so groß sein, daß Niemand sie bei der Schätzung unberücksichtigt lassen wird. Bei der Ausgabe der leichter gemachten Stücke würde daher das gewonnene Metall als Daraufgabe wieder verloren gehen, und die Arbeit der Verminderung bliebe unbelohnt, weshalb sie denn überhaupt ganz und gar unterbleiben würde. Darum wäre denn nur mehr durch Abnutzung eine Gewichtsverminderung zu erwarten.

Muß demnach dem Einzelnen jene Controle überlassen werden, so finden wir im preußischen Münzwesen mehrere Fehler. In Preußen werden 14 Thlr. aus der Mark feinen Silbers geprägt, der Art, daß $10^{1}/_{2}$ Thlr. eine Mark wiegen. Ein Thaler wiegt also $1^{11}/_{21}$ Loth. Es ist dieses ein Gewicht, welches im gewöhnlichen Verkehr nicht vorkommt, und so ist dem Einzelnen die Controle des absoluten Gewichtes ohne Noth erschwert. Diesem Fehler wäre mit einer kleinen Abänderung abzuhelfen. Wenn der

Kupferzusatz anstatt zu $1/4$ zu $5/21$ genommen würde, so würden $10^2/_3$ Thlr. eine Mark wiegen, der Thaler mithin genau $1^1/_2$ Loth, ein Gewicht, welches jeder Krämer besitzt.

Aber noch ein anderer Fehler wird bei dieser Ausprägung begangen. Der Kupferzusatz bei derselben ist so groß, daß eine solche Metallmischung die Farbe des Kupfers durchschimmern läßt. Die hohe Schätzung des Silbers ist aber wesentlich bedingt durch seinen schönen Glanz und seine schöne Farbe; dieses kupferige Ansehen muß daher nothwendig die Schätzung der Geldstücke vermindern, und darum ist denn dieser bedeutende Kupferzusatz ein Fehler. Bei neugeprägten Stücken wird ja deshalb auch, um ihnen die schönere Silberfarbe zu bewahren, das sogenannte Weißsieden vorgenommen, wodurch auf der Oberfläche der Münzen ein Ueberzug aus reinem Silber erzeugt wird. Es bringt dieses Verfahren aber in mehrfacher Hinsicht Nachtheile mit sich. Einmal geht dadurch die Sicherheit des Schlusses aus dem absoluten Gewicht auf den Gehalt der Münze verloren, wobei denn die Furcht vor der Möglichkeit dieses Irrthums, verbunden mit der Unsicherheit über die mögliche Größe desselben, noch schädlicher wirkt, als die an und für sich nur unbedeutende Abweichung selbst; dann aber erregt auch der später bei einiger Abnutzung sich einstellende Kupferschimmer und das hierdurch eintretende veränderte Aussehen älterer und neuer Stücke Zweifel in die Richtigkeit der Ausprägung und das Entstehen der unbedingt nothwendigen Ueberzeugung von dieser Richtigkeit wird denn hierdurch zurückgehalten; endlich wird durch diesen Kupferzusatz die nothwendig zu übertragende Metallmasse unnützerweise um 25% vermehrt. Gegen diese Nachtheile verschwindet der kleine Vortheil, daß eine Metallmischung, wie sie sich in den preußischen Thalern vorfindet, eine etwas größere Härte besitzt, der Abnutzung daher nicht so unterworfen ist, wie eine Münze mit größerm Feingehalt, um so mehr, als durch das Weißsieden die Abnutzung in der ersten Zeit um so größer ist, als hier reines Silber, und dieses auch noch, weil die Geldstücke durch jenen Kupferzusatz an absoluter Größe zunehmen, auf einer größern Fläche der Abnutzung unterworfen wird.

Beiden Fehlern würde denn gleichzeitig, ohne die Bequemlichkeit zu verlieren, den Feingehalt in nicht zu verwickelten ganzen Zahlen ausdrücken zu können, abgeholfen, wenn zu den Silbermünzen $14^2/_9$löthiges Silber genommen, und dann 18 Thlr. aus der feinen Mark geprägt würden. Der Kupferzusatz wäre dann $1/_9$ und 16 Thlr. wögen eine Mark, der Thaler mithin genau 1 Loth. Die Aufschrift des Thalers würde also lauten:

»Ein Thaler, ein Loth schwer, 18 aus der feinen Mark.«

Der Gehalt dieses Thalers gegen den jetzigen stände in dem Verhältniß wie 7:9, d. h. er würde 23 Sgr. 4 Pf. gelten, und es wären mit gleichen Bequemlichkeiten und Vortheilen halbe und viertel Thaler möglich, so wie auch Doppelthaler noch keine unbequeme Größe erlangen würden. Für die Theilstücke des Thalers eine andere Metallmischuug zu nehmen, wie dieses jetzt in Preußen geschieht, ist aus denselben Gründen unzweckmäßig, aus denen sich bei unserm Gewichtssystem die Mischung aus 8 Theilen Silber und 1 Theil Kupfer als die zweckmäßigste ergab.

Ist nun dieses Verfahren schon bei den Silbermünzen das einzig naturgemäße, so sind die angeführten Gründe bei den Goldmünzen wegen ihrer so vielfach höhern Schätzung um so viel gewichtiger. Bei dem preußischen Friedrichsd'or begegnen wir daher einem ähnlichen Fehler wie bei dem Thaler. Zu den preußischen Goldmünzen wird $21^{2}/_{3}$ karätiges Gold genommen und es werden dann 35 Stück Friedrichsd'or aus der beschickten Mark geprägt. Aus der feinen Mark kommen also $38^{10}/_{18}$ Stück mit $^{16}/_{35}$ Loth Gewicht. Derselbe Fehler wie vorhin. Hier wäre darum, da es nicht räthlich erscheint, den Feingehalt zu vermindern, es dagegen wünschenswerth ist, für die Zahl der doppelten Friedrichsd'or aus der feinen Mark eine ganze Zahl zu erhalten, die Abänderung zu treffen, daß anstatt wie bisher $21^{2}/_{3}$-karätiges Gold $22^{10}/_{17}$ karätiges Gold, d. h. auf 16 Theile Gold 1 Theil Zusatz genommen, und anstatt 35 nur 32 Stück aus der beschickten Mark geprägt würden. Jedes Stück wöge dann genau $^{1}/_{2}$ Loth und es würden 34 Stück aus der feinen Mark geprägt.

Noch einem neuen Fehler begegnen wir denn hier bei den Goldmünzen; es ist der, die Goldmünzen durch die Aufschrift einer bestimmten Zahl Thaler gleich zu setzen. Diese Sitte stammt aus einer Zeit, in welcher man noch mehr über die Gesetze der Schätzung im Unklaren war, wie jetzt, weil man auch nicht einmal Erfahrungen über die Schwankungen in der Schätzung gesammelt hatte. Damals ging darum das Streben dahin, die Goldmünzen so herzustellen, daß sie einer bestimmten ganzen Zahl von Einheiten einer bestimmten Silbermünze gleich geschätzt wurden. Wir wissen nun hier, daß ein solches Streben nutzlos ist, weil die Höhe der Schätzung bei jedem Gegenstande von thatsächlichen Umständen abhängt, die sich bei jedem einzelnen Gegenstande selbstständig ändern können, das Verhältniß zwischen der Schätzung zweier Gegenstände daher nur höchst zufällig längere Zeit dasselbe bleiben kann. Die Erfahrung hat dieses denn auch selbst beim Gold und Silber, bei welchem doch, wie wir sahen, eine Aenderung der thatsächlichen Verhältnisse am Wenigsten eintritt, längst bestätigt. Durch die reichere Ausbeute der Bergwerke beim Silber im Verhältniß zu Gold seit der Entdeckung von Amerika, ist die Schätzung des Silbers erfahrungsmäßig von fast $^{1}/_{11}$ auf beinahe $^{1}/_{16}$ des Goldes gesunken, wodurch denn die viel später noch mit dem nominell gleichen Silberquantum auch gleichgeschätzten Goldstücke dennoch wieder um mehr als 13% gegen Silber gestiegen sind. Trotz dieser Erfahrung ist aber die Sitte geblieben, die Friedrichsd'or mit der Aufschrift 5 Thlr. zu prägen, und es ist denn dadurch bekanntlich eine doppelte Rechnungsart üblich geworden, eine in Gold und eine in Silber. Es kann dieses nur Verwirrung erzeugen und ist darum fehlerhaft. Daher wäre denn mit Umwechslung der französirten Benennung Friedrichsd'or, die dazu für die gleiche Münze in jedem deutschen Lande aus anderen Vornamen gebildet wird, in den im deutschen Münzwesen längst allgemein recipirten Namen »Pistole,« die Aufschrift der neuen Stücke folgende:

»**Eine Pistole, ½ Loth schwer, 34 aus der feinen Mark**« und es wären mit gleich einfachen Verhältnißzahlen halbe und Doppel=Pistolen möglich.

Als ein Ueberbleibsel jenes Strebens, das Schätzungsverhältniß zwischen Gold und Silber zu fixiren, muß denn die Maßregel in Preußen betrachtet werden, durch welche der Cours der Friedrichsd'or auf $5\frac{2}{3}$ Thlr. dadurch festgestellt wird, daß die Staatskassen angewiesen sind, diese Münze zu diesem Course zu nehmen und auszugeben. Eine solche Maßregel ist unter allen Umständen fehlerhaft. Denn ist dieser Cours niedriger normirt als er sich nach der Schätzung des Goldes und Silbers auf dem Weltmarkte stellen würde; so bewirkt er, daß alle Goldmünzen aus dem Verkehre verschwinden, und die Bevölkerung entbehrt die Bequemlichkeiten, welche mit Zahlungen in Gold verbunden sind. Bei einer höhern Schätzung auf dem Weltmarkte kann es nämlich nicht ausbleiben, daß sich auch im Verkehr der Cours der Münzen höher stellt, als sie bei den Staatskassen angenommen werden, da sie schlimmsten Falls, als Barrengold eingeschmolzen, verkauft werden können. Aber zu diesem hohen Course die Goldmünzen anzunehmen, wird Jeder sich weigern, welcher die Aussicht hat, die Münze an eine Staatskasse in Zahlung geben zu müssen, weil er dann die Cours=Differenz verlieren würde. Je häufiger diese Weigerungen vorkommen, je mehr muß dieses auf Erniedrigung der Schätzung dieser Münzen im Verhältniß zum Barrengold auf dem Weltmarkte zurückwirken. Darum wird es für Großhändler, Banquiers u. s. w. vortheilhaft, zu diesem niedrigen Cours diese Münzen zu sammeln und auf dem Weltmarkte zu verkaufen, von dem sie dann eben jener Verhältnisse wegen nicht mehr zurückgesandt werden können. Ist dagegen der Cours bei den Staatskassen zu hoch normirt; so wird hierdurch den Goldmünzen der Makel angeheftet, daß der Credit des Staats für die zu hohe Schätzung Bürgschaft leisten muß. Hierdurch kommt es denn, daß dergleichen Goldmünzen bloß im Inlande umlaufen können, und so entbehrt der Großhandel beim Austausch mit dem Auslande gerade die Münze, die unbedingt bei demselben die größten Bequemlichkeiten gewähren würde.

Noch eine andere Gefahr ist mit der zu hohen Normirung des Courses der Goldmünzen verbunden, die indessen die preußische Regierung bis jetzt vermieden hat. Bei einer solchen Coursnormirung ist es nämlich für die Regierung mit Nutzen verbunden, die Ausmünzung von Goldmünzen vorzunehmen. Wie bereits bemerkt, können aber solche Münzen nur im Inlande umlaufen, während jedes Volk nur einen solchen Theil von dem zu Gelde gebrauchten Metalle besitzen kann, wie es das Verhältniß der bei ihm zu vermittelnden Käufe zu denen der ganzen Menschheit zweckmäßig macht. Läßt sich also die Regierung verleiten, sich jenen Vortheil bei der Ausmünzung zu Nutzen zu machen; so ist hiervon die nothwendige Folge, daß eine ben neu ausgeprägten Goldmünzen gleiche Summe in vollwichtig ausgeprägten Silbermünzen ins Ausland wandert bis dahin, daß alles grobe Silbergeld aus dem Verkehr verschwindet, es sei denn, daß dasselbe schon durch Abnutzung die verhältnißmäßig gleiche Erniedrigung in der Schätzung, wie bei jenen Goldmünzen erfahren hat. Folge hiervon ist denn, daß überhaupt die Münzen dieses Landes auf dem Weltmarkte eine so viel niedrigere Schätzung erfahren, als der Cours der Goldmünzen zu hoch festgestellt ist, daß der Münzfuß dieses Landes um so viel sinkt. Durch die übermäßige Ausgabe von Scheidemünze, deren letzter Effect der ganz gleiche ist, ist diese Erscheinung bekanntlich oft genug in die Wirklichkeit gerufen worden. Darum ist denn unter allen Umständen die Feststellung des Courses zwischen Gold- und Silbermünzen ein grober Fehler; diese Feststellung muß ganz und gar dem freien Verkehr überlassen werden. Nach Aufhebung jener Feststellung würde denn nach der jetzigen Schätzung der edlen Metalle gegen einander der Preis der neuen Pistole um $8^{1}/_{6}$ neue Thaler schwanken.

Die Unmöglichkeit, das Schätzungsverhältniß der beiden edlen Metalle Gold und Silber ein für alle Mal festzustellen, ruft denn eine andere Frage ins Dasein, die nämlich, ob es nicht zweckmäßig sei, weil Geld doch beim Tausch gewissermaßen als Maßstab dient, an einen Maßstab aber vor Allem die Forderung gestellt werden muß, daß er ein Einiger sei, und seine Größe möglichst unveränderlich bleibe, von den beiden edlen Metallen nur das eine als Geld zu gebrauchen. Die Einrichtungen im englischen Münzwesen suchen bekanntlich dieses Ziel zu erreichen. Es werden dort alle Silbermünzen der Art ausgeprägt, daß bei gleichem Nominalbetrage in Silber- und Goldmünzen die ersteren im Verhältniß zu Barren-Silber und Gold um $6^{2}/_{33}$ % niedriger zu schätzen sind, als Goldmünzen. Folge hiervon ist denn, daß allen Silbermünzen in England der Makel anhaftet, daß bei ihnen der Credit des Staates die fehlende Masse ersetzen muß, und Folge hiervon, daß als eigentliches Preismaß nur Gold gebraucht werden kann, Silber aber nur die Functionen einer Scheidemünze versieht, d. h. nur gebraucht wird, um sich über Arbeitsquanta auseinanderzusetzen, die zu klein sind, als daß sie in Gold geliefert werden könnten, und so wird denn durch dieses Verfahren allerdings erreicht, daß nur Gold als eigentlicher Maßstab für den Tausch betrachtet werden kann. Dennoch aber dürfte der Vortheil, den England dadurch erlangt, daß der Verkehr von der Schwankung in der Schätzung zweier zu Geld gebrauchten Gegenstände befreit wird, mit weit höher zu schätzenden Nachtheilen erkauft werden.

Zunächst kann es keinem Zweifel unterliegen, daß, wenn zwischen beiden edlen Metallen eine Wahl getroffen werden muß, welches zu Geld zu gebrauchen sei, nur Gold gewählt werden kann. Bei der Wahl von Silber wären, wenn man den vorgesetzten Zweck erreichen will, neben den Silbermünzen, Goldmünzen wegen der viel höheren Schätzung ganz unmöglich, weil sie bei niedrigerer Ausprägung, wie bei zu hoher Feststellung des Courses der Friedrichsd'or die Silbermünzen außer Landes treiben würden, eine höhere Ausprägung aber an und für sich unthunlich ist. Bei dem Mangel des Papiergeldes würde aber die Nothwendigkeit, auch alle größeren Zahlungen und in allen Entfernungen in Silber zu leisten, oft so große Unbequemlichkeiten mit sich führen, daß der Verkehr unbedingt Mittel suchen würde, trotz der Regierung, sich des bequemern Goldes zur Vermittelung des Tausches zu bedienen. Hierdurch ginge denn der Vortheil verloren, der erstrebt werden soll, und außerdem der, der damit verbunden ist, daß die Ausmünzung sich in den Händen der Regierung befindet. Wird aber Gold gewählt, so kann bei der Ausgleichung über kleinere Arbeitsquanta wie auch in England Silber zur Aushülfe nicht entbehrt werden, und es ist das in England angewendete Verfahren der leichtern Ausprägung der Silbermünzen das einzig mögliche Mittel, diese Aushülfe durch das Silber zu erhalten. Bei diesem Verfahren tritt dann weiter die Gefahr ein, daß der Vortheil bei der Ausmünzung so groß wird, daß Private, wenn sie auch eben so gewichtig ausprägen, wie die Regierung, dennoch bei dieser Production einen unverhältnißmäßig großen Gewinn beziehen, und daß sie sich daher, wenn auch nicht im Inlande, doch im Auslande auf diese Ausprägung verlegen werden, ohne daß es möglich würde, die untergeschobenen Münzen zu entdecken. Hiermit geht denn wieder der Vortheil verloren, der damit verbunden ist, daß die Ausmünzung in den Händen der Regierung bleibt. Ja noch mehr. Die Silbermünzen können ihren Charakter als Scheidemünze nur behalten, wenn sie in so mäßiger Zahl vorhanden sind, daß sie nur eben zur Ausgleichung über kleinere Arbeitsquanta ausreichen. Uebersteigt ihre Zahl das hierzu erforderliche Quantum; so drängen sie, wie die Ausgabe von Papiergeld überhaupt, das Metallgeld, hier das Gold, ins Ausland bis dahin, daß zuletzt das Silbergeld wieder Preismaß wird, der Münzfuß des Landes daher auf die Höhe der Silberausprägung sinkt. Durch das Ausprägen der Silbermünzen durch Private verliert aber die Regierung die Möglichkeit, die Silberausprägung in dieser Beschränkung zu erhalten. Darum darf denn der Procentsatz der leichtern Ausprägung nur so hoch sein, daß Private sich mit seinem Gewinne bei ihrer Production nicht genügen lassen. Hierdurch entsteht denn andererseits eine neue Gefahr, die nämlich, daß bei nur kleiner Aenderung in den thatsächlichen Verhältnissen, welche die Schätzung der edlen Metalle bedingen, das Verhältniß der Schätzung sich der Art ändern kann, daß nun die ursprünglich zu leichten Silberstücke mit dem Golde Pari kommen, oder dasselbe vielleicht noch überbieten, wodurch diese dann sämmtlich aus dem Verkehr verschwinden, und die darauf verwendeten Prägekosten verloren gehen würden. Die reichen neu entdeckten Goldlager in Californien und Australien stellen sogar, wenn ihre Reichhaltigkeit nur noch ein Menschenalter hindurch vorhalten sollte, ein solches Sinken der Schätzung des Goldes ziemlich unzweifelhaft in Aussicht.

Abgesehen von diesen beiden Gefahren, die als ein vollkommenes Analogon von Scylla und Charybdis dastehen, hat aber die Wahl von Gold als einziges Preismaß noch den Nachtheil, daß dadurch die größere Masse der Menschen sich unausgesetzt mit einer Münze behelfen müßte, bei der der Staatscredit das mangelnde Gewicht ersetzen müßte, die daher über die Grenze des eigenen Landes hinaus unbrauchbar wäre.

Gegen diese Nachtheile, die mit der ausschließlichen Wahl des Goldes als Preismaß verbunden sind, verschwindet denn die kleine Unbequemlichkeit der Coursschwankung zwischen Gold und Silber um so mehr, als diese erfahrungsmäßig nur so klein ist, daß sie nur im Großhandel einigermaßen fühlbar wird, und sich außerdem um so mehr vermindert, je mehr dem Geldwesen die naturgemäße Einrichtung gegeben wird, und damit die willkürlichen Eingriffe, die auf die Schätzung einwirken, ihr Ende erreichen.

Durch die Ausprägung von Gold und Silber nach vorstehenden Grundsätzen wird es den Einzelnen möglich, sich bei Zahlungen der Art auszugleichen, daß der Verlust auf der einen oder andern Seite niemals $1/8$ Loth Münzsilber = 2 Sgr. 11 Pf. jetzigen Geldes zu übersteigen braucht. Diese Summe, an und für sich klein, ist doch bei Weitem zu groß, als daß sich ein Mensch in unseren Verhältnissen in der überwiegend größern Zahl der Fälle zu ihrem Verlust würde entschließen können, während andererseits einviertellöthige Münzen die Grenze erreicht haben dürften, wo bei noch weiterer Verkleinerung die Schwierigkeit des zweckmäßigen Prägens, der Aufbewahrung und Handhabung für Münzen, bei denen es darauf ankommt, das wirkliche Metallquantum, welches sie enthalten, möglichst genau festzustellen, zu unverhältnißmäßiger Größe anwächst. Es könnte nun hier dasselbe Auskunftsmittel angewendet werden, welches dazu führt, die in Gold nicht mehr möglichen Ausgleichungen durch das geringer geschätzte Silber zu bewirken, dasjenige nämlich, das in der Reihenfolge der Schätzung als das dritte erscheinende Metall auch in Stücken von $1/4$, $1/2$, 1 und 2 Loth auszuprägen, das Kupfer also. Es würde sich dann zwischen Kupfer und Silber in ähnlicher Weise ein Cours festsetzen, wie jetzt zwischen Silber und Gold, und es würde dann die Ausgleichung bei Zahlungen bis auf $1/8$ Loth Kupfer genau erfolgen können, eine Metallmasse in der Schätzung niedrig genug, um in allen Fällen unberücksichtigt bleiben zu können.

Hier macht der Umstand indessen dieses Auskunftsmittel unanwendbar, daß die thatsächlichen Umstände beim Kupfer in keiner Weise nahezu Unveränderlichkeit in der Schätzung, wie bei den edlen Metallen, mit sich bringen. Die Schätzung des Kupfers ist so niedrig, daß einestheils an vielen Stellen die Gewinnung des bekanntlich lagernden Kupfers nicht vorgenommen werden kann, weil der Preis die Kosten nicht vergütet, anderntheils die Transportkosten eine erhebliche Verschiedenheit in der Schätzung je nach den verschiedenen Oertlichkeiten hervorbringen. Das Kupfer tritt darum weit mehr in die Kategorie der willkürlich vermehrbaren Gegenstände, und kann darum um so weniger in ähnlicher Art, wie das Silber, zur Ergänzung zu Hülfe genommen werden, als die Feststellung der Preise der verschiedenen Waaren mit Bequemlichkeit nur in dem Metall vorgenommen werden kann, bei welchem die Hälfte der darin geprägten kleinsten Münze beim Abschließen der üblichen Käufe ohne unverhältnißmäßigen Nachtheil auf der einen oder andern Seite nicht berücksichtigt zu werden braucht. Darum sehen wir in unseren Zuständen den Preis in Friedrichsd'or nur bei solchen Gegenständen bestimmt, bei welchen bei der Schätzung ein Fehler von einem halben rücksichtlich Viertel-Friedrichsd'or als unbedeutend betrachtet wird, bei Luxuspferden, bei Kunstgegenständen, bei Honoraren, bei denen man die Leistung nicht wie gewöhnliche Arbeit bezahlen, bei denen man darum den Schein vermeiden möchte, als wünsche man die Belohnung mit solcher Genauigkeit abzumessen u. dgl. m.; in allen anderen Fällen wird der Preis in Silber bestimmt. Wie aber bereits bemerkt wurde, ist bei Weitem in den meisten Fällen die Schätzung von $1/8$ Loth Münzsilber noch viel zu hoch, als daß von dem Verkäufer oder Käufer diese Summe unberücksichtigt könnte gelassen werden, und so folgt denn hieraus, daß bei allen Waaren, bei welchen solche Käufe vorzukommen pflegen, der Preis nur in Kupfer festgestellt werden könnte. Hierdurch verpflanzen sich denn die Schwankungen des Kupferpreises auf die Waarenpreise, und es treten alle die Nachtheile ein, welche wir oben als mit der unbestimmbaren Schätzung des Geldes verbunden kennen gelernt haben.

Außer diesem wesentlichen Fehler des Kupfers würden aber durch dieses Auskunftsmittel den Einzelnen unverhältnißmäßige Unbequemlichkeiten verursacht. Die Schätzung des Kupfers im Verhältniß zu dem, was auch selbst der Taglöhner im Durchschnitt täglich zu kaufen hat, ist so gering, daß das Kupferquantum, welches jeder Mensch dann fast unausgesetzt mit sich führen müßte, eine lästige Schwere erlangt. Nimmt man die Schätzung der gleichen Quantität Kupfer gegen Silber zu $1/64$ an, eine Schätzung, die nach den jetzigen Verhältnissen viel zu hoch erscheint, die aber hier angenommen werden mag, weil der Kupferpreis durch den größern Verbrauch sich steigern würde; so würde $1/2$ Pfund Kupfer dem $1/4$ neuen Thaler in Silber gleichgeschätzt werden. Weil aber die meisten Menschen fast oder sogar mehrmals täglich in die Lage kommen, $1/4$ Thaler wechseln zu müssen, weil ihre tägliche Ausgabe diese Summe weit übersteigt; so würden also alle diese Menschen gezwungen werden, unausgesetzt eine solche Kupfermasse mit sich zu führen, die unter allen Umständen $1/4$ Pfund überstieg. Bei der geringen Schätzung des Kupfers muß dieses als eine Last empfunden werden.

Jenem Fehler des Kupfers kann denn hier durch das Auskunftsmittel abgeholfen werden, welches wir beim Silber als verderblich erkannten, durch das Zuhülfenehmen des Credits des Staats bei den Münzen, welche mit Hülfe des Kupfers das Ausgleichen über kleine Arbeitsquanta möglich machen sollen; der Unbequemlichkeit aber dadurch, daß nicht reines Kupfer zu diesen Münzen verwandt wird, sondern eine durch Silberzusatz zu einer höhern Schätzung gebrachte Metallmischung. Bei diesem Zuhülfenehmen des Credits sind dann aber dieselben Rücksichten zu nehmen, wie sie England beim Ausprägen seiner geringhaltigeren Silbermünzen nimmt. Der Procentsatz, um welchen die Ausprägung geringer erfolgt, darf nicht zum Nachprägen reizen, und nur so viele dieser Münzen dürfen in Umlauf kommen, als zur Ausgleichung über kleinere Arbeitsquanta wie $1/4$ Thlr. unbedingt nothwendig erscheinen. Daher rechtfertigt sich die Bestimmung der preußischen Gesetzgebung, daß Niemand gezwungen ist, in Scheidemünze anzunehmen, was in vollwichtig ausgeprägten Stücken bezahlt werden kann.

Mit dieser Maßregel läßt sich nun noch eine andere Bequemlichkeit verbinden. Weil nämlich bei diesen Münzen der Credit des Staates ohnehin in Anspruch genommen werden muß; so kommt es denn auch weniger darauf an, dem Einzelnen die Controle über das rechtliche Handeln des Staats bei diesen Münzen zu erleichtern Man hat daher bei ihnen, innerhalb der oben bezeichneten Grenze, sowohl bezüglich des Feingehalts wie des absoluten Gewichts vollkommen freie Hand. Es macht dieses denn ohne alle Schwierigkeiten noch die Einführung einer weitern Bequemlichkeit möglich. Man kann deshalb den Thaler ganz und gar willkürlich in eine bestimmte

Anzahl Theile zerlegen, und hat es darum in seiner Macht, eine solche Eintheilung zu wählen, die für die abzuschließenden Käufe die größte Bequemlichkeit darbietet.

Bei der Eintheilung, wie sie in Preußen besteht, finden wir denn hier den Fehler, daß die Einheit, der Silbergroschen, zu hoch gegriffen ist. Es führt dieses die Unbequemlichkeit mit sich, daß die Preise in der überwiegend größern Zahl in Bruchtheilen von Silbergroschen festgestellt werden müssen. Die Unbequemlichkeit dieser Einheit geht denn auch klar daraus hervor, daß in den Landestheilen, in welchen die Groschenrechnung schon längere Zeit üblich ist, der Verkehr gesucht hat, sich selbst eine kleinere Einheit zu schaffen. Der Verkehr kennt dort Sechser und Dreier, mit welchen Benennungen dort bekanntlich 6= und 3= Pfennigstücke bezeichnet werden, und es darf dieses wohl als Beweis angesehen werden, daß die gesuchte zweckmäßigste Einheit in unseren Zuständen zwischen 6= und 3= Pfennige liegt. Die Eintheilung des neuen Thalers in 60 gleiche Theile würde denn dieser Anforderung Genüge leisten; die Einheit würde dann $4^{2}/_{3}$ jetzige Pfennige gelten, mithin gerade die gewünschte Größe haben. Die Zahl 60 empfiehlt sich außerdem aus bekannten Gründen noch deshalb, weil sie durch die ersten sechs ganzen Zahlen ohne Rest theilbar ist. Ich wähle, um Verwirrungen zu vermeiden, im Folgenden für diese Einheit die früher hier am Niederrhein für eine Münze von nahezu gleicher Währung üblich gewesene Benennung »Stüber«. Der Thaler hätte dann also 60 Stüber und folgerecht der halbe Thaler 30, der viertel Thaler 15 Stüber, und es käme dann nur noch darauf an, Münzen zu schaffen, wodurch die Theilung des viertel Thalers in 15 Stüber bewirkt werden kann. Um das Zusammenlegen dieser Münzen zu der kleinsten vollwichtig ausgeprägten zu erleichtern, erscheint es zweckmäßig für ihren Gehalt die Theiler von 15 zu nehmen, daher 1=, 3= und 5= Stüberstücke zu prägen. Bei ihrer Anfertigung ist denn noch die Rücksicht zu beobachten, daß dieselben in Gewicht und Größe von den vollwichtigen Münzen der Art verschieden sind, daß nur bei grober Fahrlässigkeit eine Verwechselung eintreten kann, und daß die mit silberartigem Ansehen ausgeprägten, weil sie so viel niedriger in der Schätzung stehen, auch kleiner in der Form bleiben, wie die kleinste vollwichtige Münze. Für die 5= Stüberstücke empfiehlt sich darum ein absolutes Gewicht von $^{1}/_{6}$ Loth und nach Verhältniß $^{1}/_{10}$ Loth für die 3= Stüberstücke, und die Metallmischung wäre der Art zu bestimmen, daß auch bei dem zu erwartenden höchsten Kupferpreise der Cours von 5 rücksichtlich 3 Stübern nicht erreicht würde. Das 3= Stüberstück würde dann $^{2}/_{3}$ so groß, wie unser Silbergroschen, dessen Gewicht $^{3}/_{20}$ Loth beträgt, das 1= Stüberstück also in dieser Metallmischung zu klein. Wegen der geringen Schätzung wäre es denn zweckmäßig in Kupfer auszuprägen. Für den kleinen Marktverkehr wäre endlich der Stüder noch in 4 Theile zu theilen, und demgemäß noch 2= und 1= Pfennigstücke zu schlagen. Es würde dadurch die Summe, die bei einer Zahlung im Maximum unberücksichtigt bleiben müßte, $^7/_{12}$ unseres jetzigen Pfennigs betragen; sie wäre also klein genug, um ohne fühlbaren Nachtheil unter allen Umständen vernachlässigt werden zu können. Die augenblickliche Unbequemlichkeit bei Einführung dieses neuen Münzfußes kann gegen die dauernde Bequemlichkeit nach Einführung desselben nicht in Betracht gezogen werden.

Wird die Ausprägung von Geld nach diesen Grundsätzen vorgenommen; so kommt es nun weiter darauf an, die Gesammtheit mit der wünschenswerthesten Masse von jeder einzelnen Münzsorte zu versorgen. Bekanntlich haben die Regierungen denn bis jetzt diese Sorge bei Ausübung des Münzregals unmittelbar selbst übernommen, und erst neuerlich hat England bei Reorganisation seines Münzwesens im Jahr 1817 zuerst den Versuch gemacht, die Privaten sich an dieser Sorge dadurch betheiligen zu lassen, daß es ihnen freigestellt hat, Goldmünzen in der königlichen Münze prägen zu lassen.

Wo der Staat sich selbst die Sorge aufgebürdet hat, das erforderliche Quantum Münze von jeder Sorte zu bestimmen, konnte es denn nicht ausbleiben, daß die gröbsten Täuschungen vorfielen, und bald von der einen bald von der andern Münzsorte zu viel oder zu wenig zur großen Belästigung für den Verkehr in Umlauf gesetzt wurden. Denn wie sollte bei den so mangelhaften Erfahrungen und den Schwankungen in den Verkehrsverhältnissen es einem Einzelnen oder wenigen Einzelnen möglich sein, das angemessene Quantum zu bestimmen! Das Agio, welches nach dem Zeugniß der Geschichte des Münzwesens nur zu oft hat bezahlt werden müssen, um bestimmte Münzsorten zu erhalten, zeigt dieses nur zu deutlich. Wenn wir uns aber die Gesetze der Schätzung vergegenwärtigen; so finden wir bald, daß das von der englischen Regierung befolgte Verfahren mit einigen Modificationen unbedingt dahin führt, alle dergleichen Irrthümer vollständig zu vermeiden.

Die Münzen dienen dazu, den Austausch zu erleichtern, und indem sie diese Erleichterung herbeiführen, erleichtern sie indirect in demselben Maße die Production. Die einzelnen Münzstücke sind daher wie Hammer und Zange als Werkzeuge zu betrachten, die uns die Arbeit erleichtern. Wie nun die wünschenswertheste Zahl Hämmer und Zangen gekauft wird, wenn sie zu einem solchen Preise zu Kauf gestellt werden, der zu der Beschwerde bei ihrer Production in richtigem Verhältniß steht; so wird auch die wünschenswertheste Zahl Münzen von jeder Sorte gekauft werden; wenn jede einzelne Münzsorte zu dem Preise zu Kauf gestellt wird, der der Beschwerde bei ihrer Production entspricht. Hieraus ergiebt sich denn für die Regierung folgendes Verfahren als das einzig naturgemäße. Die Regie=

rung hat möglichst genau zu berechnen, wie viel ihr die Ausprägung jeder einzelnen Münzsorte wirklich kostet, einschließlich des Gehalts der nur zu diesem Zweck angestellten Beamten und der Verzinsung und Unterhaltung des Anlagecapitals, in so fern nur das Nothwendige ohne verschwenderischen Luxus verwandt worden ist, und sich dann jedem Privaten gegenüber bereit zu erklären, gegen Erstattung dieser Kosten das Ausprägen von Metallen zu Münzen zu besorgen. Es wird dann von den Privaten die Ausprägung bei jeder einzelnen Sorte in dem Maß verlangt werden, als die Kosten durch die Bequemlichkeit, sich der bestimmten Münzsorte zu bedienen, mehr wie aufgewogen werden.

Folge dieser Maßregel wäre denn außerdem, daß die Schätzung der verschiedenen Münzsorten genau um den der Münze zu erstattenden Kostenunterschied verschieden bleiben würde, daß also, da Gold verhältnißmäßig wohlfeiler wie Silber und größere Stücke wohlfeiler wie kleinere zu prägen sind, Jeder suchen würde seine Zahlungen wo möglich in Gold und in möglichst großen Stücken zu leisten, ein offenbar höchst wünschenswerthes Resultat.

So wünschenswerth aber auch dieses Resultat an und für sich ist, so würde doch die Verschiedenheit in der Schätzung für den Verkehr höher zu achtende Unbequemlichkeiten herbeiführen, wenn sie so groß würde, daß sie auch bei einzelnen Stücken das Maß überschritte, welches unberücksichtigt zu lassen für Jeden ohne fühlbaren Nachtheil ist, weil dann auch beim Verwechslen eines einzelnen Geldstücks der Unterschied Berücksichtigung finden müßte, eine offenbare Unbequemlichkeit. Indessen sind bei vollwichtig ausgeprägten Münzen selbst beim Silber die Prägekosten so gering (die preußische Münze berechnet sie, vielleicht weil nicht Alles in die Rechnung Aufnahme fand, was darin aufzunehmen war, etwas, jedoch keinesfalls bedeutend, zu niedrig, zu $1\frac{1}{5}\%$), daß die ganzen Prägekosten eines viertel Thalers kaum jenes Maß überschreiten, wie viel weniger also bloß die Mehrkosten gegen die Prägekosten eines halben Thalers, und so ist denn bei Gold- und vollwichtigen Silbermünzen jene Unbequemlichkeit nicht zu fürchten; bei ihnen wird vielmehr nur die Folge eintreten, daß beim Umwechseln größerer Summen ein entsprechendes Agio bezahlt werden muß, was nicht mit nachtheiligen Folgen verbunden ist. Anders bei den Scheidemünzen (beim Kupfer betragen die Prägekosten 40%, mithin auf einen einzelnen Stüber schon $1\frac{3}{5}$ Pfennig). Hier muß denn der Staat sich nur so viel an Kosten erstatten lassen, daß ihr Betrag, auf das einzelne Stück vertheilt, unter jenem Maß bleibt, anderseits aber doch so viel, daß hinreichender Reiz vorhanden ist, sich beim Gebrauch von Scheidemünze auf das Nothwendige zu beschränken. An dem Verfahren der englischen Regierung ist daher nur zu tabeln, daß sie die Ausprägung von Goldmünzen umsonst besorgt, und die Befugniß ausprägen zu lassen auf Gold beschränkt.

Wo nun die Regierungen selbst übernommen haben, die Gesammtheit mit ausreichender Münze zu versorgen, ist es bekanntlich lange Zeit Sitte gewesen, und ist es zum Theil noch, sich für die Kosten der Ausprägung in dem Schlagschatz, d. h. dadurch schadlos zu halten, daß der Gehalt der Münzen nach Verhältniß dieser Kosten gekürzt wurde. Es ist dieses Verfahren genau dasselbe, wie das eines Goldarbeiters, der, um sich für seine Arbeit schadlos zu halten, seinen Kunden verhältnißmäßig weniger Metall liefern wollte, als er zu liefern contractlich übernommen hat. Das durchaus Unzulässige dieses Verfahrens bedarf hier wohl keiner Auseinandersetzung. Wir wissen, daß die Münzen nur dann ihren Zweck erreichen, wenn sie mit so großer Sorgfalt ausgeprägt sind, daß der Unterschied in dem Gehalte der einzelnen Stücke unter das Maß sinkt, welches Jeder unberücksichtigt zu lassen geneigt ist. Darum ist denn das nicht ganz zu vermeidende Remedium jedenfalls nur bis zu dieser Höhe zulässig.

Wird dann die Ausmünzung der edlen Metalle nach den vorstehenden Grundsätzen besorgt, und die Regierung nimmt von jeder einzelnen neuen Münzsorte eine solche Ausprägung und Verbreitung vor, daß es Jedem, der sich für die Sache interessirt, leicht wird, die Controle bei einzelnen Stücken zu üben, und beginnt, indem sie sich bereit erklärt, die Ausprägung von Münzen unter den angegebenen Bedingungen zu besorgen, weiter damit, zunächst alles Papiergeld und so fort auch die älteren Münzen allmälig einzuziehen; so wird dadurch der neue Münzfuß auch ohne bedeutende Störungen des Verkehrs ins Leben geführt. Die allmälige Verminderung der Masse des umlaufenden Geldes bewirkt nämlich in bekannter Weise Preissteigerung der übrig bleibenden Stücke, die sich hier, da Geld selbst als Maßstab dient, dadurch kund giebt, daß das inländische Geld an der Börse gesucht wird, der Geldcours daher gegen ausländische Münze steigt, und namentlich auch Barren=Gold und Silber nicht mehr in der Höhe bezahlt wird, wie es dem Gehalt der Münze gemäß geschehen sollte. Hierdurch wird es denn für Großhändler mit edlen Metallen zuletzt vortheilhaft, der Münze Auftrag zum Ausprägen von zunächst Doppel=Pistolen zu geben, sobald das Agio auf inländische Goldmünzen die der Münze zu vergütenden Prägekosten übersteigt. Die nächste Folge des Einziehens des umlaufenden Geldes ist daher, daß der Münze Auftrag zum Ausprägen jener Goldmünzen gegeben wird.

Haben die Zustände eine solche Gestalt angenommen, daß derartige Aufträge erfolgen; so würde nun die Münze den Vortheil der Großhändler sich selbst zueignen können, wenn sie es auf eigene Hand unternähme, die Goldmünzen zu prägen. Indessen in Berücksichtigung des Satzes, daß die Regierung sich in irgend eine Production nur in so weit einlassen darf, als höhere Rücksichten dieses unvermeidlich machen, erscheint es bei Weitem zweckmäßiger, den Großhändlern diesen Gewinn zugleich mit der Sorge zu überlassen, daß das von der Gesammtheit gewünschte Quantum Goldmünzen, aber auch nur dieses, geprägt wird. Die Regierung kann dieses um so unbedenklicher, als sie es in der Hand hat, durch rascheres oder minder rasches Einziehen des umlaufenden Geldes diesen Gewinn zu steigern oder auch auf ein Minimum herabzubringen. Die Regierung hat darum das aus den eingezogenen Münzen gewonnene Metall als Barren-Gold und -Silber und zwar, um die Feststellung und Vergleichung des Courses mit geprägtem Gelde zu erleichtern, in dem Feingehalte der neuen Münzen zu verkaufen.

Durch das in Umlaufsetzen der neu geprägten Doppel-Pistolen wird denn bewirkt, daß die Zahlungen, welche mit größerer oder doch gleicher Bequemlichkeit in dieser Münzsorte geleistet werden können, auch in derselben immer häufiger geleistet werden, je mehr sich bei fortgesetztem Einziehen des übrigen umlaufenden Geldes die Nothwendigkeit herausstellt, die kleineren Stücke für solche Zahlungen zu bewahren, die nur oder doch mit größerer Bequemlichkeit in dieser Münzsorte geleistet werden können. Es bewirkt also, daß die in Silbergeld zu leistenden Zahlungen sich nach Verhältniß der in Umlauf gesetzten Masse vermindern, daß daher das bleibende Silbergeld trotz der Verminderung seiner absoluten Masse zu den ihm bleibenden Zahlungen dasselbe Verhältniß, und daher die gleiche Schätzung wie vorhin behält, d. h. daß das Agio für inländisches Silber, so lange die Ausprägung von Doppel-Pistolen gefordert wird, sich nur wenig über die Prägekosten dieser Münzsorte erheben kann, nur so viel nämlich, daß der Unterschied die Beschwerde der Großhändler verhältnißmäßig vergütet.

Dieses Verhältniß bleibt bei fortgesetzter Einziehung der umlaufenden ältern Münze so lange unverändert, bis die Masse der neuen Doppel-Pistolen so groß geworden ist, daß sie ausreicht, alle vorkommenden Zahlungen darin vorzunehmen, welche mit Bequemlichkeit durch diese Münzsorte berichtigt werden können. Ist dieser Punkt erreicht; so können nun durch Vermehrung dieser Münzsorte die Zahlungen, welche bequemer durch kleinere Münzsorten berichtigt werden, keine Verminderung erleiden, die Vermehrung der Doppel-Pistolen hat denn nun augenscheinlich die Folge, welche bei jeder Massenvermehrung eintritt, wenn im Uebrigen die Verkehrsverhältnisse dieselben bleiben, Sinken der Schätzung, d. h. hier ein Sinken des Courses der Doppel-Pistolen, so daß nun auch der Vortheil der Großhändler beim Ausprägenlassen dieser Münzsorte aufhört, und mit seinem Aufhören auch keine weiteren Aufträge zu diesem Ausprägen ertheilt werden. In diesem Augenblicke ist denn die Gesammtheit augenscheinlich genau in dem Maße mit Doppel-Pistolen versorgt, wie es die Umstände gerade wünschenswerth machen. Bei fortgesetzter Einziehung des kleinern umlaufenden Geldes ändert sich nun das Verhältniß der vorhandenen Masse zu den in diesen Münzsorten zu leistenden Zahlungen, weil der Voraussetzung gemäß nun Doppel-Pistolen keinen bequemen Ersatz mehr für die eingezogene Masse abzugeben vermögen; der Cours für kleinere Münzen beginnt daher nun wieder zu steigen, und es wiederholen sich hierdurch in Beziehung auf einfache und später auf halbe Pistolen genau die bei Doppel-Pistolen angegebenen Erscheinungen, bis auch bei diesen Münzsorten die Gesammtheit die wünschenswertheste Masse besitzt.

Bei noch weiterer Einziehung von Silbergeld übersteigt nun das Silberagio auch die Prägekosten der halben Pistolen. In diesem Steigen kann nur der Umstand eine Stockung hervorbringen, wenn die übrigen Staaten, mit denen der betreffende in Verkehr steht, bei ihrem jetzigen Verfahren im Münzwesen beharren. Es wird dann dem Verkehr voraussichtlich möglich werden, sich ausländische Münze zu einem verhältnißmäßig so wohlfeilen Preise zu verschaffen, daß dadurch die Unbequemlichkeit, die Zahlungen in ausländischer Währung zu leisten und zu empfangen, mehr wie aufgewogen wird, und es kann dieses Verhältniß selbstredend auch schon bei den Goldmünzen eintreten. Die Folge hiervon wäre denn, daß eben zeitweise und theilweise ausländische Münze zu Zahlungen gebraucht würde. Für die Gesammtheit ist dieses ohne allen Nachtheil, weil dieses Verfahren nur stattfindet, wenn und so lange der Gewinn die Unbequemlichkeiten übersteigt; für die Regierung aber nur vortheilhaft, weil für diese Zeit so viel weniger von ihren Münzen der Abnutzung unterworfen sind. Nur dann würde aus dieser Erscheinung ein Nachtheil erwachsen, wenn hierdurch alle inländische Münze aus dem Verkehr gedrängt würde, und der Nachtheil bestände dann darin, daß das durch die vorstehend aufgestellten Grundsätze geschaffene Tauschmittel von möglichst unveränderlicher Schätzung verloren gehen würde. Ein solches Verdrängen aller inländischen Münze ist aber an und für sich ganz unmöglich, weil durch Verminderung der Masse die Schätzung gerade dieser bestimmten Münzsorten ununterbrochen steigt, und daher bald die Höhe erlangen muß, daß ausländische Münze ihr nicht mehr das Gleichgewicht halten kann, und wird es noch mehr, da durch bekannte gesetzliche Bestimmungen eine Menge Zahlungen unbedingt in inländischem Gelde zu leisten sind. Die Regierung lasse sich daher von dem fortgesetzten Einziehen ihres eigenen Geldes durch das Einströmen des fremden Geldes nicht abhalten. Sie fahre vielmehr mit demselben bei jeder einzelnen Münzsorte, bei den vollwichtig ausgeprägten sowohl, wie bei den Scheidemünzen so lange fort, bis die Münze auf die Ausprägung jeder einzelnen neuen Sorte Auftrag erhält. An der Höhe des Geldagios hat sie dabei ein untrügliches Zeichen, in wie weit sie sich diesem Punkte nähert; erreicht wird derselbe, wenn das Agio die Prägekosten so weit übersteigt, als die Mühwaltung der Großhändler beim Ausprägenlassen von Münzen zu schätzen ist.

Ist dieser Punkt erreicht; so ist die Gesammtheit genau in dem Maß mit jeder einzelnen Münzsorte versorgt, wie es die Verhältnisse wünschenswerth machen. Die Regierung könnte dann die nach dem ältern Münzfuße noch umlaufenden Stücke allenfalls im Verkehr lassen; doch würde sie wohl zweckmäßiger handeln, wenn sie, um der Verwirrung des doppelten Münzfußes möglichst bald ein Ende zu machen, die älteren Stücke sämmtlich beseitigte. Der Vortheil der Vereinfachung des Münzwesens würde dann mit dem Nachtheil erkauft, daß die Gesammtheit etwas mehr Münzkosten zu tragen hätte, und der Regierung der durch Abnutzung oder durch die von ihr selbst verschuldete geringere Ausprägung bewirkte Mindergehalt der eingezogenen Münzen, etwas früher wie sonst zur Last fiele. Beides erscheint unbedeutend in Beziehung auf die größere Bequemlichkeit beim Verkehr.

Um dem Münzwesen schließlich die möglichste Vollendung zu geben, hat die Regierung nur mehr Sorge zu tragen, daß der durch die vorstehend auseinandergesetzten Maßregeln herbeigeführte Zustand möglichst unverändert erhalten wird. Bei Beobachtung des Courses der Münzen hat dieses denn durchaus keine Schwierigkeiten. Der wünschenswerthe Zustand ist nämlich so lange vorhanden, als die Schätzung der einzelnen Münzstücke unverändert bleibt, und dieses ist der Fall, so lange die Münzstücke um die Prägekosten höher bezahlt werden, als unverarbeitetes Metall. Bei den Prägekosten, wie die preußische Münze sie berechnet, würden Doppel=Pistolen etwa mit $1/4$ %, Thalerstücke etwa mit $1 1/5$ % ausgebracht werden können; es dürfte also die Mark Münzgold mit höchstens $15^{24}/_{25}$ Stück Doppel=Pistolen, die Mark Münzsilber mit höchstens $15^{5}/_{6}$ Thaler bezahlt werden. Steigt der Preis des Barren=Goldes und Silbers über dieses Maß; so ist dieses ein untrügliches Zeichen, daß die Schätzung der betreffenden Münzsorten unter das wünschenswerthe Maß gesunken ist. Dieses kann einen doppelten Grund haben, entweder den, daß die Masse zu den veränderten Verkehrsverhältnissen zu groß geworden ist, oder daß die einzelnen Münzstücke durch Abnutzung oder auf sonstige Weise solchen Verlust erlitten haben, den unberücksichtigt zu lassen der Einzelne für unverhältnißmäßig erachtet. Für beide Fälle ergiebt sich als das sehr nahe liegende und einzig mögliche Heilmittel, die leichtesten Stücke so lange aus dem Verkehr zu entfernen und einzuschmelzen, bis die Schätzung die gewünschte Höhe wieder erreicht hat. Außerdem muß selbstredend die Einziehung dann erfolgen, wenn das Gepräge auch nur auf einer Seite nicht mehr ohne Schwierigkeit zu erkennen ist, und es wäre zu wünschen, daß die Regierung aus dieser Rücksicht die Einziehung namentlich bei der Scheidemünze etwas reifer vornähme, als dieses jetzt in Preußen geschieht.

Beim Einziehen der in Umlauf gewesenen Stücke erleidet die Regierung einen Verlust gleich dem Gewichtsunterschiede der eingezogenen gegen vollwichtige Stücke, vermehrt oder vermindert um den Coursunterschied der Münzen und Barren. Dieser Verlust ist die Consumtion, welche die Gesammtheit an Münze vornimmt, den daher auch die Gesammtheit, d. h. die Staatskasse, wie jeder andere Consument seine Consumtion bezahlen muß, und die Kosten dieser Consumtion erscheinen wahrlich im Verhältniß zu den Vortheilen, welche die Menschheit sich durch die Münze verschafft, bis zum Verschwinden klein. Kurzsichtige Finanzmänner könnten nun versucht sein, die Staatskasse für diesen Verlust dadurch zu entschädigen, daß sie die Münze die Prägekosten um so viel höher berechnen ließen. Ein solches Verfahren wäre entschieden zu tadeln. Jede Production, welche der Staat vornimmt, wird aus nahe liegenden Gründen verhältnißmäßig theurer, als wenn ein Privatmann sie für eigene Rechnung betreibt. Auch die Prägekosten werden sich daher, wenn der Staat sich auch nur die wirklichen Kosten berechnet, höher stellen, als es bei einem Privatmann der Fall sein würde. Wollte man nun dieselben noch so viel höher schrauben, als erforderlich ist, um die Consumtion an Münze daraus zu decken; so wäre Gefahr vorhanden, daß es für einen Privatmann mit außergewöhnlichem Vortheil verbunden würde, selbst vollwichtige Münzen zu prägen. Dieses wäre denn mit dem bekannten Nachtheil verbunden, daß der Regierung die Möglichkeit, Gewähr für die Richtigkeit ihrer Münzen zu leisten, verloren geht, und der Verlust dieser Gewähr ist denn ungleich höher zu schätzen, als die durch jene Maßregel erlangte Geldsumme. Gerade darum muß die Regierung sich lediglich mit Erstattung ihrer wirklichen Kosten begnügen, ohne sich auch nur einen besondern Gewerbsgewinn zu berechnen.

Bei Befolgung der hier dargelegten Grundsätze beim Münzwesen würde nun offenbar das Resultat erzielt, daß der Münzfuß für ewige Zeiten unverrückbar ein und derselbe bliebe und die möglichste Unveränderlichkeit in der Schätzung bewahrte· ein Resultat, welches bis jetzt bekanntlich überall angestrebt, aber noch nirgendwo erreicht worden ist, und auch durch das neuerdings in England versuchte Verfahren aus nahe liegenden Gründen nicht erreicht werden kann. Neben diesem Hauptvortheil würden aber gleichzeitig noch mehre andere erreicht. Die Gesammtheit würde, wie bereits erwähnt, genau in dem Maße mit jeder einzelnen Münzsorte versorgt, wie es die Bequemlichkeit, die sie bei den zu leistenden Zahlungen im Verhältniß zu ihren Herstellungskosten gewähren, gerade wünschenswerth macht. Weil alle Zahlungen wegen verhältnißmäßig größerer Wohlfeilheit in möglichst großen Stücken, und wo möglich in Gold geleistet würden, sänke die Abnutzung auf ein Minimum. Ein gleiches Minimum würde bei den von der Gesammtheit zu zahlenden Prägekosten erzielt. Denn wegen Höhe des Courses der Münzen gegen Barren-Gold und Silber könnte es beim Verbrauch dieser Metalle einem Menschen nur in den seltenen Fällen einfallen, sich zu diesem Verbrauch der Münzen statt des Barren-Goldes und Silbers zu bedienen, in denen der Preisunterschied durch andere Vortheile wenigstens aufgewogen würde. In solchen Fällen erhält dann die Gesammtheit in jenen Vortheilen überwiegenden Ersatz für den Verlust der Prägekosten. In der Regel werden diese Münzen dagegen unausgesetzt so lange als Münze umlaufen, bis ihre Abnutzung ihre Umprägung nöthig macht. Es wird daher einestheils die möglichst geringste Zahl Münzen und keine einzige vergeblich zu prägen sein. Endlich sinkt auch die in Summa zu übertragende Masse auf ein Minimum, und somit auch die Beschwerde, diese Uebertragungen zu bewirken.

Nach dem Ordnen des Geldwesens kommt es denn nun weiter darauf an, um dem Einzelnen die Möglichkeit zu gewähren, den Naturgesetzen gemäß zu handeln, ihn sicher zu stellen, daß ihm die Früchte seiner Arbeit unverkürzt zufallen, dahin zu wirken, daß die einzelnen v der Einheit möglichst nahe geführt werden. Die Nothwendigkeit dieser Sicherstellung ist von dem Menschengeschlecht bekanntlich so allgemein und so früh empfunden worden, daß wir überall, wohin wir uns auch im Raum sowohl, wie in der Zeit hinversetzen mögen, das unausgesetzte Streben finden, diese Sicherung in zweckmäßigster Weise zu bewerkstelligen.

In unseren Zuständen ist dieses in bekannter Weise durch die Gesetzgebung über den persönlichen Schutz des Einzelnen und über Eigenthumsverhältnisse geschehen, und im Allgemeinen in einer dem Bedürfniß entsprechenden Weise. Durch diese Gesetzgebung ist es nämlich bewirkt, daß Jeder mit ausreichender Genauigkeit und Sicherheit zu bestimmen vermag, in wiefern ihm der Genuß der Früchte seiner Thätigkeit unverkürzt zufallen wird. Es ist dieses eine so allgemein bekannte Thatsache, daß jede nähere Ausführung überflüssig erscheint.

Unbegreiflich ist es, wie in neuerer Zeit die Speculation sich so hat verirren können, daß sie dahin führte, zu glauben, durch gänzliche oder theilweise Vernichtung des Privateigenthums könne der Wohlstand der Menschheit gefördert werden, wie dieses im Communismus und den verschiedenen Abstufungen des Socialismus beabsichtigt wird; während doch, abgesehen von jeder Theorie, die Geschichte auf jedem Blatte nachweist, daß die Völker fast in dem Maße im Wohlstand Fortschritte gemacht haben, wie ihnen der Schutz des Privateigenthums besser gelang. Der nordamerikanische Indianer, der nur ein Paar Pferde und die wenigen Geräthschaften seines Wigwam sein eigen nennt, und auch diese noch vor täglichem Raube in Gefahr sieht, seinen Jagdgrund dagegen nur in Gemeinschaft mit dem ganzen Stamme besitzt, und vor steten Anfechtungen benachbarter Stämme schützen muß, ist seit Jahrhunderten auf der gleichen Stufe des Wohlstandes stehen geblieben. In dem ganz ähnlichen Zustande finden wir nach den Schilderungen von Tacitus die alten Germanen. Erst als die Einrichtungen des südlichen Europas über Eigenthumsverhältnisse Eingang in deutsche Wälder gefunden hatten, sehen wir den mit kaum verarbeiteten Thierfellen gegen die Widerwärtigkeiten der Witterung geschützten, übrigens nackten Germanen sich in den mit festen Wohnorten und den hiermit verbundenen Bequemlichkeiten versehenen Bauer verwandeln.

Bei dieser Umwandlung der Verhältnisse war nur zu beklagen, daß es einzelnen Menschen gelang, sich die große Masse der Art dienstbar zu machen, daß für sie wieder die Einrichtung der Eigenthumsverhältnisse auf das Maß des amerikanischen Wilden zurückgeführt wurde, durch das Entstehen und die Ausbildung der Leibeigenschaft und Hörigkeit in ihren verschiedenen Abstufungen, und so sehen wir denn auch wieder, so lange dieser Zustand dauert, den Wohlstand die gleiche Höhe bewahren. Erst als diese Schranke gebrochen wurde, als zunächst bei den freien Städtebewohnern und später überhaupt, die Sicherung des Erarbeiteten für den Arbeiter mehr gelang, steigt denn der Wohlstand in ununterbrochener Folge.

Zwei Thatsachen tragen nun unverkennbar die Schuld, daß die Speculation sich der Art verirren konnte, wie wir es im Communismus und Socialismus sehen. Die eine dieser Thatsachen ist, daß wir in unseren Zuständen den Menschen so häufig geneigt finden, durch seine Thätigkeit Werthe auch ohne nächste Beziehung zum Erwerb zu schaffen; die zweite Thatsache ist, daß, wie wir bereits sahen, einzelne Einrichtungen für die arbeitende Klasse offenbar höchst nachtheilige Folgen herbeigeführt haben, die man der Feststellung der Eigenthumsverhältnisse zuschreiben zu dürfen glaubte. Die erste Thatsache verleitete zu dem irrigen Glauben, daß es des Reizes der Eigenthumserwerbung gar nicht bedürfe, um den Menschen zu einer werthschaffenden Thätigkeit, zur Arbeit, nachhaltig zu vermögen, und so verfielen die Männer, welche es sich zur Aufgabe stellten, die vermeintlichen nachtheiligen Folgen der Feststellung der Eigenthumsverhältnisse für die so genannte arbeitende Klasse zu beseitigen, in Beziehung zum Eigenthum in den Fehler, in welchem sich Moralisten schon seit Jahrtausenden zur Genußsucht befinden. Weil es ihnen nicht gelingen wollte, wirksame Mittel zur Beseitigung der klar erkannten Uebelstände aufzufinden, glaubte man diese Uebelstände mit dem Eigenthum unzertrennlich verknüpft, und glaubte so, wie die Moralisten das Genießen so oft verbieten, auch nur in der Aufhebung des Privateigenthums Hülfe gegen die erkannten Uebel finden zu können.

Offenbar hat nun jene erstgenannte Thatsache ihren Grund in den Gesetzen des Genießens, darin, daß durch die fortgesetzte geregelte Thätigkeit die Beschwerde bei dieser Thätigkeit fortwährend abnimmt, und zuletzt in mehr oder minder großen Genuß übergeht, wie wir dieses beim Aufsuchen des Gesetzes über die Größe der Beschwerde beim Arbeiten des Breitern sahen. Wenn wir daher in unseren Zuständen so häufig Menschen finden, die aus Lust zur Thätigkeit arbeiten; so hat dieses lediglich darin seinen Grund, daß diese Menschen durch die Art, wie unsere Zustände eingerichtet sind, gezwungen waren, sich von Jugend auf die Ausbildung zu verschaffen, die in späteren Jahren denn diese Erscheinung zu Tage fördert. Jede Aenderung in diesen Zuständen, die sonach Bedingung dieser Erscheinung sind, muß denn nothwendig eine entsprechende Aenderung in der Erscheinung selbst hervorrufen, und namentlich würde die Beseitigung des Privateigenthums die nachtheiligsten Wirkungen zu Tage fördern, wenn auch vorerst weniger merklich, doch mit der Zeit in immer steigendem Maße. Denn gerade darum, weil die jetzt lebenden Menschen sich diese höhere menschliche Ausbildung durch die Zustände, wie sie sind, einmal verschafft haben, und in Folge dessen besitzen, würde es vielleicht bei diesen Menschen gelingen, sie auch ohne den unmittelbaren Reiz der Eigenthumserwerbung durch andere Betrachtungen bei der bis jetzt gewohnten Thätigkeit zu erhalten. Aber, wenn auch bei einzelnen Menschen diese anderweitigen Betrachtungen vollen Ersatz für den Verlust des Eigenthums gewähren würden, in den überwiegend meisten Fällen würden sie, wie alle Surrogate, weniger leisten und daher bewirken, daß diese Menschen nach Verhältniß von ihrer gewohnten Thätigkeit nachlassen. Sehen wir ja doch ganz allgemein, daß, sobald irgend ein Werk durch gemeinschaftliche Anstrengungen zu Stande gebracht werden soll, auch dann, wenn Jeder an dem Zustandekommen desselben das gleiche Interesse hat, Jeder sucht, sich der übernommenen Beschwerde möglichst zu entziehen. Dieses Nachlassen an der gewohnten Thätigkeit wird denn einerseits die erarbeitete Masse der Genußmittel vermindern, andererseits und zwar mit besonderer Stärke bei der Erziehung der neu aufwachsenden Generation sich geltend machen, weil hier die Thätigkeit wegen des gesteigerten Widerstrebens des noch ungeübten jungen Menschen des größten Reizes bedarf. Es wird darum schon der Wohlstand der vorhandenen Generation vermindert, andererseits aber auch das aufwachsende Geschlecht eine geringere menschliche Ausbildung erreichen, die dann weiter wieder ein Herabgehen in productiver Thätigkeit, und in Erziehung in immer steigendem Verhältniß veranlassen muß, bis das Menschengeschlecht wieder auf dem Standpunkt angelangt wäre, auf welchem wir die nordamerikanischen Wilden noch erblicken.

Man wende gegen diese Ausführung nicht ein, daß die Größe der Bevölkerung, die Masse der lebenden Menschen einen Zustand, wie wir ihn bei jenen Wilden sehen, undenkbar mache. Denn die Vermehrung der Zahl der gleichzeitig lebenden Menschen ist nur eine Folge des gesteigerten Wohlstandes, der höhern menschlichen Ausbildung, und ein Herabsinken von diesem Höhepunkte würde darum auch gleichzeitig eine Verminderung der Menschenzahl mit sich bringen, wie ja die Connexität der Größe der Bevölkerung und des Wohlstandes als eine überall wiederkehrende Thatsache längst bemerkt ist.

Abgesehen davon, daß also der Schluß von der Willfährigkeit vieler Menschen in unseren Zuständen zur Arbeit auch ohne den Reiz der Eigenthumserwerbung auf die Entbehrlichkeit des Privateigenthums unzulässig ist, sahen wir auch zum Theil schon, und werden es später noch klarer sehen, daß nicht in der Feststellung der Eigenthumsverhältnisse der Grund der Noth der arbeitenden Klasse zu suchen ist, daß also auch durch Aufhebung des Privateigenthums jener Noth nicht abgeholfen werden kann. Dazu folgt aber außerdem aus den im Vorstehenden gefundenen Sätzen über das Genießen, und in Folge dessen über das Steigen und Sinken des Werthes jeder Sache mit Verminderung oder Vermehrung der Masse und der Art, wie sich hierdurch die Preise feststellen, daß nur durch Feststellung des Privateigenthums der Maßstab gefunden wird zur Bestimmung der Quantität, welche den Verhältnissen angemessen am Zweckmäßigsten von jedem Gegenstande zu produciren ist. Darum würde denn die von Communisten projectirte Centralbehörde zur Vertheilung der verschiedenen Arbeiten und ihrer Belohnung sehr bald die Erfahrung machen, daß sie sich eine Aufgabe gestellt habe, deren Lösung die Kräfte einzelner Menschen weit übersteigt. Darum ist denn der größtmöglichste Schutz des Privateigenthums, sei es, daß der Besitzer dieses selbst genießen oder Anderen zum Genuß übertragen will, die unbedingteste Nothwendigkeit für das Bestehen der menschlichen Gesellschaft.

Wie bereits bemerkt, ist nun der Schutz der Person sowohl wie des Eigenthums in unserer Gesetzgebung im Allgemeinen in so weit in ausreichendem Maße gewährt, daß Jeder zu bestimmen vermag, in wie weit ihm die Frucht seiner Arbeit zufallen werde; nicht aber auch der Art, daß jeder Arbeiter geschützt würde:

1. jede Production, die ihm die vortheilhafteste für sich scheint, ergreifen und betreiben zu können, noch auch so weit, daß ihm:

2. Alles, was als Frucht seiner Arbeit zu betrachten ist, zufiele, und er von der Gesetzgebung und seinen Nebenmenschen unbehindert würde, von seinem Erarbeiteten den zweckmäßigsten Gebrauch zu machen.

Der in dieser Rücksicht getroffenen verkehrten Maßregeln sind nun so viele, daß ich es hier aus dem in der Vorrede angegebenen Grunde für das Zweckmäßigste erachte, mich auf die allgemeine Besprechung der beiden genannten Kategorien zu beschränken, unter welche jene Fehler sich sämmtlich subsumiren lassen, die im einzelnen Falle zu erkennen darum auch nicht schwer fällt, und nur einzelne der wichtigsten Fehler selbst namhaft zu machen.

Was die erste Kategorie, der unzureichende Schutz der Person betrifft, wird folgende Betrachtung hier genügen. Soll der Schutz der Person ausreichen, um es dem Einzelnen möglich zu machen, den Naturgesetzen gemäß zu handeln, der Religion des Schöpfers gemäß zu leben; so darf sich dieser Schutz nicht bloß darauf beschränken, den Menschen vor positiven Angriffen von Seiten seiner Nebenmenschen zu bewahren, sondern es muß ihm auch vollkommene Freiheit zu handeln gewährt werden, in so fern die Handlung keinen positiven Eingriff in die diesen Nebenmenschen zuzugestehenden gleichen Befugnisse enthält. Dieser letztere Schutz wird denn in unserer Gesetzgebung in einer unzähligen Menge von Fällen nicht bloß nicht gewährt, sie tritt hier vielmehr verbietend gegen den Einzelnen auf; die Gesetzgebung wendet daher in diesen Fällen ihre Macht nicht bloß nicht zum Schutz des Einzelnen, sondern dazu an, ihm die Befolgung der Religion des Schöpfers unmöglich zu machen.

Dieser Fehler wird überall dann begangen, wenn die Gesetzgebung das Ergreifen eines Productionszweiges, wie derselbe auch heißen mag, von willkürlichen Bedingungen abhängig macht, und so Schwierigkeiten schafft, statt sie zu beseitigen, die der Construction der Schöpfung fremd sind. Die in dieser Hinsicht von der Gesetzgebung begangenen Irrthümer hat denn einerseits die ganz gleiche Selbstüberschätzung veranlaßt, welche das Dasein der positiven Religionen vermittelt hat; anderntheils aber auch die fehlerhafte Bestimmung des Rechtskreises, auf dessen Schutz jeder Einzelne gerechten Anspruch zu machen hat.

Bei dem Fortschritt des Menschengeschlechts in Kenntnissen und Fertigkeiten konnte es nämlich nicht unerkannt bleiben, daß jeder einzelne Productionszweig nur dann mit Nutzen für den Producenten sowohl, wie für die Gesammtheit betrieben werden kann, wenn der Producent sich zuvor alle Kenntnisse und Fertigkeiten erworben hat, welche zu der bestimmten Production in besonders naher Beziehung stehen. Bei dieser Erkenntniß sah man aber andererseits sehr häufig Menschen den Versuch machen, einen Productionszweig zu betreiben, ohne sich jene Ausbildung erworben zu haben, und dieses um so öfter, je weniger im Allgemeinen die Bildung der Masse vorgeschritten war. Dieses führte denn zu einem ganz ähnlichen Schluß, wie bei den Moralisten. Man glaubte, es fehle in der Schöpfung die Kraft, welche den Einzelnen auch in dieser Hinsicht zu einem zweckmäßigen Handeln veranlassen werde, und beeilte sich denn auch hier, diese Kraft dadurch zu schaffen, daß man das Betreiben bestimmter Productionen von Prüfungen, Concessionen u. dgl. m. abhängig machte. So maßten sich denn hierdurch einzelne Menschen ein Urtheil darüber an, ob ihr Nebenmensch im Stande sein werde, ausreichenden Werth für die Gesammtheit zu schaffen, während doch offenbar nur die Gesammtheit selbst hierüber ein Urtheil zu fällen berufen ist! Ja man ging noch weiter, man glaubte sich sogar im Stande, zu bestimmen, wie viele Menschen an einem bestimmten Orte in einem Productionszweig ihre Nahrung, wie man zu sagen pflegte, würden finden können, und verbot oder erschwerte deshalb jede neue Niederlassung an diesem Orte, sobald die begutachtete Zahl erreicht schien! Neben dieser falschen Schlußfolgerung hat denn zu dem Begehen dieser Irrthümer vorzugsweise der Umstand mitgewirkt, daß man das Geld als Maßstab des Werths betrachtete. Bei dieser Ansicht wird nämlich die Verbesserung des eigenen Zustandes nur durch Vermehrung der eigenen Geldmasse möglich, und diese scheint nur *auf Kosten* der Nebenmenschen erreichbar. Durch diese Vorstellung trat denn der Einzelne der Gesammtheit als Feind gegenüber, als ein solcher, der sich nur auf deren Kosten bereichern könne. Hierdurch kam es denn weiter, daß Jeder glaubte, sich mit seiner Familie der Gesammtheit gegenüber abschließen und eifrig darüber wachen zu müssen, daß keine der von einem Mitgliede der Familie einmal ausgeübten Befugnisse verloren gehe, und die allgemeine Verbreitung dieser Ansicht bewirkte es denn auch, daß der Rechtskreis für jeden Einzelnen nach diesem Maßstabe abgemessen wurde. Hierdurch ist denn weiter die ganze Gliederung der menschlichen Gesellschaft nach bestimmten Kasten mit bestimmter Rangordnung hervorgegangen, sowie die aus allgemein menschlichem Gesichtpunkte ganz unwürdige Auffassung, die einen Menschen bedauern heißt, wenn er durch zufällige Umstände genöthigt wird, aus einer höher in eine tiefer gestellte Kaste herabzusteigen, die aber mitleidslos an der Erscheinung vorübergeht, daß die Tochter der Bettlerin gerade durch diese Einrichtung genöthigt ist, wieder Bettlerin zu werden, während sie mit derselben Berechtigung auf der Erde erscheint, wie die Königstochter. In diese Kategorie von Irrthümern gehören daher ganz allgemein alle Beschränkungen des Gewerbebetriebs, welchen Namen diese auch haben mögen.

Wir nun hier wissen, daß, wenn erst der Mensch durch die Erziehung mit der wahren Religion des Schöpfers bekannt gemacht ist, die Kraft, welche den Menschen bewegen wird, sich nicht bloß die zweckmäßigste Ausbildung für den gewählten Productionszweig zu verschaffen, sondern auch beim Betreiben desselben in der für die Gesammtheit wünschenswerthesten Weise zu handeln, in dem Egoismus in dem ausreichendsten Maße vorhanden ist, und so bedarf es denn für uns nicht weiter der künstlich und anmaßlicher Weise von einzelnen Menschen geschaffenen Kraft, um diesen Zweck zu erreichen. Sie muß darum um so mehr aufgegeben werden, als durch sie zu den natürlichen Hindernissen zur Befolgung der Naturgesetze noch künstliche geschaffen werden.

Aber auch die als zweite Veranlassung zu diesen Irrthümern bezeichnete, giebt keinen genügenden Grund zu ihrer Beibehaltung ab. Es bedarf dieses hier kaum einer Auseinandersetzung. Wir wissen, daß der Einzelne nicht auf Kosten der Gesammtheit seinen Lebensgenuß erhält, sondern für die Gesammtheit weit mehr schafft, als er nach der Schätzung der Gesammtheit von ihr erhält, während nach seiner eigenen Schätzung gerade das Gegentheil stattfindet, daß er also nicht als Feind der Gesammtheit gegenübersteht, sondern nur in dem Zusammenwirken in und mit der Gesammtheit die Summe seines Lebensgenusses, und zwar nur dann zu steigern vermag, wenn der Freiheit der Production keine Schranken gezogen werden.

Als ein Ausfluß jenes falschen Schlusses ist neben den schon genannten Prüfungen, Concessionen und Niederlassungs-Erschwerungen zum Betreiben irgend eines Productionszweiges denn weiter die Fiction sogenannter moralischer Personen zu betrachten, denen man die Befugniß der Eigenthums-Erwerbung beilegte, die dann dazu benutzt wurde, voraussichtlich unausgesetzt fortdauernde Renten anzukaufen, um daraus solche Productionszweige zu unterstützen, die man für unterstützungsbedürftig im Interesse der Gesammtheit hielt, Renten, die denn, so lange sie zu dem gewünschten Zweck nicht auszureichen schienen, durch Zuschuß aus Staatsfonds erhöht zu werden pflegten. So entstanden Kirchen, Klöster, geistliche und weltliche Pfründen, Universitäten, Akademien, Schulen, Armenfonds u. s. w. Auch sie beruhen auf der Voraussetzung, daß die Schöpfung besonderer von Menschen geschaffener Kräfte bedürfe, um sich in zweckmäßigster Weise zu vervollkommnen. Eine solche Mangelhaftigkeit existirt aber nicht in der Schöpfung, und so sind denn jene Unterstützungen nicht bloß überflüssig, sondern in hohem Grade nachtheilig.

Alles, was existirt, muß durch sich selbst die Mittel zu seiner Fortexistenz schaffen, sonst verdient es nicht weiter zu existiren. Auch nur die Kirche, Kunst und Wissenschaft verdient darum zu existiren, wo die Leistungen der ihnen angehörigen Personen im freien Verkehr so hoch bezahlt werden, daß sie dadurch ihren verhältnißmäßigen Lebensgenuß erhalten, ohne Zuschuß aus einem einer moralischen Person zugehörigen Vermögen, und die wahre Kirche, identisch mit der Schule, die wahre Kunst und Wissenschaft würde auch im freien Verkehr unstreitig genau das wünschenswertheste Maß von Unterstützung finden, während die jetzt von Staatswegen gewährten Unterstützungen nur nachtheilig auf die Entwicklung des Menschengeschlechts einwirken. Diese Unterstützungen bewirken nämlich, daß die Preise für die Leistungen jener Menschen, denen die Unterstützungen gewährt werden, so viel tiefer sinken als sie verhältnißmäßig sein müßten, daß nur mehr mit Einrechnung der Unterstützung der Lebensgenuß ein verhältnißmäßiger wird. Hierdurch kann sich denn, abgesehen von allen sonstigen Hindernissen, nur der diesem Productionszweig widmen, der in der Lage ist, eine solche Unterstützung sich verschaffen zu können. Schon hierdurch wird bewirkt, daß keineswegs die qualificirtesten Personen diese Production betreiben, und diese Folge wird denn in noch bedeutend höherem Grade dadurch hervorgerufen, daß bekanntlich bei Verleihung der Unterstützungen, d. h. bei den Anstellungen mit Gehalt, die bessere Qualification um so weniger als entscheidendes Moment dient, als der oder mehrere Einzelne, auch bei redlichstem Willen beim Urtheilfällen über diese Qualification argen Täuschungen unterworfen sind. Daß dieses aber vor allem Anderen gerade bei dieser Production ein höchst beklagenswerthes Resultat ist, bedarf keiner Auseinandersetzung.

Alle derartige Unterstützungen sind daher zu beseitigen und die geschaffenen moralischen Personen aufzuheben. Nur ist hierbei darauf Rücksicht zu nehmen, daß diejenigen, welche bisher darauf angewiesen waren, diese Unterstützungen zu empfangen, durch eine plötzliche Aenderung keinen unverschuldeten Nachtheil erleiden. Bei denen, bei welchen diese Unterstützungen als Gehalt ein für alle Mal fest bestimmt sind, wie bei allen Angestellten, könnte der Uebergang dadurch vermittelt werden, daß man den bereits Angestellten die Unterstützung beläßt, aber keine neuen mehr gewährt.

Und nicht bloß die Unterstützungen, die der Kirche, der Kunst und Wissenschaft von Staatswegen direct oder indirect gegeben werden, erscheinen für das Gesammtwohl verderblich; wie wir bereits früher sahen, auch die aus Armenfonds gewährten Unterstützungen. Auch sie sind daher zu beseitigen. Aber hierzu reicht das bei Angestellten angegebene Mittel nicht aus; es würde hierdurch bei den neu hinzukommenden Unterstützungsbedürftigen ein Elend herbeigeführt, welches außer allem Verhältniß gegen den zu erreichenden Zweck erscheint. Hier kann denn dadurch geholfen werden, daß diese Summen nicht als Unterstützung, sondern als Darlehen gegeben werden. Der Zinsfuß dieser Darlehen wäre dann allmälig so hoch zu steigern, daß die zum Geschäftsbetrieb erforderliche Summe sich nicht bloß zu dem üblichen Zinsfuß verzinst, sondern durch die einkommenden Zinsen auch die Verwaltungskosten und die Verluste der Kasse durch nicht zurückerstattete Darlehen gedeckt werden. Die Wirksamkeit dieses Mittels folgt aus dem bereits bei Beurtheilung der Folgen der gewährten Unterstützungen Gesagten. Wie dort durch das zuerst eintretende Steigen der Summe des Genusses um die ganze erlangte Unterstützung der Preis des Producirten bis dahin herabgedrückt wird, daß die Unterstützung zuletzt eine Notwendigkeit wird; so wird hier umgekehrt die Nothwendigkeit der Rückzahlung des gewährten Darlehens jenen Preis bis zu der Höhe wieder hinaufdrücken, daß auch bei Rückzahlung des Darlehens nebst Zinsen die Belohnung eine verhältnißmäßige bleibt. Die Rückzahlung könnte dabei zum großen Theil dadurch gesichert werden, daß die Arbeitgeber persönlich verantwortlich erklärt würden, dafür Sorge zu tragen, daß von ihnen beschäftigte Arbeiter, die ein Darlehen empfangen haben, einen angemessenen Theil des Lohns zur Tilgung desselben verwenden, und zur Zahlung dieses Theils aus eigenen Mitteln im Unterlassungsfalle verpflichtet würden.

Und mehr noch als die zweckmäßige Ausgleichung der Preisverhältnisse würde hierdurch bewirkt; die Nothwendigkeit der Verzinsung der Darlehen zu einem so hohen Procentsatze, während andererseits auch mit kleinen Ersparnissen Renten zu kaufen sind, muß sehr bald den großen Vortheil für den Arbeiter klar machen, welcher ihm daraus erwächst, wenn er einen ähnlichen Theil seines Lohns, wie er ihn zur Tilgung eines Darlehens zu verwenden gezwungen wird, dann, wenn er kein Darlehen zu tilgen hat, als Ersparniß für künftige Fälle zurücklegt, als c verwendet, und es wird dann dieses vernünftige Verfahren um so allgemeiner Sitte werden, als durch das Fortfallen der Unterstützungen der Lohn die Höhe behält, daß auch bei der Ersparniß der Lebensgenuß, während sie vorgenommen wird, doch ein verhältnißmäßiger bleibt. Während daher die zu Unterstützungen zu verwendende Summe von Jahr zu Jahr wächst, vermindert sich die zu Darlehen nöthige Summe unausgesetzt, bis nur mehr besonders leichtsinnige und solche

Menschen Darlehen aufnehmen, welche durch besondere Unglücksfälle in eine bedrängte Lage gerathen. Für die ersteren ist die Nothwendigkeit einer hohen Zinsenzahlung eine heilsame Strafe; dem Unglück der letzteren abzuhelfen aber ist Sache der Privatwohlthätigkeit. Hier mag das Mitleid auf der breitesten Grundlage zur Geltung kommen, und diese Fälle sorgsam aufsuchen, und nicht bloß durch Vergütung von Zinsen, sondern durch gänzliche Tilgung derartig aufgenommener Darlehen wirksame Hülfe leisten. Man hüte sich aber auch hier irgend eine Behörde zu dieser Untersuchung einzurichten. Bei dieser Einrichtung kann es nicht ausbleiben, weil es dann nothwendig wird, der Behörde bestimmte Instructionen für ihre Handlungsweise zu geben, daß dem Einzelnen gewissermaßen ein gesetzlicher Anspruch erwächst, der dann den Fehler der Unterstützungen wieder zurückführen würde. Es muß die Hülfe ganz und gar von Privatpersonen, nicht einmal von ständigen Vereinen geleistet werden. Möge daher jeder einzelne Mensch in seinem Kreise dergleichen Fälle zu ermitteln suchen, und im Falle des Bedürfnisses mit Hülfe seines Kreises demselben abhelfen!

In die zweite Kategorie gehören alle die Bestimmungen in der Gesetzgebung, welche den Eigenthümer behindern, von seinem Eigenthum ganz nach Willkür Gebrauch zu machen. Die Gemeinschädlichkeit aller dieser Bestimmungen, die alle dahin wirken, den Werth des Eigenthums für den Eigenthümer zu verringern, bedarf hier keines weiteren Nachweises, und die Aufhebung aller dieser beschränkenden Bestimmungen muß daher möglichst rasch bewirkt und dem jeweiligen Eigenthümer die vollste Freiheit gewährt werden, mit seinem Eigenthum sowohl bei seinen Lebzeiten, wie auf den Todesfall zu schalten und zu walten, wie es ihm gefällt, und aus der gleichen Rücksicht ihm nur die Befugniß entzogen werden, dem ihm folgenden Eigenthümer irgend eine Beschränkung für seine freieste Benutzung aufzulegen. Es gehört mithin hierhin die Fixirung des Grundeigenthums in feste Hände und die Beschränkung der Dispositionsbefugniß des jeweiligen Besitzers durch Einrichtung von Fideicommissen, Majoraten, Senioraten, geschlossenen Bauerhöfen u. s. w. Ich werde später von einem allgemeinern Gesichtspunkte aus noch ausführlicher auf diesen Irrthum zurückkommen. Ferner gehört hierhin die schon besprochene beschränkende Gesetzgebung, die Zinsenzahlung betreffend; die ganze Gesetzgebung, die wir zum Glück größtentheils schon hinter uns haben, die sich aber doch auch jetzt noch Geltung verschaffen möchte, wenn es sich um Auswahl von Objecten zur Besteuerung handelt, die Gesetzgebung nämlich wider den eingebildeten zu großen Luxus; ferner die Bestimmung in vielen Ländern, die das Kind zu der Erbschaft der Eltern ganz oder theilweise auch gegen den Willen des Erblassers berechtigt erklärt; weiter und in unserer Zeit besonders wichtig, die beschränkende Gesetzgebung, dazu bestimmt, fremde Producte von dem heimischen Markte aus=

zuschließen, weil sie durch die besondere Begünstigung der Naturkräfte oder der sonstigen Verhältnisse, selbst aus weiter Ferne wohlfeiler herzustellen sind, als im eigenen Lande, d. h. Alles, was unter die Begriffe von Bannrechten und Schutzzöllen, beide Begriffe im möglich weitesten Sinn genommen, fällt; endlich noch die gesetzlichen Bestimmungen, die dahin führen, selbst den Betrug gesetzlich zu sanctioniren.

Wegen der Verkennung der Natur des Geldes erschien es nämlich als eine so wünschenswerthe Thatsache, die den Kaufleuten und Fabrikanten zufließenden Geldsummen zu vergrößern, namentlich dann, wenn es den Anschein gewann, daß dieses auf Kosten des Auslandes bewirkt werden könne, daß man diese Vergrößerung selbst durch Sanctionirung des Betruges herbeiführen zu dürfen glaubte. Dem Kaufmann und Fabrikanten erleichterte man deshalb das Hintergehn Anderer durch das Führen fremder Firmen und falscher Etiquetten, das Banquerotmachen dadurch, daß man ihm gestattete, seine Bücher vor allen Anderen geheim zu halten u. s. w. Hier wären denn die gesetzlichen Bestimmungen dahin abzuändern, daß jeder Mensch, der Kaufmann mit eingeschlossen, wenn er einen Credit in Anspruch nimmt, und sein Besitz zum Marktpreise, d. h. zu dem Preise gerechnet, der bei einem wirklichen Verkauf in dem Augenblick des Creditsuchens mit Wahrscheinlichkeit daraus gelöst werden würde, nur mehr hinreicht, um die schon früher eingegangenen Verpflichtungen, um den neuen gesuchten Credit vermehrt, zu decken, verpflichtet würde, dem Creditgeber den vollständigsten Aufschluß über seine Vermögenslage vorher zu geben; ferner daß jedem Menschen nur gestattet würde, unter seinem eigenen Namen, nicht aber unter ererbten oder fremden erkauften Firmen ein Geschäft zu führen, bei Betheiligung mehrerer an einem und demselben Geschäft nur unter dem Namen des jeweiligen Haupttheilnehmers, oder bei gleicher Betheiligung des Hauptgeschäftführers mit dem üblichen Zusatz »und Comp.« und nur bei Actiengesellschaften, wie auch jetzt unter einer von der Natur des Geschäfts hergeleiteten Benennung, daß ferner Jeder, der etwas zum Verkauf herstellt, gehalten würde, der Wahrheit gemäß, die Firma, unter der er handelt, nebst Ursprungsort der Waare in möglichst unvertilgbarer Weise beizufügen; daß endlich jeder Verkäufer gehalten wäre, von jeder zu Kauf gestellten Waare die guten sowohl, wie die schlechten Eigenschaften, welche auf die Schätzung von Einfluß sind, gewissenhaft anzugeben, jede Zuwiderhandlung gegen diese Vorschriften aber als Betrug bestraft würde.

Nach Wegräumung aller dieser künstlich durch die Gesetzgebung geschaffenen Hindernisse dürfte dann kein weiteres mehr vorhanden sein, daß der Einzelne nicht auch die Früchte seiner Arbeit vollaus genösse.

Durch den Fortschritt des Menschengeschlechts in Kenntniß der Naturgesetze, die daraus hervorgegangene gesteigerte Anwendung von Naturkräften zur Production, die meistens nur durch kostspielige Maschinen und Werkzeuge möglich wird, endlich die gesteigerte Arbeitstheilung, die schon preiswürdiges Material weiter verarbeiten, oder durch den Handel vertreiben heißt, ist es bekanntlich längst dahin gekommen, daß Jemand einen bestimmten Productionszweig nur dann ergreifen kann, wenn er über ein je nach den Umständen mehr oder weniger großes Arbeitsquantum zu verfügen vermag, sei es, daß er dieses zur Herstellung einer neuen Stelle zur Production bedarf, oder um den bisherigen Inhaber für das Ueberlassen derselben zu entschädigen; während dem zu einer bestimmten Production vollkommen qualificirten Menschen sehr häufig die Disposition über das erforderliche Arbeitsquantum mangeln wird. Dieser Mangel bietet darum auch ein erhebliches Hinderniß dar, den günstigsten Productionszweig zu ergreifen.

Wir wissen nun aus dem Vorstehenden, daß das in dieser Hinsicht wünschenswertheste Arbeitsquantum durch die c aller einzelnen Menschen aufgebracht wird. Die hier zu überwindende Schwierigkeit ist also nur die, zu vermitteln, daß von der Summe der c das wünschenswertheste Quantum zur Disposition des qualificirten Producenten gelangt.

Zwei Thatsachen stellen sich hier hindernd in den Weg, daß es dem Verkehr nicht ohne Weiteres gelingt, dieses Hinderniß sofort zu beseitigen. Die eine ist, daß es der Natur der Sache nach nur selten zusammentreffen kann, daß das c bei einem Menschen die gleiche Größe, wie das zur Einrichtung eines bestimmten Productionszweigs erforderliche Arbeitsquantum hat; die andere wichtigere, daß es für den Einzelnen mit unverhältnißmäßiger Gefahr verbunden ist, einem Menschen, der für die Erfüllung der zu übernehmenden Verbindlichkeiten nur seine persönliche Qualification zu bieten hat, eine solche Geldsumme anzuvertrauen, um so mehr, als sich meistentheils der Darleiher nicht einmal in der Lage befindet, aus eigenem Wissen die Qualification des Darlehenssuchers zu beurtheilen. Hier hilft denn, daß man eine gemeinschaftliche Kasse bildet, in welche alle einzelnen c zusammenfließen, daß man hinsichtlich der Verluste, wie bei den Versicherungsgesellschaften, Solidarität unter Gläubiger und Schuldner einrichtet, und, um nur qualificirte Producenten zu Schuldnern zu erhalten, die Personen mit in das Interesse zieht, denen die Kenntniß der Persönlichkeit der Schuldner beiwohnt. Hierzu führt folgendes Verfahren:

Der Staat errichte unter seiner Autorität eine Darlehenskasse, ohne jedoch für die von derselben zu contrahirenden Verpflichtungen eine andere Garantie zu übernehmen, als die für die richtige statutenmäßige Verwaltung dergestalt, daß er sich für die von den Beamten der Kasse begangenen

Vernachlässigungen oder gar Veruntreuungen, aber auch nur hierfür verantwortlich erklärt. Diese Kasse ermächtige er dann zu Darlehen zu jedem Zinsfuß gegen Faustpfand sowohl, wie gegen Bürgschaft, und zur Herbeischaffung der Fonds zu diesen Darlehen zur Ausgabe verzinslicher auf den Inhaber lautender Schulddocumente nach Maßgabe des Bedarfes.

Bei der Ausgabe der Schulddocumente sind die Zinsen in solcher Höhe zu versprechen, daß sich die Documente an der Börse eben unter Pari halten, und es ist der Kasse ihre Einlösung im Pari, jedoch mit der Verpflichtung zur Ausloosung bei nur theilweiser Einlösung gleich hoch verzinslicher Documente, unbeschränkt vorzubehalten.

Schuldner kann Jeder werden, der selbstständig ist, und innerhalb des der Kasse anzuweisenden Districts seinen Wohnort hat, und, so lange die Schuld währt, behält. Ein Umzug außerhalb dieses Districts verpflichtet zur Rückzahlung der ganzen Schuld.

Dem Schuldner sind so hohe Zinsen zur Last zu legen, daß nicht bloß die Zinsen der Schulddocumente, sondern auch die Verwaltungskosten und die erfahrungsmäßig eintretenden Verluste nach Maßgabe der Größe der Gefahr bei jedem Darlehenssucher dadurch vollaus gedeckt werden. Der Zinsfuß muß deshalb wegen der verschiedenen Größe dieser Gefahr bei verschiedenen Darlehenssuchern ein verschiedener werden.

Als Pfand sind nur solche Gegenstände zuzulassen, deren Aufbewahrung keine besondere Sorgfalt erheischt, und bei denen außerdem voraussichtlich während der Dauer des Darlehens keine mit Nachtheil drohende Preisschwankung zu befürchten ist; als Bürge aber ist jeder Staatsangehörige zuzulassen, der innerhalb der Staatsgrenzen während eines näher zu bestimmenden Zeitraums einen eigenen Haushalt geführt hat, und in dieser Zeit seinen Verpflichtungen gegen den Staat und die Gemeinde nachgekommen ist, daher selbstredend in keiner Weise irgend eine Unterstützung empfangen hat, und selbst der Kasse nichts verschuldet. Derselbe werde als Bürge im Gesammtbetrage aller Bürgschaften, im Falle derselbe mehre zu übernehmen Willens ist, bis zu einem festzustellenden Vielfachen seiner Wohnungsmiethe, rücksichtlich des abzuschätzenden Betrages des Miethpreises seiner Wohnung zugelassen.

Die Rückzahlung des Darlehens erfolge in gleichen monatlichen Raten von einer solchen Höhe, daß diese zur Deckung der Zinsen und Tilgung des Darlehens mindestens in einem solchen Zeitraum ausreichen, während dessen nach den Sterblichkeitstabellen die Existenz des Schuldners sich als wahrscheinlich ergiebt.

Dem Bürgen sind alle Rechte eines Vormundes einzuräumen, in so fern sich diese mit der Führung eines eigenen Geschäftes nur immer vereinigen lassen.

Die Bürgschaft erlischt mit dem Tode des Schuldners, und ruht bei dessen unverschuldeter Arbeitsunfähigkeit; beim Tode des Bürgen haftet sein Nachlaß bis dahin, daß ein anderer annehmbarer Bürge vom Schuldner gestellt ist.

Die Zahlungspflicht des Bürgen tritt ein, wenn der Schuldner mit der monatlichen Zahlung bis zum nächsten Termine, beim Wohnungswechsel mit Rückzahlung der ganzen Schuld bis zum vollendeten Wechsel im Rückstande bleibt, es sei denn, das unverschuldete Arbeitsunfähigkeit den Rückstand veranlaßt. Im Falle der Zahlungspflicht des Bürgen wird von Seiten der Kasse 8 Tage nach erfolgter Benachrichtigung gegen ihn ohne Weiteres ganz so verfahren, wie gegen den ursprünglichen Schuldner.

Der Kasse ist das Recht zu verleihen, die fälligen Zahlungen in den für Steuern vorgeschriebenen Formen executivisch beizutreiben; dem Schuldner oder Bürgen bei geglaubter Rechtsverletzung nur eine Klage auf Restitution zuzugestehen.

Dem Schuldner sowohl, wie Bürgen steht die Bestimmung darüber frei, ob das Darlehen in einer ungetrennten Summe oder in bestimmten Raten auszuzahlen sei; so wie auch beiden das Recht zu gewähren ist, die contrahirte Schuld in jedem Augenblick ganz oder theilweise zurückzuzahlen.

Wie sehr das Bedürfniß nach einer solchen Darlehenskasse empfunden wird, zeigen unwiderleglich die in neuerer Zeit immer häufiger sich wiederholenden Versuche, sogenannte Bürgerhülfskassen einzurichten. Alle diese Versuche sind bekanntlich, wenn man den Zweck, den man erreichen wollte, ins Auge faßt, als gänzlich gescheitert zu betrachten. Denn die wenigen Tausende Thaler, welche es gelungen ist, zu ähnlichen Zwecken zusammenzubringen, während eben so viele Millionen kaum ausreichen würden, um hier wirksame Hülfe zu gewähren, bilden eine so winzig kleine Summe, daß der großartig gewählte Name eine vollständige Parodie zu denselben bildet. Das Scheitern dieser Versuche ist denn vorzugsweise der Nichtachtung des bereits angeführten Satzes zuzuschreiben, daß Alles, was in der Schöpfung Bestand haben soll, durch sich selbst die Mittel zu seiner Existenz schaffen muß. Aus übel angebrachter Philanthropie, verbunden mit der gänzlichen Verkennung des Wesens der Renten, wollte man aber gerade bei den Bürgerhülfskassen es dahin bringen, daß aus Wohlthätigkeitssinn die Fonds zusammengebracht werden möchten, und daß deshalb auf die Verzinsung gänzlich oder doch theilweise Verzicht geleistet werde, weil man die Hülfe nur dann wirksam glaubte, wenn man das Darlehen kostenlos zu gewähren im Stande sei. Hier nun, wo wir wissen, daß dasjenige, was der Producent als Rente abzugeben sich entschließt, unbeschadet der Verhältnißmäßigkeit seiner Belohnung von ihm abgegeben werden kann,

16

bedarf es denn nicht weiter der Darlegung des Irrthümlichen jener Ansicht.

Diesem Grundfehler der Bürgerhülfskassen ist nun bei der hier in Vorschlag gebrachten Darlehnskasse dadurch vollkommen abgeholfen, daß die Kasse die vorkommenden Verluste, in so weit diese nicht aus einer betrügerischen Verwaltung herrühren, wofür die Regierung einstehen muß, weil sie die Controle hat, selbst tragen muß, und die Schuldner verpflichtet werden, die Schuld so hoch zu verzinsen, daß dadurch nicht nur die Capitalisten ihre verhältnißmäßigen Zinsen erhalten, sondern außerdem noch daraus die Verwaltungskosten und die unbedingt eintretenden Verluste gedeckt werden können. Hierdurch gewinnt die Kasse die Mittel zum selbstständigen Bestehen, und wird der unfruchtbaren Mühe überhoben, bei den reicheren Bürgern betteln gehen zu müssen.

Wer mit den Gesetzen des Verkehrs sich weniger vertraut gemacht hat, könnte es unbillig finden, den Schuldner diese ganzen Kosten tragen zu lassen, und er könnte daher versucht sein, wie wir Aehnliches täglich bei unseren Finanzmännern sehen, auf Mittel zu sinnen, den Gläubigern einen Theil dieser Kosten aufzubürden. Ein solcher Versuch kann nur mit dem Beginnen eines Menschen verglichen werden, der, um einem Sandhaufen die Kegelform zu geben, sich daran machte, jedes einzelne Sandkörnchen auf die hierzu erforderliche Stelle zu legen, während er das Resultat unvergleichlich schneller und besser erreichen würde, wenn er den Naturkräften nur die gehörige Freiheit für ihre Wirksamkeit gestattet. Er mache nur, daß die Schwerkraft ungehindert ihre Wirksamkeit üben kann, und schaufele daher den getrockneten Sand möglichst hoch auf; so wird diese Kraft schon ohne sein weiteres Zuthun den Kegel zu Stande bringen. So auch hier, man gebe den Gesetzen des Verkehrs, welche die Preise bestimmen, ungestörte Freiheit; so werden diese Preise sich so feststellen, wie es den Verhältnissen angemessen ist. Hierzu dient, daß die Kasse sich ihre Fonds durch Ausgabe auf den Inhaber lautender Obligationen zu dem Zinsfuße verschafft, der die Obligationen dem Pari möglichst nahe hält. Um dieses letztere zu erreichen, wäre beim Ausbieten der Schuldscheine, umgekehrt wie jetzt, nicht der Zinsfuß festzustellen und über den Kaufpreis zu handeln, sondern umgekehrt der Verkaufspreis im Pari unter allen Umständen festzuhalten, und dagegen um die Höhe des Zinsfußes zu handeln und, um hierbei möglichst ganze Zahlen zu erhalten, der Zinsfuß nicht im Verhältniß zu Hundert, sondern zu Tausend zu bestimmen. Durch dieses Verfahren wird es der ganzen, im gegenseitigen Verkehr sich befindenden Menschheit leicht, sich bei diesen Darlehen zu betheiligen. Jeder kann dann bei sich abwägen, ob die Summe des Werthes beim Beziehen dieser Zinsen oder beim sofortigen Verzehren größer wird, und sich im erstern Falle bei diesen

Darlehen betheiligen. Um dieses noch mehr zu erleichtern, wären die Schuld=
documente in Appoints von etwa 1000, 100 und 25 Thlr. auszugeben;
jedoch dabei, um möglichst große Appoints, die für die Kasse Bequemlichkeiten
haben, in Cours zu bringen, den größeren dadurch einen Vortheil zuzuwenden,
daß bei ihnen die Auszahlung der Zinsen in kürzeren Terminen vorgenom=
men würde, bei denen von 1000 Thlr. etwa monatlich, bei denen von
100 Thlr. vierteljährlich, bei denen von 25 Thlr. endlich bloß jährlich.
Durch die Auszahlung in kürzeren Terminen, als jetzt üblich ist, würde
außerdem die Umlaufsgeschwindigkeit des Geldes befördert, und so die Un=
veränderlichkeit seiner Schätzung begünstigt. Bei dieser allseitigen Bethei=
ligung wird denn durch die eigene Concurrenz, wenn der Zinsfuß unverhält=
nißmäßig ist, der Cours der Schulddocumente so lange verändert, bis der
Punkt gefunden ist, bei welchem die Verzinsung genau den Verkehrsver=
hältnissen entspricht. Wollte man daher durch irgend welche Maßregeln
dahin zu wirken versuchen, daß die Gläubiger direct die Verwaltungskosten
ganz oder theilweise zu zahlen hätten; so könnte man im günstigsten Falle
nur erreichen, daß dieselben vorschußweise von ihnen gezahlt würden. Denn
beim Abwägen des Werthes des Zinsenbezugs gegen den des augenblicklichen
Verzehrs könnte die Nothwendigkeit dieser Zahlung nicht unberücksichtigt
bleiben; es würden daher bei der Schätzung nur die Zinsen in Ansatz kom=
men, die nach Bestreitung jener Kosten übrig blieben. Soll also die Con=
currenz nach Einführung dieser Maßregel die gleiche und daher der Preis
der Darlehen der gleiche bleiben, wie früher; so müssen diese übrigbleibenden
Zinsen die Höhe behalten, wie früher die ganzen Zinsen. Die nominellen
Zinsen der Documente müssen also gegen früher so viel höher steigen, als
die Kosten ausmachen, und die Schuldner wären daher nicht bloß nicht bes=
ser, sondern in der Regel schlechter gestellt. Denn für die Gläubiger würde
durch eine solche Maßregel eine besondere Schwierigkeit bei Berechnung
ihres wahren Vortheils geschaffen; in einem solchen Falle pflegt aber der
Mensch die Schwierigkeit leicht höher anzuschlagen, als sie in Wirklichkeit
ist, und es werden deshalb die einzelnen c um so kleiner ausfallen. Hierzu
kommt, daß die Darlehensgeber ihren verhältnißmäßigen Antheil an den
Verwaltungskosten nichts desto weniger tragen, wenn diese auch nominell
ganz dem Schuldner aufgebürdet werden. Denn die Nachfrage nach Dar=
lehen vermindert sich bei schwereren Bedingungen, es kommen daher in dem=
selben Maße weniger Schulddocumente in Cours, die Kaufliebhaber müssen
also durch Preissteigerung, d. h. Herabsetzung des Zinsfußes sich die ver=
minderte Masse streitig machen, und diese Zinsenherabsetzung kommt dann
wieder den Schuldnern zu Gute. Es ist also offenbar, daß beide, Darlehens=
Geber und Nehmer, sich in die Unterhaltungskosten der Anstalt in dem
Maße theilen, wie ihnen die Vortheile derselben zu Gute kommen, und daß

16*

es darum nur darauf ankommt, diese Kosten auf eine möglichst einfache und zweckmäßige Weise zu erheben. Dieses kann denn nur so geschehen, daß die Kosten auf die Schuldner vertheilt werden, weil gegen die Arbeit, welche diese verursachen, die der Einziehung der Capitalien und Auszahlung ihrer Zinsen als unbedeutend verschwindet. Es kann darum der verhältnißmäßige Antheil an diesen Kosten nur nach der Mühwaltung und der Gefahr abgemessen werden, die jeder Schuldner verursacht, und es müssen also die von ihm zu zahlenden Zinsen hiernach bemessen werden.

Die Feststellung des Zinsfußes der Schuldbocumente in einer solchen Höhe, daß sich die Urkunden möglichst nahe unter Pari halten, und die Bestimmung, daß der Kasse die Einlösung im Pari vorbehalten wird, erscheinen darum nothwendig, weil die Kasse nur dadurch eine solche Grundlage für die Berechnung der von den Schuldnern zu machenden Rückzahlungen der Darlehen erlangt, die sie vor unvorherzusehenden Verlusten schützt. Die Nothwendigkeit, dem Schuldner bei Aufnahme des Darlehens ein für alle Mal fest zu bestimmen, was er und in welchen Raten er dasselbe der Kasse zu zahlen hat, führt nämlich für die Kasse die weitere Nothwendigkeit mit sich, dieselbe sicher zu stellen, daß sie mit der festgestellten Summe beim Eintreffen der zu Grunde gelegten Wahrscheinlichkeit auch ausreichen wird, die des Schuldners wegen aufgenommene Summe zu tilgen. Das kann nur geschehen, wenn es der Kasse frei steht, unter allen Umständen zu dem Betrage ihre Schuldbocumente einzulösen, zu welchem sie dieselben dem Schuldner in Anrechnung gebracht hat. Im Pari kann die Kasse aber dem Schuldner die Documente nur dann ohne Unbilligkeit anrechnen, wenn er sie zu diesem Preise oder doch mit einem nicht berücksichtigungswerthen Verlust verwerthen kann. Etwas, wenn auch möglichst wenig, unter Pari müssen dagegen die neu ausgegebenen Schuldbocumente zunächst bleiben, weil sonst wegen der Gefahr der Einlösung im Pari der Zinsfuß über das verhältnißmäßige Maß hinaufgetrieben werde würde.

Durch die unter allen Umständen ihr zustehende Befugniß der Einlösung ihrer Schuldbocumente im Pari, käme dann die Kasse in die Lage, von jeder Schwankung in den Verkehrsverhältnissen, welche auf den Zinsfuß zurückwirkt, Vortheil ziehen zu können. Jede solche Schwankung muß nämlich zur Folge haben, daß die Schuldbocumente der Kasse entweder über Pari steigen oder erheblich unter Pari sinken. Giebt dann die Kasse neue Documente zu einem solchen Zinsfuße aus, daß diese unter den veränderten Verhältnissen eben unter Pari zu stehen kommen, und löst hiermit die älteren Documente durch Ausloosung, rücksichtlich freien Ankauf, an der Börse ein; so gewinnt die Kasse im ersten Falle den ganzen Zinsenunterschied, im letztern an ihrer Capitalschuld die ganze Coursdifferenz. Diesen Gewinn zieht die Kasse auf Kosten ihrer Gläubiger. Es ist darum natürlich, daß

ihre Schuldbocumente von biefen um biefen wahrfcheinlichen Verluft niedri=
ger gefchäßt werden, baß mit anberen Worten bie bem Pari naheftehenben
Documente verhältnißmäßig höhere Zinfen zahlen müffen, unb fo bewirkt
bann biefer Vortheil ber Kaffe inbirect wieber einen aus bereits angeführten
Gründen noch etwas größern Nachtheil. Dennoch muß bie Kaffe fich bie=
fen Vortheil, um bie Sicherheit ber Berechnung ihren Schulbnern gegen=
über nicht zu verlieren, zu Nußen machen. Die hierburch gewonnene
Summe mag fie bann verwenden, um bie entftehenden Verlufte ganz ober
theilweife zu becken.

Durch ein folches Verfahren in Beziehung auf bie Schulbbocumente
wird bann ber Kaffe, fobalb es ihr erft gelungen fein wirb, burch ähnliche
Beobachtungen, wie fie bei ben Verficherungsgefellfchaften erforberlich waren,
ben Zinsfuß zu beftimmen, ben fie Schulbnern wie Gläubigern zu berech=
nen hat, um ihre Exiftenz zu fichern, genau bie wünfchenswerthe Summe
zufließen, um bie begehrten Darlehen gewähren zu können. Wie bie Beob=
achtungen zu machen finb, ift burch bie Verficherungsgefellfchaften be=
kannt. Bis bahin, baß verläßliche Refultate erzielt finb, ift hier nur bie
Vorficht zu gebrauchen, bie Bebingungen für bie Schulbner eher zu fchwer,
als zu leicht zu ftellen, um bie Exiftenz ber Kaffe nicht zu gefährben. Um
biefe Exiftenz noch mehr zu fichern, wäre als eine tranfitorifche Beftimmung
noch bie aufzunehmen, baß es bis auf Weiteres ber Kaffe freiftehe, fobalb
fich beim Jahresabfchluß ein Deficit ergiebt, ben Zinsfuß auch ber bereits
contrahirten Darlehen verhältnißmäßig zu erhöhen. Es erfcheint biefe Be=
ftimmung für bie Schulbner um fo weniger gefährlich, als ihnen bie Be=
fugniß ber Rückzahlung ber ganzen Schulb in jedem Augenblick freifteht,
und wenige Jahre ausreichen werden, um wenigftens annähernb richtige
Refultate zu erzielen, woburch benn bie zu befürchtenbe Zinfenerhöhung in
immer engere Grenzen eingefchloffen wirb.

Ift nun durch ein folches Verfahren ber Kaffe bie zu ben Darlehen
nöthige Summe zugeführt; fo kommt es nur noch barauf an, ben Einzel=
nen bie Betheiligung bei ber Kaffe möglichft zu erleichtern. Hier ftoßen
wir auf zwei einanber biametral entgegenwirkende Kräfte. Jebe Erleichte=
rung, welche bem Einzelnen für feine Betheiligung gewährt wirb, vergrößert
bie Gefahr bes Verluftes für bie Kaffe, unb fomit in ber Wirklichkeit feine
Größe; biefe Vergrößerung macht benn eine Erhöhung bes Zinsfußes für
bie Schulbner nöthig, und erfchwert fomit wieber ihre Betheiligung. Dar=
um kommt es hier auf ein verftänbiges Abwägen ber gewährten Erleichte=
rung gegen ben baburch herbeigeführten Verluft an. Die Erleichterung
muß fo lange gewährt werben, als fie höher zu fchäßen ift als ber baburch
herbeigeführte Verluft. Es muß baher als ein weiterer Fehler ber Bürger=
hülfskaffen angefehen werden, baß biefes Abwägen bei ihnen nicht ftattfanb,

sondern daß man einseitig dahin strebte, Verlust durch alle möglichen Mittel zu vermeiden, unbekümmert darum, ob dadurch die Betheiligung unverhältnißmäßig erschwert werde. Durch die oben aufgestellten Bedingungen der Betheiligung dürfte denn die Grenze, wo der Werth der erleichterten Betheiligung und des Verlustes sich die Wage hält, annähernd erreicht sein.

Das Hauptmittel, den Verlust nicht zu groß werden zu lassen, besteht darin, daß nur gegen Pfand oder Bürgschaft verliehen werden kann. Hierbei sind die Darlehen gegen Pfand von untergeordneter Wichtigkeit, weil derjenige, der ein Pfand zu stellen hat, in demselben einen Gegenstand mit anerkannter Schätzung von mindestens gleicher Höhe wie das gesuchte Darlehen besitzt. Er kann sich daher durch Verkauf des Pfandes unter allen Umständen die gewünschte Summe verschaffen. Wenn er dieses nicht thut, so geschieht dieses entweder, weil der Gegenstand für ihn einen höhern Werth hat als der Preis, den er dafür erlangen kann, und ist dieses, so muß sich dieser Mensch aus nahe liegenden Gründen in der Lage befinden, daß das letzte Atom seines Einkommens von ihm unter das durchschnittliche bei allen übrigen Menschen vorkommende Maß geschätzt wird, d. h. daß er zu den wohlhabenden Bürgern gehört, die darum des Darlehens weniger bedürftig sind; oder, weil er hofft in kürzerer Zeit einen höhern Preis erzielen zu können, und auch dann hat er das Darlehen nicht so nöthig, daß besondere Vorsorge getroffen werden müßte, dasselbe ihm zu verschaffen. Von weit größerer Wichtigkeit sind daher die Darlehen gegen Bürgschaft, weil es vor Allem darauf ankommt, den Menschen, welche im Besitz der persönlichen Qualification zu einer Production sich mittellos finden, die Einrichtung ihres Productionszweiges zu ermöglichen. Es geschieht dieses ohne übermäßige Gefahr für Verlust dadurch, daß jeder selbstständige Bewohner des der Kasse zugewiesenen Bezirks zu einem Darlehen gegen Bürgschaft unter obigen Modalitäten zugelassen wird.

Trifft nämlich die Voraussetzung der ausreichenden Ausbildung eines Menschen zu einem bestimmten Productionszweige zu, so ist für den Verlust der Betriebssumme nur die Gefahr vorhanden, daß der Mensch vorzeitig stirbt, oder durch unvorhergesehene Zufälle arbeitsunfähig wird; in allen anderen Fällen wird derselbe wegen der Richtigkeit der gemachten Voraussetzungen einen verhältnißmäßigen Verdienst erlangen, und daher im Stande und gewillt sein, den gegen die Kasse übernommenen Verpflichtungen nachzukommen. Die Gefahr des frühzeitigen Todes und der unverschuldet eintretenden Arbeitsunfähigkeit läßt aber erfahrungsmäßig eine ausreichend genaue Schätzung zu, um im Voraus in Anschlag gebracht werden zu können, und sie erreicht dabei keine solche Höhe, daß sie bei durchschnittlicher Vertheilung dem Einzelnen drückend würde; nur die unverschuldete Arbeitsunfähigkeit darf aber hier berücksichtigt werden, weil die verschuldete nur darthun würde, daß man sich in den gemachten Voraussetzungen über die Ausbildung des betreffenden Menschen getäuscht hätte, da es bei Beurtheilung dieser Bildung gerade eine wesentliche Rücksicht sein muß, ob der Mensch die nothwendige Kenntniß der zu befolgenden Naturgesetze erlangt hat und die Kraft und den Willen besitzt, der erworbenen Kenntniß gemäß zu handeln. Darum werden denn die von den Schuldnern zu zahlenden Zinsen gegen diejenigen, welche die Gläubiger beziehen, nur eine mäßige Steigerung erleiden, wenn es gelingt, Maßregeln zu treffen, welche die Kasse sichern, daß nur solche Menschen Schuldner derselben werden, bei welchen jene Voraussetzungen zutreffen.

Ob bei einem Menschen jene Voraussetzungen zutreffen, erfordert eine so genaue Kenntniß der Personen und der thatsächlichen Umstände, daß einzelne Menschen diese Kenntniß nur in Beziehung auf eine sehr beschränkte Zahl von Menschen besitzen können. Darum kann denn den Leitern der Anstalt, da die letztere sich auf alle Menschen ohne Ausnahme erstrecken muß, die Beurtheilung, ob die Voraussetzungen zutreffen, nicht überlassen werden; noch viel weniger kann es dem Darlehenssucher anheim gestellt bleiben, über sich selbst in dieser Hinsicht ein Urtheil zu fällen. Denn selbst bei vorausgesetztem redlichem Willen, der selbstredend häufig nicht vorhanden sein würde, täuscht sich der Mensch bekanntlich bei Beurtheilung seiner eigenen Kräfte und Fähigkeiten in der Weise, daß das Resultat für ihn ein weit günstigeres wird; seine Kräfte und Fähigkeiten überschätzt er, während er die entgegenstehenden Hindernisse zu gering anschlägt. Darum muß denn bei der Beurtheilung, ob jene Voraussetzungen zutreffen, das Interesse derjenigen mit herangezogen werden, welche vermöge ihrer Stellung am Geeignetsten erscheinen, hier ein Urtheil zu fällen, und dieses geschieht denn dadurch, daß man von einem solchen Menschen Bürgschaft stellen läßt, der factisch den Beweis geliefert hat, daß ihm selbst die productive Fertigkeit, zu der jeder Mensch es bringen soll, beiwohnt. Denn wer sich zu einer solchen Lage durch seine eigene Thätigkeit gebracht hat, in welcher er sich sein Einkommen verdient, und sich in einer solchen Lage schon längere Zeit erhalten hat, muß die Kenntniß der zu überwindenden Schwierigkeiten und der zu ihrer Ueberwindung erforderlichen Kräfte besitzen, weil er nur bei dieser Kenntniß und durch dieselbe seine Lage sich schaffen konnte. Ihm wohnt darum die Fähigkeit bei, über die obigen Voraussetzungen ein richtiges Urtheil zu fällen. Dadurch, daß man ihn aber zwingt, für den guten Ausgang selbst einzustehen, vergewissert man sich auch, daß nur solche sich bei dem Urtheilfällen betheiligen werden, denen die Kenntniß der thatsächlichen Umstände beiwohnt, und daß diese von ihren Kenntnissen den bestmöglichsten Gebrauch machen werden. Zwar werden hierdurch Täuschungen, wie überall im Leben, so auch hier nicht ausgeschlossen; aber diese Täuschungen werden doch so selten bleiben, daß kein verhältnißmäßig bedeutender Nachtheil dadurch für die Kasse herbeigeführt wird. Die Kasse hat sich dann nur mehr dafür zu hüten, daß nicht durch Verabredung zwischen Bürgen und Schuldnern ein Betrug verübt werde. Dieses möglichst selten zu machen, kann nur eine umsichtige Leitung bewirken; dazu behülflich sein wird es, wenn die Summe, für welche ein Bürge angenommen wird, vorerst nicht zu hoch, etwa auf das 5fache der Hausmiethe beschränkt wird. Die Summe, für welche die Bürgschaft übernommen wird, übersteigt dann, wie wir oben sahen, in unseren Zuständen nur in seltenen Fällen das jährliche Einkommen des Menschen; für einen solchen Betrag wird aber kein vernünftiger Mensch seine gesicherte Existenz aufs Spiel setzen, was er doch bei Ausführung eines Betruges thun müßte: sie erreicht aber andererseits doch die Höhe, bei Handwerken beispielsweise hier in Cöln 500 bis 750 Thlr., um in den Productionszweigen, in welchen für jetzt Hülfe am Meisten Noth thut, auszureichen. Die Erfahrung muß aber hier zeigen, ob diese Bedingungen zu erschweren oder zu erleichtern sind; in gleicher Weise muß es auch die Erfahrung an die Hand geben, wie lang der Zeitraum zu bestimmen ist, während dessen der Bürge sich selbstständig muß erhalten haben. Vorläufig dürften vielleicht 5 Jahre ausreichend erscheinen.

Während hierdurch die Kasse ausreichend sicher gestellt wird, wird es andererseits nöthig, dem Bürgen Raum zu gewähren, um nöthigenfalls durch die eigenen Kräfte den verbürgten guten Ausgang herbeizuführen, und ihn von den Folgen des schlechten Ausgangs zu entbinden, wenn dieser ohne sein Verschulden herbeigeführt ist. Daher das Erlöschen der Bürgschaft beim Tode des Schuldners, und das Ruhen derselben während unverschuldeter Arbeitsunfähigkeit. Der Verlust, der hieraus der Kasse erwächst, muß auf die Gesammtheit vertheilt, und von dieser getragen werden. Weiter ist hierfür erforderlich, daß dem Bürgen die Rechte des Vormundes über den Schuldner eingeräumt werden mit nur solchen Modificationen, wie sie der eigene Geschäftsbetrieb des Schuldners nothwendig macht. Es erscheint dieses in doppelter Hinsicht nothwendig; einmal deshalb, weil sich nur dann Menschen zur Uebernahme einer solchen Bürgschaft werden geneigt finden lassen, dann aber auch deshalb, damit die gesammelten Erfahrungen des Menschengeschlechts, deren Kenntniß, wie wir sahen, dem Bürgen voraussichtlich beiwohnt, bei Einrichtung eines Productionszweiges möglichst ausgedehnt benutzt werden. Darum ist es denn wichtig, daß die Zahlungspflicht des Bürgen eintritt, sobald der Schuldner nur einen Termin versäumt. Es erhält dadurch der Bürge Gelegenheit und Veranlassung auf den Geschäftsbetrieb des Schuldners, wenn er keinen guten Fortgang verspricht, gleich im Anfange einzuwirken. Bei geordneten Zuständen verliert diese Maßregel das Exorbitante, welches damit verbunden scheint, daß Erwachsene wieder unter Vormundschaft sollen gestellt werden. Denn es werden alsdann in der Regel diese Darlehen nur von eben herangewachsenen jungen Leuten für ihre erste Einrichtung gesucht werden, und Bürge für dieselben werden Eltern, nähere ältere Verwandten oder Lehrherren und Meister werden, unter deren Leitung und Aufsicht der Mensch sich auch bis dahin seine Ausbildung erworben hat, und es kann dann nur im äußersten Grade zweckmäßig erscheinen, daß bei diesen Menschen der Uebergang zur völligen Selbstständigkeit durch das Bürgschaftsverhältniß zuvor vermittelt wird. Ein erheblicher Mißbrauch dieser Rechte ist aber andererseits auch deshalb nicht zu fürchten, weil es Jedem nicht schwer werden kann, bei Fleiß und Sparsamkeit sich die Bürgschaft bald vom Halse zu schaffen, oder bei gefühlter Härte durch einen andern den bisherigen Bürgen zu ersetzen.

Daß die Kasse berechtigt sein muß, die von ihr einseitig festgestellten Forderungen executivisch mit den möglich wenigsten Schwierigkeiten und Förmlichkeiten einzutreiben, ist nothwendig, weil nur dadurch die Verwaltungskosten im Allgemeinen auf ein Kleinstes herabzubringen sind. Die Berechtigung ist ohne Gefahr, weil die Kasse kein Interesse hat, ungerechte Forderungen zu machen, und dem Leiter die Befähigung beiwohnen muß, sich über die Rechtmäßigkeit einer Forderung ein Urtheil zu bilden, und weil außerdem doch vorgekommene Verletzungen durch die Restitutionsklage hergestellt werden können. Zudem schützen die bei Eintreibung von Steuern bewährt gefundenen Formen vor Unbilligkeit. Die Zahlungstermine endlich sind monatlich zu bestimmen, einestheils weil die Verzinsung und Rückzahlung aus dem laufenden Verdienst zu leisten sind, anderntheils, weil dadurch die Geschwindigkeit des Geldumlaufs befördert wird.

Die weiteren oben angedeuteten Bestimmungen für diese Kasse rechtfertigen sich ohne genauere Ausführung.

Durch die Einrichtung einer solchen Darlehnskasse muß denn, sobald es gelungen sein wird, ihr eine solche Einrichtung zu geben, wodurch ihr Bestehen gesichert erscheint, und die Erfahrungen weniger Jahre würden ausreichen, diese Einrichtung bis in alle Einzelheiten hinein zu finden, das hier in Rede stehende Hinderniß als beseitigt betrachtet werden; weil es dann Jedem leicht wird, sein c zur Beschaffung von sicheren Renten zu verwenden, andererseits es aber auch jedem rechtlichen und sittlichen Menschen bei ausreichender Fertigkeit in einem Productionszweig nicht mehr besonders schwer fallen wird, sich die zu seiner Production erforderliche Betriebssumme zu verschaffen.

Ist denn in der vorstehend näher angegebenen Weise der Mensch zu einem Menschen seines Zeitalters erzogen; ist dem Gelde durch Ausprägen von Münzen nach den entwickelten Grundsätzen eine möglichst unveränderliche Schätzung gegeben; ist der Schutz der Person und des Eigenthums bis dahin gelungen, daß jeder Mensch mit Sicherheit darauf rechnen kann, alle Früchte seiner Arbeit uneingeschränkt in der von ihm beliebten Weise genießen zu können; ist es endlich dem geschickten, rechtlichen und sittlichen Menschen durch Einrichtung der Darlehenskasse möglichst erleichtert, sich die Betriebssumme für seinen Productionszweig zu verschaffen: so bleibt nur mehr ein einziges Hinderniß übrig, welches sich dem Menschen noch in den Weg stellt, den Naturgesetzen gemäß zu handeln, welches er nicht durch die eigene Thätigkeit zu überwinden vermag. Es besteht darin, daß der Mensch sich nicht nach Gutdünken die günstigste Stelle auf der ganzen Erdoberfläche zum Betreiben seiner Production aussuchen kann. Hier haben nämlich auch die menschlichen Institutionen, anstatt die Beseitigung dieses Hindernisses zu erleichtern, dasselbe in unzähligen Fällen zu einem unüberwindlichen gemacht durch Einführung des Privateigenthums an Grund und Boden, weil es durch diese Einführung dem Eigensinn eines einzelnen Menschen oft ganz und gar anheim gegeben ist, ob er einen ihm zugehörigen Fleck des Erdbodens zu dem zweckmäßigsten Productionszweige hergeben und einrichten will oder nicht, und es ist eine zu bekannte Thatsache, wie unzählige Male dieser Eigensinn die zweckmäßigste Einrichtung eines Productionszweiges verhindert, als daß es hier noch nöthig wäre, besondere Thatsachen namhaft zu machen. Hat man es ja darum sogar nöthig gefunden, bei Industriezweigen, die eine großartigere Einrichtung erheischen, wie beim Bergbau, beim Bau von Chausseen und Eisenbahnen, das Expropriationsrecht einzuführen!

Diesem Uebelstande könnte dann in wünschenswerthester Weise abgeholfen werden, wenn das Eigenthum alles Grund und Bodens der Gesammtheit gehörte, und von ihr jeder Fleck demjenigen zur Production überlassen würde, der die höchste Rente davon zu zahlen sich geneigt findet. Denn wie aus der Betrachtung des Entstehens der Renten unmittelbar folgt, mißt die zahlbare Rente die Größe des Arbeitsquantums, um welches die Gesammtheit dadurch bereichert wird, daß die Production just auf dieser Stelle vorgenommen wird. Bei vollkommener Freiheit, über dieses Arbeitsquantum beliebig verfügen zu können, wird denn nach den bekannten Gesetzen des Verkehrs durch dasselbe ein um so größerer Werth geschaffen, je größer es selbst ist. Die Gesammtheit gewinnt also bei übrigens sich gleich bleibenden Verhältnissen am Meisten, wenn derjenige eine Stelle zur Production erhält, welcher die höchste Rente dafür zahlen kann. Das in Rede stehende Hinderniß läßt sich darum beseitigen, wenn es gelingt, ein Verfahren aufzufinden, wodurch mit Wahrscheinlichkeit derjenige aufzufinden ist, der dauernd von einer Stelle die größte Rente zu zahlen vermag, und wenn es dann außerdem gelingt, der Gesammtheit das Eigenthum des gesammten Grund und Bodens zu verschaffen.

Das Erstere geschieht in zweckmäßigster Weise, wenn die zu einer bestimmten Production anerkannter Maßen geeigneten Stellen in einer solchen Ausdehnung, wie erfahrungsmäßig zur zweckmäßigsten Einrichtung nothwendig ist, mit möglichster Oeffentlichkeit an den Meistbietenden verpachtet werden. Bei dieser Verpachtung ist dann nur dahin zu sehen, daß hierdurch der Einzelne in die Möglichkeit versetzt wird, die Einrichtung seines Productionszweiges unausgesetzt in der zweckmäßigsten Weise und in der Regel für die ganze Dauer seines Lebens vorzunehmen; dagegen aber auch, daß den Schwankungen der Rente während der Dauer der Pachtung Rechnung getragen wird, und der Pachter von der Pachtung zurücktreten kann, wenn es sich finden sollte, daß er die übernommene Rente nicht zu geben vermag, sei es, daß er sich von Hause aus bei ihrer Berechnung geirrt hat, oder daß unvorhergesehene Umstände auf die Erniedrigung der zahlbaren Rente eingewirkt haben. Als Pachtbedingungen empfehlen sich daher folgende:

Die Pacht beginnt mit dem Tage des Zuschlags und endigt 14 Tage nach erfolgtem Tode des Pachters. Den Erben steht jedoch das Recht zu, die Fortsetzung der Pacht unter den bisherigen Bedingungen bis zum Ablauf eines Jahres nach dem Tode ihres Erblassers zu verlangen.

Mit vierteljähriger Kündigung kann die Pacht von Seiten des Pachters jederzeit, von Seiten der Regierung nur in dem Falle aufgehoben werden, wenn ein längerer als vierteljähriger Zahlungsrückstand der schuldigen Rente entsteht.

Der Pachter erhält für die Dauer der Pacht alle Rechte des Eigenthümers. Er ist dem Staate nur für absichtliche Beschädigungen verantwortlich; seinen Erben jedoch stehen beim Fortführen der Pacht nur die Befugnisse zu, und sie trifft die Verantwortlichkeit, wie dieses bei Zeitpacht jetzt üblich ist.

Die zu zahlende Rente ändert sich jährlich nach ihren aus Erfahrung näher festzustellenden Schwankungen.

Der Staat hat alle Summen, welche erforderlich sind, die Stelle in ihrer Zweckmäßigkeit zur Production zu erhalten oder zu verbessern, in so fern das Hergestellte mit dem Grund und Boden der Art fest verbunden wird, daß eine Trennung ohne erhebliche Verminderung der Schätzung nicht vorgenommen werden kann, dem Pachter zur Verfügung zu stellen. Dagegen hat dieser die verwendeten Summen in einer solchen Höhe zu verzinsen, daß daraus nicht bloß die Verzinsung der hergegebenen Summen zu dem Zinsfuße der Schulddocumente der Dahrlehenskasse erfolgen, sondern auch die Tilgung der hergegebenen Summe in dem Maße vorgenommen werden kann, wie dem Pachter die Vortheile der Maßregel zu Gute kommen.

Was herzustellen ist, hat der Pachter allein zu bestimmen, die Regierung kann nur über die Zweckmäßigkeit des von ihm Vorgeschlagenen auf das Urtheil von Sachverständigen provociren.

Unter keinen Umständen findet ein Nachlaß am Pacht Statt.

Daß durch die öffentliche Verpachtung an den Meistbietenden mit möglichst großer Wahrscheinlichkeit derjenige gefunden wird, der unter den vorhandenen Umständen für die ausgebotene Stelle die höchste Rente zu geben vermag, liegt auf der Hand. Weil aber die Regierung einseitig bei diesem Verfahren die Abgrenzung der einzelnen Stellen vornimmt, so ist keine Gewähr dafür vorhanden, daß die Begrenzung auch eine den Verhältnissen angemessene wird, und noch schwieriger kann bei einmal geschehener Verpachtung den Veränderungen Rechnung getragen werden, welche durch veränderte Verhältnisse bedingt werden. Hier hilft sich aber der Verkehr selbst, sobald ihm nur von der Regierung kein Hinderniß in den Weg gelegt wird. Wie wir nämlich sahen, giebt die Größe der zahlbaren Rente einen genauen Maßstab für die Größe der Zweckmäßigkeit einer Stelle zur Production. Eine gewünschte Veränderung in der Begrenzung schließt daher nur dann eine Verbesserung ein, wenn die ganze zahlbare Rente eine Steigerung erleidet, und dann, aber auch nur dann ist also auch die Veränderung wünschenswerth. In einem solchen Falle findet sich aber derjenige, der die Veränderung wünscht, in der Lage, seinen Nachbar nicht bloß der Regierung gegenüber schadlos zu halten, sondern auch noch eine um soviel größere Summe als Entschädigung zu bieten, je zweckmäßiger die Veränderung erscheint, während bei diesem nicht das Interesse eines Eigenthümers an seinem Grund und Boden wie jetzt, sondern nur das eines Pachters zu überwinden ist. Alle wünschenswerthen Veränderungen werden daher ohne Zuthun der Regierung, und um so schneller, je wünschenswerther sie sind, vorgenommen werden, wenn die Regierung nur allen solchen Veränderungen, bei welchen sie keine Einbuße an der Rente erleidet, nicht bloß bereitwilligst ihre Zustimmung giebt, sondern auch dergleichen Veränderungen zu befördern sucht.

Während hierdurch eine den Verhältnissen angemessene Begrenzung der einzelnen Stellen fortwährend erhalten wird, bewirkt die Bewilligung der Rechte eines Eigenthümers an den Pachter, und die Nothwendigkeit, daß die Herstellungskosten von der Regierung zu tragen, von dem Pachter der in der angegebenen Höhe zu verzinsen sind, daß jede Stelle die den Verhältnissen angemessenste Einrichtung erhält. Es leuchtet nämlich ohne Weiteres ein, daß Niemand besser im Stande ist, die zweckmäßigste Einrichtung zu bestimmen, wie der Producent selbst. Darum kommt es denn nur darauf an, um die zweckmäßigste Einrichtung zu erhalten, den Producenten zu veranlassen, von seinen Kenntnissen den besten Gebrauch zu machen. Das geschieht, wenn ihm durch Gewährung der Rechte eines Eigenthümers hinsichtlich der Benutzung vollkommen freie Hand gelassen wird, durch die Verzinsung der Herstellungskosten in der bezeichneten Höhe. Er kann sich dann zur Verwendung einer Summe nur veranlaßt sehen, wenn die dadurch herbeigeführte Steigerung der Summe des Lebensgenusses die zu zahlende Rente mehr wie aufwiegt; wird aber anderentheils die Summe sofort verwenden, wenn jene Steigerung höher zu schätzen ist, als die Rente.

Die Bestimmung, nach welcher vom Staate die Pacht nur in dem Falle gekündigt werden kann, wenn die Rente nicht regelmäßig bezahlt wird, ist nothwendig, damit der Pachter sicher gestellt wird, daß ihm die Folgen seines Fleißes und seiner Geschicklichkeit ohne sein Zuthun nicht entzogen werden können. Aus dem gleichen Grunde muß der Pachter allein darüber zu entscheiden haben, was herzustellen ist, und der Regierung nur die Befugniß zustehen, bei augenscheinlich übertriebenen Forderungen auf das Urtheil von Sachverständigen zu provociren. Die Frist, bis zu welcher die schuldige Rente nothwendig berichtigt sein muß, bestimmen folgende Betrachtungen. Sie darf nicht so kurz sein, daß bei unvorhergesehenen Zufällen dem Pachter nicht noch Zeit genug bliebe, das Geld erforderlichen Falls sich leihweise zu verschaffen; aber auch nicht länger, als hierzu erforderlich ist, weil es als ein untrügliches Zeichen betrachtet werden kann, daß ein Pachter, der nicht so viel Credit genießt, um hierzu im Stande zu sein, bei der Pachtung auch nicht fortkommen wird, daß derselbe sich vielmehr bei Berechnung der für ihn zahlbaren Rente getäuscht hat. Der gewählte Zeitraum dürfte diesen Anforderungen genügen. Der Staat darf dann auch nicht säumen, wenn der Pachter länger im Rückstande bleibt, von seinem Kündigungsrechte sofort Gebrauch zu machen, und hierdurch den Pachter zu zwingen, die Pacht aufzugeben, und zwar weniger, weil sein eigenes als das richtig verstandene Interesse des Pachters selbst dieses erheischt. Der Pachter würde sonst von Jahr zu Jahr mehr zurückgehen, während er bei einem zeitigen Wechsel in einem andern Productionszweig oder auch nur durch eine veränderte Stellung in demselben Productionszweige den verhältnißmäßigen Lebensgenuß sich würde verschaffen können. Daß dem Pachter dagegen eine ganz freie Kündigung gegeben werde, ist nothwendig einestheils, damit ein Pachter, der aus Irrthum wirklich unverhältnißmäßig hoch gepachtet hat, von der Pacht wieder loskommen kann, anderentheils damit kein Pachtlustiger abgehalten wird, aus Furcht, in diesen Fall zu gerathen, den Pachtpreis bis zu der Höhe zu steigern, daß er der zahlbaren Rente wirklich möglichst gleich kommt. Der Staat wagt übrigens bei dieser Bestimmung auch wenig oder gar nichts. Denn ihm muß es gleichgültig sein, wer zuletzt Pachter einer Stelle bleibt. Nur das läßt sich gegen diese Bestimmung anführen, daß es durch dieselbe dem leichtsinnigen Wirthschafter, ja sogar dem böswilligen Verschlechterer einer Stelle möglich gemacht wird, sich den Folgen seiner Handlungen zu entziehen, dem letztern jedoch nur in dem Falle, wenn es ihm gelingt, das Absichtliche seiner Handlungsweise zu verheimlichen. Indessen Leichtsinn ist keine so vorherrschende Eigenschaft des menschlichen Charakters, daß die Größe des hierdurch dem Staate drohenden Verlustes zu fürchten wäre; die Menschheit würde sonst nichts weniger als im Wohlstande fortschreiten; eine absichtliche Verschlechterung ist aber beim Mangel alles entgegenstehenden Privatinteresses nur aus einem kleinlichen Rachegefühl denkbar, welches in dem Kopfe eines Menschen nur unter so sonderbar gearteten Umständen entstehen könnte, daß es zu den größten Seltenheiten gehören wird, der daher drohende Verlust also unmerklich wäre. In der Regel wird von dem Kündigungsrechte von Seiten des Pachters nur dann Gebrauch gemacht werden, wenn derselbe, sei es aus Unkenntniß oder Unvorsichtigkeit, unverhältnißmäßig hoch gepachtet hat, und dann muß der Staat selbst die Aufhebung der Pacht wünschen, weil es ihm nur darum zu thun sein darf, die zahlbare Rente zu ziehen, nicht aber auf Kosten eines seiner Angehörigen sich zu bereichern. Wird aber auch in einzelnen anderen Fällen dieses Recht in Ausübung gebracht, so kann es dem Staate gleichgültig, in vielen Fällen sogar erwünscht sein, weil auch oft zu erwarten ist, daß die neue Pachtung zu höherm Preise wird übernommen werden.

Theils um den Fall einer Kündigung durch den Pachter möglichst selten zu machen, theils um den erfahrungsmäßig bedeutenden Schwankungen der Grundrente Rechnung zu tragen, und es dadurch zu erreichen, daß die zahlbare Rente wo möglich auch unausgesetzt gezahlt wird, ist denn bei Bestimmung der zu zahlenden Rente auf diese Schwankungen Rücksicht zu nehmen. Das Wachsen der Zahl der gleichzeitig lebenden Menschen und das damit im engen Zusammenhange stehende Wachsen des Wohlstandes bedingt nämlich eine verhältnißmäßige Vermehrung aller Genußmittel. Diese Vermehrung kann denn zum Theil ohne Rückwirkung auf die übrigen Verhältnisse durch die gesteigerte Ausbildung des Menschengeschlechts in Kunst, Wissenschaft und Fertigkeit bewirkt werden, indessen reicht diese Steigerung allein erfahrungsmäßig nicht aus, um den vermehrten Bedarf zu decken; es müssen vielmehr in außerordentlich vielen Productionszweigen neue Stellen,

… bisher wegen Höhe der Herstellungs= und Erhaltungskosten zu dieser …roduction nicht benutzt werden konnten, hergestellt und erhalten werden. …ieses kann denn, wie wir wissen, nur dann geschehen, wenn sich die Preis= …rhältnisse des Products der Art geändert haben, daß in ihnen ein Aequi= …lent für diese Kosten enthalten ist. Darum muß denn die Rente auf den …on bisher mit Vortheil benutzten Stellen um so mehr steigen, als in un= …ren Zuständen bekanntlich diese neu benutzten Stellen in der Regel anderen …roductionszweigen entzogen werden. Hierzu kommt, daß es der Mensch= …it noch unausgesetzt gelingt, die Umlaufsgeschwindigkeit des Geldes durch …e verbesserten Einrichtungen ihrer Zustände sehr zu vermehren, während …ahrscheinlich bisher die Ausbeute an edlen Metallen die Consumtion über= …ogen hat. Beides bewirkt, wie wir sahen, ein Sinken der Schätzung des …eldes im Verhältniß zu allem Käuflichen, und in demselben Verhältniß ein …teigen der zahlbaren Renten. Dieses Verhältniß wird auch in der näch= …n Zukunft um so mehr fortdauern, als die neu entdeckten Goldlager in …lifornien und Australien eine noch stärkere Vermehrung der Masse wie …sher in Aussicht stellen. Bei der Grundrente muß also in unseren Zu= …änden ein unausgesetztes Steigen eintreten. Die Erfahrung bestätigt …eses Resultat so unzweifelhaft, daß dieses Steigen der Rente bei einer Ver= …chtung auf einen längern Zeitraum auch jetzt schon bei Feststellung der … zahlenden Rente nicht unberücksichtigt gelassen zu werden pflegt. Bei …r Domainenverwaltung in Preußen wird beispielsweise bei einer Verlän= …rung einer 18jährigen Pacht ohne Weiteres eine Steigerung des Pacht= …eises um 10 % vorgenommen. Die zu zahlende Rente muß sich darum …esem Steigen möglichst genau anschließen.

Näherungsweise findet diese Steigerung ihren Ausdruck in der Formel:
$$A = a(1 + z)^n,$$
…enn a die Rente des ersten Jahres, A die Rente nach n Jahren bedeutet, …eil die in den Zuständen herbeigeführten Veränderungen, welche auf die …öhe der Grundrente zurückwirken, selbst wieder mit wirksam sind, neue …eränderungen zu erzeugen, was denn durch Potenziren nach Verhältniß …r Zeit seinen Ausdruck findet. Den Schwankungen der Grundrente …ird daher in unseren Zuständen Rechnung getragen, wenn in dem Pacht= …ertrage ein Procentsatz festgestellt wird, um welchen sich die zu zahlende …ente jährlich zu steigern hat. Wie hoch dieser Procentsatz zu bestimmen …i, wird sich aus der Erfahrung um so genauer feststellen lassen, je mehr …achter sich schon auf einer und derselben Stelle gefolgt sind. Vorläufig …ögen folgende Erwägungen für die weiteren Betrachtungen einen Anhalts= …unkt geben.

Aus der von der preußischen Domainenverwaltung angenommenen

Steigerung findet man beim Zugrundelegen der obigen Formel den Procentsatz durch die Gleichung:

$$110 = 100 \, (1+z)^{18};$$

mithin:

$$Lg \, (1+z) = \frac{Lg \, 11 - Lg \, 10}{18} = 0{,}0022996,$$

und $z = 0{,}005309$, das jährliche Steigen also $= 0{,}5309\%$, über $9/17\%$. Es bleibt diese Annahme erfahrungsmäßig weit hinter der Wirklichkeit zurück, und die Steigerung ist wohl auch nur deshalb so niedrig angenommen, weil sie unter allen Umständen einzutreten hat, die Verwaltung aber in jedem einzelnen Falle bei Bewilligung einer Pachtverlängerung eine höhere Steigerung eintreten zu lassen die Befugniß hat. Bei einem größern der Wirklichkeit entnommenen Beispiel finden wir daher einen viel höheren Procentsatz. Sinclair (History of the public revenue of the British empire. 3. Edit. 1803. Vol. I. p. 184) berechnet, daß die Güter der von Heinrich VIII. 1542 aufgehobenen Klöster damals 273,000 Pfd. Sterl. eingebracht hätten, und drittehalb Jahrhundert später wenigstens 6 Millionen eingebracht haben. Dieses giebt unter Anwendung der obigen Formel:

$$6000000 = 273000 \, (1+z)^{250},$$

also:

$$Lg \, (1+z) = \frac{Lg \, 6000 - Lg \, 273}{250} = 0{,}0053680,$$

oder $z = 0{,}012437$, d. h. ein jährliches Steigen von $1{,}2437\%$, und es wäre also hiernach die jährliche Steigerung der Pacht auf nahezu $1\tfrac{1}{4}\%$ festzustellen. Darum werden wir also die Steigerung für unsere Zustände sicher nicht zu hoch greifen, wenn wir sie im Folgenden zu 1% jährlich annehmen.

Wegen der Ungewißheit des Endpunktes der Pacht können die Vorbereitungen zur Auflösung des Pachtverhältnisses erst nach erfolgtem Tode des Pachters vorgenommen werden, darum muß den Erben zu diesen Vorbereitungen ein Spielraum gelassen werden, daher ihre Befugniß zur Fortsetzung der Pacht bis zum Ablauf eines Jahres. Dabei rechtfertigen sich die Beschränkungen ihrer Befugnisse und die Erhöhung ihrer Verantwortlichkeit aus den gleichen Gründen, aus denen auch bei Zeitpächten diese Beschränkungen Sitte geworden sind.

Endlich erscheint die Bestimmung, daß kein Nachlaß am Pacht stattfindet, zweckmäßig, um dadurch auf die Ausbildung des Versicherungswesens fördernd einzuwirken, wodurch es ja einzig möglich wird, auch die durch seltener eintreffende Zufälle herbeigeführten Nachtheile für die Production schätzen zu lernen, während die Schätzung als gelungen vorausgesetzt werden muß, um den günstigsten Productionszweig zu finden.

Bei Befolgung dieser Grundsätze für die Benutzung des Grund und Bodens zur Production durch die Einzelnen dürfte es denn einerseits erreicht werden, daß jedesmal der eine Stelle zur Production erhält, der dauernd die höchste Rente zu zahlen vermag, und daß auch unausgesetzt möglichst annähernd die zahlbare Rente entrichtet wird, während andererseits Jeder in die Lage versetzt ist, überall als Concurrent aufzutreten. Es hängt darum die Beseitigung dieses letzten Hindernisses nur noch davon ab, dem Staate das Eigenthum von allem Grund und Boden zu verschaffen.

Hätte bei ihrem Entstehen die Gesammtheit sofort erklärt: Der Grund und Boden gehört der Gesammtheit, wie dieses bei allen Nomaden- und Jäger-Völkern der Fall ist, er kann von dem Einzelnen zur Production nur benutzt werden, wenn er hierzu von der Regierung die Erlaubniß erhalten hat; diese Erlaubniß kann nur auf Zeit und unter den vorstehend näher angegebenen Bedingungen ertheilt werden: so würde die jetzt hier zu lösende Frage nie entstanden sein. Diese Erklärung würde auch ohne allen Widerspruch von irgend einem Einzelnen haben erfolgen können, weil zur Zeit ihrer Abgabe noch an keine Rente zu denken war, Niemand also ein Interesse hatte, sich ihr zu widersetzen. Es ist dieses nicht geschehen, und konnte nicht geschehen, weil die Erkenntniß der Nothwendigkeit einer solchen Erklärung schon Kenntnisse von Verkehrsverhältnissen voraussetzt, die sich erst bilden sollten, und so war denn das einstige Entstehen dieser Frage unausbleiblich, und wie nothwendig gerade jetzt ihre Lösung geworden ist, beweisen die unausgesetzt wiederholten Versuche zur Umgestaltung unserer sogenannten socialen Verhältnisse, die ja in jüngster Zeit zu den gewaltsamsten Auftritten geführt haben.

Communisten und Socialisten glauben sich nun der Lösung dieses Knotens überheben zu können dadurch, daß sie ihn zerhauen, daß sie das Privateigenthum vernichten. Abgesehen von der durch Nichts zu rechtfertigenden Ungerechtigkeit gegen die jetzigen Besitzer, die diesen Besitz unter Gewährleistung der Gesammtheit erworben haben, sahen wir aber bereits, daß die größte Sicherung des Eigenthums eine der Grundbedingungen des Wohlstandes und der Cultur der Menschheit ist. Selbst der Umstand läßt sich nicht zur Beschönigung irgend einer Maßregel anführen, deren Wirkungen auch nur Schmälerung der Grundrente für den Eigenthümer ist, daß die Rente ohne Zuthun des Eigenthümers unausgesetzt steigt. Denn das Steigen der Renten in einem bestimmten Verhältniß zur Zeit mußte, sobald es wahrgenommen wurde, bei Berechnung des Kaufpreises berücksichtigt werden gerade deshalb, weil dieser Preis, wie wir sahen, ja nur durch Rechnung gefunden wird. Darum hat also der Käufer, da der Kauf unter

17

der Bürgschaft der Gesetze der Gesammtheit stattgefunden hat, unzweifelhaft das Recht auf alle Schwankungen in der Rente, wie diese auch beschaffen sein mögen, mit erkauft. Es hieße also den obersten Grundsatz bei der Feststellung der Eigenthumsverhältnisse auf das Gröbste verletzen, wollte man jetzt noch die Grundeigenthümer zur theilweisen oder gänzlichen Aufgabe ihres Eigenthums zwingen, mag der Zwang noch so indirect ausgeübt werden. Ja selbst dann, wenn man den Grundeigenthümern als Entschädigung eine ewige Rente in dem Betrage, wie die zahlbare Rente des Grundeigenthums beim Uebergange an den Staat gefunden wurde, zusichern wollte, wie dieses jetzt bei Expropriationen zu geschehen pflegt, würde die Ungerechtigkeit aus dem angeführten Grunde nur vermindert, nicht vermieden werden.

Indessen bedarf es auch eines solchen Zwanges nicht, um den Zweck zu erreichen, dem Staat zum Besitz des Grundeigenthums zu verhelfen; es genügt hierzu, daß es dem Staate wie jedem Privaten freisteht, Eigenthümer des Grund und Bodens durch Kauf bei freiwilliger Veräußerung zu werden. Mehre Umstände, welche ihren Grund in den Gesetzen des Genießens haben, und die sich daher überall wiederfinden müssen, wirken nämlich vereinigt dahin, den Staat, wenn er mit Privaten in Concurrenz beim Ankauf von Grundeigenthum treten will, günstiger zu stellen.

1. Bei nur etwas geordneten Zuständen ist die Sicherheit, welche der Staat dem Privaten bei Darlehen lediglich durch sein einfaches Versprechen, bestimmte Bedingungen zu erfüllen, gewährt, so groß, daß der Private genöthigt ist, um eine ähnliche Sicherheit zu schaffen, kostspielige und mit lästigen Förmlichkeiten verbundene Verpfändungen von Eigenthum von anerkannter Schätzung vorzunehmen. Eine Folge hiervon ist es, daß der Staat im Stande ist, ein Darlehen gegen auf den Inhaber lautende Schuldverschreibungen zu contrahiren unter so viel günstigeren Bedingungen, als hierdurch Kosten erspart werden, die Sicherheit des richtigen und pünktlichen Zinsenbezuges wächst, und die Bequemlichkeit, die Schuldverschreibungen ohne alle Förmlichkeiten sofort verkaufen zu können, zu schätzen ist. Diese günstigeren Bedingungen geben sich denn in dem niedrigeren Zinsfuße kund, den der Staat für sein Darlehen im Verhältniß zum Privaten zu zahlen hat, und eine Folge hiervon ist es weiter, daß der Staat im Verhältniß der niedrigeren Zinsen höheren Kaufpreis für eine Rente wie der Private zu zahlen vermag. Wenn der Staat 4 % bezahlt, während der Private 5 % geben muß, so kann der Staat beim Kaufen von Renten 500. Thlr. für dieselbe Rente geben, für welche der Private angemessener Weise nur 400 Thlr. zu geben vermag.

2. Für den einzelnen Menschen hat die gleich große Geldsumme, auch abgesehen davon, daß sie durch Verwendung zur Beschaffung von Renten

sich steigern läßt, um so größeren Werth, je näher der Empfang der Gegenwart liegt, theils weil die Wahrscheinlichkeit des Genießens sich um so mehr vermindert, je weiter der Genuß in die Zukunft verschoben erscheint, theils aber auch, weil mit dem zunehmenden Alter bei der überwiegend großen Zahl der Genüsse die Masse des Genußmittels vermehrt werden muß, um einen bestimmten Genuß mit gleicher Intensität zu bereiten, oder auch, was auf dasselbe hinauskommt, mit der gleichen Masse nur ein kleinerer Genuß bereitet werden kann. Beim Staat dagegen existirt, wegen seiner unbeschränkten Existenz, dieser Einfluß auf die Schätzung dergleichen Summen nicht. Folge hiervon ist denn, daß der Private, wenn ihm Schulddocumente mit sich gleich bleibender Verzinsung geboten werden, sich mit einer kleinern Verzinsung begnügen wird, als bei genauer Rechnung als wahres Aequivalent für die sich steigernde Grundrente gegeben werden müßte, und die Wirkungen hiervon sind denn genau dieselben wie die unter 1 angegebenen.

3. Die beschränkte Lebensdauer des Einzelnen, sein beschränkter Grundbesitz, und seine beschränkten Geldmittel machen es für ihn nicht rathsam, die Verpachtung unter den Bedingungen vorzunehmen, welche wir nach dem Obigen als einzig und allein geeignet fanden, um die Production auf die günstigste Stufe zu heben, und hierdurch auch die zahlbare Rente auf die möglichste Höhe zu steigern. Dadurch nämlich, daß seine Lebensdauer im Durchschnitt auf die gleiche Zeit wie die des Pachters beschränkt ist, bindet sich der Eigenthümer durch die Verpachtung auf Lebenszeit auch in der Regel für seine eigene ganze Lebensdauer. Ein bei dieser Verpachtung zu seinem Nachtheil begangener Irrthum würde daher für ihn einen unersetzlichen Verlust herbeiführen, ein Verlust, der für ihn um so schmerzlicher wäre, als er wegen Beschränktheit seines Grundeigenthums in der Regel einen sehr bedeutenden Theil der ihm zufließenden Rente treffen würde. Um diesen Irrthum zu vermeiden, muß er es denn vorziehen, die weniger günstige Verpachtungsart auf eine Reihe von Jahren zu wählen, obschon hierdurch die Verbesserung des Grundeigenthums, und die dadurch bedingte Steigerung der Rente weniger begünstigt wird. Noch weit seltener findet sich aber der Grundeigenthümer in der Lage, dem Pachter bei einer gewünschten Veränderung in der Begrenzung einer Stelle behülflich sein, noch auch ihm die freie Disposition über Geldsummen zu Verbesserungen und Bauten gestatten zu können. Durch dieses Alles vereinigt, muß denn der Staat in die Lage kommen, beim Verpachten einen Vortheil über den Privaten zu erlangen, wenn er die obigen Pachtbedingungen zu Grunde legt, was ihn denn rückwärts wieder in den Stand setzt, die Kaufsumme im Verhältniß zum Privaten zu steigern. Es bedarf aber weiter wohl kaum der Bemerkung, daß die hier geschilderten Verhältnisse auch bei eigener Benutzung des

Grund und Bodens durch den Eigenthümer auf die Erniedrigung der ihm zufallenden Rente um so mehr in gleicher Weise zurückwirken, als, wie wir Seite 114 sahen, der Rentenbesitz ein Nachlassen in der fleißigen Bearbeitung nach sich zieht, und daß diese Verhältnisse es daher auch im letzten Effect bewirken müssen, daß die Schätzung des Eigenthums durch den Privaten eine geringere ist als beim Staat.

Von wie günstigem Einflusse diese bessere Lage des Staats ist, zeigt England. Dort befindet sich das Grundeigenthum in verhältnißmäßig wenig Händen im Besitz der großen reichen Familien. Die nachtheilige Beschränkung im Besitz und in den Geldmitteln fällt daher bei diesen Familien weg; zudem betrachten sich diese Familien als ein Ganzes, weshalb auch die Beschränkung der Lebensdauer des Einzelnen ihren nachtheiligen Einfluß verliert. Hierdurch ist es denn in England seit lange Sitte geworden, die landwirthschaftliche Production annähernd nach den obigen Grundsätzen zu organisiren. Die Güter werden bekanntlich in angemessener Größe auf 99 Jahre verpachtet, wodurch zwar nicht ganz, aber doch annähernd die Vortheile einer Verpachtung auf Lebenszeit mit steigender Rente erreicht werden, und so sehen wir denn in England die Landwirthschaft auf einer Höhe der Ausbildung und in Folge dessen die Grundrente auf einer verhältnißmäßigen Höhe, wie sonst nirgendwo.

Durch das Zusammenwirken dieser drei Ursachen wird es denn bewirkt, daß der Staat das Grundeigenthum von Privaten für seine Verhältnisse so wohlfeil kaufen kann, daß er später in dem Steigen der Grundrente einen Fond gewinnt, um die Ankaufssumme zu tilgen.

Die Anwendung auf ein bestimmtes Verhältniß wird dieses verdeutlichen. Ich wähle hierzu die Verhältnisse, wie sie sich in Preußen vorfinden. Zwar sind in Preußen die Verhältnisse keineswegs so geordnet, daß die wohlthätigen Gesetze des Verkehrs hier eine ungestörte Wirksamkeit üben könnten, während selbstredend die Resultate dieser Wirksamkeit nur dann in ihrer natürlichen Größe in die Erscheinung treten können, wenn die Wirksamkeit eine ungestörte wäre. Indessen gilt auch hier, was in der Einleitung in Beziehung zu den Hemmungen gesagt wurde, welche Moralisten der Wirksamkeit der Genußsucht entgegenzusetzen versucht haben: die dem Menschen verliehene Kraft reicht nur aus, selbst wenn sie mißbraucht wird, die Wirksamkeit der vom Schöpfer geschaffenen Naturkräfte zu schwächen, nicht aber sie ganz zu paralysiren, und so werden wir denn auch, trotz aller Fehler der Einrichtungen in Preußen, die als nothwendige Folge der Wirksamkeit der Gesetze des Verkehrs dargelegten Folgen qualitativ wiederfinden, wenn sie auch quantitativ bedeutend unter dem Maß bleiben, welches sie bei ungestörter Wirksamkeit erreichen würden.

In Preußen schwankt gegenwärtig, December 1852, der Cours der 3½procentigen Staatsschuldscheine um 94. Bei der Sicherheit und Bequemlichkeit, welche Preußen seinen Gläubigern bietet, begnügen sich diese mithin mit einer Verzinsung ihres Capitals zu nicht ganz 3¾ %. Darum würden denn 3¾ procentige Staatsschuldscheine sehr nahe in der Höhe ihres Nominalbetrages geschätzt werden. Wenn sich daher die Regierung zum Ankauf alles Grundeigenthums gegen Aushändigung derartiger Staatsschuldscheine in einer solchen Höhe bereit erklärte, daß die Zinsen der Schuldscheine im Augenblick des Ankaufs der von dem Grundeigenthum zahlbaren Rente gleich kämen, so würde der Eigenthümer sein Grundeigenthum zu 26⅔ Mal den Pacht bezahlt erhalten. Dieses ist ein Preis, zu welchem bekanntlich in sehr vielen Gegenden Preußens das Grundeigenthum in Masse zu erhalten ist. Bei einem solchen Ankauf würde denn der Staat die ganze Summe, um welche die Grundrente sich steigert, gewinnen. Der Staat vermag aber dem Eigenthümer noch größere Vortheile zu bieten, wenn es sich finden sollte, daß dieses erforderlich wäre, den Verkauf des Grundeigenthums an den Staat herbeizuführen.

Bezeichnet man mit A die Ankaufssumme, mit z die von 1 von dieser Summe zu zahlenden Zinsen, durch a die Pachtsumme oder zahlbare Rente zur Zeit des Ankaufs, durch z' die jährliche Steigerung jedes Thalers dieser Summe durch Steigen der Rente; so drückt zA die vom Staat jährlich zu zahlenden Zinsen aus, mithin $zA - a$ den Ausfall im ersten Jahre gegen die Pacht. Die hiervon zu zahlenden Zinsen wären weiter: $z(zA-a)$ und diese müssen dann der Steigerung der zahlbaren Rente gleich werden, wenn der Staat keinen Schaden haben soll. Daher die Gleichung:

$$z(zA - a) = z'a,$$

oder:

$$A = \frac{a(z + z')}{z^2},$$

mithin für $a = 1$, $z = 0{,}0375$ und $z' = 0{,}01$, wie wir die Verhältnisse in Preußen gegenwärtig fanden:

$$A = 33\tfrac{7}{9},$$

d. h. es würde die Regierung unter den gegenwärtigen Verhältnissen beim Ankauf von Grundeigenthum zu 33 7/9 Mal den Pacht noch keinen Schaden haben. Kämen die Verhältnisse wie beispielsweise 1842 wieder, wo der Cours der 3½ procentigen Staatsschuldscheine eine Verzinsung zu 3¼ % anzeigte, und wir nähmen die Steigerung der Grundrente so hoch an, wie sich aus den englischen Gütern berechnet, d. h. zu 1¼ %, so wird:

$$A = \frac{0{,}0325 + 0{,}0125}{(0{,}0325)^2} = 42{,}60354.$$

Es könnte dann der Ankauf sogar zu $42^3/_5$ Mal den Pacht ohne Nachtheil erfolgen. Zu $33^7/_9$ oder gar $42^3/_5$ Mal die zahlbare Rente ist'aber bekanntlich alles Grundeigenthum anzukaufen, wenn nicht Eigensinn dazu bestimmt, dasselbe zu behalten, und man sieht es also durch die Erfahrung bestätigt, daß die erwähnten Vortheile die Regierung jetzt schon in den Stand setzen, beim Ankauf von Grundeigenthum die Concurrenz von Privaten siegreich zu bestehen, um so mehr also, wenn erst die Verhältnisse eine vernünftigere Einrichtung werden erhalten haben.

Die Wichtigkeit des Gegenstandes wird es rechtfertigen, wenn ich ihn noch durch einige Tabellen zu erläutern versuche. Ich thue dieses außerdem mit einiger Ausführlichkeit, weil es zur Beurtheilung der Verkehrsverhältnisse von der äußersten Wichtigkeit ist, eine klare Anschauung von der steigenden Wirkung stetig wirkender Kräfte zu erhalten, nichts aber geeigneter erscheint, um diese Anschauung zu erhalten, als die aufmerksame Betrachtung von Tabellen, in welchen die Größe der Wirkung verschiedener Kräfte sich für gleich große Zeitabschnitte berechnet findet. Vor allen ist es Staatsmännern anzurathen, sich von dieser steigenden Wirkung die klarste Anschauung zu verschaffen, weil sie nur dann im Stande sind, die Folgen ihrer Maßregeln richtig zu beurtheilen. Zur Erleichterung der Rechnung nehme ich das Steigen der Grundrente zu 1 % jährlich, die Verzinsung der Staatsschuld zu 4 %, mithin für den Staat und für das Resultat der Rechnung ungünstiger an, als die Verhältnisse zu erwarten berechtigen. Die folgende Tabelle giebt dann das Bild, wie die Tilgung der Ankaufssumme durch das Wachsen der Rente möglich wird, wenn der ganze Ueberschuß jährlich auf die Tilgung verwandt wird. In derselben bezeichnet die Colonne n die Zahl der seit dem Ankauf verflossenen Jahre, A die beim Beginn dieses Zeitraums noch zu tilgende Ankaufssumme, zA die am Schluß des Jahres von diesen zu zahlenden Zinsen, $a(1+z')^n$ die zu demselben Zeitpunkt einkommende Rente, $a(1+z')^n - zA$ mithin die zur Capitaltilgung verwendbare Summe.

$= 0; A = 100000; zA = 4000;$
$= 1; \text{ » } = 100000; \text{ » } = 4040;$
$= 2; \text{ » } = 99960; \text{ » } = 3998;$
$= 3; \text{ » } = 99878; \text{ » } = 3995;$
$= 4; \text{ » } = 99752; \text{ » } = 3990;$
$= 5; \text{ » } = 99580; \text{ » } = 3983;$
$= 6; \text{ » } = 99359; \text{ » } = 3974;$
$= 7; \text{ » } = 99087; \text{ » } = 3963;$
$= 8; \text{ » } = 98762; \text{ » } = 3950;$
$= 9; \text{ » } = 98381; \text{ » } = 3935;$
$= 10; \text{ » } = 97942; \text{ » } = 3918;$
$= 11; \text{ » } = 97442; \text{ » } = 3898;$
$= 12; \text{ » } = 96878; \text{ » } = 3875;$
$= 13; \text{ » } = 96246; \text{ » } = 3850;$
$= 14; \text{ » } = 95544; \text{ » } = 3822;$
$= 15; \text{ » } = 89768; \text{ » } = 3791;$
$= 16; \text{ » } = 93915; \text{ » } = 3757;$
$= 17; \text{ » } = 92982; \text{ » } = 3719;$
$= 18; \text{ » } = 91964; \text{ » } = 3679;$
$= 19; \text{ » } = 90859; \text{ » } = 3634;$
$= 20; \text{ » } = 89661; \text{ » } = 3586;$
$= 21; \text{ » } = 88367; \text{ » } = 3535;$
$= 22; \text{ » } = 86973; \text{ » } = 3479;$
$= 23; \text{ » } = 85474; \text{ » } = 3419;$
$= 24; \text{ » } = 83865; \text{ » } = 3355;$
$= 25; \text{ » } = 82142; \text{ » } = 3286;$
$= 26; \text{ » } = 80299; \text{ » } = 3212;$
$= 27; \text{ » } = 78331; \text{ » } = 3133;$
$= 28; \text{ » } = 76232; \text{ » } = 3049;$
$= 29; \text{ » } = 73997; \text{ » } = 2960;$
$= 30; \text{ » } = 71620; \text{ » } = 2865;$
$= 31; \text{ » } = 69095; \text{ » } = 2764;$
$= 32; \text{ » } = 66415; \text{ » } = 2658;$
$= 33; \text{ » } = 63574; \text{ » } = 2543;$
$= 34; \text{ » } = 60564; \text{ » } = 2423;$
$= 35; \text{ » } = 57378; \text{ » } = 2295;$
$= 36; \text{ » } = 54008; \text{ » } = 2160;$
$= 37; \text{ » } = 50446; \text{ » } = 2018;$
$= 38; \text{ » } = 46685; \text{ » } = 1867;$
$= 39; \text{ » } = 42715; \text{ » } = 1709;$
$= 40; \text{ » } = 38529; \text{ » } = 1541;$

$n = 41;$ » — $34116;$ zA — $1365;$
» $= 42;$ » — $29467;$ » — $1179;$
» $= 43;$ » $=$ $24572;$ » — $983;$
» $= 44;$ » — $19420;$ » — $777;$
» $= 45;$ » — $14001;$ » — $560;$
» $= 46;$ » — $8303;$ » — $332;$
» $= 47;$ » $=$ $2314;$ » — $93;$

$a(1 + z')^n = 4000;$ $a(1 + z')^n - zA =$ 0
» $= 4040;$ » $=$ 40
$= 4080;$ $=$ 82
$= 4121;$ $=$ 126
$= 4161;$ $=$ 172
$= 4204;$ $=$ 221
$= 4246;$ $=$ 272
$= 4288;$ $=$ 325
$= 4331;$ $=$ 381
$= 4374;$ $=$ 439
$= 4418;$ $=$ 500
$= 4462;$ $=$ 564
$= 4507;$ $=$ 632
$= 4552;$ $=$ 702
$= 4598;$ $=$ 776
$= 4644;$ $=$ 853
$= 4690;$ » $=$ 933
$= 4737;$ $= 1018$
$= 4784;$ $= 1105$
$= 4832;$ $= 1198$
$= 4880;$ $= 1294$
$= 4929;$ $= 1394$
$= 4978;$ $= 1499$
$= 5028;$ $= 1609$
$= 5078;$ $= 1723$
$= 5129;$ $= 1843$
$= 5180;$ $= 1968$
$= 5232;$ $= 2099$
$= 5284;$ $= 2235$
$= 5337;$ $= 2377$
$= 5390;$ $= 2525$
$= 5444;$ $= 2680$
$= 5498;$ $= 2841$

$$a(1+z')^n = 5553; \quad a(1+z')^{n_1} - zA = 3010$$
$$\text{\textquotedbl} \quad = 5609; \quad \text{\textquotedbl} \quad = 3186$$
$$= 5665; \quad = 3370$$
$$= 5722; \quad = 3562$$
$$= 5779; \quad = 3761$$
$$= 5837; \quad = 3970$$
$$= 5895; \quad = 4186$$
$$= 5954; \quad = 4413$$
$$= 6014; \quad = 4649$$
$$= 6074; \quad = 4895$$
$$= 6135; \quad = 5152$$
$$= 6196; \quad = 5419$$
$$= 6258; \quad = 5698$$
$$= 6321; \quad = 5989$$
$$= 6384; \quad \text{\textquotedbl} \quad = 6291$$

$n = 47$ Ueberschuß $= 3977$
 ” $= 48$ Einnahme $= 6448$ u. f. w.

Man sieht denn aus dieser Tabelle, daß die Tilgung der Ankaufs= summe im 47. Jahre vollendet würde, und der Regierung von da ab die ganze Rente zur freien Verfügung bliebe; man sieht aber weiter, wie spärlich in der ersten Zeit der Vortheil, der aus der Rentensteigerung her= vorgeht, sich bemerklich macht, er reicht im Ganzen in den ersten sie= ben Jahren noch nicht hin, um 1 % der Ankaufssumme zu tilgen, wie rasch derselbe dagegen in den späteren Jahren zunimmt, da in noch nicht sieben Mal sieben Jahren die Ankaufssumme ganz getilgt sein würde, und man sieht denn endlich hieraus, wie viel geringer der Werth dieser Stei= gerung für den Privaten bei seiner beschränkten Lebensdauer im Verhältniß zum Staate mit unbeschränkter Existenz ist.

Soll die Maßregel in einem größern Maßstabe zur Ausführung gelangen; so leuchtet ein, daß das hier zur Anwendung gebrachte Ver= fahren, in Folge dessen der ganze Ueberschuß der Rente über die zur Ver= zinsung des Restes der Ankaufssumme erforderliche Summe unverkürzt zur Schuldentilgung verwandt wird, unausführbar ist, weil bei diesem Verfah= ren die Generation, welche durch ihre Ersparnisse die Ausführung der Maß= regel möglich macht, an ihren Vortheilen keinen verhältnißmäßigen Antheil erhielte. Diesem Uebelstande abzuhelfen, genügt es, von der Ersparniß in demselben Verhältniß mehr zu laufenden Ausgaben zu verwenden, in wel= chem sich in Folge dieser Maßregel der Vermögensstand des Staates bes= sert. Dieses geschieht, wenn die jährlich sich herausstellende Ersparniß in dem Verhältniß getheilt wird, wie sie selbst zur ganzen noch zu tilgenden

Ankaufssumme steht, und der der Ersparniß entsprechende Theil zu laufenden Ausgaben verwandt wird. Dieser Theil wird dann um so größer, je größer einerseits die Ersparniß, je kleiner andererseits die Schuld, mit anderen Worten, je günstiger der Vermögenszustand wird. Bezeichnet man durch A den Rest der Ankaufssumme, durch E die Ersparniß, so findet man den zu laufenden Ausgaben zu verwendenden Theil e durch die Proportion:

$$A : E = E - e : e,$$

oder:

$$e = \frac{E^2}{A + E}.$$

Nach diesem Grundsatz ist die folgende Tabelle berechnet. Es bezeichnet in derselben Colonne n das Jahr nach dem Ankauf, A den noch zu tilgenden Rest der Kaufsumme, zA die Zinsen der noch vorhandenen Schuld, a die Rente, E die Ersparniß, d. h. die Rente nach Abzug der Zinsen, von zA, und den in den Vorjahren zu laufenden Ausgaben überwiesenen Summen, von $\int e$, e' den zur Schuldentilgung, e den zu laufenden Ausgaben zu verwendende Theil der Ersparniß, endlich $\int e$ der Gesammtbetrag der zu laufenden Ausgaben in dem betreffenden Jahr zu verwendenden Summe. Die Tabelle ist daher folgender Art zu lesen: Im 47. Jahre, in welchem bei dem vorigen Verfahren die Tilgung vollendet würde, ist bei diesem Verfahren der Schuldenrest noch 34195 Thlr.; diese erfordern zur Verzinsung 1368 Thlr.; die Rente dieses Jahres beträgt 6384 Thlr.; nach Abzug jener Zinsen und der in den Vorjahren, Colonne $\int e$, mit 2323 Thlr. zu laufenden Ausgaben überwiesenen Summen stellt sich also im 47. Jahre eine Ersparniß von 2693 Thlr. heraus. Die zu laufenden Ausgaben hiervon zu überweisende Summe findet man weiterdurch die Gleichung:

$$e = \frac{(2693)^2}{34195 + 2693} = 197,$$

zur Schuldentilgung bleibt mithin zu verwenden 2496 Thlr., und die Vertheilung der Rente im 47. Jahre findet daher folgender Art Statt:

   1. zur Verzinsung . . . . . 1368 Thlr.
   2. zu laufenden Ausgaben   2520 »
   3. zur Schuldentilgung . . . . 2496 »
        zusammen = 6384 Thlr.

Die Tabelle ist demnach folgende:

$n = 0$; $A = 100000$; $zA = 4000$; $a = 4000$;
„ $= 1$; „ $= 100000$; „ $= 4000$; „ $= 4040$;
„ $= 2$; „ $= 99960$; „ $= 3998$; „ $= 4080$;
„ $= 3$; „ $= 99878$; „ $= 3995$; „ $= 4121$;
„ $= 4$; „ $= 99752$; „ $= 3990$; „ $= 4162$;
„ $= 5$; „ $= 99580$; „ $= 3983$; „ $= 4204$;
„ $= 6$; „ $= 99359$; „ $= 3974$; „ $= 4246$;
„ $= 7$; „ $= 99088$; „ $= 3964$; „ $= 4288$;
„ $= 8$; „ $= 98766$; „ $= 3951$; „ $= 4331$;
„ $= 9$; „ $= 98389$; „ $= 3936$; „ $= 4374$;
„ $= 10$; „ $= 97956$; „ $= 3918$; „ $= 4418$;
„ $= 11$; „ $= 97462$; „ $= 3898$; „ $= 4462$;
„ $= 12$; „ $= 96906$; „ $= 3876$; „ $= 4507$;
„ $= 13$; „ $= 96290$; „ $= 3852$; „ $= 4552$;
„ $= 14$; „ $= 95610$; „ $= 3824$; „ $= 4598$;
„ $= 15$; „ $= 94862$; „ $= 3794$; „ $= 4644$;
„ $= 16$; „ $= 94038$; „ $= 3762$; „ $= 4690$;
„ $= 17$; „ $= 93151$; „ $= 3726$; „ $= 4737$;
„ $= 18$; „ $= 92191$; „ $= 3688$; „ $= 4784$;
„ $= 19$; „ $= 91158$; „ $= 3646$; „ $= 4832$;
„ $= 20$; „ $= 90049$; „ $= 3602$; „ $= 4880$;
„ $= 21$; „ $= 88864$; „ $= 3555$; „ $= 4929$;
„ $= 22$; „ $= 87601$; „ $= 3504$; „ $= 4978$;
„ $= 23$; „ $= 86259$; „ $= 3450$; „ $= 5028$;
„ $= 24$; „ $= 84837$; „ $= 3393$; „ $= 5078$;
„ $= 25$; „ $= 83335$; „ $= 3333$; „ $= 5129$;
„ $= 26$; „ $= 81753$; „ $= 3270$; „ $= 5180$;
„ $= 27$; „ $= 80092$; „ $= 3204$; „ $= 5232$;
„ $= 28$; „ $= 78352$; „ $= 3134$; „ $= 5284$;
„ $= 29$; „ $= 76533$; „ $= 3061$; „ $= 5337$;
„ $= 30$; „ $= 74636$; „ $= 2985$; „ $= 5390$;
„ $= 31$; „ $= 72664$; „ $= 2907$; „ $= 5444$;
„ $= 32$; „ $= 70619$; „ $= 2825$; „ $= 5498$;
„ $= 33$; „ $= 68503$; „ $= 2740$; „ $= 5553$;
„ $= 34$; „ $= 66319$; „ $= 2653$; „ $= 5609$;
„ $= 35$; „ $= 64071$; „ $= 2563$; „ $= 5665$;
„ $= 36$; „ $= 61763$; „ $= 2471$; „ $= 5122$;
„ $= 37$; „ $= 59400$; „ $= 2376$; „ $= 5779$;
„ $= 38$; „ $= 56987$; „ $= 2279$; „ $= 5837$;
„ $= 39$; „ $= 54530$; „ $= 2181$; „ $= 5895$;

$n = 40; A = 52036; \imath A = 2081; a = 5954;$
$" = 41; " = 49512; " = 1980; " = 6014;$
$" = 42; " = 46965; " = 1879; " = 6074;$
$" = 43; " = 44405; " = 1776; " = 6135;$
$" = 44; " = 41838; " = 1674; " = 6196;$
$" = 45; " = 39275; " = 1571; " = 6258;$
$" = 46; " = 36724; " = 1469; " = 6321;$
$" = 47; " = 34195; " = 1368; " = 6384;$
$" = 48; " = 31699; " = 1268; " = 6448;$
$" = 49; " = 29245; " = 1170; " = 6512;$
$" = 50; " = 26844; " = 1074; " = 6577;$
$" = 51; " = 24505; " = 980; " = 6643;$
$" = 52; " = 22237; " = 889; " = 6709;$
$" = 53; " = 20050; " = 802; " = 6776;$
$" = 54; " = 17954; " = 718; " = 6844;$
$" = 55; " = 15956; " = 638; " = 6912;$
$" = 56; " = 14064; " = 563; " = 6981;$
$" = 57; " = 12285; " = 491; " = 7051;$
$" = 58; " = 10624; " = 425; " = 7122;$
$" = 59; " = 9086; " = 363; " = 7193;$
$" = 60; " = 7675; " = 307; " = 7265;$
$" = 61; " = 6393; " = 256; " = 7338;$
$" = 62; " = 5240; " = 210; " = 7411;$
$" = 63; " = 4226; " = 169; " = 7485;$
$" = 64; " = 3329; " = 133; " = 7560;$
$" = 65; " = 2555; " = 102; " = 7636;$
$" = 66; " = 1900; " = 76; " = 7712;$
$" = 67; " = 1359; " = 54; " = 7789;$
$" = 68; " = 924; " = 37; " = 7867;$
$" = 69; " = 587; " = 23; " = 7946;$
$" = 70; " = 338; " = 14; " = 8025;$
$" = 71; " = 169; " = 7; " = 8105;$
$" = 72; " = 67; " = 3; " = 8186;$
$" = 73; " = 18; " = 1; " = 8268;$
$" = 74; " = 2; " = "; " = 8351;$
$" = 75; " = "; " = "; " = 8435;$

$E =$	0;	$e' =$	0;	$e =$	0;	$fe =$	0
» =	40;	» =	40;	» =	0;	» =	0
=	82;	» =	82;	» =	0;	» =	0
=	126;	» =	126;	» =	0;	» =	0
=	172;	» =	172;	» =	0;	» =	0
=	221;	» =	221;	» =	0;	» =	0
=	272;	» =	271;	» =	1;	» =	1
=	323;	» =	322;	» =	1;	» =	2
=	378;	» =	377;	» =	1;	» —	3
=	435;	» =	433;	» =	2;	» =	5
=	497;	» =	494;	» =	3;	» =	8
=	556;	» =	553;	» =	3;	» =	11
=	620;	» =	616;	» =	4;	» =	15
=	685;	» =	680;	» =	5;	» =	20
=	754;	» =	748;	» =	6;	» =	26
=	824;	» =	817;	» =	7;	« =	33
=	895;	» =	887;	» =	8;	» =	41
=	970;	» =	960;	» =	10;	» =	51
=	1045;	» =	1033;	» =	12;	» =	63
» =	1123;	» =	1109;	» =	14;	» =	77
" =	1201;	» =	1185;	» =	16;	» =	93
» =	1281;	» =	1263;	» =	18;	» =	111
" =	1363;	» =	1342;	» =	21;	» =	132
» =	1446;	» =	1422;	» =	24;	» =	156
» =	1529;	» =	1502;	» =	27;	» =	183
" =	1613;	» =	1582;	» =	31;	» =	214
» =	1696;	» =	1661;	» =	35;	» =	249
" =	1779;	» =	1740;	» =	39;	» =	288
" =	1862;	» =	1819;	» =	43;	» =	331
=	1945;	» =	1897;	» =	48;	» =	379
» =	2026;	» =	1972;	» =	54;	» =	433
» =	2104;	» =	2045;	» =	59;	» =	492
» =	2181;	» =	2116;	» =	65;	» =	557
» =	2256;	» =	2184;	» =	72;	» =	629
» =	2327;	» =	2248;	» =	79;	» =	708
» =	2394;	» =	2308;	» =	86;	» =	794
» =	2457;	» =	2363;	» =	94;	» =	888
» =	2515;	» =	2413;	» =	102;	» =	990
» =	2568;	» =	2457;	» =	111;	» =	1101
» =	2613;	» =	2494;	» =	119;	» =	1220
» =	2653;	» =	2524;	» =	129;	» =	1349

$E =$	2685;	$e' =$	2547;	$e =$	138;	$fe =$	1487
» =	2708;	» =	2560;	» =	148;	» =	1635
» =	2724;	» =	2567;	» =	157;	» =	1792
» =	2730;	» =	2563;	» =	167;	» =	1959
» =	2728;	» =	2551;	» =	177;	» =	2136
» =	2716;	» =	2529;	» =	187;	» =	2323
» =	2693;	» =	2496;	» =	197;	» =	2520
» =	2660;	» =	2454;	» =	206;	» =	2726
» =	2616;	» =	2401;	» =	215;	» =	2941
» =	2562;	» =	2339;	» =	223;	» =	3164
» =	2499;	» =	2268;	» =	231;	» =	3395
» =	2425;	» =	2187;	» =	238;	» =	3633
» =	2341;	» =	2096;	» =	245;	» =	3878
» =	2248;	» =	1998;	» =	250;	» =	4128
» =	2146;	» =	1892;	» =	254;	» =	4382
» =	2036;	» =	1779;	» =	257;	» =	4639
» =	1921;	» =	1661;	» =	260;	» =	4899
» =	1798;	» =	1538;	» =	260;	» =	5159
» =	1671;	» =	1411;	» =	260;	» =	5419
» =	1539;	» =	1282;	» =	257;	» =	5676
» =	1406;	» =	1153;	» =	253;	» =	5929
» =	1272;	» =	1024;	» =	248;	» =	6177
» =	1139;	» =	897;	» =	242;	» =	6419
» =	1008;	» =	774;	» =	234;	» =	6653
=	881;	» =	655;	» =	226;	» =	6879
=	757;	» —	541;	» =	216;	» =	7095
=	640;	» =	435;	» =	205;	» =	7300
=	530;	» =	337;	» =	193;	» =	7493
=	430;	» =	249;	» =	181;	» =	7674
=	337;	» =	169;	» =	168;	» =	7842
=	256;	» =	102;	» =	154;	» =	7996
=	187;	» =	49;	» =	138;	» =	8134
=	133;	» =	16;	» =	117;	» =	8251
=	100;	» =	2;	» =	98;	» =	8349
=	86;	» =	»;	» =	86;	» =	8435

Man sieht denn aus Colonne e' dieser Tabelle, daß bei diesem Verfahren bei $n = 0$ und bei $n = 75$ die zur Schuldentilgung zu verwendende Summe gleich Null ist, und bei $n = 43$ mit 2567 Thlr. ein höchstes erreicht; man sieht ferner aus Colonne $\int e$, daß die zu laufenden Ausgaben bestimmte Summe fortwährend wächst, bis sie im 75. Jahr der ganzen Rente gleich kommt, beides der Sache durchaus angemessen; man sieht aber auch, wie langsam das Wachsen von $\int e$ in der ersten Zeit vor sich geht. Bis zum 6. Jahre erreicht die Summe in unserm Beispiel noch keinen halben Thaler, und erst in diesem Jahre übersteigt sie diesen Betrag, so daß in unserm Beispiel erst in diesem Jahre ihr Einfluß beginnt; aber auch dann ist das Wachsen zuerst noch so langsam, daß im 20. Jahre erst 93 Thlr. zu laufenden Ausgaben zur Verwendung kommen. Man sieht denn auch hieraus, da durch die Art der Berechnung diese Summe einen genauen Maßstab der Verbesserung des Vermögensstandes abgiebt, wie unbedeutend diese Besserung in den ersten Jahren erfolgt; man sieht aber ferner aus dem später viel rascher erfolgenden Steigen, wie sehr viel günstiger sich in späteren Perioden die Verhältnisse für den Staat gestalten.

Der Vortheil bei diesem Verfahren, die lebende Generation an dem Gewinne, den der Staat macht, betheiligen zu können, wird daher nur mit dem unerheblichen Nachtheil erkauft, daß die Tilgung der Kaufsumme anstatt nach 47 erst nach 74 Jahren vollendet ist, im 47. Jahre aber noch circa $1/8$ der Ankaufssumme zu tilgen bleibt.

In den beiden vorstehenden Tabellen wurde von der Voraussetzung ausgegangen, daß die Rente gleich beim Ankauf ausreicht, um die Zinsen der Kaufsumme vollaus zu decken. Wir sahen aber aus der Formel $= \dfrac{a(z + z')}{z^2}$, daß der Staat bei den hier gemachten Voraussetzungen keinen Nachtheil haben würde, wenn er statt zu 25 Mal zu $31\frac{1}{4}$ Mal die Pacht den Ankauf vornähme. Es erscheint darum zweckmäßig, eine Skizze der Rechnung folgen zu lassen, wenn der Ankauf innerhalb dieser beiden Grenzen, also etwa zu 30 Mal die Rente, d. h. der Grenze sehr nahe folgte, wo der Vortheil für den Staat aufhört. Die folgende Tabelle, in welcher die Buchstaben die gleiche Bedeutung wie in der ersten Tabelle haben, enthält das Resultat der Berechnung:

$n = 0;\ A = 100000;\ zA = 4000;\ a = 3333;\ a - zA = -667$
$" = 1;\ " = 100667;\ " = 4027;\ " = 3366;\ " = -659$
$" = 2;\ " = 101326;\ " = 4053;\ " = 3400;\ " = -653$
$" = 3;\ " = 101979;\ " = 4079;\ " = 3434;\ " = -645$
$" = 4;\ " = 102624;\ " = 4105;\ " = 3468;\ " = -637$
$" = 5;\ " = 103261;\ " = 4130;\ " = 3503;\ " = -627$
$" = 6;\ " = 103888;\ " = 4156;\ " = 3538;\ " = -618$
$" = 7;\ " = 104506;\ " = 4180;\ " = 3573;\ " = -607$
$" = 8;\ " = 105113;\ " = 4205;\ " = 3609;\ " = -696$
$" = 9;\ " = 105709;\ " = 4228;\ " = 3645;\ " = -583$
$" = 10;\ " = 106292;\ " = 4252;\ " = 3681;\ " = -571$
$" = 11;\ " = 106863;\ " = 4275;\ " = 3718;\ " = -557$
$" = 12;\ " = 107420;\ " = 4297;\ " = 3754;\ " = -525$
$" = 13;\ " = 107962;\ " = 4318;\ " = 3793;\ " = -525$
$" = 14;\ " = 108487;\ " = 4339;\ " = 3830;\ " = -509$
$" = 15;\ " = 108996;\ " = 4360;\ " = 3869;\ " = -491$
$" = 16;\ " = 109487;\ " = 4379;\ " = 3907;\ " = -472$
$" = 17;\ " = 109959;\ " = 4398;\ " = 3947;\ " = -451$
$" = 18;\ " = 110410;\ " = 4416;\ " = 3986;\ " = -430$
$" = 19;\ " = 110840;\ " = 4434;\ " = 4026;\ " = -408$
$" = 20;\ " = 111248;\ " = 4450;\ " = 4066;\ " = -384$
$" = 21;\ " = 111632;\ " = 4465;\ " = 4107;\ " = -358$
$" = 22;\ " = 111990;\ " = 4480;\ " = 4148;\ " = -342$
$" = 23;\ " = 112322;\ " = 4493;\ " = 4189;\ " = -304$
$" = 24;\ " = 112626;\ " = 4505;\ " = 4231;\ " = -274$
$" = 25;\ " = 112900;\ " = 4516;\ " = 4274;\ " = -242$
$" = 26;\ " = 113142;\ " = 4526;\ " = 4316;\ " = -210$
$" = 27;\ " = 113352;\ " = 4534;\ " = 4359;\ " = -175$
$" = 28;\ " = 113527;\ " = 4541;\ " = 4403;\ " = -138$
$" = 29;\ " = 113665;\ " = 4547;\ " = 4447;\ " = -100$
$" = 30;\ " = 113765;\ " = 4551;\ " = 4492;\ " = -59$
$" = 31;\ " = 113824;\ " = 4553;\ " = 4536;\ " = -17$
$" = 32;\ " = 113841;\ " = 4554;\ " = 4582;\ " = +28$

Es würde also die Schuld in den ersten 32 Jahren um ungefähr 13⅚ % wachsen, und erst in diesem Jahre die Tilgung beginnen können, die dann von da ab genau in demselben Verhältniß fortschreiten würde wie in der vorigen Tabelle.

So wären denn ohne alle und jede andere Beihülfe dem Staate durch die Wirksamkeit der Gesetze des Verkehrs ausreichende Mittel an die Hand gegeben, den Fehler, in welchem das Menschengeschlecht bei Constituirung des Staates verfallen mußte, jetzt, nachdem er als solcher erkannt werden kann, zu verbessern, und die Regierung darf denn auch nicht säumen, von diesen Mitteln Gebrauch zu machen, um hierdurch das letzte Hinderniß für ein vernünftiges Handeln aus dem Wege zu schaffen.

Bei Ausführung dieser Maßregel würden außerdem gleichzeitig noch andere gleich wichtige Zwecke erreicht. Ich beschränke mich auf die Aufzählung der folgenden.

1. Wie wir auf Seite 114 fanden, hat die Verkleinerung einer zu zahlenden Rente oder die Vergrößerung einer zu beziehenden unter Anderm die Wirkung, daß sich das zu leistende Arbeitsquantum, A, und in Folge dessen die erarbeitete Masse, M, vermindert. Es bringt dieses offenbar für die Gesammtheit in dem Maße der Verminderung von M Nachtheil mit sich. Darum ist es denn für die Gesammtheit als Gewinn zu betrachten, wenn es gelingt, die Summe der von den Einzelnen bezogenen Renten zu vermindern, in so fern dadurch dem Einzelnen es nicht unverhältnißmäßig erschwert wird, das zweckmäßige c zur Beschaffung von Renten zu verwenden. Durch die Ausführung der vorgeschlagenen Maßregel, den Ankauf des Grundeigenthums, wird dieses nun im großartigsten Maßstabe bewirkt, weil dadurch den Privaten das Beziehen der ganzen Grundrente unmöglich gemacht wird, während andererseits in den Renten, die die Darlehnskasse gewährt, hinreichende Renten übrig bleiben, um für die c eine zweckmäßige Verwendung zu finden.

2. Bei dem Uebergang des Eigenthums von allem Grund und Boden in den Besitz des Staates würden die Rechtsverhältnisse zwischen den Einzelnen sich so sehr vereinfachen, daß Zweifel über die Grenzen des Rechts zwischen ihnen zu den seltenen Fällen gehören würden.

3. Für eine Menge von Productionen würde sich die erforderliche Betriebssumme um den ganzen Kaufpreis des dazu erforderlichen Grund und Bodens vermindern. Endlich würde

4. die Beschaffung der der Gesammtheit unentbehrlichen Geldmittel ohne jede Vexation und Ungerechtigkeit, wie solche mit jedem Steuersystem unzertrennlich verbunden sind, durch das Beziehen der Grundrente bewirkt werden. Denn wie bereits oben bemerkt wurde, kann beispielsweise die in Preußen zahlbare Grundrente bei sehr mäßiger Schätzung auf 100,000,000 Thlr. jährlich und nach Verhältniß in allen anderen Ländern veranschlagt werden, eine Summe, groß genug, um selbst die jetzt Sitte gewordene Verschwendung der Geldmittel der Gesammtheit daraus zu bestreiten.

Durch die im Vorstehenden vorgeschlagenen Maßregeln sind denn alle Hindernisse, welche bei dem Versuch, den Naturgesetzen gemäß zu handeln, sich dem Einzelnen entgegenstellen, beseitigt, in so fern die eigenen Kräfte des Einzelnen nicht ausreichen zu dieser Beseitigung, und es hängt denn nur davon ab, daß Jeder von seinen eigenen Kräften den zweckmäßigsten Gebrauch macht, um dann Gewißheit zu erhalten, daß er den seinem Verdienst um die Gesammtheit genau entsprechenden und möglichst großen Lebensgenuß erhalten wird. Es wird dieses sofort klar werden, wenn wir den Wirkungen nachgehen, welche die Ausführung der angegebenen Maßregeln mit sich bringen.

Die Umgestaltung unserer Verhältnisse in der angegebenen Weise wird nämlich zunächst die Sitte zur Folge haben, daß künftig nur mehr gegen baar Geld gekauft wird. Durch die Einrichtung der Darlehenskasse wird es nämlich Jedem verhältnißmäßig leicht, sich die Geldsumme zu verschaffen, deren er bedarf, um alle Einkäufe gegen baar zu machen. Dabei müssen die Bedingungen bei der Darlehenskasse aus bekannten Gründen für den Empfänger des Darlehens sich weit günstiger gestalten, als beim Inanspruchnehmen von Credit bei den Verkäufern von Waaren. Wer daher bei einem Verwandten oder Bekannten so viel Vertrauen genießt, um ihn zur Bürgschaft bei der Darlehenskasse zu vermögen, wird sich das nöthige Geld, um baar zu kaufen, unter allen Umständen von der Darlehenskasse zu verschaffen suchen. Hierdurch muß das Baarkaufen um so mehr Sitte werden, als derjenige, der dann noch einen Credit in Anspruch nimmt, dadurch beweist, daß er bei seinen nächsten Verwandten und Bekannten kein Vertrauen genießt, das Bewilligen von Credit bei ihm daher mit außergewöhnlicher Gefahr verbunden ist. Der wohlthätige Einfluß dieser Sitte auf alle Verkehrsverhältnisse, namentlich auch die dadurch bewirkte Erleichterung einer richtigen Feststellung der Preisverhältnisse liegt zu klar zu Tage, als daß es dieserhalb noch einer weitern Ausführung bedürfte.

Weiter. Durch den Uebergang des Eigenthums von Grund und Boden an den Staat wird dem Einzelnen die Möglichkeit entzogen, seine c in Grundrenten anzulegen. Er kann dieses nur mehr, sobald die Summe seiner c den Bedarf für die eigene Production übersteigt, daß er seine c Anderen zur Herstellung von Renten überläßt, und dieses ohne übergroße Gefahr nur so, daß er sich bei der Darlehenskasse betheiligt. Dazu wird durch die Umwandlung der Unterstützungen an Bedürftige in Darlehen allen Klassen der Gesellschaft die Zweckmäßigkeit klar dargelegt, einen Theil ihres Einkommens unter allen Umständen als c zu verwenden. Beides wirkt dann gleichzeitig darauf hin, die Concurrenz zum Ankauf der Schuldddocumente der Darlehenskasse möglichst groß zu machen, wodurch denn der Zinsfuß dieser Documente auf ein Kleinstes sinken muß. Dieses Letztere hat denn in bekannter Weise Steigerung der Productivität der Menschheit zur Folge.

Endlich wurde bereits darauf aufmerksam gemacht, daß für den Menschen die gleiche Geldsumme einen um so höhern Werth hat, in je jüngeren Jahren nach erreichter menschlicher Ausbildung er sie erhält, während andererseits dem Menschen eine um so größere Rente wünschenswerth wird, je mehr durch das Alter seine Productionsfähigkeit abnimmt. Beides zusammen macht, daß für den Menschen die zweckmäßigste Verwendung für die c die ist, sobald er sie nicht mehr zur eigenen Production bedarf, sich Leibrenten dafür zu kaufen, weil er sich hierdurch, wenn er jährlich hierzu ein bestimmtes c verwendet, für das Alter eine sich immer steigernde Rente sichert, während die Rente selbst über den sonstigen Zinsfuß eine erhebliche Steigerung erleidet. Von dieser zweckmäßigsten Verwendungsart haben bisher zwei Rücksichten abgehalten. Die erste ist die noch mangelhafte Einrichtung der Lebensversicherungsgesellschaften, die andere, das Bestreben den Kindern eine möglichst große Erbschaft zu hinterlassen. Reichere Erfahrungen haben das erste Hinderniß zum Theil schon beseitigt, und werden es bald noch mehr beseitigen; das letztere hingegen wird wegfallen, wenn erst die wahre Religion des Schöpfers und mit ihr die richtige Schätzung des Vermögens allgemeiner erkannt sein wird. Denn, wie wir sahen, ist es nach der wahren Religion des Schöpfers Pflicht für einen jeden Menschen, sich durch die eigene Arbeit sein Einkommen zu verschaffen; daher wird es Pflicht des Erziehers, die Erziehung so einzurichten, daß der Mensch dadurch in den Stand gesetzt wird, eine solche Stellung im Leben einzunehmen, die ihm das Erarbeiten seines Einkommens ohne unverhältnißmäßige Beschwerde möglich macht. Für einen solchen Menschen verliert aber ein besonderes Vermögen, welches ihm bei regelmäßigem Verlauf außerdem erst in vorgerückterem Alter zufällt, wie wir wissen, um so mehr von seinem Werth, je höher im Allgemeinen der Wohlstand des Menschengeschlechts steigt, je größer also schon ohnehin sein verhältnißmäßiger Lebensgenuß wird. Dazu kommt, daß, wenn erst das Versicherungswesen vollendeter hergestellt ist, der Versicherer in der Steigerung der Leibrente im Vergleich zu der gewöhnlichen Verzinsung ein vollgültiges Aequivalent für die bei seinem Tode verbleibende Ankaufssumme erhält. Wenn derselbe daher beabsichtigt, einem andren Menschen, seinen Kindern etwa, den Werth der Ankaufssumme zukommen zu lassen, so kann er dieses, wenn er denselben während seiner Lebzeiten den Betrag überweist, um welchen die Leibrente die Zinsen jener Summe übersteigt, in so viel erhöhterem Maße, als der Werth dieser Beträge wegen des früheren Empfangs höher zu schätzen ist. Darum muß es denn Sitte werden, daß jeder Mensch, nachdem er die Summe gedeckt hat, die er zum Betreiben seiner Production nöthig hat, seine c auf den Ankauf von Leibrenten verwendet, und dabei die c in der Höhe bestimmt, daß die Rente bei sinkender Arbeitskraft ausreicht, den gewohnten Lebensgenuß zu bereiten. Hat sich diese Sitte gebildet; so sinken die Erbschaften auf eine so mäßige

Höhe, daß ihr Größenunterschied in der Regel keinen erheblichen Ausschlag bei Berechnung der Summe des Lebensgenusses mehr giebt. Hierdurch ist denn jeder Mensch lediglich auf seine eigene Arbeitskraft und Geschicklichkeit angewiesen, um sich den verhältnißmäßigen Lebensgenuß zu schaffen. Aber bei der Jugendbildung, wie sie oben als nothwendig erwiesen wurde, wird jeder Mensch auf den Weg gebracht, der in kürzester Weise bis zur höchst möglichsten Bildungsstufe führt, und es hängt fast ausschließlich von ihm selbst ab, wie weit er denselben verfolgen will. Die nothwendige Folge hiervon ist denn, daß die ganze Menschheit in einen edlen Wettstreit gerathen wird, um sich die genußreicheren Stellungen im Leben, die dann nur darum die genußreicheren sein werden, weil die dazu erforderliche Ausbildung nur mit größeren Anstrengungen zu erlangen ist, einander streitig zu machen. In diesem Streite die Oberhand zu gewinnen, wird aber einem Menschen in dem Maße besser gelingen, in welchem ihn seine persönliche Befähigung zu der bestimmten Stellung geschickter macht. Weil aber ein solcher Wettstreit bei jeder einzelnen Stellung bis zur niedrigsten zu sich wiederholen wird, so muß sich als Resultat desselben ergeben, daß **jede einzelne Stellung im Leben dem Menschen zufällt, der sich relativ am Besten zu derselben qualificirt, und daß daher jeder Mensch es sich selbst zuzuschreiben hat, wenn er in diesem Wettstreit auf eine tiefere Stufe hinabgedrängt wird.** So werden denn hierdurch einestheils die Kräfte des Menschengeschlechts auf die Production in der zweckmäßigsten Weise vertheilt, anderentheils wird, was Communisten und Socialisten erstreben, durch die Wirksamkeit der Naturgesetze in unverbesserlicher Vollkommenheit erreicht, es wird erreicht, daß **jeder Mensch nach Verhältniß des Verdienstes, welches er sich um die Menschheit erwirbt, belohnt wird, und so findet sich denn der auf Seite 85 gefundene Lehrsatz, der das Größte des Lebensgenusses der ganzen Menschheit bestimmt, so weit ausgeführt, als dieses mit dem verschiedenen Verdienst der einzelnen Menschen um das Wohl der Gesammtheit nur immer zu vereinbaren ist.** Außerdem sahen wir Seite 145, daß jeder Mensch freiwillig sein Arbeitsquantum zu einem Höchsten steigert, wenn er sich in der Lage befindet, sich gerade seinen verhältnißmäßigen Lebensgenuß durch eigene Anstrengung verschaffen zu müssen und zu können. Darum wird also, ist erst der oben beschriebene Zustand herbeigeführt, die ganze von dem Menschengeschlecht erarbeitete Masse der Genußmittel, und daher auch das auf jeden Kopf fallende verhältnißmäßige Quantum ein **Größtes, und so fehlt dann der Erde durchaus Nichts mehr zu einem vollendeten Paradiese.**

Mensch, verweile hier mit Deinem Nachdenken!

Jüngst ist es den Naturforschern gelungen, zu zeigen, wie die materielle Welt durch das Zusammenwirken einfacher, nach bestimmten Gesetzen wirkender Kräfte ihre jetzige Gestalt annehmen mußte, wie sie durch diese Kräfte zusammengehalten und fortgebildet werde, und wir sind jenen Männern auf dem Wege, auf welchem es ihnen gelang, dieses Entstehen, Bestehen und Fortbilden des Weltalls auf immer einfachere Gesetze zurückzuführen, mit steigender Bewunderung der Großartigkeit der Schöpfung gefolgt. Hier offenbart sich die Weisheit des Schöpfers noch in einem unvergleichlich höhern Grade. Bei der Art und Weise der Wirksamkeit der übrigen Naturgesetze mußte der Schöpfer durch das Abnahmegesetz des Genießens es dahin zu bringen, daß das Wesen seiner Schöpfung, dem er die freieste Selbstbestimmung gewährte, von dieser Freiheit nur den Gebrauch machen wird, wie es zum Wohle des Ganzen am Wünschenswerthesten ist, sobald dieses Wesen erst dahin gelangt sein wird, die Religion des Schöpfers zu erkennen, die Gesetze zu erkennen, durch die der Schöpfer seine Welt schuf, erhält und fortbildet. Er mußte dabei jene scheinbare augenblickliche Schmälerung des Genusses in anderer Weise durch eine Steigerung seiner Summe der Art zu überbieten, daß die Größe dieser Steigerung sich noch ganz und gar nicht übersehen läßt. So schön wußte der Schöpfer das Hinderniß, welches der Egoismus dem Wohle der Gesammtheit entgegenzustellen scheint, zu beseitigen, und das gerade Entgegengesetzte durch diesen Egoismus zu bewirken, **ihn zu der Kraft zu machen, die den Fortschritt des Menschengeschlechts in Kunst und Wissenschaft in seinem materiellen und geistigen Wohl allein und unaufhaltsam bewirkt.**

Mensch, hast Du ganz und gar die Schönheit dieser Construction der Schöpfung erkannt, dann versinke in Anbetung vor dem Wesen, welches in seiner unbegreiflichen Weisheit, Macht und Güte durch ein anscheinend so unbedeutendes Mittel so Ungeheures, und für Dich so unberechenbar Gutes zu bewirken im Stande und geneigt war, und mache Dich dann der Wohlthaten, mit denen dieses Wesen Dich überschüttet hat, dadurch würdig, daß Du zu Deinem eigenen Wohle Deine Handlungen so einrichtest, daß jenes wünschenswertheste Resultat möglichst beschleunigt wird!

Berichtigungen.

Seite 12 Zeile 3 von unten statt nunmehr lies: nur mehr.
" 46 " 5 " " " uon lies: un=
" " " 4 " " " fi= " fo
" 50 " 1 " oben " (Seite 45) lies: (Seite 43).
" " " 11 " " " $\leqq$ lies: $\geqq$.
" 52 " 2 " " " $0{,}24\,W$ lies $0{,}24\,W$.
" 57 " 11 " unten " geringen " geringern.
" 59 " 6 " " " α^2 lies: π^2.
" 61 " 2 " oben " $0A$ " $0, A$.
" 67 " 2 " " " bnrchaus lies: burchaus.
" 75 " 6 " " " von g''' lies: der Hälfte von g'''
" " " 8 " " " von g''' " des halben g'''
" " " 17 " " " welchem " welcher.
" 76 " 9 " unten " zwiten " zweiten.

Printed by BoD in Norderstedt, Germany